HISTOIRE
DU
CONSULAT
ET DE
L'EMPIRE

TOME VI

L'auteur déclare réserver ses droits à l'égard de la traduction en Langues étrangères, notamment pour les Langues Allemande, Anglaise, Espagnole et Italienne.

Ce volume a été déposé au Ministère de l'Intérieur (Direction de la Librairie), le 4 janvier 1847.

PARIS. IMPRIMÉ PAR HENRI PLON, RUE GARANCIÈRE, 8.

HISTOIRE

DU

CONSULAT

ET DE

L'EMPIRE

FAISANT SUITE
A L'HISTOIRE DE LA RÉVOLUTION FRANÇAISE

PAR M. A. THIERS

TOME SIXIÈME

PARIS
PAULIN, LIBRAIRE-ÉDITEUR
60, RUE RICHELIEU

1847

HISTOIRE
DU CONSULAT
ET
DE L'EMPIRE.

LIVRE VINGT-DEUXIÈME.

ULM ET TRAFALGAR.

Conséquences de la réunion de Gênes à l'Empire. — Cette réunion, quoiqu'elle soit une faute, a cependant des résultats heureux. — Vaste champ qui s'ouvre aux combinaisons militaires de Napoléon. — Quatre attaques dirigées contre la France. — Napoléon s'occupe sérieusement d'une seule, et, par la manière dont il entend la repousser, se propose de faire tomber les trois autres. — Exposition de son plan. — Mouvement des six corps d'armée des bords de l'Océan aux sources du Danube. — Napoléon garde un profond secret sur ses dispositions, et ne les communique qu'à l'électeur de Bavière, afin de s'attacher ce prince en le rassurant. — Précautions qu'il prend pour la conservation de la flottille. — Son retour à Paris. — Altération de l'opinion publique à son égard. — Reproches qu'on lui adresse. — État des finances. — Commencement d'arriéré. — Situation difficile des principales places commerçantes. — Disette de numéraire. — Efforts du commerce pour se procurer des métaux précieux. — Association de la compagnie des *Négociants réunis* avec la cour d'Espagne. — Spéculation sur les piastres. — Danger de cette spéculation. — La compagnie des *Négociants réunis* ayant confondu dans ses mains les affaires de la France et de l'Espagne, rend communs à l'une les embarras de l'autre. — Conséquences de cette situation pour la Banque de France. — Irritation de Napoléon contre les gens d'affaires. — Importantes sommes en argent et en or envoyées à Strasbourg et en Italie. — Levée de la conscription par un décret du Sénat. — Organisation des réserves. — Emploi des gardes nationales. — Séance au Sénat. — Froideur témoignée à Napoléon par le peuple de Paris. — Napoléon en éprouve quelque peine, mais il part pour l'armée, certain de changer bientôt cette froideur en transports d'enthousiasme. — Dispositions des coalisés. — Marche de deux armées russes, l'une en Gallicie pour secourir les Autrichiens, l'autre en Pologne pour menacer la Prusse. — L'empereur Alexandre à Pulawi. — Ses négociations avec la cour de Berlin. — Marche des Autrichiens en Lombardie et en Bavière. — Passage de l'Inn par le général Mack. — L'électeur de Bavière, après de grandes perplexités, se jette dans les bras de la France, et s'enfuit à Würzbourg avec sa cour et son armée. — Le général Mack prend position à Ulm. — Conduite de la cour de Naples. — Commencement des opérations militaires du côté des Français. — Organisation de la grande armée. — Passage du Rhin. — Marche de Napoléon avec six corps, le long des Alpes de Souabe, pour tourner le général Mack. — Le 6 et le 7 octobre, Napoléon atteint le Danube vers Donauwerth, avant que le général Mack ait eu aucun soupçon de la présence des Français. — Passage général du Danube. — Le général Mack est enveloppé. — Combats de Wertingen et de Günzbourg. — Napoléon à Augsbourg fait ses dispositions dans le double but d'investir Ulm, et d'occuper Munich, afin de séparer les Russes des Autrichiens. — Erreur commise par Murat. — Danger de la division Dupont. — Combat de Haslach. — Napoléon accourt sous les murs d'Ulm, et répare les fautes commises. — Combat d'Elchingen livré le 14 octobre. — Investissement d'Ulm. — Désespoir du général Mack, et retraite de l'archiduc Ferdinand. — L'armée autrichienne réduite à capituler. — Triomphe inouï de Napoléon. — Il a détruit en vingt jours une armée de 80 mille hommes, sans livrer bataille. — Suite des opérations navales depuis le retour de l'amiral Villeneuve à Cadix. — Sévérité de Napoléon envers cet amiral. — Envoi de l'amiral Rosily pour le remplacer, et ordre à la flotte de sortir de Cadix afin d'entrer dans la Méditerranée. — Douleur de l'amiral Villeneuve, et sa résolution de livrer une bataille désespérée. — État de la flotte franco-espagnole et de la flotte anglaise. — Instructions de Nelson à ses capitaines. — Sortie précipitée de l'amiral Villeneuve. — Rencontre des deux flottes au cap Trafalgar. — Attaque des Anglais formés en deux colonnes. — Rupture de notre ligne de bataille. — Combats héroïques du *Redoutable*, du *Bucentaure*, du *Fougueux*, de *l'Algésiras*, du *Pluton*, de *l'Achille*, du *Prince des Asturies*. — Mort de Nelson, captivité de Villeneuve. — Défaite de notre flotte après une lutte mémorable. — Affreuse tempête à la suite de la bataille. — Les naufrages succèdent aux combats. — Conduite du gouvernement impérial à l'égard de la marine française. — Silence ordonné sur les derniers événements. — Ulm fait oublier Trafalgar.

Août 1805.

C'était une faute grave que de réunir Gênes à la France, la veille même de l'expédition d'Angleterre, et de fournir ainsi à l'Autriche la dernière raison qui devait la décider à la guerre. C'était provoquer et attirer sur soi une redoutable coalition, dans le moment où l'on aurait eu besoin d'un repos absolu sur le continent, pour avoir toute sa liberté d'action contre l'Angleterre. Napoléon, il est vrai, n'avait pas prévu les conséquences de la réunion de Gênes; son erreur avait consisté à trop mépriser l'Autriche, et à la croire incapable d'agir, quelque liberté qu'il prît avec elle. Cependant, quoique cette réunion, opérée en de telles circonstances, lui ait été justement reprochée, elle fut, en réalité, un événement heureux. Sans doute, si l'amiral Villeneuve eût été capable de faire voile vers la Manche et de paraître devant Boulogne, il faudrait regretter à jamais le trouble apporté à l'exécution du plus vaste projet; mais, cet amiral n'arrivant pas, Napoléon, réduit encore une fois à l'inaction, à moins qu'il n'eût la témérité de franchir le détroit sans la protection d'une flotte, Napoléon se serait trouvé dans un extrême embarras. Cette expédition, si souvent annoncée, manquant trois fois de suite, aurait fini par l'exposer à une sorte de ridicule, et par le constituer, aux yeux de l'Europe, dans un véritable état d'impuissance vis-à-vis de l'Angleterre. La coalition continentale, en lui fournissant un champ

Conséquences de la réunion de Gênes à la France.

de bataille qui lui manquait, répara la faute qu'il avait commise en venant elle-même en commettre une, et le tira fort à propos d'une situation indécise et fâcheuse. La chaîne qui lie entre eux les événements de ce monde est quelquefois bien étrange! Souvent, ce qui est sage combinaison échoue, ce qui est faute réussit. Ce n'est pas un motif toutefois pour déclarer toute prudence vaine, et pour lui préférer les impulsions du caprice dans le gouvernement des empires. Non, il faut toujours préférer le calcul à l'entraînement dans la conduite des affaires; mais on ne peut s'empêcher de reconnaître qu'au-dessus des desseins de l'homme planent les desseins de la Providence, plus sûrs, plus profonds que les siens. C'est une raison de modestie, non d'abdication pour la sagesse humaine.

Il faut avoir vu de près les difficultés du gouvernement, il faut avoir senti combien il est difficile de prendre de grandes déterminations, de les préparer, de les accomplir, de remuer les hommes et les choses, pour apprécier la résolution que Napoléon prit en cette circonstance. La douleur de voir échouer l'expédition de Boulogne une fois passée, il se livra tout entier à son nouveau projet de guerre continentale. Jamais il n'avait disposé de plus grandes ressources; jamais il n'avait vu s'ouvrir devant lui un champ d'opérations plus étendu. Quand il commandait l'armée d'Italie, il rencontrait pour limite à ses mouvements la plaine de la Lombardie et le cercle des Alpes; et s'il songeait à porter ses vues au delà de ce cercle, la prudence alarmée du directeur Carnot venait l'arrêter dans ses combinaisons. Lorsque, Premier Consul, il concevait le projet de la campagne de 1800, il était obligé de ménager des lieutenants qui étaient encore ses égaux ; et si, par exemple, il imaginait pour Moreau un plan qui aurait pu avoir les plus heureuses conséquences, il était arrêté par la timidité d'esprit de ce général ; il était réduit à le laisser agir à sa manière, manière sûre, mais bornée, et à se renfermer lui-même dans le champ isolé du Piémont. Il est vrai qu'il y signalait sa présence par une opération qui restera comme un prodige de l'art de la guerre, mais toujours son génie, en voulant se déployer, avait trouvé des obstacles. Pour la première fois, il était libre, libre comme l'avaient été César et Alexandre. Ceux de ses compagnons d'armes que leur jalousie ou leur réputation rendaient incommodes, s'étaient exclus eux-mêmes de la lice par une conduite imprudente et coupable. Il ne lui restait que des lieutenants soumis à sa volonté, et réunissant au plus haut degré toutes les qualités nécessaires pour l'exécution de ses desseins. Son armée, fatiguée d'une longue inaction, ne respirant que gloire et combats, formée par dix ans de guerre et trois ans de campement, était préparée aux plus difficiles entreprises, aux marches les plus audacieuses. L'Europe entière était ouverte à ses combinaisons. Il était à l'occident, sur les bords de la mer du Nord et de la Manche, et l'Autriche, aidée des forces russes, suédoises, italiennes et anglaises, était à l'orient, poussant sur la France les masses

Août 1805.

qu'une sorte de conspiration européenne avait mises à sa disposition. La situation, les moyens, tout était grand. Mais si jamais on ne s'était trouvé plus en mesure de faire face à de subits et graves périls, jamais aussi la difficulté n'avait été égale. Cette armée, tellement préparée qu'on peut dire que dans aucun temps il n'y en eut une pareille, cette armée était au bord de l'Océan, loin du Rhin, du Danube, des Alpes, ce qui explique comment les puissances continentales en avaient souffert la réunion sans réclamer, et il fallait la transporter tout à coup au centre du continent. Là était le problème à résoudre. On va juger comment Napoléon s'y prit pour franchir l'espace qui le séparait de ses ennemis, et se placer au milieu d'eux sur le point le plus propre à dissoudre leur formidable coalition.

Bien qu'il se fût obstiné à croire la guerre moins prochaine qu'elle n'était, il en avait parfaitement discerné les préparatifs et le plan. La Suède faisait des armements à Stralsund, dans la Poméranie suédoise; la Russie à Revel, dans le golfe de Finlande. On annonçait deux grandes armées russes qui se concentraient, l'une en Pologne afin d'entraîner la Prusse, l'autre en Gallicie afin de secourir l'Autriche. On ne se bornait pas à soupçonner, on connaissait avec certitude la formation de deux armées autrichiennes, l'une de 80 mille hommes en Bavière, l'autre de 100 mille hommes en Italie, toutes deux liées par un corps de 25 à 30 mille en Tyrol. Enfin des Russes réunis à Corfou, des Anglais à Malte, des symptômes d'agitation dans la cour de

Naples, ne permettaient plus de douter d'une tentative vers le midi de l'Italie.

<small>Août 1805.</small>

Quatre attaques se préparaient donc (voir la carte n° 27) : la première au nord par la Poméranie, sur le Hanovre et la Hollande, devant être exécutée par des Suédois, des Russes, des Anglais; la seconde à l'est par la vallée du Danube, confiée aux Russes et aux Autrichiens combinés; la troisième en Lombardie, réservée aux Autrichiens seuls; la quatrième au midi de l'Italie, devant être entreprise un peu plus tard par une réunion de Russes, d'Anglais, de Napolitains.

<small>Quatre attaques projetées contre l'Empire.</small>

Napoléon avait saisi ce plan tout aussi bien que s'il avait assisté aux conférences militaires de M. de Wintzingerode à Vienne, que nous avons rapportées antérieurement. Il n'y avait qu'une circonstance encore inconnue pour lui comme pour ses ennemis : entraînerait-on la Prusse? Napoléon ne le croyait pas. Les puissances coalisées espéraient y parvenir en intimidant le roi Frédéric-Guillaume. Dans ce cas l'attaque du Nord, au lieu d'être une tentative accessoire, fort gênée par la neutralité prussienne, serait devenue une entreprise menaçante contre l'Empire, depuis Cologne jusqu'aux bouches du Rhin. Cependant cela était peu probable, et Napoléon ne considérait comme sérieuses que les deux grandes attaques par la Bavière et la Lombardie, et regardait comme tout au plus dignes de quelques précautions celles qu'on préparait en Poméranie et vers le royaume de Naples.

Il résolut de porter le gros de ses forces dans la

<small>Combinaison</small>

vallée du Danube, et de faire tomber toutes les attaques secondaires par la manière dont il repousserait la principale. Sa profonde conception reposait sur un fait fort simple, l'éloignement des Russes, qui les exposait à venir tard au secours des Autrichiens. Il pensait que les Autrichiens, impatients de se porter en Bavière, et d'occuper, suivant leur coutume, la fameuse position d'Ulm, ajouteraient en agissant de la sorte à la distance qui les séparait naturellement des Russes, que ceux-ci dès lors se présenteraient tardivement en ligne, en remontant le Danube avec leur principale armée réunie aux réserves autrichiennes. En frappant les Autrichiens avant l'arrivée des Russes, Napoléon se proposait de courir ensuite sur les Russes privés du secours de la principale armée de l'Autriche, et voulait user du moyen très-facile en théorie, très-difficile dans la pratique, de battre ses ennemis les uns après les autres.

Pour réussir, ce plan exigeait une façon toute particulière de se transporter sur le théâtre des opérations, c'est-à-dire dans la vallée du Danube. (Voir la carte n° 28.) Si, à l'exemple de Moreau, Napoléon remontait le Rhin pour le passer de Strasbourg à Schaffhouse, s'il venait ensuite par les défilés de la Forêt-Noire déboucher entre les Alpes de Souabe et le lac de Constance, et attaquait ainsi de front les Autrichiens établis derrière l'Iller, d'Ulm à Memmingen, il ne remplissait pas complétement son but. Même en battant les Autrichiens, comme il en avait plus que jamais la certitude, avec l'armée formée au camp de Boulogne, il les poussait devant lui sur les Russes, et les conduisait, affaiblis seulement, à la jonction avec leurs alliés du Nord. Il fallait, comme à Marengo, et plus qu'à Marengo même, tourner les Autrichiens, et ne pas se borner à les battre, mais les envelopper, de manière à les envoyer tous prisonniers en France. Alors Napoléon pouvait se jeter sur les Russes n'ayant plus pour soutien que les réserves autrichiennes.

Pour cela une marche toute simple s'offrit à son esprit. L'un de ses corps d'armée, celui du maréchal Bernadotte, était en Hanovre, un second, celui du général Marmont, en Hollande, les autres à Boulogne. (Voir la carte n° 28.) Il imagina de faire descendre le premier à travers la Hesse en Franconie, sur Würzbourg et le Danube; de faire avancer le second le long du Rhin, en usant des facilités que procurait ce fleuve, et de le réunir par Mayence et Würzbourg au corps venu de Hanovre. Tandis que ces deux grands détachements allaient descendre du nord au midi, Napoléon résolut de porter par un mouvement de l'ouest à l'est, de Boulogne à Strasbourg, les corps campés au bord de la Manche, de feindre avec ces derniers une attaque directe par les défilés de la Forêt-Noire, mais en réalité de laisser cette forêt à droite, de passer à gauche, à travers le Wurtemberg, pour se joindre en Franconie aux corps de Bernadotte et de Marmont, de franchir le Danube au-dessous d'Ulm, aux environs de Donauwerth, de se placer ainsi derrière les Autrichiens, de les cerner, de les prendre, et, après

Août 1805.

Marche des divers corps composant l'armée française, des bords de l'Océan aux bords du Danube.

s'être débarrassé d'eux, de marcher sur Vienne à la rencontre des Russes.

La position du maréchal Bernadotte venant du Hanovre, du général Marmont venant de la Hollande, était un avantage, car il ne fallait à l'un que dix-sept jours, à l'autre que quatorze ou quinze, pour se transporter à Würzbourg, sur le flanc de l'armée ennemie campée à Ulm. Le mouvement des troupes partant de Boulogne pour Strasbourg exigeait environ vingt-quatre jours, et celui-là devait fixer l'attention des Autrichiens sur le débouché ordinaire de la Forêt-Noire. Dans l'espace de vingt-quatre jours, c'est-à-dire vers le 25 septembre, Napoléon pouvait donc être rendu sur le point décisif. En prenant son parti sur-le-champ, en cachant ses mouvements le plus longtemps possible par sa présence prolongée à Boulogne, en semant de faux bruits, en dérobant ses intentions avec cet art d'abuser l'ennemi qu'il possédait au plus haut degré, il pouvait avoir passé le Danube sur les derrières des Autrichiens avant qu'ils se fussent doutés de sa présence. S'il réussissait, il était dès le mois d'octobre débarrassé de la première armée ennemie, il employait le mois de novembre à marcher sur Vienne, et se rencontrait dans les environs de cette capitale avec les Russes, qu'il n'avait jamais vus, qu'il savait être des fantassins solides, mais non point invincibles, car Moreau et Masséna les avaient déjà battus, et il se promettait de les battre encore plus rudement. Arrivé à Vienne, il avait dépassé de beaucoup la position de l'armée autrichienne d'Italie, ce qui devenait pour celle-ci un motif pressant de retraite. (Voir les cartes n°ˢ 28 et 31.) Le projet de Napoléon était de confier à Masséna, le plus vigoureux de ses lieutenants, et celui qui connaissait le mieux l'Italie, le commandement de l'armée française sur l'Adige. Elle ne devait être que de 50 mille hommes, mais des meilleurs, car ils avaient fait toutes les campagnes au delà des Alpes, depuis Montenotte jusqu'à Marengo. Pourvu que Masséna pût arrêter l'archiduc Charles sur l'Adige pendant un mois, ce qui semblait hors de doute avec des soldats habitués à vaincre les Autrichiens, quel que fût leur nombre, et sous un général qui ne reculait jamais, Napoléon, parvenu à Vienne, dégageait la Lombardie, comme il avait dégagé la Bavière. Il attirait l'archiduc Charles sur lui, mais il attirait en même temps Masséna; et, joignant alors aux 150 mille hommes avec lesquels il aurait marché le long du Danube, les 50 mille venus des bords de l'Adige, il devait se trouver à Vienne à la tête de 200 mille Français victorieux. Disposant directement d'une telle masse de forces, ayant déjoué les deux principales attaques, celles de Bavière et de Lombardie, qu'importaient les deux autres, préparées au nord et au midi, vers le Hanovre et vers Naples? L'Europe entière fût-elle en armes, il n'avait rien à craindre de l'universalité de ses forces.

Toutefois il ne négligea pas de prendre certaines précautions à l'égard de la basse Italie. Le général Saint-Cyr occupait la Calabre avec 20 mille hommes. Napoléon lui donna pour instructions de se porter sur Naples, et de s'emparer de cette capitale au premier

Août 1805.

Manière d'opérer à l'égard de l'Italie.

symptôme d'hostilité. Sans doute il eût été plus conforme à ses principes de ne pas couper en deux l'armée d'Italie, de ne point placer 50 mille hommes sous Masséna, au bord de l'Adige, 20 mille sous le général Saint-Cyr en Calabre, de réunir le tout au contraire en une seule masse de 70 mille hommes, laquelle, certaine de vaincre au nord de l'Italie, aurait eu peu à craindre du midi. Mais il jugeait que Masséna, avec 50 mille hommes et son caractère, suffirait pour arrêter l'archiduc Charles pendant un mois, et il regardait comme dangereux de permettre aux Russes, aux Anglais, de prendre pied à Naples, et de fomenter dans la Calabre une guerre d'insurrection difficile à éteindre. C'est pourquoi il laissa le général Saint-Cyr et 20 mille hommes dans le golfe de Tarente, avec ordre de marcher au premier signal sur Naples, et de jeter les Russes et les Anglais à la mer avant qu'ils eussent le temps de s'établir sur le continent d'Italie. Quant à l'attaque préparée dans le nord de l'Europe, et si distante des frontières de l'Empire, Napoléon se borna, pour y faire face, à continuer la négociation entreprise à Berlin, relativement à l'électorat de Hanovre. Il avait fait offrir cet électorat à la Prusse pour prix de son alliance; mais, n'espérant guère une alliance formelle de la part d'une cour aussi timide, il lui proposa de mettre le Hanovre en dépôt dans ses mains, si elle ne voulait pas le recevoir à titre de don définitif. Dans tous les cas, elle était obligée d'en éloigner les troupes belligérantes, et sa neutralité suffisait dès lors pour couvrir le nord de l'Empire.

Tel fut le plan conçu par Napoléon. Portant ses corps d'armée, par une marche rapide et imprévue, du Hanovre, de la Hollande, de la Flandre, au centre de l'Allemagne, passant le Danube au-dessous d'Ulm, séparant les Autrichiens des Russes, enveloppant les premiers, culbutant les seconds, s'enfonçant ensuite dans la vallée du Danube jusqu'à Vienne, et dégageant par ce mouvement Masséna en Italie, il devait avoir bientôt repoussé les deux principales attaques dirigées contre son empire. Ses armées victorieuses étant ainsi réunies sous les murs de Vienne, il n'avait plus à s'inquiéter d'une tentative au midi de l'Italie, que le général Saint-Cyr d'ailleurs devait rendre vaine, et d'une autre au nord de l'Allemagne, que la neutralité prussienne allait gêner de toutes parts.

Août 1805.

Jamais aucun capitaine, dans les temps anciens ou modernes, n'avait conçu, exécuté des plans sur une pareille échelle. C'est que jamais un esprit plus puissant, plus libre de ses volontés, disposant de moyens plus vastes, n'avait eu à opérer sur une telle étendue de pays. Que voit-on en effet la plupart du temps ? Des gouvernements irrésolus, qui délibèrent quand ils devraient agir, des gouvernements imprévoyants, qui songent à organiser leurs forces quand déjà elles devraient être sur le champ de bataille, et au-dessous d'eux des généraux subordonnés, qui peuvent à peine se mouvoir sur le théâtre circonscrit assigné à leurs opérations. Ici au contraire, génie, volonté, prévoyance, liberté absolue d'action, tout concourait dans le même homme au même but. Il est rare que de telles circonstances se rencontrent; mais quand elles se trouvent réunies, le monde a un maître.

Dans les derniers jours du mois d'août, les Autrichiens étaient déjà sur les bords de l'Adige et de l'Inn, les Russes à la frontière de Gallicie. Il semblait qu'ils dussent surprendre Napoléon; mais il n'en fut rien. Il donna tous ses ordres à Boulogne dans la journée même du 26 août, avec la recommandation cependant de ne les émettre que le 27, à dix heures du soir. Il voulait ainsi se ménager toute la journée du 27, avant de renoncer définitivement à sa grande expédition maritime. Le courrier, parti le 27, ne devait arriver que le 1er septembre à Hanovre. Le maréchal Bernadotte, déjà prévenu, devait commencer son mouvement le 2 septembre, avoir assemblé son corps le 6 à Gœttingue, et être rendu à Würzbourg le 20. (Voir la carte n° 28.) Il avait ordre de réunir dans la place forte d'Hameln l'artillerie enlevée aux Hanovriens, des munitions de tout genre, les malades, les dépôts de son corps d'armée, et une garnison de 6 mille hommes commandée par un officier énergique, sur lequel on pût compter. Cette garnison devait être approvisionnée pour un an. Si l'on convenait d'un arrangement avec la Prusse pour le Hanovre, les troupes laissées à Hameln rejoindraient immédiatement le corps de Bernadotte; sinon, elles resteraient dans cette place, et la défendraient jusqu'à la mort, dans le cas où les Anglais feraient une expédition par le Weser, ce que la neutralité prussienne ne pouvait pas empêcher.—«Je serai, écrivit Napoléon,

» aussi prompt que Frédéric, lorsqu'il allait de
» Prague à Dresde et à Berlin. J'accourrai bientôt
» au secours des Français défendant mes aigles en
» Hanovre, et je rejetterai dans le Weser les enne-
» mis qui en seraient venus. » — Bernadotte avait
ordre de traverser les deux Hesses, en disant aux
gouvernements de ces deux principautés, qu'il rentrait en France par Mayence, de forcer le passage s'il était refusé, de marcher du reste l'argent à la main, de tout payer, d'observer une exacte discipline.

Le même soir du 27 août, un courrier porta au général Marmont l'ordre de se mettre en mouvement avec 20 mille hommes et 40 pièces de canon bien attelées, de suivre les bords du Rhin jusqu'à Mayence, de se rendre par Mayence et Francfort à Würzbourg. L'ordre devait parvenir à Utrecht le 30 août. Le général Marmont ayant déjà reçu un premier avis, devait se mettre en mouvement le 1ᵉʳ septembre, être arrivé à Mayence le 15 ou le 16, et le 18 ou le 19 à Würzbourg. (Voir la carte n° 28.) Ainsi, ces deux corps de Hanovre et de Hollande devaient être rendus au milieu des principautés franconiennes de l'électeur de Bavière, du 18 au 20 septembre, et y présenter une force de quarante mille hommes. Comme on avait recommandé à l'électeur de s'enfuir à Würzbourg, si les Autrichiens essayaient de lui faire violence, il était assuré de trouver là un secours tout préparé pour sa personne et pour son armée.

Enfin, le 27 au soir, furent émis les ordres pour les camps d'Ambleteuse, de Boulogne et de Mon-

Août 1805.

Marche prescrite au général Marmont.

Marche prescrite aux quatre

treuil. Ces ordres devaient commencer à s'exécuter le 29 août au matin. Le premier jour, devaient partir, par trois routes différentes, les premières divisions de chaque corps, le deuxième jour les secondes divisions, le troisième jour les dernières. Elles se suivaient par conséquent à vingt-quatre heures de distance. Les trois routes indiquées étaient, pour le camp d'Ambleteuse : Cassel, Lille, Namur, Luxembourg, Deux-Ponts, Manheim; pour le camp de Boulogne : Saint-Omer, Douai, Cambrai, Mézières, Verdun, Metz, Spire; pour le camp de Montreuil : Arras, la Fère, Reims, Nancy, Saverne, Strasbourg. Comme il fallait vingt-quatre marches, l'armée pouvait être transportée tout entière sur le Rhin, entre Manheim et Strasbourg, du 21 au 24 septembre. Cela suffisait pour qu'elle y fût en temps utile, car les Autrichiens, voulant garder quelque mesure, afin de mieux surprendre les Français, étaient restés au camp de Wels près Lintz, et ne pouvaient dès lors être en ligne avant Napoléon. D'ailleurs, plus ils s'engageraient sur le haut Danube, plus ils s'approcheraient de la frontière de France, entre le lac de Constance et Schaffhouse, plus Napoléon aurait de chance de les envelopper. Des officiers envoyés avec des fonds, sur les routes que les troupes devaient parcourir, étaient chargés de faire préparer des vivres dans chaque lieu d'étape. Des ordres formels, et plusieurs fois réitérés, comme tous ceux que donnait Napoléon, enjoignaient de fournir à chaque soldat une capote et deux paires de souliers.

Napoléon, gardant profondément son secret, qui

ne fut confié qu'à Berthier et à M. Daru, dit autour de lui qu'il envoyait 30 mille hommes sur le Rhin. Il l'écrivit ainsi à la plupart de ses ministres. Il ne s'ouvrit pas davantage envers M. de Marbois, et se borna à lui enjoindre de réunir dans les caisses de Strasbourg le plus d'argent possible, ce qui s'expliquait suffisamment par la nouvelle avouée de l'envoi de 30 mille hommes en Alsace. Il prescrivit à M. Daru de partir sur-le-champ pour Paris, de se rendre chez M. Dejean, ministre du matériel de la guerre, d'expédier de sa propre main tous les ordres accessoires qu'exigeait le déplacement de l'armée, et de ne pas mettre un seul commis dans sa confidence. Napoléon voulut rester lui-même six à sept jours de plus à Boulogne, pour mieux tromper le public sur ses projets.

Août 1805.

Comme tous ces corps allaient traverser la France, excepté celui du maréchal Bernadotte, qui devait s'annoncer en Allemagne comme un corps destiné à repasser la frontière, il faudrait qu'ils fussent déjà en pleine marche pour donner des signes de leur présence, que ces signes fussent transmis à Paris, de Paris à l'étranger, et que bien des jours s'écoulassent avant que l'ennemi apprît la levée du camp de Boulogne. D'ailleurs les nouvelles de ces mouvements pouvant s'expliquer par l'envoi, qu'on ne cachait pas, de 30 mille hommes sur le Rhin, laisseraient dans le doute les esprits les plus prévoyants, et il y avait grande chance de se trouver sur le Rhin, le Necker ou le Mein, quand on serait encore supposé sur les bords de la Manche. Napoléon fit en même

Précautions prises pour que la marche de l'armée soit connue le plus tard possible.

temps partir Murat, ses aides de camp Savary et Bertrand, pour la Franconie, la Souabe et la Bavière. Ils avaient ordre d'explorer toutes les routes qui du Rhin aboutissaient au Danube, d'observer la nature de chacune de ces routes, les positions militaires qu'on y rencontrait, les moyens de vivre qu'elles présentaient, enfin tous les points convenables pour traverser le Danube. Murat devait voyager sous un nom supposé, et, son exploration terminée, revenir à Strasbourg, afin d'y prendre le commandement des premières colonnes rendues sur le Rhin.

Pour laisser le plus longtemps possible les Autrichiens dans l'ignorance de ses résolutions, Napoléon recommanda en outre à M. de Talleyrand de différer le manifeste destiné au cabinet de Vienne, et ayant pour but de sommer ce cabinet de s'expliquer définitivement. Il n'en attendait que des mensonges en réponse à ses sommations, et quant à le convaincre de duplicité à la face de l'Europe, il lui suffisait de le faire au moment des premières hostilités. Il expédia pour Carlsruhe M. le général Thiard, passé au service de France depuis la rentrée des émigrés, et le chargea de négocier une alliance avec le grand-duché de Baden. Il adressa des offres de même nature au Wurtemberg, alléguant qu'il prévoyait la guerre, à en juger par les préparatifs de l'Autriche, mais ne disant jamais à quel point il était prêt à la commencer. Enfin il ne livra le secret entier de ses projets qu'à l'électeur de Bavière. Ce malheureux prince, hésitant entre l'Autriche qui était son ennemie, et la France qui était son amie, mais l'une proche, l'autre éloignée, se souvenant aussi que dans les guerres antérieures, constamment foulé par les uns et les autres, il avait toujours été oublié à la paix, ce malheureux prince ne savait à qui s'attacher. Il comprenait bien qu'en se donnant à la France il pourrait espérer des agrandissements de territoire, mais ignorant encore la levée du camp de Boulogne, il la voyait, à l'époque dont il s'agit, tout occupée de sa lutte contre l'Angleterre, importunée de ses alliés d'Allemagne, et n'étant pas en mesure de les secourir. Aussi ne cessait-il de parler d'alliance à notre ministre, M. Otto, sans jamais oser conclure. Cet état de choses changea bientôt par suite des lettres de Napoléon. Celui-ci écrivit directement à l'électeur, et lui annonça (en lui disant que c'était un secret d'État confié à son honneur) qu'il ajournait ses projets contre l'Angleterre, et marchait immédiatement avec 200 mille hommes au centre de l'Allemagne. — Vous serez secouru à temps, lui mandait-il, et la maison d'Autriche vaincue sera forcée de vous composer un État considérable avec les débris de son patrimoine. — Napoléon tenait à gagner cet électeur, qui comptait 25 mille soldats bien organisés, et qui avait en Bavière des magasins très-bien fournis. C'était un avantage important que d'arracher ces 25 mille soldats à la coalition, et de se les donner à soi. Du reste, le secret n'était pas en péril, car ce prince éprouvait une véritable haine pour les Autrichiens, et, une fois rassuré, ne demanderait pas mieux que de se lier à la France.

Napoléon s'occupa ensuite de l'armée d'Italie.

Août 1805.

Instructions

2.

Août 1805.

envoyées à l'armée d'Italie.

Il ordonna de réunir sous les murs de Vérone les troupes dispersées entre Parme, Gênes, le Piémont, la Lombardie. Il retira le commandement de ces troupes au maréchal Jourdan, en observant les plus grands ménagements envers ce personnage, pour lequel il avait de l'estime, mais dont il ne trouvait pas le caractère au niveau des circonstances, et qui en outre n'avait aucune connaissance du pays compris entre le Pô et les Alpes. Il lui promit de l'employer sur le Rhin, où il avait toujours combattu, et enjoignit à Masséna de partir sans délai. La distance à laquelle était l'Italie rendait la divulgation de ces ordres peu dangereuse, car elle ne pouvait être que tardive.

Précautions avant de quitter Boulogne, pour mettre la flottille à l'abri de toute attaque.

Ces dispositions terminées, il consacra le temps qu'il devait passer encore à Boulogne, à prescrire lui-même les précautions les plus minutieuses afin de mettre la flottille à l'abri de toute attaque de la part des Anglais. Il était naturel de penser que ceux-ci profiteraient du départ de l'armée pour tenter un débarquement, et incendier le matériel accumulé dans les bassins. Napoléon, qui ne renonçait pas à revenir bientôt sur les côtes de l'Océan, après une guerre heureuse, et qui ne voulait pas d'ailleurs se laisser faire un outrage aussi grave que l'incendie de la flottille, ordonna les précautions suivantes aux ministres Decrès et Berthier. Les divisions d'Étaples et de Wimereux durent être réunies à celles de Boulogne, et toutes placées dans le fond du bassin de la Liane, hors de la portée des projectiles de l'ennemi. On ne pouvait en faire autant pour la flottille hollandaise, qui était à Ambleteuse, mais tout fut disposé pour que les troupes stationnées à Boulogne pussent accourir sur cet autre point en deux ou trois heures. Des filets d'une espèce particulière, attachés à de fortes ancres, empêchaient l'introduction des machines incendiaires qui auraient pu être lancées sous la forme de corps flottants.

Trois régiments entiers, y compris leur troisième bataillon, furent laissés à Boulogne. Il y fut ajouté douze troisièmes bataillons des régiments partis pour l'Allemagne. Les matelots appartenant à la flottille furent formés en quinze bataillons de mille hommes chacun. On les arma de fusils, et on leur donna des officiers d'infanterie pour les instruire. Ils devaient alternativement faire le service ou à bord des bâtiments restés à la voile, ou autour de ceux qui étaient échoués dans le port. Cette réunion de troupes de terre et de mer présentait une force de trente-six bataillons, commandés par des généraux et un maréchal, le maréchal Brune, celui qui avait, en 1799, jeté les Russes et les Anglais à la mer. Napoléon ordonna la construction de retranchements en terre, tout autour de Boulogne, pour couvrir la flottille et les immenses magasins qu'il avait formés. Il voulut que des officiers de choix fussent attachés à chaque position retranchée, et conservassent toujours le même poste, afin que, répondant de sa sûreté, ils s'étudiassent sans cesse à en perfectionner la défense.

Il chargea ensuite M. Decrès d'assembler les officiers de mer, le maréchal Berthier d'assembler les officiers de terre, d'expliquer aux uns et aux autres l'importance du poste confié à leur honneur, de les consoler de rester dans l'inaction tandis que leurs camarades allaient combattre, de leur promettre qu'ils seraient employés à leur tour, qu'ils auraient même bientôt la gloire de concourir à l'expédition d'Angleterre, car après avoir puni le continent de son agression, Napoléon reparaîtrait aux bords de la Manche, peut-être au printemps suivant.

Napoléon assista de sa personne au départ de toutes les divisions de l'armée. On se ferait difficilement une idée de leur joie, de leur ardeur, quand elles apprirent qu'elles allaient entreprendre une grande guerre. Il y avait cinq ans qu'elles n'avaient combattu; il y en avait deux et demi qu'elles attendaient vainement l'occasion de passer en Angleterre. Vieux et jeunes soldats, devenus égaux par une vie commune de plusieurs années, confiants dans leurs officiers, enthousiastes du chef qui devait les conduire à la victoire, espérant les plus hautes récompenses sous un régime qui avait mené au trône un soldat heureux, pleins enfin du sentiment qui à cette époque avait remplacé tous les autres, l'amour de la gloire, tous, vieux et jeunes, appelaient de leurs vœux la guerre, les combats, les périls, les expéditions lointaines. Ils avaient vaincu les Autrichiens, les Prussiens, les Russes; ils méprisaient tous les soldats de l'Europe, et n'imaginaient pas qu'il y eût une armée au monde capable de leur résister. Rompus à la fatigue comme de vraies légions romaines, ils voyaient

ULM ET TRAFALGAR. 23

sans effroi les longues routes qui devaient les mener à la conquête du continent. Ils partaient en chantant, en criant *Vive l'Empereur!* en demandant la plus prochaine rencontre avec l'ennemi. Sans doute il y avait dans ces cœurs bouillants de courage moins de pur patriotisme que chez les soldats de quatre-vingt-douze ; il y avait plus d'ambition, mais une noble ambition, celle de la gloire, des récompenses légitimement acquises, et une confiance, un mépris des périls et des difficultés, qui constituent le soldat destiné aux grandes choses. Les volontaires de quatre-vingt-douze voulaient défendre leur patrie contre une injuste invasion ; les soldats aguerris de 1805 voulaient la rendre la première puissance de la terre. N'établissons pas de distinctions entre de tels sentiments : il est beau de courir à la défense de son pays en péril ; il est beau également de se dévouer pour qu'il soit grand et glorieux.

Sept. 1805.

Après avoir vu de ses yeux son armée en marche, Napoléon partit de Boulogne le 2 septembre, et arriva le 3 à la Malmaison. Personne n'était informé de ses résolutions ; on le croyait toujours occupé de ses projets contre l'Angleterre ; on s'inquiétait seulement des intentions de l'Autriche, et on expliquait les déplacements de troupes dont il commençait à être question, par l'envoi déjà publié d'un corps de 30 mille hommes qui devait surveiller les Autrichiens sur le haut Rhin.

Retour de Napoléon à Paris.

Le public, ne connaissant pas exactement les faits, ignorant à quel point une profonde intrigue anglaise avait serré les nœuds de la nouvelle coalition, repro-

Dispositions du public à son égard.

Sept. 1805.

Détresse
financière.

chait à Napoléon d'avoir poussé l'Autriche à bout, en mettant la couronne d'Italie sur sa tête, en réunissant Gênes à l'Empire, en donnant Lucques à la princesse Élisa. On ne cessait pas de l'admirer, on se trouvait toujours fort heureux de vivre sous un gouvernement aussi ferme, aussi juste que le sien, mais on lui reprochait l'amour excessif de ce qu'il faisait si bien, l'amour de la guerre. Personne ne pouvait croire qu'elle fût malheureuse sous un capitaine tel que lui, mais on entendait parler de l'Autriche, de la Russie, d'une partie de l'Allemagne, soldées par l'Angleterre; on ne savait pas si cette nouvelle lutte serait de courte ou de longue durée, et on se rappelait involontairement les angoisses des premières guerres de la Révolution. Toutefois, la confiance l'emportait de beaucoup sur les autres sentiments; mais un léger murmure d'improbation, très-sensible pour les fines oreilles de Napoléon, ne laissait pas de se faire entendre.

Ce qui contribuait surtout à rendre plus pénibles les sensations qu'éprouvait le public, c'était une extrême gêne financière. Des causes diverses l'avaient produite. Napoléon avait persisté dans son projet de ne jamais emprunter. « De mon vivant, écrivait-il à » M. de Marbois, je n'émettrai aucun papier. » (Milan, 18 mai 1805.) En effet, le discrédit produit par les assignats, par les mandats, par toutes les émissions de papier, durait encore, et tout puissant, tout redouté qu'était alors l'Empereur des Français, il n'aurait pas fait accepter une rente de 5 francs pour un capital de plus de 50 francs, ce qui aurait constitué un emprunt à 10 pour 100. Cependant il résultait de graves embarras de cette situation, car le pays le plus riche ne saurait suffire aux charges de la guerre sans en rejeter une partie sur l'avenir.

Sept. 1805.

Nous avons déjà fait connaître l'état des budgets. Celui de l'an XII (septembre 1803 à septembre 1804) évalué à 700 millions (sans les frais de perception), s'était élevé à 762. Heureusement les impôts avaient reçu de la prospérité publique, que la guerre n'interrompait pas sous ce gouvernement puissant, un accroissement d'environ 40 millions. Le produit de l'enregistrement figurait pour 18 millions, celui des douanes pour 16, dans cet accroissement du revenu. Il restait à combler un déficit de 20 et quelques millions.

Budget de l'an XII.

L'exercice de l'an XIII (septembre 1804 à septembre 1805), qui se terminait en ce moment, présentait des insuffisances plus grandes encore. Les constructions navales étant en partie achevées, on avait cru d'abord que la dépense de cet exercice pourrait être fort réduite. Quoique celui de l'an XII se fût élevé à 762 millions, on avait espéré solder celui de l'an XIII avec une somme de 684 millions. Mais les mois écoulés jusqu'ici révélaient une dépense mensuelle de 60 millions environ, ce qui supposait une dépense annuelle de 720. On avait, pour y faire face, les impôts et les ressources extraordinaires. Les impôts, qui produisaient 500 millions en 1801, s'étaient élevés, par le seul effet de l'aisance générale, et sans aucun changement dans les tarifs, à un produit de 560 millions. Les contributions indirectes, ré-

Budget de l'an XIII.

cemment établies, ayant rapporté près de 25 millions cette année, les dons volontaires des communes et des départements, convertis en centimes additionnels, fournissant encore une vingtaine de millions à peu près, on était arrivé à 600 millions de revenu permanent. Il fallait donc trouver 120 millions pour compléter le budget de l'an XIII. Le subside italien de 22 millions en devait procurer une partie. Mais le subside espagnol de 48 millions avait cessé en décembre 1804, par suite de la brutale déclaration de guerre que l'Angleterre avait faite à l'Espagne. Celle-ci, servant désormais la cause commune par ses flottes, n'avait plus à la servir par ses finances. Le fonds américain, prix de la Louisiane, était dévoré. Pour suppléer à ces ressources, on avait ajouté au subside italien de 22 millions une somme de 36 millions en nouveaux cautionnements, espèce d'emprunt dont nous avons expliqué ailleurs le mécanisme, puis une aliénation de biens nationaux d'une vingtaine de millions, et enfin quelques remboursements dus par le Piémont, et montant à 6 millions. Le tout faisait, avec les impôts ordinaires, 684 millions. Restait donc une insuffisance de 36 à 40 millions pour arriver à 720.

Ainsi on était arriéré de 20 millions pour l'an XII, et de 40 pour l'an XIII. Mais ce n'était pas tout. La comptabilité, encore peu perfectionnée, ne révélant pas comme aujourd'hui tous les faits à l'instant même, on venait de découvrir quelques restes de dépenses non acquittées, et quelques non-valeurs dans les recettes, se rapportant aux exercices antérieurs, ce qui constituait encore une charge d'une vingtaine de millions. En additionnant ces divers déficits, 20 millions pour l'an xii, 40 pour l'an xiii, 20 de découverte récente, on pouvait évaluer à 80 millions environ l'arriéré qui commençait à se former depuis le renouvellement de la guerre.

<small>Sept. 1805.

Il commence à se former un arriéré d'environ 80 millions.</small>

Différents moyens avaient été employés pour y pourvoir. D'abord on s'était endetté avec la Caisse d'amortissement. On aurait dû rembourser à cette caisse, à raison de 5 millions par an, les cautionnements dont il avait été fait ressource. On aurait dû lui verser, à raison de 10 millions par an, les 70 millions de la valeur des biens nationaux, que la loi de l'an ix lui avait attribués pour compenser l'augmentation de la dette publique. On ne lui avait remis aucune de ces deux sommes. Il est vrai qu'on l'avait nantie en biens nationaux, et qu'elle n'était pas un créancier bien exigeant. Le Trésor lui devait une trentaine de millions à la fin de l'année xiii (septembre 1805).

<small>Moyens de faire face à cet arriéré.</small>

On avait trouvé quelques autres ressources dans plusieurs perfectionnements apportés au service du Trésor. Si l'État n'inspirait pas en général une grande confiance sous le rapport financier, certains agents des finances, dans les limites de leur service, en inspiraient beaucoup. Ainsi le caissier central du Trésor, établi à Paris, chargé de tous les mouvements de fonds entre Paris et les provinces, émettait sur lui-même ou sur les comptables ses correspondants, des traites qui étaient toujours acquittées à bureau ouvert, parce que les payements s'exécutaient même au milieu de ces embarras avec une parfaite exactitude. Cette espèce de banque avait pu mettre en circulation jusqu'à 15 millions de traites acceptées comme argent comptant.

Enfin une amélioration véritable dans le service des receveurs généraux avait procuré une ressource à peu près égale. Pour les contributions directes, reposant sur la terre et les propriétés bâties, dont la valeur était connue d'avance, et l'échéance fixe comme une rente, on faisait souscrire à ces comptables des effets payables mois par mois à leur caisse, sous le titre souvent rappelé d'*Obligations des receveurs généraux*. Mais pour les contributions indirectes, qui s'acquittent irrégulièrement, au fur et à mesure des consommations ou des transactions sur lesquelles elles reposent, on attendait que le produit fût réalisé pour tirer sur les receveurs généraux des effets appelés *Bons à vue*. Ils jouissaient ainsi de cette partie des fonds de l'État pendant environ cinquante jours. Il fut établi qu'à l'avenir le Trésor tirerait d'avance sur eux, et tous les mois, des mandats pour les deux tiers de la somme connue des contributions indirectes (cette somme était de 190 millions), que le dernier tiers resterait dans leurs mains pour faire face aux variations des rentrées, et n'arriverait au Trésor que par la forme anciennement usitée des *bons à vue*. Ce versement plus prompt d'une partie des fonds de l'État répondait à un secours d'environ 15 millions.

Ainsi en s'endettant avec la Caisse d'amortissement, en créant les traites du caissier central du Trésor, en accélérant certaines rentrées, on avait trouvé des ressources pour une soixantaine de millions. Si on suppose le déficit de 80 ou 90, il devait manquer encore une trentaine de millions. On y avait suffi, soit en s'arriérant avec les fournisseurs, c'est-à-dire avec la fameuse compagnie des *Négociants réunis*, dont on ne payait pas les fournitures exactement, soit en escomptant d'avance une somme d'*obligations des receveurs généraux* plus grande qu'on ne l'aurait dû.

Napoléon, qui ne voulait pas s'engager trop avant dans cette voie de l'arriéré, avait imaginé, pendant qu'il se trouvait en Italie, une opération qui, selon lui, n'avait rien de commun avec une émission de papier. Des 300 ou 400 millions de biens nationaux existant en 1800, il ne restait rien en 1805, non pas qu'on eût dépensé tout entière cette précieuse valeur, mais, au contraire, parce que dans le but de la conserver, on en avait fait la dotation de la Caisse d'amortissement, du Sénat, de la Légion d'honneur, des Invalides, de l'Instruction publique. Les quelques portions qu'on voyait figurer encore dans les budgets composaient un dernier reste qu'on livrait à la Caisse d'amortissement en acquittement de ce qu'on lui devait et de ce qu'on ne lui payait pas. Napoléon eut l'idée de reprendre à la Légion d'honneur et au Sénat les domaines nationaux qu'il leur avait attribués, de leur donner en place des rentes, et de disposer de ces domaines pour une opération avec les fournisseurs. Effectivement, on dé-

Sept. 1805.

livra des rentes au Sénat et à la Légion d'honneur en échange de leurs immeubles. Pour 1,000 francs de revenu en terres, on leur accorda 1,750 francs de revenu en rentes, afin de compenser la différence entre le prix des unes et des autres. Le Sénat et la Légion d'honneur y gagnèrent ainsi une augmentation de dotation annuelle. On reprit ensuite les biens nationaux, et on commença à en livrer aux fournisseurs à un prix convenu. Ceux-ci, obligés d'emprunter à des capitalistes qui leur prêtaient les fonds dont ils avaient besoin, trouvaient dans les immeubles un gage à l'aide duquel ils obtenaient du crédit, et se procuraient le moyen de continuer leur service. Ce fut la Caisse d'amortissement qu'on chargea de toute cette opération, et qui prit sur les rentes rachetées la somme nécessaire pour indemniser le Sénat et la Légion d'honneur. L'État à son tour dut la dédommager en créant à son profit une somme de rentes correspondante à celle dont elle venait de se dépouiller. C'est avec ces divers expédients, les uns légitimes comme les améliorations de service, les autres fâcheux comme les retards de payement aux fournisseurs et la reprise des biens donnés à divers établissements, c'est avec ces expédients, disons-nous, qu'on était parvenu à faire face au déficit qui s'était produit depuis deux années. De notre temps la dette flottante, à laquelle on pourvoit avec les *bons royaux*, permettrait de supporter une charge quatre ou cinq fois plus considérable.

Situation embarrassée du commerce.

Tout cela n'eût présenté qu'un médiocre embarras, si la situation du commerce eût été bonne;

mais il n'en était pas ainsi. Les négociants français, en 1802, croyant à la durée de la paix maritime, s'étaient engagés dans des opérations considérables, et avaient fait des expéditions pour tous les pays. La conduite violente de l'Angleterre, courant sur notre pavillon avant aucune déclaration de guerre, leur avait causé des pertes immenses. Beaucoup de maisons avaient dissimulé leur détresse, et, en se résignant à de grands sacrifices, en s'aidant les unes les autres de leur crédit, avaient supporté le premier coup. Mais la nouvelle secousse résultant de la guerre continentale devait achever leur ruine. Déjà les banqueroutes commençaient dans les principales places de commerce, et y produisaient un trouble général. Ce n'était pas là l'unique cause de gêne dans les affaires. Depuis la chute des assignats, le numéraire, quoiqu'il eût promptement reparu, était toujours demeuré insuffisant, par une cause facile à comprendre. Le papier-monnaie, tout en étant discrédité dès le premier jour de son émission, avait néanmoins fait l'office de numéraire, pour une partie quelconque des échanges, et avait expulsé de France une partie des espèces métalliques. La prospérité publique, subitement restaurée sous le Consulat, n'avait cependant pas assez duré pour ramener l'or et l'argent sortis du pays. On en manquait dans toutes les transactions. S'en procurer était à cette époque l'un des soucis constants du commerce. La Banque de France, qui avait pris un rapide développement, parce qu'elle fournissait au moyen de ses billets parfaitement accrédités un supplément de

Sept. 1805.

Disette de numéraire.

Causes de cette disette.

numéraire, la Banque de France avait la plus grande peine à maintenir dans ses caisses une réserve métallique proportionnée à l'émission de ses billets. Elle avait fait, sous ce rapport, de louables efforts, et tiré d'Espagne une somme énorme de piastres. Malheureusement une voie d'écoulement ouverte alors au numéraire en laissait échapper autant qu'on pouvait en amener, c'était le payement des denrées coloniales. Autrefois, c'est-à-dire en 1788 et 1789, quand nous possédions Saint-Domingue, la France retirait de ses colonies, en sucre, café et autres produits coloniaux, jusqu'à 220 millions de francs par an, dont elle consommait 70 ou 80, et exportait jusqu'à 150, particulièrement sous forme de sucre raffiné. Si on songe à la différence des valeurs entre ce temps et le nôtre, différence qui est du double au moins, on jugera quelle immense source de prospérité se trouvait tarie. Il fallait aller chercher hors de chez nous et recevoir de nos propres ennemis les denrées coloniales que vingt ans auparavant nous vendions à toute l'Europe. Une portion considérable de notre numéraire était transportée à Hambourg, Amsterdam, Gênes, Livourne, Venise, Trieste, pour payer les sucres et les cafés que les Anglais y faisaient entrer par le commerce libre ou par la contrebande. On envoyait en Italie fort au delà des 22 millions que nous payait cette contrée. Tous les commerçants du temps se plaignaient de cet état de choses, et ce sujet était journellement discuté à la Banque par les négociants les plus éclairés de France.

C'était à l'Espagne que toute l'Europe avait l'habitude de demander des métaux. Cette célèbre nation, à laquelle Colomb avait procuré des siècles d'une riche et fatale oisiveté, en lui ouvrant les mines de l'Amérique, s'était laissé obérer à force d'ignorance et de désordre. Les malheurs de la guerre s'ajoutant à une mauvaise administration, elle était alors la plus gênée des puissances, et donnait le spectacle toujours si triste du riche réduit à la misère. Les galions, arrêtés par la marine anglaise, faisaient faute non-seulement à l'Espagne, mais à toute l'Europe. Bien que la sortie des piastres fût interdite dans la Péninsule, la France les en faisait sortir par la contrebande, grâce à une longue contiguïté de territoire, et les pays voisins les emportaient souvent de France par le même moyen. Ce commerce interlope était aussi établi, aussi étendu qu'un commerce licite. Mais il était à cette époque fort contrarié par l'interruption des arrivages d'Amérique, et, chose singulière, l'Angleterre elle-même en souffrait. Habituée à puiser aux sources de la France et de l'Espagne, elle subissait la privation commune dont elle était la cause. L'argent qui s'accumulait dans les caves des gouverneurs espagnols du Mexique et du Pérou ne venait plus ni à Cadix, ni à Bayonne, ni à Paris, ni à Londres. L'Angleterre manquait de métaux pour tous les besoins, mais surtout pour le payement de la coalition européenne, car les denrées coloniales et les marchandises qu'elle fournissait soit à la Russie, soit à l'Autriche, ne suffisaient plus pour acquitter les subsides qu'elle avait pris l'engagement de leur

Sept. 1805.

Commerce des piastres avec l'Espagne.

La gêne produite par le défaut de numéraire se communique même à l'Angleterre.

fournir. M. Pitt avait lui-même allégué cette raison pour contester aux puissances coalisées une partie des sommes qu'elles exigeaient. Après avoir donné presque pour rien des masses énormes de sucre et de café aux coalisés, le cabinet britannique leur envoyait, au lieu d'argent, des billets de la banque d'Angleterre. On venait d'en trouver dans les mains des officiers autrichiens.

Telles étaient les causes principales de la détresse commerciale et financière. Si la compagnie des *Négociants réunis,* qui faisait alors toutes les affaires du Trésor, fourniture des vivres, escompte des *obligations,* escompte du subside espagnol, s'était bornée au service dont elle était chargée, bien qu'avec peine elle aurait pu en supporter le fardeau. Elle ne trouvait plus à escompter à $\frac{1}{2}$ pour 100 par mois (6 pour 100 par an) les *obligations des receveurs généraux;* c'est tout au plus si elle trouvait des capitalistes qui les lui escomptassent à elle-même à $\frac{3}{4}$ pour 100 par mois (9 pour 100 par an), ce qui l'exposait à une perte énorme. Toutefois le Trésor, en transigeant avec elle et en l'indemnisant de l'usure exercée par les capitalistes, aurait eu le moyen de lui faciliter la continuation de son service. Mais son principal directeur, M. Ouvrard, avait basé sur cette situation un plan immense, fort ingénieux assurément, fort avantageux même, si ce plan avait joint au mérite de l'invention le mérite plus nécessaire encore de la précision du calcul. Ainsi qu'on l'a vu, les trois contractants qui formaient la compagnie des *Négociants réunis* s'étaient partagé les rôles. M. Desprez, ancien garçon de caisse, enrichi par une rare habileté dans le commerce du papier, était chargé de l'escompte des valeurs du Trésor. M. Vanlerberghe, fort entendu dans le commerce du blé, était chargé de la fourniture des vivres. M. Ouvrard, le plus hardi des trois, le plus fertile en ressources, s'était réservé les grandes spéculations. Ayant accepté de la France les valeurs avec lesquelles l'Espagne payait son subside, et ayant promis de les escompter, ce qui avait séduit M. de Marbois, il avait été amené à l'idée de nouer de grandes relations avec l'Espagne, cette souveraine du Mexique et du Pérou, des mains de laquelle sortaient les métaux, objet de l'ambition universelle. Il s'était rendu à Madrid, où il avait trouvé une cour attristée par la guerre, par la fièvre jaune, par une disette affreuse et par les exigences de Napoléon, dont elle était la débitrice. Rien de tout cela n'avait paru surprendre ou embarrasser M. Ouvrard. Il avait charmé par sa facilité, par son assurance, les vieilles gens qui régnaient à l'Escurial, comme il avait charmé M. de Marbois lui-même, en lui procurant les ressources que celui-ci ne savait pas trouver. Il avait offert d'abord d'acquitter le subside dû à la France pour la fin de 1803, et pour toute l'année 1804, ce qui était un premier soulagement qui venait fort à propos. Puis il avait fourni quelques secours immédiats d'argent, dont la cour éprouvait un pressant besoin. Il s'était chargé en outre de faire arriver des blés dans les ports d'Espagne, et de procurer aux escadres espagnoles les vivres dont elles manquaient. Tous ces services avaient été agréés

Sept. 1805.

avec une vive reconnaissance. M. Ouvrard avait écrit sur-le-champ à Paris, et par M. de Marbois, dont il possédait la faveur, il avait obtenu la permission, ordinairement refusée, de laisser sortir de France quelques chargements de blé pour les envoyer en Espagne. Ces arrivages subits avaient mis un terme à l'accaparement des grains dans les ports de la Péninsule, et en faisant cesser la disette, qui consistait plutôt dans une élévation factice des prix que dans le défaut des céréales, M. Ouvrard avait soulagé comme par enchantement les plus poignantes misères du peuple espagnol. Il n'en fallait pas tant pour séduire et entraîner les administrateurs peu clairvoyants de l'Espagne.

Traité de la compagnie des NÉGOCIANTS RÉUNIS avec la cour d'Espagne.

On se demande naturellement avec quelles ressources la cour de Madrid pouvait payer M. Ouvrard de tous les services qu'elle en recevait. Le moyen était simple. M. Ouvrard voulait qu'on lui abandonnât l'extraction des piastres du Mexique. Il obtint, en effet, le privilége de les tirer des colonies espagnoles au prix de 3 francs 75 centimes, tandis qu'elles valaient en France, en Hollande, en Espagne, 5 francs au moins. C'était un bénéfice extraordinaire, mais bien mérité assurément, si M. Ouvrard parvenait à tromper les croisières anglaises et à transporter du nouveau monde dans l'ancien ces métaux devenus si précieux. L'Espagne, qui succombait sous la misère, était très-heureuse, avec l'abandon du quart de ses richesses, de réaliser les trois autres quarts. Les fils de famille oisifs et prodigues ne traitent pas toujours aussi avantageusement avec les intendants qui rançonnent leur prodigalité.

Mais comment faire venir ces piastres malgré M. Pitt et les flottes anglaises? M. Ouvrard ne fut pas plus embarrassé de cette difficulté que des autres. Il imagina de se servir de M. Pitt lui-même, au moyen de la plus singulière des combinaisons. Il y avait des maisons hollandaises, celle de M. Hope notamment, qui étaient établies à la fois en Hollande et en Angleterre. Il eut l'idée de leur vendre des piastres espagnoles à un prix qui assurait encore à sa compagnie un bénéfice assez considérable. C'était à ces maisons à obtenir de M. Pitt qu'il les laissât venir du Mexique. Comme M. Pitt en avait besoin pour son propre compte, il était possible que, dans le désir de s'en procurer, il en laissât passer une certaine somme, quoiqu'il sût qu'il devait la partager avec ses ennemis. C'était une espèce de contrat tacite dont les maisons hollandaises associées des maisons anglaises devaient être les intermédiaires. L'expérience prouva plus tard que ce contrat était réalisable pour une partie, sinon pour le tout. M. Ouvrard songea aussi à se servir des maisons américaines, qui, avec sa délégation et grâce au pavillon neutre, pouvaient aller chercher des piastres dans les colonies espagnoles pour les rapporter en Europe. Mais la question était de savoir combien M. Pitt laisserait passer de ces piastres, combien les Américains pourraient en transporter à la faveur de la neutralité. Si on avait eu du temps, une pareille spéculation aurait pu réussir, rendre d'importants services à la France et à l'Espagne, et procurer à la

Sept. 1805.

Moyen employé pour faire venir les piastres du Mexique.

compagnie d'abondants et légitimes profits. Malheureusement les besoins étaient bien urgents. Sur 80 ou 90 millions d'arriéré, auxquels il fallait que le Trésor français fît face avec des expédients, il y avait 30 millions environ qu'il devait à la compagnie des *Négociants réunis*, et qu'il lui payait avec des immeubles. Elle avait donc à supporter cette première charge. Elle avait à fournir en outre à ce même Trésor français la valeur d'une année au moins du subside espagnol, c'est-à-dire 40 à 50 millions; elle avait à lui escompter les *obligations des receveurs généraux;* elle avait enfin à payer les blés envoyés dans les ports de la Péninsule, et les vivres procurés aux flottes espagnoles. C'était là une situation qui ne permettait guère d'attendre le succès de spéculations hasardeuses et lointaines. Jusqu'à ce succès la compagnie était réduite à vivre d'expédients. Elle avait engagé à des prêteurs les immeubles reçus en payement. Ayant réussi, grâce à la complaisance de M. de Marbois, à se saisir presque complétement du portefeuille du Trésor, elle y puisait à pleines mains des *obligations des receveurs généraux,* qu'elle confiait à des capitalistes prêtant leur argent sur gage, à un prix usuraire. Elle faisait escompter une partie de ces mêmes *obligations* par la Banque de France, qui, entraînée par son intimité avec le gouvernement, ne refusait rien de ce qui était réclamé au nom du service public. La compagnie recevait la valeur de ces escomptes en billets de la Banque, et la situation se résolvait dès lors en une émission, chaque jour plus considérable, de ces billets. Mais la réserve métallique n'augmentant pas en proportion de la masse des billets émis, il en résultait un véritable danger; et c'était la Banque en réalité qui allait bientôt supporter le poids des embarras de tout le monde. Aussi des voix s'étaient-elles élevées dans le sein du conseil de régence, pour demander qu'on mît un terme aux secours accordés à M. Desprez, représentant de la compagnie des *Négociants réunis*. Mais d'autres voix moins prudentes et plus patriotiques, celle de M. Perrégaux surtout, s'étaient prononcées contre une telle proposition, et avaient fait accorder les secours réclamés par M. Desprez.

Le Trésor français, le Trésor espagnol, la compagnie des *Négociants réunis* qui leur servait de lien, se conduisaient comme ces maisons embarrassées, qui se prêtent leur signature, et s'aident les unes les autres d'un crédit qu'elles n'ont pas. Mais il faut reconnaître que le Trésor français était la moins gênée de ces trois maisons associées, et qu'il était exposé à souffrir beaucoup d'une pareille communauté d'affaires; car, au fond, c'était avec ses seules ressources, c'est-à-dire avec les *obligations des receveurs généraux* escomptées par la Banque, qu'on faisait face à tous les besoins, et qu'on nourrissait les armées espagnoles aussi bien que les armées françaises. Au surplus le secret de cette situation extraordinaire n'était pas connu. Les associés de M. Ouvrard, dont les engagements avec lui n'ont jamais été bien définis, quoique ces engagements aient été le sujet de longs procès, ne savaient pas eux-mêmes toute l'étendue

Sept. 1805.

du fardeau qui allait peser sur eux. Éprouvant déjà beaucoup de gêne, ils appelaient M. Ouvrard à grands cris, et ils lui avaient fait donner par M. de Marbois l'ordre de revenir immédiatement à Paris. M. de Marbois, peu capable de juger par ses yeux de tous les détails d'un vaste maniement de fonds, trompé de plus par un commis infidèle, ne soupçonnait pas à quel point les ressources du Trésor étaient abandonnées à la compagnie. Napoléon lui-même, quoiqu'il étendît sur toutes choses son infatigable vigilance, ne voyant dans les services qu'une insuffisance réelle d'une soixantaine de millions, à laquelle on pouvait suppléer avec des biens nationaux et divers expédients, ignorant la confusion qui s'était établie entre les opérations du Trésor et celles des *Négociants réunis*, ne saisissait pas la véritable cause des embarras et des inquiétudes qui commençaient à se produire. Il attribuait la gêne dont on souffrait partout aux fausses spéculations du commerce français, à l'usure que les possesseurs de capitaux cherchaient à exercer, et se plaignait des gens d'affaires à peu près comme il se plaignait des idéologues quand il rencontrait des idées qui le contrariaient. Quoi qu'il en soit, il ne voulait pas qu'on tirât de cet état de choses des objections à l'exécution de ses ordres. Il avait demandé 12 millions en espèces à Strasbourg, et les avait demandés si impérieusement qu'on avait eu recours aux moyens les plus extrêmes pour les trouver. Il avait exigé 10 autres millions en Italie, et la compagnie, réduite à les acheter à Hambourg, les faisait passer à Milan soit en argent, soit en or, en traversant le Rhin et les Alpes. Napoléon, d'ailleurs, comptait avoir frappé de tels coups avant quinze ou vingt jours, qu'il aurait mis un terme à tous les embarras. — Avant quinze jours, disait-il, j'aurai battu les Russes, les Autrichiens et les joueurs à la baisse. —

Ces ressources bien ou mal obtenues du Trésor, il s'occupa de la conscription et de l'organisation de sa réserve. Le contingent annuel se divisait alors en deux moitiés de 30 mille hommes chacune, la première appelée à un service actif, la seconde laissée dans le sein de la population, mais pouvant être réunie sous les drapeaux sur un simple appel du gouvernement. Il restait encore une grande partie du contingent des années IX, X, XI, XII et XIII. C'étaient des hommes d'un âge fait, dont le gouvernement pouvait disposer par décret. Napoléon les appela tous; mais il voulut en outre devancer la levée de l'an XIV, comprenant les individus qui devaient atteindre l'âge requis du 23 septembre 1805 au 23 septembre 1806; et comme le calendrier grégorien allait être remis en usage au 1er janvier suivant, il fit ajouter à cette levée les jeunes gens qui auraient atteint l'âge légal du 23 septembre au 31 décembre 1806. Il résolut donc de comprendre en une seule levée de 15 mois tous les conscrits auxquels la loi serait applicable, depuis le mois de septembre 1805 jusqu'au mois de décembre 1806. Cette mesure devait lui fournir 80 mille hommes, dont les derniers ne compteraient pas tout à fait vingt ans révolus. Mais il ne songeait pas à les employer tout de suite

Sept. 1805.

Levée de la conscription, et organisation des réserves.

à un service de guerre. Il se proposait de les préparer au métier des armes en les plaçant dans les troisièmes bataillons, qui composaient le dépôt de chaque régiment. Ces hommes auraient ainsi un an ou deux, soit pour s'instruire, soit pour se renforcer, et fourniraient dans quinze ou dix-huit mois d'excellents soldats, presque aussi bien formés que ceux du camp de Boulogne. C'était là une combinaison bonne à la fois pour la santé des hommes et pour leur instruction militaire, car le conscrit de 20 ans, s'il entre immédiatement en campagne, va bientôt finir à l'hôpital. Mais cette combinaison n'était possible qu'à un gouvernement qui, ayant une armée tout organisée à présenter à l'ennemi, n'avait besoin du contingent annuel qu'à titre de réserve.

Le Corps législatif n'étant pas assemblé, il fallait perdre du temps pour le convoquer. Napoléon ne consentit point à un tel retard, et imagina de s'adresser au Sénat, en se fondant sur deux motifs : le premier, l'irrégularité d'un contingent qui comprenait plus de douze mois, et quelques conscrits de moins de 20 ans; le second, l'urgence des circonstances. On sortait de la légalité en agissant ainsi, car le Sénat ne pouvait voter ni la contribution en argent, ni la contribution en hommes. Il était chargé de fonctions d'un autre ordre, comme d'empêcher l'adoption des lois inconstitutionnelles, de remplir les lacunes de la Constitution, et de veiller sur les actes du gouvernement entachés d'arbitraire. Au Corps législatif seul appartenait le vote des impôts et des levées d'hommes. C'était une faute que de violer cette Constitution, déjà si flexible, et de la rendre par trop illusoire, en négligeant si facilement d'en observer les formes. C'était une autre faute de ne pas ménager davantage l'emploi du Sénat, dont on avait fait la ressource ordinaire de tous les cas difficiles, et d'indiquer trop clairement que l'on comptait sur sa docilité beaucoup plus que sur celle du Corps législatif. L'archichancelier Cambacérès n'aimant pas les excès de pouvoir qui n'étaient pas indispensables, fit ces remarques, et soutint qu'il faudrait au moins, pour l'observation des formes, attribuer par une mesure organique le vote des contingents au Sénat. Napoléon, qui, sans méconnaître les vues de prudence, les remettait à un autre temps quand il était pressé, ne voulut ni poser de règle générale, ni différer la levée du contingent. En conséquence, il ordonna de préparer pour la levée de la conscription de 1806 un sénatus-consulte fondé sur deux considérations extraordinaires : l'irrégularité du contingent, embrassant plus d'une année entière, et l'urgence des circonstances, qui ne permettait pas d'attendre la réunion du Corps législatif.

Sept. 1805.

Il songea également à recourir aux gardes nationales instituées en vertu des lois de 1790, 1791 et 1795. Cette troisième coalition ayant tous les caractères des deux premières, bien que les temps fussent changés, bien que l'Europe en voulût moins aux principes de la France, et beaucoup plus à sa grandeur, il pensait que la nation devait à son gouvernement un concours aussi énergique, aussi una-

Emploi des gardes nationales.

nime qu'autrefois. Il ne pouvait pas attendre le même élan, car le même enthousiasme révolutionnaire ne subsistait plus; mais il pouvait compter sur une parfaite soumission à la loi de la part des citoyens, et sur un profond sentiment d'honneur chez ceux d'entre eux que la loi appellerait. Il ordonna donc la réorganisation des gardes nationales, mais en s'attachant à les rendre plus obéissantes et plus militaires. Pour cela il fit préparer un sénatus-consulte, qui l'autorisait à régler leur organisation par des décrets impériaux. Il résolut de s'attribuer la nomination des officiers, et de réunir dans les compagnies de chasseurs et de grenadiers la portion la plus jeune et la plus guerrière de la population. Il la destinait à la défense des places fortes et à certaines réunions accidentelles sur les points menacés, tels que Boulogne, Anvers, la Vendée.

Ces divers éléments furent disposés de la manière suivante. Près de 200 mille soldats marchaient en Allemagne; 70 mille défendaient l'Italie; vingt et un bataillons d'infanterie, plus quinze bataillons de marine, gardaient Boulogne. On a déjà vu que les régiments étaient composés de trois bataillons, deux de guerre, un de dépôt, ce dernier chargé de recevoir les soldats malades ou convalescents, d'instruire les conscrits. Déjà un certain nombre de ces troisièmes bataillons avaient été placés à Boulogne. Tous les autres furent établis de Mayence à Strasbourg. On dirigea vers ces trois points les hommes restant à lever sur les années IX, X, XI, XII, XIII, et les 80 mille conscrits de 1806. Ils devaient être versés dans les troisièmes bataillons, pour s'y exercer et y acquérir des forces. Les plus âgés, lorsqu'ils seraient formés, viendraient plus tard, organisés en corps de marche, remplir les vides que la guerre aurait opérés dans les rangs de l'armée. C'était une réserve de 150 mille hommes au moins, gardant la frontière, et assurant le recrutement des corps. Les gardes nationales, appuyant cette réserve, devaient être organisées dans le Nord et l'Ouest pour accourir à la défense des côtes, surtout pour se rendre à Boulogne ou Anvers, si les Anglais essayaient de brûler la flottille, ou de détruire les chantiers élevés sur l'Escaut. Déjà le maréchal Brune avait été chargé de commander à Boulogne. Le maréchal Lefebvre dut commander à Mayence, le maréchal Kellermann à Strasbourg. Ces nominations attestaient le tact parfait de Napoléon. Le maréchal Brune avait une réputation acquise en 1799, pour avoir repoussé une descente des Russes et des Anglais. Les maréchaux Lefebvre et Kellermann, vieux soldats, qui avaient reçu pour prix de leurs services une place au Sénat et le bâton de maréchal honoraire, étaient propres à veiller à l'organisation de la réserve, pendant que leurs compagnons d'armes, plus jeunes, feraient la guerre active. Ils devenaient en même temps l'occasion d'une dérogation à la loi qui interdisait aux sénateurs les fonctions publiques. Cette loi déplaisait fort au Sénat, et on y dérogeait très-adroitement, en appelant quelques-uns de ses membres à former l'arrière-ban de la défense nationale.

Ces dispositions terminées, Napoléon fit porter au Sénat les mesures que nous venons d'énumérer, et les présenta lui-même dans une séance impériale, tenue au Luxembourg le 23 septembre. Il y parla en termes précis et fermes de la guerre continentale qui venait de le surprendre, tandis qu'il était occupé de l'expédition d'Angleterre, des explications demandées à l'Autriche, des réponses ambiguës de cette cour, de ses mensonges aujourd'hui démontrés, puisque ses armées avaient passé l'Inn, le 8 septembre, au moment même où elle protestait le plus fortement de son amour pour la paix. Il fit appel au dévouement de la France, et promit d'avoir anéanti bientôt la nouvelle coalition. Les sénateurs lui donnèrent de grandes marques d'assentiment; bien qu'au fond du cœur ils attribuassent aux réunions d'États opérées en Italie la nouvelle guerre continentale. Dans les rues que le cortége impérial eut à parcourir, du Luxembourg aux Tuileries, l'enthousiasme populaire, comprimé par la souffrance, fut moins expressif que de coutume. Napoléon s'en aperçut, en fut piqué, et en témoigna quelque humeur à l'archichancelier Cambacérès. Il y voyait une injustice du peuple parisien envers lui; mais il parut en prendre son parti, se promettant d'exciter bientôt des cris d'enthousiasme, plus grands, plus vifs que ceux qui avaient retenti tant de fois à ses oreilles, et il reporta sa pensée, qui n'avait le temps de séjourner sur aucun sujet, vers les événements qui se préparaient aux bords du Danube. Pressé de partir, il fit un règlement pour l'organisation du gouvernement en son absence. Son frère Joseph eut la mission de présider le Sénat; son frère Louis, en qualité de connétable, dut s'occuper des levées d'hommes et de la formation des gardes nationales. L'archichancelier Cambacérès fut chargé de la présidence du Conseil d'État. Toutes les affaires devaient être traitées dans un Conseil composé des ministres et des grands dignitaires, présidé par le grand électeur Joseph. Il fut établi que par des courriers partant tous les jours on ferait parvenir à Napoléon un rapport sur chaque affaire, avec l'avis personnel de l'archichancelier Cambacérès. Celui-ci, craignant que Joseph Bonaparte, présidant le Conseil du gouvernement, ne fût blessé du rôle de critique suprême attribué à l'un des membres de ce Conseil, en fit l'observation à Napoléon. Mais Napoléon l'interrompit brusquement, en lui disant que, pour ménager les vanités, il ne voulait pas se priver des lumières les plus précieuses pour lui. Il persista. Ses décisions devaient revenir à Paris à la suite du rapport envoyé par l'archichancelier. Il n'y avait que les cas d'urgence dans lesquels le Conseil fut autorisé à devancer la volonté de l'Empereur, et à donner des ordres, que chaque ministre exécutait sous sa responsabilité personnelle. Ainsi Napoléon se réservait la décision de toutes choses, même en son absence, et faisait de l'archichancelier Cambacérès l'œil de son gouvernement pendant qu'il serait loin du centre de l'Empire.

Sept. 1805.

en l'absence de Napoléon.

Tout ce qui l'entourait le vit partir avec chagrin. On n'avait pas le secret de son génie, on ne savait pas combien il abrégerait la guerre. On craignait

Départ de Napoléon pour l'armée.

qu'elle ne fût longue, et on était assuré qu'elle serait sanglante. On se demandait quel serait le sort de la France si une pareille tête venait à être frappée par le boulet qui perça la poitrine de Turenne, ou par la balle qui brisa le front de Charles XII. D'ailleurs ceux qui l'approchaient, tout brusque, tout absolu qu'il était, ne pouvaient s'empêcher de le chérir. Ce fut donc avec un vif regret qu'ils le virent s'éloigner. Il consentit à être accompagné jusqu'à Strasbourg par l'Impératrice, qui lui était toujours plus attachée, à mesure qu'elle avait plus de craintes pour la durée de son union avec lui. Il emmenait le maréchal Berthier, laissant à M. de Talleyrand l'ordre de suivre le quartier général à une certaine distance et avec quelques commis. Parti le 24 de Paris, Napoléon était arrivé le 26 à Strasbourg.

Déjà, au grand étonnement de l'Europe, l'armée, qui vingt jours auparavant se trouvait sur les bords de l'Océan, était au centre de l'Allemagne, sur les bords du Mein, du Necker et du Rhin. Jamais marche plus secrète, plus rapide, n'avait eu lieu dans aucun temps. Les têtes de colonne s'apercevaient partout, à Würzbourg, à Mayence, à Strasbourg. La joie des soldats était au comble, et quand ils voyaient Napoléon, ils l'accueillaient par les cris de *Vive l'Empereur!* mille fois répétés. Cette foule innombrable de troupes d'infanterie, d'artillerie, de cavalerie, subitement réunies; ces convois de vivres, de munitions, formés à la hâte; ces longues files de chevaux, achetés en Suisse et en Souabe; tous ces mouvements enfin d'une armée qu'on n'attendait pas quelques jours auparavant, et qui était subitement apparue, présentaient un spectacle unique, relevé encore par la présence d'une cour militaire à la fois sévère et brillante, et par une immense affluence de curieux accourus pour voir l'Empereur des Français partant pour la guerre.

Sept. 1805.

La coalition s'était hâtée de son côté, mais elle n'était pas si bien préparée que Napoléon, et surtout pas si active, quoique animée des passions les plus ardentes. Il avait été convenu entre les puissances coalisées qu'elles porteraient leurs forces principales vers le Danube avant l'hiver, afin que Napoléon ne pût pas profiter de la difficulté des communications pendant la mauvaise saison, pour écraser l'Autriche isolée de ses alliés. Tous les ordres de mouvement avaient donc été donnés pour la fin d'août et le commencement de septembre. En agissant ainsi, les coalisés croyaient être fort en avance sur Napoléon, et se flattaient de pouvoir commencer les hostilités au moment qu'ils jugeraient le plus opportun. Ils ne s'attendaient pas à trouver les Français rendus sitôt sur le théâtre de la guerre.

Efforts de la coalition pour devancer Napoléon.

Un rassemblement russe se formait à Revel, et s'embarquait dans les premiers jours de septembre pour Stralsund. Il se composait de 16 mille hommes sous le commandement du général Tolstoy. Douze mille Suédois les avaient déjà précédés à Stralsund. Ils devaient tous ensemble se rendre par le Mecklembourg en Hanovre, et s'y joindre à 15 mille Anglais, débarqués par l'Elbe à Cuxhaven. (Voir la carte n° 28.) C'était une armée de 43 mille hommes des-

Rassemblement des forces russes, suédoises et anglaises à Stralsund.

TOM. VI.

tinée à exécuter l'attaque par le nord. Cette attaque devait être ou principale ou accessoire, suivant que la Prusse s'y joindrait ou ne s'y joindrait pas.

Deux grandes armées russes, de 60 mille hommes chacune, s'avançaient l'une par la Gallicie, sous le général Kutusof, l'autre par la Pologne, sous le général Buxhoewden. La garde russe, sous l'archiduc Constantin, forte de 12 mille hommes d'élite, suivait la seconde. Une armée de réserve sous le général Michelson se formait à Wilna. Le jeune empereur Alexandre, entraîné à la guerre par légèreté, assez clairvoyant pour apercevoir sa faute, mais point assez résolu pour en revenir, ou pour la corriger par l'énergie de l'exécution, l'empereur Alexandre, dominé, sans se l'avouer, par une crainte secrète, ne s'était décidé que fort tard à faire les derniers préparatifs. Le corps de Gallicie, qui, sous le général Kutusof, devait venir au secours des Autrichiens, n'avait atteint la frontière d'Autriche que vers la fin d'août. Il avait à traverser la Gallicie de Brody à Olmutz, la Moravie d'Olmutz à Vienne, l'Autriche et la Bavière de Vienne à Ulm. (Voir la carte n° 28.) C'était beaucoup plus de chemin que les Français n'en avaient à parcourir de Boulogne à Ulm, et les Russes ne savaient pas franchir les distances comme les Français. L'Europe, qui a vu marcher nos soldats, sait bien que jamais il n'en exista d'aussi rapides. La prévision de Napoléon s'accomplissait donc, et déjà les Russes étaient en retard.

La seconde armée russe, placée entre Varsovie et Cracovie (voir la carte n° 28), aux environs de Pulawi, forte, avec les gardes russes, de 70 mille hommes, attendait l'arrivée de l'empereur Alexandre pour recevoir ses directions à l'égard de la Prusse. Ce monarque avait voulu voir l'embarquement de ses troupes à Revel, avant de partir pour l'armée de Pologne, et s'était rendu à Pulawi, belle demeure de l'illustre famille des Czartoryski, à quelque distance de Varsovie. Il était là chez son jeune ministre des affaires étrangères, le prince Adam Czartoryski, pour communiquer de plus près avec la cour de Berlin.

A côté d'Alexandre se trouvait le prince Pierre Dolgorouki, officier débutant dans la carrière des armes, plein de présomption et d'ambition, ennemi de la coterie des jeunes gens d'esprit qui gouvernait l'empire, cherchant à persuader à l'empereur que ces jeunes gens étaient des Russes infidèles, qui, dans l'intérêt de la Pologne, trahissaient la Russie. La mobilité d'Alexandre donnait au prince Dolgorouki plus d'une chance de succès. Il était faux que le prince Adam, le plus honnête des hommes, fût capable de trahir Alexandre. Mais il haïssait la cour de Prusse, dont il prenait la faiblesse pour de la duplicité ; il souhaitait, par un sentiment tout polonais, que le projet de violenter cette cour si elle n'adhérait pas aux vues de la coalition, s'accomplît à la rigueur, que l'on rompît avec elle, et que, passant sur le corps de ses armées à peine formées, on lui enlevât Varsovie et Posen, pour proclamer Alexandre roi de la Pologne reconstituée. C'était là un vœu tout naturel chez un Polonais, mais peu réfléchi

Sept. 1805.

Séjour de l'empereur Alexandre à Pulawi.

Influences diverses autour du jeune czar.

4.

Sept. 1805.

Mission de M. d'Alopeus et du prince Dolgorouki à Berlin, pour décider la Prusse à se joindre à la coalition.

chez un homme d'État russe. Napoléon seul suffisait pour battre la coalition : que serait-ce si on lui donnait l'alliance forcée de la Prusse?

Au surplus, c'était beaucoup trop exiger du caractère irrésolu d'Alexandre. Il avait envoyé son ambassadeur à Berlin, M. d'Alopeus, pour faire appel à l'amitié de Frédéric-Guillaume, pour lui demander d'abord le passage d'une armée russe à travers la Silésie, et pour lui insinuer ensuite qu'on ne doutait pas du concours de la Prusse pour l'œuvre si méritoire de la délivrance européenne. Le négociateur était même autorisé à déclarer au cabinet prussien qu'il n'y avait pas à balancer, que la neutralité était impossible, que si le passage n'était pas accordé de bonne grâce, on le prendrait de force. M. d'Alopeus devait être secondé par le prince Dolgorouki, l'aide de camp d'Alexandre. Celui-ci était chargé de laisser voir clairement à Berlin le parti pris d'entraîner la Prusse par des caresses, ou de la décider par la violence. On avait même poussé les choses à Pulawi, jusqu'à rédiger le manifeste qui précéderait les hostilités.

Mission du maréchal Duroc et de M. de Laforest à Berlin, pour solliciter l'alliance de la Prusse en lui offrant le Hanovre.

Tandis que ces vives instances étaient adressées à la Prusse par les agents russes, elle se trouvait en présence des négociateurs français, MM. Duroc et de Laforest, chargés par Napoléon de lui offrir le Hanovre. On doit se souvenir que le grand maréchal du palais Duroc était parti de Boulogne avec mission de porter cette offre à Berlin. La probité du jeune roi n'y avait pas tenu ; et les sentiments de M. de Hardenberg, qu'on appelait en Europe le ministre bien pensant, n'y avaient pas tenu davantage. M. de Hardenberg ne voyait dans cette affaire qu'une difficulté, c'était de trouver une forme qui sauvât l'honneur de son maître aux yeux de l'Europe. Deux mois avaient été employés, juillet et août, à chercher cette forme. On en avait imaginé une qui ne laissait pas d'être assez ingénieuse. C'était la même que la coalition avait imaginée de son côté pour commencer la guerre contre Napoléon, c'est-à-dire une médiation armée. Le roi de Prusse devait, dans l'intérêt de la paix, qui était, disait-on, un besoin de toutes les puissances, déclarer à quelles conditions l'équilibre de l'Europe lui semblerait suffisamment garanti, énoncer ces conditions, et donner ensuite à comprendre qu'il se prononcerait pour ceux qui les admettraient contre ceux qui refuseraient de les admettre, ce qui signifiait qu'il ferait la guerre de moitié avec la France, afin de gagner le Hanovre. Il devait adopter, en effet, dans sa déclaration, la plupart des conditions de Napoléon, telles que la création du royaume d'Italie, avec séparation des deux couronnes à l'époque de la paix générale, la réunion du Piémont et de Gênes à l'Empire, la libre disposition de Parme et de Plaisance laissée à la France, l'indépendance de la Suisse et de la Hollande, enfin l'évacuation de Tarente et du Hanovre à la paix. Il n'y avait de difficulté que sur la manière d'entendre l'indépendance de la Suisse et de la Hollande. Napoléon, qui n'avait alors aucune vue sur ces deux pays, ne voulait cependant pas garantir leur indépendance dans des termes qui permissent aux ennemis de la France d'y opérer une contre-

Sept. 1805.

Le roi et M. de Hardenberg lui-même entraînés par l'offre du Hanovre.

Sept. 1805.

La crainte d'une guerre prochaine arrête le roi Frédéric-Guillaume prêt à s'allier à la France.

révolution. Les contestations sur ce sujet s'étaient prolongées jusqu'à la fin du mois de septembre, et le jeune roi de Prusse allait finir par se résigner à la violence qu'on lui voulait faire, quand il reconnut clairement, à la marche des armées russes, autrichiennes et françaises, que la guerre était inévitable et prochaine. Saisi de crainte à cet aspect, il se rejeta en arrière, et ne parla plus ni de médiation armée, ni d'acquisition du Hanovre pour prix de cette médiation. Il rentra dans son système ordinaire de neutralité du nord de l'Allemagne. Alors MM. Duroc et de Laforest, d'après les ordres de Napoléon, lui offrirent ce que le cabinet de Berlin avait tant de fois demandé lui-même, la remise du Hanovre à la Prusse, à titre de dépôt, à condition que celle-ci en assurerait la possession à la France. Mais, quelque plaisir que fissent éprouver au roi Frédéric-Guillaume la retraite des Français, et la remise d'un dépôt si précieux, il vit qu'il faudrait s'opposer à l'expédition du nord, et il refusa encore. Il fit mille protestations d'attachement à Napoléon, à sa dynastie, à son gouvernement, ajoutant que s'il ne cédait pas à ses sympathies, c'est qu'il était sans défense contre la Russie du côté de la Pologne. A cela MM. Duroc et de Laforest répliquèrent par l'offre d'une armée de 80 mille Français prête à se joindre aux Prussiens. Mais c'était encore la guerre, et Frédéric-Guillaume la repoussa sous cette nouvelle forme. C'est dans ce moment que M. d'Alopeus et le prince Dolgorouki arrivèrent à Berlin afin de demander à la Prusse de se prononcer pour la coalition. Le roi ne fut pas

Le roi de Prusse placé entre les instances des négociateurs russes et français.

moins effrayé des demandes des uns que des propositions des autres. Il répondit par des protestations exactement semblables à celles qu'il adressait aux négociateurs français. Il était, disait-il, plein d'attachement pour le jeune ami dont il avait fait la connaissance à Memel, mais il serait le premier en butte aux coups de Napoléon, et il ne pouvait pas exposer ses sujets à de si grands périls, sans se rendre coupable envers eux. Les envoyés russes insistant, lui dirent que le rassemblement formé entre Varsovie et Cracovie était justement placé là pour le secourir, que c'était une amicale prévoyance de l'empereur Alexandre, que les 70 mille Russes composant ce rassemblement allaient traverser la Silésie et la Saxe, pour se porter sur le Rhin, et recevoir le premier choc des armées françaises. Ces raisons n'entraînèrent pas Frédéric-Guillaume. Alors on alla plus loin, et on lui laissa entendre qu'il était trop tard, que, ne doutant pas de son adhésion, on avait déjà ordonné aux troupes russes de franchir le territoire prussien. A cette espèce de violence, Frédéric-Guillaume ne se contint plus. On s'était trompé sur son caractère. Il était irrésolu, ce qui lui donnait souvent l'apparence de la faiblesse et de la duplicité, mais, poussé à bout, il devenait opiniâtre et colère. Il s'emporta, convoqua un conseil auquel furent appelés le vieux duc de Brunswick et le maréchal de Mollendorf, et se décida, malgré sa parcimonie, à mettre l'armée prussienne sur le pied de guerre. Se voyant sur le point d'être violenté par les uns ou par les autres, il résolut de prendre ses précautions,

Sept. 1805.

Les négociateurs russes ayant poussé les insinuations jusqu'à la menace, Frédéric-Guillaume irrité décide la mise sur le pied de guerre de l'armée prussienne.

et ordonna la réunion de 80 mille hommes, ce qui devait lui coûter 16 millions d'écus prussiens (64 millions de francs), à prélever, partie sur les revenus de l'État, partie sur le trésor du grand Frédéric, trésor dissipé sous le règne précédent, et refait pendant le règne actuel à force d'économies.

M. d'Alopeus, effrayé de ces dispositions, se hâta d'écrire à Pulawi, pour conseiller à son empereur, avec les plus vives instances, de ménager le roi de Prusse, si on ne voulait avoir toutes les forces de la monarchie prussienne sur les bras.

Quand ces nouvelles arrivèrent à Pulawi, elles ébranlèrent la résolution d'Alexandre. Le prince Adam Czartoryski l'avait vivement pressé de se décider, de ne pas donner à la Prusse le temps de se mettre en garde; et d'enlever le passage au lieu de le solliciter si longuement. Si la Prusse tournait à la guerre, disait le prince Adam, on déclarerait Alexandre roi de Pologne, et on organiserait ce royaume sur les derrières des armées russes. Si au contraire elle se rendait, on aurait réalisé le plan des coalisés, et conquis un allié de plus. Mais Alexandre, éclairé par la correspondance de M. d'Alopeus, résista aux conseils de son jeune ministre, renvoya son aide de camp Dolgorouki à Berlin, pour affirmer à son royal ami qu'il n'avait jamais eu l'intention de contraindre sa volonté, qu'au contraire il venait de donner ordre à l'armée russe de s'arrêter sur la frontière prussienne, qu'il en agissait ainsi par déférence pour lui, mais que de si grandes affaires ne pouvaient pas se traiter par intermédiaires, et qu'il lui demandait une entrevue. Frédéric-Guillaume craignant d'être violenté par les caresses d'Alexandre, autant qu'il aurait pu l'être par ses armées, ne se sentait aucun goût pour une telle entrevue. Cependant la cour, qui penchait pour la coalition et pour la guerre, la reine, dont les sentiments étaient d'accord avec ceux du jeune empereur, lui persuadèrent qu'il ne pouvait pas refuser. L'entrevue fut accordée pour les premiers jours d'octobre. En attendant, MM. de Laforest et Duroc étaient à Berlin, recevant de leur côté toute sorte d'assurances de neutralité.

Sept. 1805.

Entrevue proposée par Alexandre à Frédéric-Guillaume, et acceptée pour les premiers jours d'octobre.

Tandis que les Russes employaient ainsi le mois de septembre, l'Autriche faisait un meilleur usage de ce temps précieux. Pendant qu'elle chargeait M. de Cobentzel de répéter sans cesse à Paris que son unique désir était de négocier et d'obtenir des garanties pour l'état futur de l'Italie, elle mettait à profit les subsides anglais avec la plus extrême activité. Elle avait réuni d'abord 100 mille hommes en Italie, sous l'archiduc Charles. C'était là qu'elle plaçait son meilleur général, sa plus forte armée, afin de recouvrer ses provinces les plus regrettées. Vingt-cinq mille hommes, sous l'archiduc Jean, celui qui commandait à Hohenlinden, gardaient le Tyrol; 80 à 90 mille hommes étaient destinés à envahir la Bavière, à se porter en Souabe, et à prendre la fameuse position d'Ulm, où M. de Kray, en 1800, avait retenu si longtemps le général Moreau. Les 50 ou 60 mille Russes du général Kutusof, venant se joindre à l'armée autrichienne, devaient former une

L'Autriche emploie à se préparer le temps que la Russie emploie à négocier.

Distribution des forces de l'Autriche.

masse de 140 mille combattants, avec laquelle on espérait donner assez d'occupation aux Français pour procurer aux autres armées russes le temps d'arriver, à l'archiduc Charles le temps de reconquérir l'Italie, et aux troupes envoyées en Hanovre et à Naples, le temps de produire une diversion utile. C'était le fameux général Mack, celui qui avait été le rédacteur de tous les plans de campagne contre la France, et qui venait, avec beaucoup d'activité et une certaine intelligence des détails militaires, de remettre l'armée autrichienne sur le pied de guerre, c'était ce même général qu'on avait chargé du commandement de l'armée de Souabe, de moitié avec l'archiduc Ferdinand.

On avait profité des villes appartenant à l'Autriche dans cette contrée, pour préparer des magasins entre le lac de Constance et le haut Danube. La ville de Memmingen, placée sur l'Iller, et formant la gauche de la position dont Ulm forme la droite, était une de ces villes. On y avait réuni des approvisionnements immenses, et élevé quelques retranchements, ce qu'il n'était pas possible de faire à Ulm, qui appartenait à la Bavière.

Tout cela s'était exécuté dans les derniers jours d'août. Mais l'Autriche, par une précipitation qui ne lui était pas ordinaire, commit ici une faute grave. On ne pouvait occuper cette position d'Ulm sans franchir la frontière bavaroise. De plus, la Bavière possédait une armée de 25 mille hommes, de grands magasins, la ligne de l'Inn, et on avait ainsi toute sorte de raisons pour être les premiers à se saisir d'une si riche proie. On imagina d'agir avec elle comme la Russie avec la Prusse, c'est-à-dire de la surprendre et de l'entraîner. C'était plus facile, il est vrai, mais les conséquences, si on échouait, devaient être fâcheuses.

Sept. 1805.

Le général Mack étant arrivé sur les bords de l'Inn, le prince de Schwarzenberg fut envoyé à Munich, pour faire à l'électeur les instances les plus vives de la part de l'empereur d'Allemagne. Il était chargé de lui demander de se prononcer en faveur de la coalition, de joindre ses troupes à celles de l'Autriche, de consentir à ce qu'elles fussent incorporées dans l'armée impériale, dispersées régiment par régiment dans les divisions autrichiennes, de livrer son territoire, ses magasins aux coalisés, de se joindre en un mot à cette nouvelle croisade contre l'ennemi commun de l'Allemagne et de l'Europe. Le prince de Schwarzenberg était autorisé, s'il le fallait, à offrir à la Bavière, dans le pays de Salzbourg, dans le Tyrol même, les plus beaux agrandissements, pourvu que l'Italie étant reconquise par les armes communes, on pût reporter dans cette contrée les branches collatérales de la maison impériale, qui en avaient été éloignées.

Tandis que le prince de Schwarzenberg arrivait à Munich, l'électeur se trouvait dans une situation assez semblable à celle de la Prusse elle-même. M. Otto, celui qui, en 1804, avait si habilement négocié la paix de Londres, était notre ministre à Munich. Affectant, au milieu de cette capitale, d'être négligé par la cour, il avait néanmoins de secrètes

Perplexités de l'électeur de Bavière.

entrevues avec l'électeur, et s'efforçait de lui démontrer que la Bavière n'existait que par la protection de Napoléon. Il est certain que, dans cette circonstance, comme dans beaucoup d'autres, elle ne pouvait se sauver de la convoitise autrichienne qu'en s'appuyant sur la France. Si, même en 1803, elle avait obtenu une raisonnable part des indemnités germaniques, elle ne le devait qu'à l'intervention française. M. Otto en insistant sur ces considérations avait mis un terme aux hésitations de l'électeur, et l'avait amené à se lier, le 24 août, par un traité d'alliance. Le plus profond secret avait été promis et gardé. Ce fut quelques jours après, le 7 septembre, que parut à Munich le prince de Schwarzenberg. L'électeur, qui était très-faible, avait auprès de lui une nouvelle cause de faiblesse dans l'électrice sa femme, l'une de ces trois belles princesses de Baden qui étaient montées sur les trônes de Russie, de Suède, de Bavière, et qui toutes trois se signalaient par leur passion contre la France. Des trois, l'électrice de Bavière était la plus vive. Elle s'agitait, pleurait, et témoignait le plus grand chagrin de voir son époux enchaîné à Napoléon, et le rendait plus malheureux encore qu'il ne l'eût été naturellement par ses propres agitations. M. de Schwarzenberg, suivi à deux marches par l'armée autrichienne, secondé par les larmes de l'électrice, parvint à ébranler l'électeur, et lui arracha la promesse de se donner à l'Autriche. Ce prince toutefois, effrayé des conséquences de ce brusque changement, craignant le général Mack, qui était près, mais aussi Napoléon, quoiqu'il fût loin, crut devoir prévenir M. Otto, s'excuser de sa conduite en alléguant le malheur de sa position, et solliciter l'indulgence de la France. M. Otto, averti par cet aveu, courut auprès de l'électeur, lui montra le danger d'une telle défection, et la certitude d'avoir bientôt Napoléon victorieux à Munich, faisant la paix par le sacrifice de la Bavière à l'Autriche. Certaines circonstances secondaient les raisonnements de M. Otto. La demande de disloquer l'armée pour la disperser dans les divisions autrichiennes avait indigné les généraux et les officiers bavarois. On apprenait en même temps que les Autrichiens, sans attendre le consentement demandé à Munich, avaient passé l'Inn, et l'opinion publique était révoltée d'une pareille violation du territoire. On disait tout haut que si Napoléon était ambitieux, M. Pitt ne l'était pas moins; que celui-ci avait acheté le cabinet de Vienne, et que, grâce à l'or de l'Angleterre, l'Allemagne allait être de nouveau foulée aux pieds par les soldats de toute l'Europe. Indépendamment de ces circonstances favorables à M. Otto, l'électeur avait un ministre habile, M. de Montgelas, dévoré d'ambition pour son pays, rêvant pour la Bavière, dans le dix-neuvième siècle, les agrandissements que la Prusse avait acquis dans le dix-huitième, cherchant sans cesse si c'était à Vienne ou à Paris qu'il y avait plus de chance de les obtenir, et ayant fini par croire que ce serait avec la puissance la plus novatrice, c'est-à-dire avec la France. Il avait donc opiné pour le traité d'alliance signé avec M. Otto. Touché cependant des

Sept. 1805.

Sept. 1805.

offres du prince de Schwarzenberg, il fut ébranlé un instant sous l'influence de l'ambition comme son maître sous celle de la faiblesse. Mais il fut bientôt ramené, et les instances de M. Otto, secondées par l'opinion publique, par l'irritation de l'armée bavaroise, par les conseils de M. de Montgelas, l'emportèrent encore une fois. L'électeur fut rendu à la France. Dans le désordre d'esprit où était ce prince, on lui fit accepter tout ce qu'on voulut. On lui proposa de se réfugier à Würzbourg, évêché sécularisé pour la Bavière en 1803, et de s'y faire suivre par son armée. Il accueillit cette proposition. Afin de gagner du temps, il annonça à M. de Schwarzenberg qu'il envoyait à Vienne un général bavarois, M. de Nogarola, partisan connu de l'Autriche, et chargé de traiter avec elle. Cela fait, l'électeur partit avec toute sa cour dans la nuit du 8 au 9 septembre, se rendit d'abord à Ratisbonne, et de Ratisbonne à Würzbourg, où il arriva le 12 septembre. Les troupes bavaroises, réunies à Amberg et à Ulm, reçurent l'ordre de se concentrer à Würzbourg. L'électeur, en quittant Munich, publia un manifeste pour dénoncer à la Bavière et à l'Allemagne la violence dont il venait d'être la victime.

L'électeur de Bavière finit par se prononcer en faveur de la France, et se rend à Würzbourg avec sa cour et son armée.

M. de Schwarzenberg et le général Mack, qui avaient passé l'Inn, virent ainsi l'électeur, sa cour, son armée leur échapper, et le ridicule les atteindre autant que l'indignation. Les Autrichiens s'avancèrent à marches forcées sans pouvoir joindre les Bavarois, et trouvèrent partout l'opinion du pays soulevée contre eux. Une circonstance contribua surtout à irriter le peuple en Bavière. Les Autrichiens avaient les mains pleines d'un papier monnaie qui n'avait cours à Vienne qu'avec une grande perte. Ils obligeaient les habitants à prendre comme argent ce papier discrédité. Un grave dommage pécuniaire se joignait donc à tous les sentiments nationaux froissés pour révolter les Bavarois.

Sept. 1805.

Le général Mack, après cette triste expédition, dont au reste il était moins responsable que le négociateur autrichien, se porta sur le haut Danube, et prit la position qui lui était depuis longtemps assignée, la droite à Ulm, la gauche à Memmingen, le front couvert par l'Iller, qui passe par Memmingen pour se jeter à Ulm dans le Danube. (Voir les cartes n°s 28 et 29.) Les officiers de l'état-major autrichien n'avaient cessé de vanter cette position depuis quelques années, comme la meilleure qu'on pût occuper pour tenir tête aux Français débouchant de la Forêt-Noire. On y avait l'une de ses ailes appuyée au Tyrol, l'autre au Danube. On se croyait donc bien garanti des deux côtés, et quant à ses derrières on n'y songeait point, n'imaginant pas que les Français pussent jamais arriver autrement que par la route ordinaire. Le général Mack avait attiré à lui le général Jellachich, avec la division du Vorarlberg. Il avait 65 mille hommes directement sous sa main, et sur ses derrières, pour se lier avec les Russes, le général Kienmayer à la tête de 20 mille hommes. C'était un total de 85 mille combattants.

Le général Mack, après avoir traversé la Bavière, vient s'établir à Ulm.

Opinion de l'état-major autrichien sur la position d'Ulm.

Le général Mack était donc où Napoléon l'avait supposé et désiré, c'est-à-dire sur le haut Danube, séparé des Russes par la distance de Vienne à Ulm. L'électeur de Bavière était à Würzbourg, avec sa cour éplorée, avec son armée indignée contre les Autrichiens, et dans l'attente de la prochaine arrivée des Français.

Sept. 1805.

Ce qui se passait dans le moment au midi de l'Italie.

Il ne reste plus, pour avoir une idée complète de la situation de l'Europe pendant cette grande crise, qu'à jeter un instant les yeux sur ce qui se passait dans le midi de l'Italie. Les conseillers suprêmes de la coalition ne voulant pas que la cour de Naples, observée par les vingt mille Français du général Saint-Cyr, se compromît trop tôt, lui avaient suggéré une vraie trahison, qui ne devait guère coûter à une cour aveuglée et démoralisée par la haine. On lui avait conseillé de signer avec la France un traité de neutralité, afin d'obtenir la retraite du corps qui était à Tarente. Quand ce corps se serait retiré, la cour de Naples, moins surveillée, aurait, lui disait-on, le temps de se déclarer, et de recevoir les Russes et les Anglais. Le général russe Lascy, homme prudent et avisé, était à Naples, chargé de tout préparer en secret, et d'amener les coalisés quand le moment serait jugé opportun. Il y avait 12 mille Russes à Corfou, outre une réserve à Odessa, et 6 mille Anglais à Malte. On comptait encore sur 36 mille Napolitains, un peu moins mal organisés que de coutume, et sur la levée en masse des brigands de la Calabre.

Trahison conseillée à la cour de Naples par les puissances coalisées.

Traité de neutralité proposé par la cour de Naples,

Ce traité, proposé à Napoléon à la veille de son départ de Paris, lui avait paru acceptable, car il ne croyait pas qu'une cour aussi faible s'exposât avec lui aux conséquences d'une trahison. Il se figurait que le terrible exemple qu'il avait fait de Venise en 1797 avait dû guérir les gouvernements italiens de leur penchant à la fourberie. Il trouvait dans un traité de neutralité qui excluait les Russes et les Anglais du midi de l'Italie, l'avantage de pouvoir donner 20 mille hommes de plus à Masséna, si les 50 mille dont celui-ci disposait n'étaient pas suffisants pour défendre l'Adige.

Sept. 1805.

et accepté avec confiance par Napoléon.

Il accepta donc cette proposition, et, par traité signé à Paris le 21 septembre, il consentit à retirer ses troupes de Tarente, sur la promesse que lui fit la cour de Naples de ne souffrir aucun débarquement des Russes et des Anglais. A cette condition, le général Saint-Cyr eut ordre de s'acheminer vers la Lombardie, et la reine Caroline, ainsi que son faible époux, purent en liberté préparer une soudaine levée de boucliers sur les derrières des Français.

Telle était, du 20 au 25 septembre, la situation des puissances coalisées. Les Russes et les Suédois, chargés de l'attaque du nord, se réunissaient à Stralsund, pour se combiner avec un débarquement d'Anglais aux bouches de l'Elbe; une armée russe s'organisait à Wilna, sous le général Michelson; l'empereur Alexandre, avec le corps de ses gardes et l'armée de Buxhoewden, était à Pulawi sur la Vistule, sollicitant une entrevue du roi de Prusse; une autre armée russe, sous le général Kutusof, avait pénétré par la Gallicie en Moravie, pour se joindre aux Autrichiens. Celle-ci était à la hauteur de Vienne, et allait remonter le Danube. Le général

Situation générale des coalisés du 20 au 25 septembre.

Mack, plus avancé de cent lieues, avait pris position à Ulm, à la tête de 85 mille hommes, attendant les Français au débouché de la Forêt-Noire. L'archiduc Charles était avec 100 mille hommes sur l'Adige. La cour de Naples méditait une surprise qui devait s'exécuter avec les Russes de Corfou et les Anglais de Malte.

Napoléon, comme on l'a déjà vu, était arrivé à Strasbourg le 26 septembre. Ses colonnes avaient suivi exactement ses ordres, et parcouru les routes qu'il leur avait tracées. (Voir la carte n° 28.) Le maréchal Bernadotte, après avoir pourvu la place d'Hameln de munitions, de vivres, et d'une forte garnison, après y avoir déposé les hommes les moins capables de faire campagne, était parti de Gœttingue avec 17 mille soldats, tous propres aux plus dures fatigues. Il avait prévenu l'électeur de Hesse de son passage, en y mettant les formes prescrites par Napoléon. Il avait d'abord rencontré un consentement, puis un refus, dont il n'avait tenu aucun compte, et avait traversé la Hesse sans éprouver de résistance. Des officiers d'administration, précédant le corps d'armée, commandaient des vivres à chaque station, et, payant tout argent comptant, trouvaient des spéculateurs empressés de satisfaire aux besoins de nos troupes. Une armée qui porte avec elle un pécule peut vivre sans magasins, sans perte de temps, sans vexations pour le pays qu'elle traverse, pour peu que ce pays soit abondant en denrées alimentaires. Bernadotte avec ce moyen traversa sans difficulté les deux Hesses, la principauté de Fulde, les États du prince archichancelier, et la Bavière. Il marchait perpendiculairement du nord au midi. Il arriva le 17 septembre près de Cassel, le 20 à Giessen, le 27 à Würzbourg, à la grande joie de l'électeur de Bavière, qui se mourait d'épouvante au milieu des nouvelles contradictoires des Autrichiens et des Français. Un ministre de l'empereur d'Allemagne était accouru auprès de ce prince, pour lui présenter des excuses sur ce qui s'était passé, et pour essayer de le ramener. Le ministre autrichien ne connut la marche du corps de Bernadotte que lorsque la cavalerie française parut sur les hauteurs de Würzbourg. Il partit sur-le-champ, nous laissant l'électeur pour toujours, c'est-à-dire pour toute la durée de notre prospérité.

M. de Montgelas, afin de mieux colorer la conduite de son maître, nous demanda une précaution peu honorable pour la Bavière, c'était d'altérer la date du traité d'alliance conclu avec la France. Ce traité avait été signé en réalité le 24 août, M. de Montgelas exprima le désir de lui attribuer une autre date, celle du 23 septembre. On y consentit, et il put soutenir à ses confédérés de Ratisbonne, qu'il ne s'était donné à la France que le lendemain des violences de l'Autriche.

Le général Marmont remontant le Rhin, et s'en servant pour transporter son matériel, s'était mis en marche par la belle route que Napoléon avait ouverte le long de la rive gauche du fleuve, et qui est l'un des ouvrages mémorables de son règne. Il était le 12 septembre à Nimègue, le 18 à Cologne, le 25 à Mayence, le 26 à Francfort, le 29 aux environs de Würzbourg. (Voir la carte n° 28.) Il amenait un corps de 20 mille hommes, un parc de 40 bouches à feu bien attelées, et des munitions considérables. Dans ces 20 mille hommes se trouvait comprise une division de troupes hollandaises, commandée par le général Dumonceau. Quant aux quinze mille Français qui composaient ce corps, un fait sans exemple dans l'histoire de la guerre donnera une juste idée de leur qualité. Ils venaient de traverser une partie de la France et de l'Allemagne, et de marcher vingt jours de suite sans s'arrêter : il y manquait neuf hommes en tout, en arrivant à Würzbourg. Il n'y a pas de général qui ne se fût regardé comme heureux s'il en avait perdu deux ou trois cents seulement, car c'est à l'entrée en campagne, et par l'effet des premières marches, que les tempéraments faibles se déclarent et restent en arrière.

Vers la fin de septembre, Napoléon avait donc au centre de la Franconie, à six journées du Danube, et menaçant le flanc des Autrichiens, le maréchal Bernadotte avec 17 mille hommes, le général Marmont avec 20. Il faut ajouter à ces forces 25 mille Bavarois, réunis à Würzbourg, et animés d'un véritable enthousiasme pour la cause des Français, devenue la leur dans le moment. Ils battaient des mains en voyant paraître nos régiments.

Le maréchal Davout avec le corps parti d'Ambleteuse, le maréchal Soult avec celui qui était parti de Boulogne, le maréchal Ney avec celui qui était parti de Montreuil, traversant la Flandre, la Picardie, la Champagne et la Lorraine, étaient sur le Rhin du 23 au 24 septembre, précédés par la cavalerie, que Napoléon avait mise en mouvement quatre jours avant l'infanterie. Tous avaient marché avec une ardeur sans pareille. La division Dupont, en traversant le département de l'Aisne, avait laissé en arrière une cinquantaine d'hommes appartenant à ce département. Ils étaient allés visiter leurs familles, et le surlendemain ils avaient tous rejoint. Après avoir fait 150 lieues au milieu de l'automne, sans se reposer un seul jour, cette armée n'avait ni malades, ni traînards; exemple unique, dû à l'esprit des troupes et à un long campement.

Sept. 1805.

Davout, Ney, Soult.

Le maréchal Augereau avait formé ses divisions en Bretagne. Partant de Brest, passant par Alençon, Sens, Langres, Béfort, il avait la France à traverser dans sa plus grande étendue, et devait être sur le Rhin une quinzaine de jours après les autres corps. Aussi était-il destiné à servir de réserve.

Marche du corps du maréchal Augereau.

Jamais étonnement ne fut égal à celui qu'inspira dans toute l'Europe l'arrivée imprévue de cette armée. On la croyait aux bords de l'Océan, et en vingt jours, c'est-à-dire dans le temps à peine nécessaire pour que le bruit de sa marche commençât à se répandre, elle apparaissait sur le Rhin, et inondait l'Allemagne méridionale. C'était l'effet d'une extrême promptitude à se résoudre, et d'un art profond à cacher les déterminations prises.

Effet produit par la prompte apparition de l'armée française en Allemagne.

Sept. 1805.

La nouvelle de l'apparition des Français se répandit à l'instant même, et ne fit naître chez les généraux allemands d'autre idée que celle-ci : c'est que le principal théâtre de la guerre serait en Bavière et non en Italie, puisque Napoléon et l'armée de l'Océan s'y rendaient. Il n'en résulta que la demande d'augmenter les forces autrichiennes en Souabe, et l'ordre, qui déplut fort à l'archiduc Charles, d'envoyer un détachement de l'Italie dans le Tyrol, afin de venir par le Vorarlberg au secours du général Mack. Mais le véritable dessein de Napoléon resta profondément caché. Les troupes réunies à Würzbourg parurent avoir pour mission unique de recueillir les Bavarois et de protéger l'électeur. Le rassemblement principal placé sur le haut Rhin, à l'entrée des défilés de la Forêt-Noire, sembla destiné à s'y engager. Le général Mack se confirma donc chaque jour dans son idée de garder la position d'Ulm, qui lui avait été assignée.

Organisation donnée par Napoléon à la grande armée.

Napoléon, ayant réuni toute son armée, lui donna une organisation qu'elle a toujours conservée depuis, et un nom qu'elle gardera perpétuellement dans l'histoire, celui de la GRANDE ARMÉE.

Sa distribution en sept corps.

Il la distribua en sept corps. Le maréchal Bernadotte, avec les troupes amenées du Hanovre, formait le premier corps, fort de 17 mille hommes. Le général Marmont, avec les troupes venues de Hollande, formait le second, qui comptait 20 mille soldats présents au drapeau. Les troupes du maréchal Davout, campées à Ambleteuse, et occupant la troisième place le long des côtes de l'Océan, avaient reçu le titre de troisième corps, et s'élevaient à un effectif de 26 mille combattants. Le maréchal Soult, avec le centre de la grande armée de l'Océan, campé à Boulogne, et composé de 40 mille fantassins et artilleurs, formait le quatrième corps. La division Suchet devait bientôt en être détachée pour faire partie du cinquième corps, avec la division Gazan et les grenadiers d'Arras, connus dorénavant sous le titre de grenadiers Oudinot, du nom de leur brave chef. Indépendamment de la division Suchet, ce cinquième corps devait s'élever à 18 mille hommes. Il était destiné au fidèle et héroïque ami de Napoléon, au maréchal Lannes, qui avait été rappelé du Portugal pour prendre part à la périlleuse expédition de Boulogne, et qui maintenant allait suivre l'Empereur jusqu'aux bords de la Morawa, de la Vistule et du Niémen. Sous l'intrépide Ney, le camp de Montreuil composait le sixième corps, et s'élevait à 24 mille soldats. Augereau, avec deux divisions fortes tout au plus de 14 mille hommes, placé le dernier sur la ligne des côtes (il était à Brest), composa le septième corps. Le titre de huitième corps fut donné plus tard aux troupes d'Italie lorsqu'elles vinrent agir en Allemagne. Cette organisation était celle de l'armée du Rhin, mais avec d'importantes modifications, adaptées au génie de Napoléon et nécessaires à l'exécution des grandes choses qu'il méditait.

Sept. 1805.

Dans l'armée du Rhin chaque corps, complet en toutes armes, présentait à lui seul une petite armée, se suffisant à elle-même, et capable de livrer bataille. Aussi ces corps tendaient-ils à s'isoler, surtout sous

Composition des corps d'armée.

un général comme Moreau, qui ne commandait qu'en proportion de son esprit et de son caractère. Napoléon avait organisé son armée de manière qu'elle fût tout entière dans sa main. Chaque corps était complet seulement en infanterie ; il avait en artillerie le nécessaire, et en cavalerie tout juste ce qu'il fallait pour se bien garder, c'est-à-dire quelques escadrons de hussards ou de chasseurs. Napoléon se réservait ensuite de les compléter en artillerie et en cavalerie, à l'aide d'une réserve de ces deux armes, dont il disposait seul. Suivant le terrain et les occurrences, il retirait à l'un pour le donner à l'autre, ou un renfort de bouches à feu, ou une masse de cuirassiers.

Formation d'une réserve de cavalerie sous le prince Murat.

Il avait tenu surtout à réunir sous un même chef, et dans une dépendance immédiate de sa volonté, la masse principale de sa cavalerie. Comme c'est avec elle qu'on observe l'ennemi en courant sans cesse autour de lui, qu'on achève sa défaite quand il est ébranlé, qu'on le poursuit et l'enveloppe quand il est en fuite, Napoléon avait voulu se réserver exclusivement ce moyen de préparer la victoire, de la décider et d'en recueillir les fruits. Il avait donc réuni en un seul corps la grosse cavalerie, composée des cuirassiers et des carabiniers, commandés par les généraux Nansouty et d'Hautpoul ; il y avait ajouté les dragons tant à pied qu'à cheval, sous les généraux Klein, Walther, Beaumont, Bourcier et Baraguey-d'Hilliers, et avait confié le tout à son beau-frère Murat, qui était l'officier de cavalerie le plus entraînant de cette époque, et qui sous ses ordres représentait le *magister equitum* des armées romaines. Des batteries d'artillerie volante suivaient cette cavalerie, et lui procuraient, outre la puissance des sabres, celle des feux. On la verra bientôt se répandre dans la vallée du Danube, culbuter les Autrichiens et les Russes, entrer pêle-mêle avec eux dans Vienne étonnée, puis, se reportant dans les plaines de la Saxe et de la Prusse, poursuivre jusqu'aux bords de la Baltique, enlever tout entière l'armée prussienne, ou, se précipitant à Eylau sur l'infanterie russe, sauver la fortune de Napoléon par l'un des chocs les plus impétueux que jamais les masses armées aient donnés ou reçus. Cette réserve comptait 22 mille cavaliers, dont 6 mille cuirassiers, 9 à 10 mille dragons à cheval, 6 mille dragons à pied, un millier d'artilleurs à cheval.

Enfin la réserve générale de la grande armée était la garde impériale, corps d'élite le plus beau de l'univers, servant tout à la fois de moyen d'émulation et de moyen de récompense pour les soldats qui se distinguaient, car on ne les introduisait dans les rangs de cette garde que lorsqu'ils avaient fait leurs preuves. La garde impériale se composait, ainsi que la garde consulaire, de grenadiers et de chasseurs à pied, de grenadiers et de chasseurs à cheval, à peu près comme un régiment dont on n'aurait conservé que les compagnies d'élite. Elle comprenait en outre un beau bataillon italien, représentant la garde royale du roi d'Italie, un superbe escadron de mameluks, dernier souvenir de l'Égypte, et deux escadrons de gendarmerie d'élite

Sept. 1805.

Rôle et organisation de la garde impériale.

pour faire la police du quartier général, en tout 7 mille hommes. Napoléon y avait ajouté en grande proportion l'arme qu'il aimait, parce que dans certaines occasions elle suppléait à toutes les autres, l'artillerie; il avait formé un parc de 24 pièces de canon, armé et attelé avec un soin particulier, ce qui faisait à peu près quatre pièces par mille hommes.

La garde ne quittait guère le quartier général; elle marchait presque toujours à côté de l'Empereur, avec Lannes et les grenadiers d'Oudinot.

Telle était la grande armée. Elle présentait une masse de 186 mille combattants réellement présents sous les drapeaux. On y comptait 38 mille cavaliers et 340 bouches à feu. Si on y ajoute les 50 mille hommes de Masséna, les 20 mille du général Saint-Cyr, on aura un total de 256 mille Français, répandus depuis le golfe de Tarente jusqu'aux bouches de l'Elbe, avec une réserve d'environ 150 mille jeunes soldats dans l'intérieur. Si on y ajoute encore 25 mille Bavarois, 7 à 8 mille sujets des souverains de Bade et de Wurtemberg, prêts à entrer en ligne, on peut dire que Napoléon allait, avec 250 mille Français, 30 et quelques mille Allemands, combattre environ 500 mille coalisés, dont 250 mille Autrichiens, 200 mille Russes, 50 mille Anglais, Suédois, Napolitains, ayant aussi leur réserve dans l'intérieur de l'Autriche, de la Russie et sur les flottes anglaises. La coalition espérait y joindre 200 mille Prussiens. Ce n'était pas impossible, si Napoléon ne se hâtait de vaincre.

Il était pressé, en effet, d'entrer en action, et il ordonna le passage du Rhin pour le 25 et le 26 septembre, après avoir sacrifié deux ou trois jours à faire reposer les hommes, à réparer quelques dommages dans le harnachement de la cavalerie et de l'artillerie, à échanger quelques chevaux blessés ou fatigués contre des chevaux frais, dont on avait réuni un grand nombre en Alsace, à préparer enfin le grand parc et des quantités considérables de biscuit. Voici quelles furent ses dispositions pour tourner la Forêt-Noire, derrière laquelle le général Mack, campé à Ulm, attendait les Français.

Sept. 1805.

En fixant les yeux sur cette contrée si souvent parcourue par nos armées, et par ce motif si souvent décrite dans cette histoire (voir les cartes n°s 28 et 29), on voit le Rhin sortir du lac de Constance, couler à l'ouest jusqu'à Bâle, puis se redresser tout à coup pour couler presque directement au nord. On voit le Danube, au contraire, issu de quelques faibles sources, assez près du point où le Rhin sort du lac de Constance, se jeter à l'est, et suivre cette direction, avec très-peu de déviations, jusqu'à la mer Noire. C'est une chaîne de montagnes fort médiocres, très-improprement appelées Alpes de Souabe, qui sépare ainsi les deux fleuves, et verse le Rhin dans les mers du Nord, et le Danube dans les mers de l'Orient. Ces montagnes montrent à la France leurs sommets les plus escarpés, et vont, en s'abaissant insensiblement, finir dans les plaines de la Franconie, entre Nordlingen et Donauwerth. De leur flanc entr'ouvert et revêtu de forêts qu'on

Commencement des opérations.

Description des Alpes de Souabe et de la Forêt-Noire.

appelle du nom général de Forêt-Noire, coulent à gauche, c'est-à-dire vers le Rhin, le Necker et le Mein, à droite le Danube, qui longe leur revers presque dépouillé de bois et dessiné en terrasses. Elles sont percées de défilés étroits qu'il faut nécessairement traverser pour aller du Rhin au Danube, à moins qu'on n'évite ces montagnes, soit en remontant le Rhin jusqu'au-dessus de Schaffhouse, soit en parcourant leur pied de Strasbourg à Nordlingen, jusqu'aux plaines de la Franconie, où elles disparaissent. Dans les guerres antérieures, les Français avaient alternativement suivi deux routes. Tantôt débouchant du Rhin entre Strasbourg et Huningue, ils avaient traversé les défilés de la Forêt-Noire; tantôt remontant le Rhin jusqu'à Schaffhouse, ils avaient franchi ce fleuve près du lac de Constance, et s'étaient ainsi trouvés aux sources du Danube, en évitant le passage des défilés.

Napoléon, voulant se placer entre les Autrichiens qui étaient postés à Ulm, et les Russes qui arrivaient à leur secours, dut suivre une tout autre route. S'étudiant d'abord à fixer l'attention des Autrichiens vers les défilés de la Forêt-Noire, par le spectacle de ses colonnes prêtes à s'y engager, il dut ensuite côtoyer les Alpes de Souabe sans les franchir, les côtoyer jusqu'à Nordlingen, tourner, avec tous ses corps réunis, leur extrémité abaissée, et passer le Danube à Donauwerth. Par ce mouvement, il ralliait, chemin faisant, les corps de Bernadotte et de Marmont déjà rendus à Würzbourg, il débordait la position d'Ulm, débouchait sur les derrières du général Mack, et réalisait le plan arrêté depuis longtemps dans son esprit, et duquel il attendait les plus vastes résultats.

Le 25 septembre, il enjoignit à Murat et à Lannes de passer le Rhin à Strasbourg, avec la réserve de cavalerie, les grenadiers Oudinot et la division Gazan. (Voir la carte n° 29.) Murat devait porter ses dragons d'Oberkirch à Freudenstadt, d'Offenbourg à Rothweil, de Fribourg à Neustadt, et les présenter ainsi à la tête des principaux défilés, de manière à faire supposer que l'armée elle-même allait les traverser. Des vivres étaient commandés sur cette direction pour compléter l'illusion de l'ennemi. Lannes devait appuyer ces reconnaissances par quelques bataillons de grenadiers; mais en réalité, placé avec le gros de son corps, en avant de Strasbourg, sur la route de Stuttgard, il avait ordre de couvrir le mouvement des maréchaux Ney, Soult et Davout, chargés de franchir le Rhin au-dessous. Le général Songis, qui commandait l'artillerie, avait jeté deux ponts de bateaux, le premier entre Lauterbourg et Carlsruhe pour le corps du maréchal Ney, le second aux environs de Spire pour le corps du maréchal Soult. Le maréchal Davout avait à sa disposition le pont de Manheim. Ces maréchaux devaient parcourir transversalement les vallées qui descendent de la chaîne des Alpes de Souabe, et côtoyer cette chaîne, en s'appuyant les uns aux autres, de façon à pouvoir se secourir en cas d'apparition subite de l'ennemi. Ordre leur était donné à tous d'avoir quatre jours de pain dans le sac des soldats, et quatre jours de biscuit dans des fourgons, pour le cas où il faudrait exécuter des marches forcées. Napoléon ne quitta Strasbourg que lorsqu'il vit en mouvement ses parcs et ses réserves sous l'escorte d'une division d'infanterie. Il passa le Rhin le 1er octobre, accompagné de sa garde, après avoir fait ses adieux à l'Impératrice, qui continua de séjourner à Strasbourg, avec la cour impériale et la chancellerie de M. de Talleyrand.

Arrivé sur le territoire du grand-duché de Baden, Napoléon y trouva la famille régnante, accourue pour lui rendre hommage. Le vieil électeur s'y présenta entouré de trois générations de princes. Il avait voulu, comme tous les souverains d'Allemagne de second et troisième ordre, obtenir le bienfait de la neutralité, véritable chimère en de telles circonstances, car, lorsque les petites puissances allemandes n'ont pas su empêcher la guerre en résistant aux grandes puissances qui la désirent, elles ne doivent pas se flatter d'en écarter les malheurs par une neutralité qui est impossible, puisqu'elles sont presque toutes sur la route obligée des armées belligérantes. Napoléon, au lieu de la neutralité, leur avait offert son alliance, promettant de terminer à leur profit les questions de territoire ou de souveraineté qui les séparaient de l'Autriche, depuis les arrangements inachevés de 1803. Le grand-duc de Baden finit par accepter cette alliance, et promit de fournir 3 mille hommes, plus des vivres et des moyens de transport, qu'on devait solder sur le pays même. Napoléon, après avoir couché à Ettlingen, se mit en route le 2 octobre pour Stuttgard. Avant son arrivée, une collision avait failli éclater entre l'électeur de Wurtemberg et le maréchal Ney. Cet électeur, connu en Europe par l'extrême vivacité de son esprit et de son caractère, discutait en ce moment avec le ministre de France les conditions d'une alliance qui ne lui plaisait guère. Mais il ne voulait pas qu'en attendant une conclusion on fît entrer des troupes, soit à Louisbourg qui était sa maison de plaisance, soit à Stuttgard qui était sa capitale. Le maréchal Ney consentit bien à ne pas entrer à Louisbourg, mais il fit braquer son artillerie sur les portes de Stuttgard, et obtint par ce moyen qu'elles lui fussent ouvertes. Napoléon arriva fort à propos pour calmer la colère de l'électeur. Il en fut reçu avec beaucoup de magnificence, et stipula avec lui une alliance, qui a fait la grandeur de cette maison, comme elle a fait celle de tous les princes du midi de l'Allemagne. Le traité fut signé le 5 octobre, et contint l'engagement, du côté de la France, d'agrandir la maison de Wurtemberg, et, du côté de cette maison, de fournir 10 mille hommes, plus des vivres, des chevaux, des charrois, qu'on devait payer en les prenant.

Napoléon demeura trois ou quatre jours à Louisbourg, pour ménager à ses corps de gauche le temps d'arriver en ligne. C'était une position des plus délicates que celle de côtoyer, pendant une quarantaine de lieues, un ennemi fort de 80 à 90 mille

Octob. 1805.

hommes, sans lui donner trop d'éveil, et sans s'exposer à le voir déboucher à l'improviste sur l'une de ses ailes. Napoléon y pourvut avec un art et une prévoyance admirables. Trois routes traversaient le Wurtemberg, et aboutissaient à ces extrémités abaissées des Alpes de Souabe qu'il s'agissait d'atteindre, pour arriver au Danube, entre Donauwerth et Ingolstadt. (Voir la carte n° 29.) La principale était celle de Pforzheim, Stuttgard et Heidenheim, qui longeait le flanc même des montagnes, et qui était par une foule de défilés en communication avec la position des Autrichiens à Ulm. C'était celle qu'il fallait parcourir avec le plus de précautions, à cause du voisinage de l'ennemi. Napoléon l'occupait avec la cavalerie de Murat, le corps du maréchal Lannes, celui du maréchal Ney, et la garde. La seconde, celle qui, partant de Spire, passait par Heilbronn, Hall, Ellwangen, pour aboutir dans la plaine de Nordlingen, était occupée par le corps du maréchal Soult. La troisième, partant de Manheim, passant par Heidelberg, Neckar-Elz, Ingelfingen, aboutissait à OEttingen. C'est celle que parcourait le maréchal Davout. Elle se rapprochait de la direction que les corps de Bernadotte et Marmont devaient suivre, pour se rendre de Würzbourg sur le Danube. Napoléon disposa la marche de ces diverses colonnes de manière qu'elles arrivassent toutes du 6 au 7 octobre dans la plaine qui s'étend au bord du Danube, entre Nordlingen, Donauwerth et Ingolstadt. Mais dans ce mouvement de conversion, sa gauche pivotant sur sa droite, celle-ci avait à décrire un cercle moins étendu que celle-là. Il fit donc ralentir le pas à sa droite, pour donner aux corps de Marmont et de Bernadotte, qui formaient l'extrême gauche, au maréchal Davout, qui venait après eux, enfin au maréchal Soult, qui venait après le maréchal Davout, et les liait tous au quartier général, le temps d'achever leur mouvement de conversion.

Octob. 1805.

Après avoir suffisamment attendu, Napoléon se mit en marche, le 4 octobre, avec toute la droite. Murat galopant sans cesse à la tête de sa cavalerie, paraissait tour à tour à l'entrée de chacun des défilés qui traversent les montagnes, ne faisait que s'y montrer, et puis en retirait ses escadrons, dès que les parcs et les bagages étaient assez avancés pour n'avoir plus rien à craindre. Napoléon, avec les corps de Lannes, de Ney et la garde, suivait la route de Stuttgard, prêt à se porter avec cinquante mille hommes au secours de Murat, si l'ennemi paraissait en force dans l'un des défilés. Quant aux corps de Soult, Davout, Marmont et Bernadotte, formant le centre et la gauche de l'armée, le danger ne commençait pour eux que lorsque le mouvement qu'on exécutait en parcourant le pied des Alpes de Souabe serait achevé, et qu'on déboucherait dans la plaine de Nordlingen. Il se pouvait, en effet, que le général Mack, averti assez tôt, se repliât d'Ulm sur Donauwerth, passât le Danube, et vînt combattre dans cette plaine de Nordlingen, pour y arrêter les Français. Napoléon avait tout disposé pour que Murat, Ney, Lannes, et avec eux les corps des maréchaux Soult et Davout au moins, convergeassent ensemble le 6 octobre, entre Heidenheim, OEttingen et Nordlingen, de manière à pouvoir présenter une masse imposante à l'ennemi. Mais jusque-là ses soins tendaient toujours à tromper le général Mack assez longtemps pour qu'il ne songeât point à décamper, et qu'on pût atteindre le Danube à Donauwerth avant qu'il eût quitté sa position d'Ulm. Le 4 et le 6 octobre, tout continuait à présenter le meilleur aspect. Le temps était superbe ; les soldats, bien pourvus de souliers et de capotes, marchaient gaiement. Cent quatre-vingt mille Français s'avançaient ainsi sur une ligne de bataille de 26 lieues, la droite touchant aux montagnes, la gauche convergeant vers les plaines du haut Palatinat, pouvant en quelques heures se trouver réunis au nombre de 90 ou 100 mille hommes sur l'une ou l'autre de leurs ailes, et, ce qui est plus extraordinaire, sans que les Autrichiens eussent la moindre idée de cette vaste opération.

« Les Autrichiens, écrivait Napoléon à M. de » Talleyrand et au maréchal Augereau, sont sur les » débouchés de la Forêt-Noire. Dieu veuille qu'ils y » restent ! Ma seule crainte est que nous ne leur fas- » sions trop de peur… S'ils me laissent gagner quel- » ques marches, j'espère les avoir tournés, et me » trouver avec toute mon armée entre le Lech et » l'Isar. » — Il écrivait au ministre de la police : « Faites défense aux gazettes du Rhin de parler de » l'armée, pas plus que si elle n'existait pas. »

Pour arriver au point qui leur était indiqué, les

corps de Bernadotte et de Marmont devaient traverser l'une des provinces que la Prusse possédait en Franconie, celle d'Anspach. A la rigueur, en les resserrant sur le corps du maréchal Davout, Napoléon aurait pu les ramener vers lui, et éviter ainsi de toucher au territoire prussien. Mais déjà les chemins étaient encombrés; y accumuler de nouvelles troupes eût été un inconvénient pour l'ordre des mouvements et pour les vivres. De plus, en rétrécissant le cercle décrit par l'armée, on aurait eu moins de chances d'envelopper l'ennemi. Napoléon voulait dans son mouvement embrasser le cours du Danube jusqu'à Ingolstadt, pour déboucher le plus loin possible sur les derrières des Autrichiens, et pouvoir les arrêter dans le cas où ils auraient rétrogradé de l'Iller jusqu'au Lech. N'imaginant pas, dans l'état de ses relations avec la Prusse, qu'elle pût se montrer difficile à son égard, comptant sur l'usage établi dans les dernières guerres de traverser les provinces prussiennes de Franconie, parce qu'elles étaient hors de la ligne de neutralité, n'ayant reçu aucun avertissement qu'il dût en être autrement cette fois, Napoléon ne se fit nul souci d'emprunter le territoire d'Anspach, et en donna l'ordre aux corps de Marmont et de Bernadotte. Les magistrats prussiens se présentèrent à la frontière pour protester au nom de leur souverain contre la violence qui leur était faite. On leur répondit par la production des ordres de Napoléon, et on passa outre, en soldant en argent tout ce qu'on prenait, et en observant la plus exacte discipline. Les sujets prussiens, bien payés du pain

Octob. 1805.

de Marmont et de Bernadotte traversent le territoire prussien d'Anspach.

et de la viande fournis à nos soldats, ne parurent pas fort irrités de la prétendue violation de leur territoire.

Le 6 octobre, nos six corps d'armée étaient arrivés sans accident au delà des Alpes de Souabe, le maréchal Ney à Heidenheim, le maréchal Lannes à Néresheim, le maréchal Soult à Nordlingen, le maréchal Davout à OEttingen, le général Marmont et le maréchal Bernadotte sur la route d'Aichstedt, tous en vue du Danube, fort au delà de la position d'Ulm.

Que faisaient pendant ce temps le général Mack, l'archiduc Ferdinand et tous les officiers de l'état-major autrichien? Très-heureusement l'intention de Napoléon ne s'était point révélée à eux. Quarante mille hommes qui avaient passé le Rhin à Strasbourg, et qui s'étaient engagés tout d'abord dans les défilés de la Forêt-Noire, les avaient confirmés dans l'idée que les Français suivraient la route accoutumée. De faux rapports d'espions, adroitement dépêchés par Napoléon, les avaient encore affermis davantage dans cette opinion. Ils avaient entendu parler, il est vrai, de quelques troupes françaises répandues dans le Wurtemberg, mais ils avaient supposé qu'elles venaient occuper les petits États de l'Allemagne, et peut-être secourir les Bavarois. D'ailleurs, rien n'est plus contradictoire, plus étourdissant que cette multitude de rapports d'espions ou d'officiers envoyés en reconnaissance. Les uns placent des corps d'armée où ils n'ont rencontré que des détachements, d'autres de simples détachements où ils auraient dû reconnaître des corps d'armée. Souvent ils n'ont pas vu de leurs yeux ce qu'ils rapportent, et ils n'ont fait que recueillir les ouï-dire de gens effrayés, surpris ou émerveillés. La police militaire, comme la police civile, ment, exagère, se contredit. Dans le chaos de ces rapports, l'esprit supérieur discerne la vérité, l'esprit médiocre se perd. Et surtout, si une préoccupation antérieure existe, s'il y a penchant à croire que l'ennemi arrivera par un point plutôt que par un autre, les faits recueillis sont tous interprétés dans un seul sens, quelque peu qu'ils s'y prêtent. C'est ainsi que se produisent les grandes erreurs, qui ruinent quelquefois les armées et les empires.

Octob. 1805.

Telle était en ce moment la situation d'esprit du général Mack. Les officiers autrichiens avaient préconisé depuis longtemps la position qui, appuyant sa droite à Ulm, sa gauche à Memmingen, faisait face aux Français débouchant de la Forêt-Noire. Autorisé par une opinion qui était générale, et obéissant de plus à des instructions positives, le général Mack s'était établi dans cette position. Il y avait ses vivres, ses munitions, et il ne pouvait pas se persuader qu'il n'y fût pas très-convenablement placé. La seule précaution qu'il eût prise vers ses derrières consistait à envoyer le général Kienmayer avec quelques mille hommes à Ingolstadt, pour observer les Bavarois réfugiés dans le haut Palatinat, et pour se lier aux Russes, qu'il attendait par la grande route de Munich.

Octob. 1805.

Le mouvement des Français s'achève heureusement, et ils sont le 6 octobre aux bords du Danube.

Tandis que le général Mack, l'esprit dominé par une opinion faite d'avance, demeurait immobile à Ulm, les six corps de l'armée française débouchaient le 6 octobre dans la plaine de Nordlingen, au delà des montagnes de Souabe qu'ils avaient tournées, et aux bords du Danube qu'ils allaient franchir. Le 6 au soir, la division Vandamme, du corps du maréchal Soult, devançant toutes les autres, toucha au Danube, et surprit le pont de Munster à une lieue au-dessus de Donauwerth. Le lendemain, 7 octobre, le corps du maréchal Soult enleva le pont même de Donauwerth, faiblement disputé par un bataillon de Colloredo, qui, ne pouvant le défendre, essaya en vain de le détruire.

Passage du Danube.

Les troupes du maréchal Soult l'eurent bientôt réparé, et le passèrent en toute hâte. Murat, avec ses divisions de dragons, précédant l'aile droite, formée des corps des maréchaux Lannes et Ney, s'était porté au pont de Munster déjà surpris par Vandamme. Il réclama ce pont pour ses troupes et celles qui le suivaient, abandonna celui de Donauwerth aux troupes du maréchal Soult, passa à l'instant même avec une division de dragons, et se jeta au delà du Danube, à la poursuite d'un objet de grand intérêt, l'occupation du pont de Rain sur le Lech. Le Lech, qui court derrière l'Iller, presque parallèlement à lui, pour se joindre au Danube, près de Donauwerth, forme une position placée au delà de celle d'Ulm, et en occupant le pont de Rain, on avait tourné à la fois l'Iller et le Lech, et laissé au général Mack peu de chances de rétrograder à propos. Il ne fallut qu'un temps de galop aux dragons de Murat pour enlever Rain et le pont du Lech. Deux cents cavaliers culbutèrent toutes les patrouilles du corps de Kienmayer, pendant que le maréchal Soult s'établissait en forces à Donauwerth, et que le maréchal Davout arrivait en vue du pont de Neubourg.

Napoléon se rendit ce même jour à Donauwerth. Ses espérances étaient désormais réalisées, mais il ne tenait le succès pour complétement assuré que lorsqu'il aurait recueilli jusqu'au dernier résultat de sa belle manœuvre. On avait déjà fait quelques centaines de prisonniers, et leurs rapports étaient unanimes. Le général Mack était à Ulm, sur l'Iller; c'était son arrière-garde commandée par le général Kienmayer, et destinée à le lier avec les Russes, qu'on venait de rencontrer et de refouler au delà du Danube. Napoléon songea sur-le-champ à prendre position entre les Autrichiens et les Russes, de manière à les empêcher de se joindre. Le premier mouvement du général Mack, s'il savait se résoudre à temps, devait être de quitter les bords de l'Iller, de se replier sur le Lech, et de traverser Augsbourg pour rejoindre le général Kienmayer sur la route de Munich. (Voir la carte n° 29.) Napoléon, sans perdre un instant, prescrivit les dispositions suivantes. Il ne voulut pas porter le corps de Ney au delà du Danube, il le laissa sur les routes qui vont du Wurtemberg à Ulm, pour garder la rive gauche du Danube par laquelle nous arrivions. Il prescrivit à Murat et à Lannes de passer sur la rive droite, par les deux

Octob. 1805.

Mouvements ordonnés par Napoléon pour prendre position au delà du Danube, entre les Autrichiens et les Russes.

ponts dont on était maître, ceux de Munster et de Donauwerth, de remonter le fleuve, et de venir se placer entre Ulm et Augsbourg, pour empêcher le général Mack de se retirer par la grande route d'Augsbourg à Munich. Le point intermédiaire qu'ils avaient à occuper était Burgau. Napoléon ordonna au maréchal Soult de partir de l'embouchure du Lech, sur lequel il était en position, de remonter cet affluent du Danube jusqu'à Augsbourg, avec les trois divisions Saint-Hilaire, Vandamme et Legrand. La division Suchet, quatrième du maréchal Soult, se trouvait déjà placée sous les ordres de Lannes. Ainsi, le maréchal Ney avec 20 mille hommes sur la gauche du Danube qu'on avait quittée, Murat et Lannes avec 40 mille sur la droite qu'on venait d'envahir, le maréchal Soult avec 30 mille sur le Lech, enveloppaient le général Mack, par quelque issue qu'il voulût s'enfuir.

De ce soin passant immédiatement à d'autres, Napoléon ordonna au maréchal Davout de se hâter de franchir le Danube à Neubourg, et de dégager le point d'Ingolstadt, vers lequel Marmont et Bernadotte devaient aboutir. La route que suivaient ceux-ci étant plus longue, ils étaient de deux marches en arrière. Le maréchal Davout devait se porter ensuite à Aichach, sur la route de Munich, pour pousser devant lui le général Kienmayer, et faire l'arrière-garde des masses qui s'accumulaient autour d'Ulm. Les corps de Marmont et de Bernadotte avaient ordre d'accélérer le pas, de franchir le Danube à Ingolstadt, et de se diriger sur Munich, afin d'y replacer l'électeur dans sa capitale, un mois seulement après qu'il l'avait quittée. C'est au maréchal Bernadotte, compagnon en ce moment des Bavarois, qu'il réservait l'honneur de les réinstaller dans leur pays. Par cette disposition, Napoléon présentait aux Russes, venant de Munich, Bernadotte et les Bavarois, puis, au besoin, Marmont et Davout, qui devaient, selon les circonstances, se porter ou sur Munich ou sur Ulm, pour aider au complet investissement du général Mack.

Octob. 1805.

Le lendemain 8 octobre, le maréchal Soult remonta le Lech pour se rendre à Augsbourg. Il ne trouva point d'ennemis devant lui. Murat et Lannes, destinés à occuper l'espace compris entre le Lech et l'Iller, remontèrent de Donauwerth à Burgau, à travers une contrée légèrement accidentée, çà et là couverte de bois, ou traversée par de petites rivières qui courent se jeter dans le Danube. Les dragons marchaient en tête, lorsqu'ils rencontrèrent un corps ennemi, plus nombreux qu'aucun de ceux qu'on avait encore aperçus, posté en avant et autour d'un gros bourg appelé Wertingen. Ce corps ennemi se composait de six bataillons de grenadiers et trois de fusiliers, commandés par le baron d'Auffenberg, de deux escadrons de cuirassiers du duc Albert, et de deux escadrons des chevau-légers de Latour. Ils étaient envoyés en reconnaissance par le général Mack, sur le bruit vaguement répandu de l'apparition des Français au bord du Danube. Il croyait toujours que ces Français devaient appartenir au corps de Bernadotte, placé, disait-on, à Würz-

Combat de Wertingen.

bourg, pour secourir les Bavarois. Les officiers autrichiens étaient à table quand on vint leur annoncer qu'on apercevait les Français. Ils en furent extrêmement surpris, refusèrent d'abord d'y ajouter foi, mais, ne pouvant bientôt plus en douter, ils montèrent précipitamment à cheval pour se mettre à la tête de leurs troupes. En avant de Wertingen se présentait un hameau du nom de Hohenreichen, gardé par quelques centaines d'Autrichiens, fantassins et cavaliers. Abrités par les maisons de ce hameau, ils faisaient un feu incommode, et tenaient en échec un régiment de dragons arrivé le premier sur les lieux. Le chef d'escadron Excellmans, celui qui a depuis signalé son nom par tant de faits éclatants, alors simple aide de camp de Murat, était accouru au bruit de la fusillade. Il fit mettre pied à terre à deux cents dragons de bonne volonté, qui, se jetant le fusil à la main dans ce hameau, en délogèrent ceux qui l'occupaient. De nouveaux détachements de dragons étant survenus dans l'intervalle, on pressa plus fortement les Autrichiens, on pénétra à leur suite dans Wertingen, on dépassa ce bourg, et on trouva, sur une espèce de plateau, les neuf bataillons formés en un seul carré, peu étendu mais serré et profond, ayant du canon et de la cavalerie sur ses ailes. Le brave chef d'escadron Excellmans chargea sur-le-champ ce carré avec une rare hardiesse, et eut un cheval tué sous lui. A ses côtés le colonel Maupetit fut renversé d'un coup de baïonnette. Mais, quelque vigoureuse que fût l'attaque, on ne put pénétrer

MURAT
(AU COMBAT DE WERTINGEN)

dans cette masse compacte. Il s'écoula ainsi un certain temps, pendant lequel les dragons français essayaient de sabrer les grenadiers autrichiens, qui leur rendaient des coups de baïonnette et des coups de fusil. Murat parut enfin avec le gros de sa cavalerie, et Lannes avec les grenadiers Oudinot, vivement attirés les uns et les autres par le bruit du canon. Murat fit aussitôt charger le carré ennemi par ses escadrons, et Lannes se hâta de diriger ses grenadiers sur la lisière d'un bois qui s'apercevait dans le fond, de manière à couper toute retraite aux Autrichiens. Ceux-ci, chargés de front, menacés par derrière, rétrogradèrent d'abord en masse serrée, puis bientôt en désordre. Si les grenadiers d'Oudinot avaient pu être rendus sur le terrain quelques instants plus tôt, les neuf bataillons autrichiens étaient pris en entier. Néanmoins on fit deux mille prisonniers, on enleva plusieurs pièces de canon et quelques drapeaux.

Lannes et Murat, qui avaient vu le chef d'escadron Excellmans sur la pointe des baïonnettes ennemies, voulurent qu'il portât à Napoléon la nouvelle du premier succès obtenu, et les drapeaux pris à l'ennemi. L'Empereur reçut à Donauwerth le jeune et brillant officier, lui accorda un grade dans la Légion d'honneur, et lui en remit les insignes en présence de son état-major, afin de donner plus d'éclat aux premières récompenses méritées dans cette guerre.

Ce même jour, 8 octobre, le maréchal Soult était entré à Augsbourg sans coup férir. Le maréchal Da-

Octob. 1805.

vout avait passé le Danube à Neubourg, et s'était porté à Aichach pour prendre la position intermédiaire qui lui était assignée, entre les corps français qui allaient investir Ulm, et ceux qui allaient à Munich tenir tête aux Russes. Le maréchal Bernadotte et le général Marmont faisaient les apprêts du passage du Danube, vers Ingolstadt, dans l'intention de se rendre à Munich.

Napoléon ordonna de resserrer la position d'Ulm. Il enjoignit au maréchal Ney de remonter la rive gauche du Danube, et de s'emparer de tous les ponts du fleuve, pour être en mesure d'agir sur les deux rives. Il enjoignit à Murat et à Lannes de remonter de leur côté sur la rive droite, et de contribuer avec Ney à l'investissement plus étroit des Autrichiens. Le lendemain 9, le maréchal Ney, prompt à exécuter les ordres qu'il recevait, surtout quand ces ordres le rapprochaient de l'ennemi, atteignit les bords du Danube, et les remonta jusqu'à la hauteur d'Ulm. Les premiers ponts qui s'offraient à lui étaient ceux de Günzbourg. Il chargea la division Malher de les enlever.

Combat de Günzbourg.

Ces ponts étaient au nombre de trois. (Voir la carte n° 7.) Le principal se trouvait devant la petite ville de Günzbourg, le second au-dessus, devant le village de Leipheim, le troisième au-dessous, devant le petit hameau de Reisensbourg. Le général Malher les fit aborder tous à la fois. Il chargea l'officier d'état-major Lefol d'attaquer celui de Leipheim avec un détachement, et le général Labassée d'attaquer celui de Reisensbourg avec le 59ᵉ de ligne. Lui-même, à la tête de la brigade Marcognet, se réserva l'attaque du pont principal, celui de Günzbourg. Le lit du Danube n'étant pas régulièrement formé dans cette partie de son cours, il fallait traverser une multitude d'îles, de petits bras bordés de saules et de peupliers. Les avant-gardes s'y jetèrent avec résolution, franchirent à gué toutes les eaux qui leur faisaient obstacle, et enlevèrent deux à trois cents Tyroliens avec le baron d'Aspre, général major qui commandait sur ce point. Nos troupes arrivèrent bientôt devant le grand bras, sur lequel était construit le pont de Günzbourg. Les Autrichiens, en se retirant, en avaient détruit une travée. Le général Malher voulut la faire rétablir. Mais sur l'autre rive étaient placés plusieurs régiments autrichiens, une artillerie nombreuse, et l'archiduc Ferdinand accouru lui-même avec des renforts considérables. Les Autrichiens commençaient à comprendre combien était sérieuse l'opération entreprise sur leurs derrières, et ils voulaient tenter un grand effort pour sauver au moins les ponts les plus rapprochés d'Ulm. Ils dirigèrent sur les Français un feu meurtrier de mousqueterie et d'artillerie. Ceux-ci, n'étant plus abrités par des îles boisées, et restant à découvert sur les graviers du fleuve, supportèrent ce feu avec une rare constance. Passer à gué était impossible. Ils s'élancèrent sur les chevalets du pont pour le réparer avec des madriers. Mais les travailleurs, abattus un à un par les balles ennemies, n'y purent réussir, et les lignes françaises, exposées pendant ce temps aux coups des Autrichiens, essuyèrent des pertes cruelles. Le général

Malher les fit replier dans les îles boisées, pour ne pas prolonger une témérité inutile.

Cette tentative infructueuse avait coûté quelques centaines d'hommes. Les deux autres attaques s'étaient exécutées simultanément. Des marais impraticables avaient rendu impossible celle de Leipheim. Celle de Reisensbourg avait été plus heureuse. Le général Labassée, ayant à ses côtés le colonel Lacuée, commandant du 59e, s'était porté avec ce régiment au bord du grand bras du Danube. Les Autrichiens avaient encore détruit une travée du pont, mais pas assez complétement pour empêcher nos soldats de la réparer et d'y passer. Le 59e franchit le pont, enleva Reisensbourg et les hauteurs environnantes, malgré des forces triples au moins. Son colonel Lacuée y fut tué en combattant à la tête de ses soldats. En voyant un régiment français jeté seul au delà du Danube, la cavalerie autrichienne accourut au secours de son infanterie, et chargea à outrance le 59e, formé en carré. Trois fois elle s'élança sur les baïonnettes de ce brave régiment, et trois fois elle fut arrêtée par une fusillade dirigée à bout portant. Le 59e resta maître du champ de bataille, après des efforts dont le souvenir mérite d'être conservé.

L'un des trois ponts étant franchi, le général Malher porta sa division entière sur Reisensbourg vers la fin du jour. Les Autrichiens n'eurent garde alors de s'obstiner à disputer Günzbourg. Ils se replièrent sur Ulm dans la nuit même, abandonnant aux

Français un millier de prisonniers et 300 blessés.

De grands honneurs furent rendus au colonel Lacuée. Les divisions du corps de Ney, réunies à Günzbourg, assistèrent à ses funérailles dans la journée du 10, et payèrent à sa mémoire d'unanimes regrets. Le maréchal Ney plaça la division Dupont sur la rive gauche du fleuve, et fit passer sur la rive droite les divisions Malher et Loison, pour se tenir en communication avec Lannes.

Napoléon était resté jusqu'au 9 au soir à Donauwerth. Il en partit pour se transporter à Augsbourg, parce que là était le centre des renseignements à recueillir et des directions à donner. A Augsbourg, il était entre Ulm d'un côté, Munich de l'autre (voir la carte n° 28), entre l'armée de Souabe qu'il allait envelopper, et les Russes dont une rumeur générale annonçait l'approche. En s'éloignant d'Ulm pour un jour ou deux, il voulut y concentrer le commandement, et, par une raison de parenté bien plus que par une raison de supériorité, il plaça sous les ordres de Murat les maréchaux Ney et Lannes, ce qui leur déplut fort, et amena des tiraillements fâcheux. C'étaient là les embarras inséparables du nouveau régime établi en France. La république a ses inconvénients, qui sont les rivalités sanglantes; la monarchie a les siens, qui sont les complaisances de famille. Murat avait ainsi une soixantaine de mille hommes à sa disposition, pour tenir le général Mack en respect sous les murs d'Ulm.

Napoléon, arrivé à Augsbourg, y trouva le maréchal Soult avec le quatrième corps. Le maréchal Da-

Octob. 1805.

Napoléon se place à Augsbourg pour diriger de là les mouvements compliqués de son armée.

vout s'était établi à Aichach ; le général Marmont le suivait ; Bernadotte s'acheminait sur Munich. L'armée française se trouvait à peu près dans la position qu'elle avait à Milan, lorsqu'après avoir franchi miraculeusement le Saint-Bernard, elle était sur les derrières du général Mélas, le cherchant pour l'envelopper, mais ignorant la route où elle pourrait le saisir. La même incertitude régnait à l'égard des projets du général Mack. Napoléon s'appliquait à prévoir ce qu'il pourrait être tenté de faire dans un péril aussi pressant, et avait peine à le deviner, car le général Mack ne le savait pas lui-même. On devine plus difficilement un adversaire irrésolu qu'un adversaire résolu, et si l'incertitude ne devait vous perdre le lendemain, elle vous servirait la veille à tromper l'ennemi. Dans le doute où il se trouvait, Napoléon prêta le dessein le plus raisonnable au général Mack, celui de s'enfuir par le Tyrol. Ce général, en effet, en se dirigeant vers Memmingen, sur la gauche de la position d'Ulm, n'avait que deux ou trois marches à faire pour gagner le Tyrol par Kempten. (Voir la carte n° 28.) Il se réunissait ainsi à l'armée qui gardait la chaîne des Alpes, et à celle qui occupait l'Italie. Il se sauvait, et allait contribuer à former une masse de 200 mille hommes, masse toujours formidable, quelque position qu'elle occupe sur le théâtre général des opérations. Il échappait, en tout cas, à une catastrophe à jamais célèbre dans les annales de la guerre.

Napoléon lui attribua donc ce dessein, ne s'arrêtant pas à une autre pensée que le général Mack aurait pu concevoir, et qu'il conçut un instant, celle de s'enfuir par la rive gauche du Danube, qui n'était gardée que par l'une des divisions du maréchal Ney, la division Dupont. Ce parti désespéré était le moins supposable, car il exigeait une audace extraordinaire. Il fallait couper la route que les Français avaient suivie, et qui était encore couverte de leurs équipages et de leurs dépôts, s'exposer peut-être à les y rencontrer en masse, et leur passer sur le corps pour se retirer en Bohême. Napoléon n'admit point une telle probabilité, et ne songea qu'à fermer les routes du Tyrol. Il ordonna donc au maréchal Soult de remonter le Lech jusqu'à Landsberg, pour aller occuper Memmingen, et intercepter la route de Memmingen à Kempten. Il remplaça dans Augsbourg le corps du maréchal Soult par celui du général Marmont. Il établit en outre dans cette ville sa garde, qui suivait habituellement le quartier général. Là il attendit les mouvements de ses divers corps d'armée, rectifiant leur marche quand ils en avaient besoin.

Octob. 1805.

Bernadotte, poussant l'arrière-garde de Kienmayer, entra dans Munich le 12 au matin, un mois juste après l'invasion des Autrichiens et la retraite des Bavarois. Il fit un millier de prisonniers sur le détachement ennemi qu'il poussait devant lui. Les Bavarois, transportés de joie, reçurent les Français avec de vifs applaudissements. On ne pouvait pas venir plus vite ni plus sûrement au secours de ses alliés, surtout quand on était quelques jours auparavant à l'extrémité du continent, sur les bords de la

Entrée de Bernadotte à Munich avec les Bavarois

Manche. Napoléon écrivit sur-le-champ à l'électeur pour l'engager à rentrer dans sa capitale. Il l'invita à y revenir avec toute l'armée bavaroise, qui eût été inutile à Würzbourg, et qui fut destinée à occuper la ligne de l'Inn, conjointement avec le corps de Bernadotte. Napoléon recommanda de l'employer à faire des reconnaissances, parce que le pays lui était familier, et qu'elle pouvait donner de meilleurs renseignements sur la marche des Russes, qui arrivaient par la route de Vienne à Munich.

Le maréchal Soult, envoyé du côté de Landsberg, n'y rencontra que les cuirassiers du prince Ferdinand qui se repliaient sur Ulm à marches forcées. L'ardeur de nos troupes était si grande que le 26ᵉ de chasseurs ne craignit pas de se mesurer contre la grosse cavalerie autrichienne, et lui enleva un escadron entier avec deux pièces de canon. Cette rencontre prouvait évidemment que les Autrichiens, au lieu de s'enfuir vers le Tyrol, se concentraient derrière l'Iller, entre Memmingen et Ulm, et qu'on allait y trouver une nouvelle bataille de Marengo. Napoléon disposa tout pour la livrer avec la plus grande masse possible de ses forces. Il supposa qu'elle pourrait avoir lieu le 13 ou le 14 octobre; mais, n'étant pas pressé, puisque les Autrichiens ne prenaient pas l'initiative, il préféra le 14, afin d'avoir plus de temps pour réunir ses troupes. D'abord il modifia la position du maréchal Davout, qu'il porta d'Aichach à Dachau, de manière que ce maréchal, dans un poste avantageux entre Augsbourg et Munich, pouvait, en trois ou quatre heures, ou se porter à Munich pour opposer avec Bernadotte et les Bavarois 60 mille combattants aux Russes, ou se reporter vers Augsbourg pour seconder Napoléon dans ses opérations contre l'armée du général Mack. Après avoir pris ces précautions sur ses derrières, Napoléon fit les dispositions suivantes sur son front, en vue de cette journée supposée du 14. Il ordonna au maréchal Soult d'être établi le 13 à Memmingen, débordant cette position par sa gauche, et se liant par sa droite avec les corps qui allaient être portés sur l'Iller. Il envoya sa garde à Weissenhorn, où il résolut de se transporter lui-même. Il espérait ainsi rassembler cent mille hommes dans un espace de dix lieues, de Memmingen à Ulm. Les troupes, en effet, pouvant dans une journée faire une marche de cinq lieues et combattre, il lui était facile de réunir sur un même champ de bataille les corps de Ney, Lannes, Murat, Marmont, Soult et la garde. Du reste, la destinée lui réservait un tout autre triomphe que celui qu'il attendait, triomphe plus nouveau, et non moins étonnant par ses vastes conséquences.

Napoléon quitta Augsbourg le 12 à onze heures du soir pour se rendre à Weissenhorn. Sur la route il rencontra les troupes du corps de Marmont, composées de Français et de Hollandais, accablées de fatigue, chargées à la fois de leurs armes et de leurs rations de vivres pour plusieurs jours. Le temps, qui avait été beau jusqu'au passage du Danube, était tout à coup devenu affreux. Il tombait une neige épaisse qui fondait, se changeait en boue, et

Octob. 1805.

Napoléon quitte Augsbourg pour se rapprocher d'Ulm.

Octob. 1805.

Harangue de Napoléon aux troupes.

rendait les routes impraticables. Toutes les petites rivières qui se jettent dans le Danube étaient débordées. Les soldats cheminaient au milieu de vrais marécages, souvent gênés dans leur marche par les convois d'artillerie. Cependant ils ne murmuraient pas. Napoléon s'arrêta pour les haranguer, les fit former en cercle autour de lui, leur exposa la situation de l'ennemi, la manœuvre par laquelle il venait de l'envelopper, et leur promit un triomphe aussi beau que celui de Marengo. Les soldats, enivrés par ses paroles, fiers de voir le plus grand capitaine du siècle leur expliquer ses plans, se livrèrent à de vifs transports d'enthousiasme, et lui répondirent par des cris unanimes de *Vive l'Empereur!* Ils se remirent en route, impatients d'assister à la grande bataille. Ceux qui avaient entendu les paroles de l'Empereur les répétaient à ceux qui n'avaient pas pu les entendre, et tous s'écriaient avec joie que c'en était fait des Autrichiens, et qu'ils seraient pris jusqu'au dernier.

Événements qui se passaient sur le Danube pendant que Napoléon était à Augsbourg.

Il était temps que Napoléon revînt sur le Danube, car ses ordres, mal compris par Murat, auraient amené des malheurs, si les Autrichiens avaient été plus entreprenants.

Tandis que Lannes et Murat investissaient Ulm par la rive droite du Danube, Ney, resté à cheval sur le fleuve, avait deux divisions sur la rive droite, et une seule, celle du général Dupont, sur la rive gauche. En se rapprochant d'Ulm pour l'investir, Ney avait senti le défaut d'une telle situation. Éclairé par les faits qu'il voyait de plus près, guidé par un heureux instinct de la guerre, confirmé dans son avis par le colonel Jomini, officier d'état-major du plus haut mérite, Ney avait entrevu le danger de ne laisser qu'une division sur la rive gauche du fleuve. — Pourquoi, disait-il, les Autrichiens ne saisiraient-ils pas l'occasion de fuir par la rive gauche, en foulant sous leurs pieds nos équipages et nos parcs, qui ne leur opposeraient certainement pas une grande résistance? — Murat n'admettait pas qu'il en pût être ainsi, et, s'appuyant sur les lettres mal interprétées de l'Empereur, qui, s'attendant à une affaire sérieuse sur l'Iller, ordonnait d'y concentrer toutes les troupes, il allait jusqu'à croire que c'était trop de la division Dupont sur la rive gauche, car cette division devait être hors du lieu de l'action le jour de la grande bataille. Cette divergence d'avis fit naître une vive altercation entre Ney et Murat. Ney était blessé d'obéir à un chef qu'il croyait au-dessous de lui par les talents, s'il était au-dessus par la parenté impériale. Murat, plein de l'orgueil de son nouveau rang, fier surtout d'être plus particulièrement initié à la pensée de Napoléon, fit sentir sa supériorité officielle au maréchal Ney, et finit par lui donner des ordres absolus. Sans des amis communs, ces lieutenants de l'Empereur auraient décidé leur querelle d'une manière peu conforme à leur haute position. Il résulta de cette altercation l'envoi d'ordres contradictoires à la division Dupont, et une situation périlleuse pour elle. Mais heureusement, tandis qu'on disputait sur le poste qu'il convenait de lui faire occuper, elle sortait du péril

Octob. 1805.

Vive altercation entre Ney et Murat sur la manière d'interpréter les ordres de Napoléon.

dans lequel l'avait jetée une erreur de Murat, par un combat à jamais mémorable.

Le général Mack, ne pouvant plus douter de son infortune, avait fait un changement de front. Au lieu d'avoir sa droite à Ulm, il y avait sa gauche ; au lieu d'avoir sa gauche à Memmingen, il y avait sa droite. Toujours appuyé sur l'Iller, il montrait le dos à la France, comme s'il en était venu, tandis que Napoléon montrait le dos à l'Autriche, comme si elle eût été son point de départ. C'était la position naturelle de deux généraux dont l'un a tourné l'autre. Le général Mack, après avoir attiré à lui les troupes répandues en Souabe, ainsi que celles qui étaient revenues battues de Wertingen et de Günzbourg, avait laissé quelques détachements sur l'Iller de Memmingen à Ulm, et avait réuni la plus grande partie de ses forces à Ulm même, dans le camp retranché qui domine cette ville.

On connaît la situation et la forme de ce camp, déjà décrit dans cette histoire. (Voir la carte n° 7.) Sur ce point, la rive gauche du Danube domine de beaucoup la rive droite. Tandis que la rive droite présente une plaine marécageuse légèrement inclinée vers le fleuve, la rive gauche, au contraire, présente une suite de hauteurs dessinées en terrasse, et baignées par le Danube, à peu près comme la terrasse de Saint-Germain est baignée par la Seine. Le Michelsberg est la principale de ces hauteurs. Les Autrichiens y étaient campés au nombre de 60 mille environ, ayant la ville d'Ulm à leurs pieds.

Le général Dupont, qui était demeuré seul sur la rive gauche, et qui, conformément aux ordres du maréchal Ney, devait se rapprocher d'Ulm le 11 octobre au matin, s'était porté en vue de cette place par la route d'Albeck. C'est ce même moment que Murat et Ney, réunis à Günzbourg, employaient à disputer, et que Napoléon, accouru à Augsbourg, employait à faire ses dispositions générales. Le général Dupont arrivé au village de Haslach, d'où l'on aperçoit le Michelsberg dans tout son développement, y découvrit 60 mille Autrichiens dans une attitude imposante. Les dernières marches, exécutées au milieu du plus mauvais temps et avec une extrême rapidité, avaient réduit sa division à 6 mille hommes. On lui avait cependant laissé les dragons à pied de Baraguey-d'Hilliers, lesquels, pendant le trajet du Rhin au Danube, avaient été adjoints non pas à Murat, mais au maréchal Ney. C'était un renfort de 5 mille hommes, qui aurait pu être d'une grande utilité s'il n'était resté à Langenau, trois lieues en arrière.

Le général Dupont, arrivé en présence du Michelsberg et des 60 mille hommes qui l'occupaient, se trouva devant eux avec trois régiments d'infanterie, deux de cavalerie et quelques pièces de canon. Cet officier, si malheureux depuis, fut saisi, à cette vue, d'une inspiration qui honorerait les plus grands généraux. Il jugea que s'il reculait, il allait déceler sa faiblesse, et être bientôt enveloppé par 10 mille chevaux lancés à sa poursuite; que si, au contraire, il faisait acte d'audace, il tromperait les

Octob. 1805.

Combat de Haslach.

Autrichiens, leur persuaderait qu'il était l'avant-garde de l'armée française, les obligerait à être circonspects, et aurait ainsi le temps de se retirer du mauvais pas où il était engagé.

En conséquence, il fit sur-le-champ ses dispositions pour combattre. A sa gauche, il avait le village de Haslach, entouré d'un petit bois. Il y plaça le 32e, devenu célèbre en Italie, et commandé à cette époque par le colonel Darricau, le 1er de hussards, une partie de son artillerie. A sa droite, adossée de même à un bois, il plaça le 96e de ligne, commandé par le colonel Barrois, le 9e léger, commandé par le colonel Meunier, plus, le 17e de dragons. Un peu en avant de sa droite, il avait le village de Jungingen, entouré aussi de quelques bouquets de bois, et il le fit occuper par un détachement.

C'est dans cette position que le général Dupont reçut les Autrichiens, détachés, au nombre de 25 mille, sous les ordres de l'archiduc Ferdinand, pour combattre une division de 6 mille Français. Le général Dupont, toujours bien inspiré en cette circonstance, s'aperçut promptement que sa division serait détruite par la mousqueterie seule, s'il laissait les Autrichiens déployer leur ligne et étendre leurs feux. Joignant alors à l'audace d'une grande résolution l'audace d'une exécution vigoureuse, il ordonna aux deux régiments de sa droite, le 96e de ligne et le 9e léger, de charger à la baïonnette. Au signal donné par lui, ces deux braves régiments s'ébranlent, et marchent, la baïonnette baissée, sur la première ligne autrichienne. Ils la culbutent, la mettent en désordre, et lui font quinze cents prisonniers, qu'on envoie à la gauche pour les enfermer dans le village de Haslach. Le général Dupont, après ce fait d'armes, se remet en position avec ses deux régiments, et attend immobile la suite de cet étrange combat. Mais les Autrichiens, ne pouvant se tenir pour battus, reviennent sur lui avec de nouvelles troupes. Nos soldats s'avancent une seconde fois à la baïonnette, repoussent les assaillants, et font encore de nombreux prisonniers. Dégoûtés de ces inutiles attaques de front, les Autrichiens dirigent leurs efforts sur nos ailes. Ils abordent le village de Haslach qui couvrait la gauche de la division Dupont, et qui contenait leurs prisonniers. Le 32e, dont le tour était venu de combattre, leur dispute énergiquement ce village, et les en chasse, tandis que le 1er de hussards, rivalisant avec l'infanterie, exécute des charges vigoureuses sur les colonnes repoussées. Les Autrichiens ne se bornent pas à attaquer Haslach, ils font une tentative à l'aile opposée, et essayent d'enlever le village de Jungingen, placé à la droite du général Dupont. Favorisés par le nombre, ils y pénètrent et s'en rendent maîtres un moment. Le général Dupont, appréciant le danger, fait réattaquer Jungingen par le 96e, et parvient à le reprendre. On le lui enlève de nouveau, il le reprend encore. Ce village est ainsi emporté de vive force cinq fois de suite, et, dans la confusion de ces attaques réitérées, les Français font chaque fois des prisonniers. Mais, tandis que les Autrichiens s'épuisent en efforts impuissants contre cette poignée de soldats, leur immense cavalerie, débordant dans tous les sens, se jette sur le 17ᵉ de dragons, le charge à plusieurs reprises, lui tue son colonel, le brave Saint-Dizier, et l'oblige à se replier dans le bois auquel il était adossé. Une nuée de cavaliers autrichiens se répand alors sur les plateaux environnants, court jusqu'au village d'Albeck, d'où était partie la division Dupont, lui enlève ses bagages, que les dragons de Baraguey-d'Hilliers auraient dû défendre, et ramasse ainsi quelques vulgaires trophées, triste consolation d'une défaite essuyée par 25 mille hommes contre 6 mille.

Il devenait urgent de mettre un terme à un engagement aussi périlleux. Le général Dupont, après avoir fatigué les Autrichiens par cinq heures d'une lutte acharnée, se hâte de profiter de la nuit pour se retirer sur Albeck. Il y marche en bon ordre, en se faisant précéder par 4,000 prisonniers.

Si le général Dupont, en livrant ce combat extraordinaire, n'avait arrêté les Autrichiens, ceux-ci auraient fui en Bohême, et l'une des plus belles combinaisons de Napoléon aurait complétement échoué. C'est une preuve qu'aux grands généraux il faut de grands soldats, car les plus illustres capitaines ont souvent besoin que leurs troupes réparent par leur héroïsme, ou les hasards de la guerre, ou les erreurs que le génie lui-même est exposé à commettre.

Perplexités du général Mack après Cette rencontre avec une partie de l'armée française provoqua d'orageuses délibérations dans le quartier général autrichien. On était informé de la présence du maréchal Soult à Landsberg; on ne supposait pas le général Dupont seul à Albeck, on commençait à se croire cerné de toutes parts. Le général Mack, sur lequel les Autrichiens ont voulu jeter toute la honte de leur désastre, était tombé dans un désordre d'esprit facile à concevoir. Quoi qu'en aient dit des juges qui ont raisonné après l'événement, il aurait fallu, pour qu'il se sauvât, qu'une inspiration du ciel lui eût révélé tout à coup la faiblesse du corps qui était devant lui, et la possibilité en l'écrasant de se retirer en Bohême. L'infortuné, qui ne savait pas ce qu'on a su depuis, et qui ne devait guère penser que les Français fussent si faibles sur la rive gauche, se mit à délibérer avec l'auguste compagnon de son triste sort, l'archiduc Ferdinand. Il perdit en agitations d'esprit un temps précieux, et ne sut se résoudre ni à fuir vers la Bohême en passant sur le corps de la division Dupont, ni à fuir vers le Tyrol en forçant le passage à Memmingen. Le parti qui lui sembla le plus sûr fut de s'établir plus solidement encore dans sa position d'Ulm, d'y concentrer son armée, et d'attendre là, en une grosse masse difficile à enlever d'assaut, l'arrivée des Russes par Munich, ou de l'archiduc Charles par le Tyrol. Il se disait que le général Kienmayer avec 20 mille Autrichiens, le général Kutusof avec 60 mille Russes, allaient paraître sur la route de Munich; que l'archiduc Jean avec le corps du Tyrol, même l'archiduc Charles avec l'armée d'Italie, ne pouvaient man-

Octob. 1805.

le combat de Haslach.

Octob. 1805.

quer d'accourir à son secours par Kempten, et que ce serait alors Napoléon qui se trouverait en péril, car il serait pressé entre 80 mille Austro-Russes arrivant de l'Autriche, 25 mille Autrichiens descendant du Tyrol, et 70 mille Autrichiens campés sous Ulm, ce qui ferait 175 mille hommes. Mais il aurait fallu que ces diverses réunions s'opérassent malgré Napoléon, placé au centre avec 160 mille Français habitués à vaincre. Dans le malheur on accueille avec empressement la moindre lueur d'espérance, et le général Mack croyait jusqu'aux faux rapports que lui faisaient les espions envoyés par Napoléon. Ces espions lui disaient tantôt qu'un débarquement d'Anglais à Boulogne allait rappeler les Français sur le Rhin, tantôt que les Russes et l'archiduc Charles débouchaient par la route de Munich.

Le général Mack, après de longues agitations, ne prend que des demi-mesures.

Dans les situations difficiles, les subordonnés deviennent hardis et discoureurs; ils blâment les chefs et ont des avis. Le général Mack avait autour de lui des subordonnés qui étaient de grands seigneurs, et qui ne craignaient pas d'élever la voix. Ceux-ci voulaient s'enfuir en Tyrol, ceux-là en Wurtemberg, quelques autres en Bohême. Ces derniers, qui avaient raison par hasard, s'appuyaient sur le combat de Haslach pour soutenir que la route de Bohême était ouverte. L'ordinaire effet de la contradiction sur un esprit agité est de l'affaiblir encore, et d'amener des demi-partis, toujours les plus funestes de tous. Le général Mack, pour accorder quelque chose aux opinions qu'il combattait, prit deux résolutions fort singulières de la part d'un homme décidé à demeurer à Ulm. Il envoya la division Jellachich à Memmingen, pour renforcer ce poste que le général Spangen gardait avec 5 mille hommes, dans l'intention de se tenir ainsi en communication avec le Tyrol. Il fit sortir le général Riesc pour s'emparer des hauteurs d'Elchingen, avec une division entière, afin de s'étendre sur la rive gauche, et d'essayer une forte reconnaissance sur les communications des Français.

A rester dans Ulm pour y attendre des secours, et y livrer au besoin une bataille défensive, il fallait y rester en masse, et ne pas envoyer des corps aux deux extrémités de la ligne qu'on occupait, car c'était les exposer à être détruits l'un après l'autre. Quoi qu'il en soit, le général Mack fit occuper par le général Riesc le couvent d'Elchingen, qui est situé sur les hauteurs de la rive gauche, tout près de Haslach, où l'on avait combattu le 11. Au pied de ces hauteurs et au-dessous du couvent, se trouvait un pont que Murat avait fait occuper par un détachement français. Les Autrichiens avaient précédemment essayé de le détruire. Le détachement de Murat, pour se couvrir à l'approche des troupes du général Riesc, acheva de le ruiner en le brûlant. Cependant il restait les pilotis enfoncés dans le fleuve, et que les eaux avaient sauvés de l'incendie. De la sorte l'armée française était sans communication avec la rive gauche, autrement que par les ponts de Günzbourg, placés fort au-dessous d'Elchingen. La division Dupont s'était retirée à Langenau. La retraite était

Octob. 1805.

Napoléon arrive à temps pour réparer l'erreur de Murat, et enlever au général Mack toute chance de retraite.

donc ouverte aux Autrichiens. Heureusement ils l'ignoraient !

C'est sur ces entrefaites que Napoléon, parti d'Augsbourg le 12 octobre au soir, parvint à Ulm le 13. A peine arrivé, il parcourut à cheval, par un temps affreux, toutes les positions qu'occupaient ses lieutenants. Il trouva ceux-ci fort irrités les uns à l'égard des autres, et soutenant des avis entièrement différents. Lannes, dont le sens était sûr et pénétrant à la guerre, avait jugé, comme le maréchal Ney, qu'au lieu de vouloir accepter une bataille sur l'Iller, les Autrichiens songeaient plutôt à s'enfuir en Bohême par la rive gauche, en passant sur le corps de la division Dupont. Si Napoléon loin des lieux avait pu avoir des doutes, il ne lui en resta plus un seul sur les lieux mêmes. D'ailleurs, en ordonnant de veiller à la rive gauche et d'y placer la division Dupont, il allait sans dire qu'on ne devait pas y laisser cette division sans appui, sans s'assurer surtout le moyen de passer d'une rive à l'autre, pour la secourir si elle était attaquée. Ainsi les instructions de Napoléon n'avaient pas été mieux comprises que la situation elle-même. Il donna donc complétement raison aux maréchaux Ney et Lannes contre Murat, et prescrivit de réparer sur-le-champ les graves fautes commises les jours précédents. Il résolut de rétablir les communications de la rive droite à la rive gauche par le pont le plus voisin d'Ulm, celui d'Elchingen. On aurait pu descendre jusqu'à Günzbourg, qui nous appartenait, y repasser le Danube, et remonter avec la division Dupont renforcée jusqu'à Ulm. Mais c'était un mouvement fort allongé qui laissait aux Autrichiens bien du temps pour s'enfuir. Il valait bien mieux, à la pointe du jour du 14, rétablir de vive force le pont d'Elchingen qu'on avait sous les yeux, et se transporter en nombre suffisant sur la rive gauche, pendant que le général Dupont averti remonterait de Langenau sur Albeck et Ulm.

Napoléon donna ses ordres en conséquence pour le lendemain 14. Le maréchal Soult avait été porté à l'extrémité de la ligne de l'Iller vers Memmingen; le général Marmont s'avançait en intermédiaire sur l'Iller. Lannes, Ney, Murat, réunis sous Ulm, allaient se mettre à cheval sur les deux rives du Danube, pour tendre la main à la division Dupont laissée sur la rive gauche. Mais pour cela il fallait rétablir le pont d'Elchingen. C'est à Ney que fut réservé l'honneur d'exécuter, dans la matinée du 14, l'acte de vigueur qui devait nous rendre la possession des deux rives du fleuve. (Voir la carte n° 7.)

Cet intrépide maréchal ne pouvait se consoler de quelques paroles peu convenables qu'il avait essuyées de Murat, dans la récente altercation qu'il avait eue avec lui. Murat, comme importuné de raisonnements trop longs, lui avait dit qu'il ne comprenait rien à tous les plans qu'on lui exposait, et qu'il avait l'habitude de ne faire les siens qu'en face de l'ennemi. C'était la réponse superbe qu'un homme d'action aurait pu adresser à un vain discoureur. Le maréchal Ney, à cheval, dès le matin du 14, en grand uniforme, paré de ses décorations, saisit le

Octob. 1805.

Attaque du pont d'Elchingen, afin de rétablir les communications avec la rive gauche du Danube, et secourir le général Dupont.

Fière provocation de Ney

bras de Murat, et le secouant fortement devant tout l'état-major, et devant l'Empereur lui-même, lui dit fièrement : Venez, prince, venez faire avec moi vos plans en face de l'ennemi. — Puis, se portant au galop vers le Danube, il alla, sous une grêle de balles et de mitraille, ayant de l'eau jusqu'au ventre de son cheval, diriger la périlleuse opération dont il était chargé.

Il fallait réparer le pont, duquel il ne restait que les chevalets sans travées, le franchir, traverser une petite prairie qui s'étendait entre le Danube et le pied de la hauteur, s'emparer ensuite du village et du couvent d'Elchingen, qui s'élevait en amphithéâtre, et qui était gardé par 20 mille hommes et une formidable artillerie.

Le maréchal Ney, que tant d'obstacles n'effrayaient point, ordonna à un aide de camp du général Loison, le capitaine Coisel, et à un sapeur, de se saisir de la première planche, et de la porter sur les chevalets du pont, afin de rétablir le passage sous le feu des Autrichiens. Le brave sapeur eut la jambe emportée d'un coup de mitraille, mais il fut immédiatement remplacé. Une planche fut d'abord jetée en forme de travée, puis une seconde et une troisième. Après avoir réparé cette travée, on en répara une autre, et on arriva de la sorte à couvrir le dernier chevalet sous une fusillade meurtrière, que d'adroits tirailleurs dirigeaient de l'autre rive sur nos travailleurs. Aussitôt les voltigeurs du 6ᵉ léger, les grenadiers du 39ᵉ et une compagnie de carabiniers, sans attendre que le pont fût entièrement consolidé, se jetèrent de l'autre côté du Danube, dispersèrent les Autrichiens qui gardaient la rive gauche, et se ménagèrent assez de place pour que la division Loison pût venir à leur secours.

Le maréchal Ney fit alors passer le 39ᵉ et le 6ᵉ léger sur l'autre rive du fleuve. Il ordonna au général Villatte de se mettre à la tête du 39ᵉ et de s'étendre à droite dans la prairie, pour la faire évacuer par les Autrichiens, tandis que lui-même avec le 6ᵉ léger enlèverait le couvent. Le 39ᵉ, arrêté, pendant qu'il traversait le pont, par la cavalerie française qui s'y précipitait avec ardeur, ne réussit pas à passer tout entier. Le 1ᵉʳ bataillon de ce régiment put seul exécuter l'ordre qu'il avait reçu. Il eut à essuyer les charges de la cavalerie autrichienne et l'attaque de trois bataillons ennemis; il fut même, après une résistance opiniâtre, ramené un moment au débouché du pont. Mais bientôt secouru par son second bataillon, rejoint par les 69ᵉ et 76ᵉ de ligne, il recouvra l'espace perdu, resta maître de toute la prairie à droite, et obligea les Autrichiens à regagner les hauteurs. Pendant ce temps, Ney, à la tête du 6ᵉ léger, gravissait les rues tortueuses du village d'Elchingen, sous le feu plongeant des maisons qui étaient remplies d'infanterie. Il arracha le village, une maison après l'autre, aux mains des Autrichiens, et enleva le couvent qui est sur le sommet de la hauteur. Arrivé en cet endroit, il avait devant lui les plateaux ondulés, parsemés de bois, sur lesquels la division Dupont avait combattu le 11.

Octob. 1805.

Ney, après avoir franchi le Danube avec l'une de ses divisions, enlève le couvent d'Elchingen.

Ces plateaux s'étendent jusqu'au Michelsberg, au-dessus même de la ville d'Ulm. Ney voulut s'y établir pour n'être pas culbuté dans le Danube par un retour offensif de l'ennemi. Un fort bouquet de bois venait jusqu'au bord de la hauteur se joindre au couvent et au village d'Elchingen. Ney résolut de s'en emparer pour y appuyer sa gauche. Il voulait, sa gauche étant bien assurée, pivoter sur elle, et porter sa droite en avant. Il jeta dans le bois le 69ᵉ de ligne, qui s'y précipita malgré une vive fusillade. Tandis que l'on combattait de ce côté avec acharnement, le reste du corps autrichien était formé en plusieurs carrés de deux à trois mille hommes chacun. Ney les fit attaquer par les dragons suivis de l'infanterie en colonne. Le 18ᵉ de dragons exécuta sur l'un d'eux une charge si vigoureuse, qu'il l'enfonça, et le contraignit à mettre bas les armes. Les Autrichiens, à cette vue, se retirèrent en toute hâte, s'enfuirent d'abord vers Haslach, et vinrent enfin se rallier sur le Michelsberg.

Sur ces entrefaites, le général Dupont, reporté de Langenau vers Albeck, avait rencontré le corps de Werneck, l'un de ceux qui étaient sortis d'Ulm la veille dans l'intention de pousser des reconnaissances sur la rive gauche du Danube et de chercher un moyen de retraite pour l'armée autrichienne. En entendant le canon sur ses derrières, le général Werneck avait rebroussé chemin, et il était revenu sur le Michelsberg par la route d'Albeck à Ulm. Il y arrivait à l'instant même où la division Dupont s'y rendait de son côté, et où le maréchal Ney enlevait les hauteurs d'Elchingen. Un nouveau combat s'engagea sur ce point entre le général Werneck qui voulait regagner Ulm, et le général Dupont qui voulait au contraire l'en empêcher. Le 32ᵉ et le 9ᵉ léger se précipitèrent en colonne serrée sur l'infanterie des Autrichiens, et la repoussèrent pendant que le 96ᵉ recevait en carré les charges de leur cavalerie. La journée s'acheva au milieu de cette mêlée, le maréchal Ney ayant glorieusement reconquis la rive gauche, et le général Dupont ayant coupé au corps de Werneck le retour vers Ulm. On avait fait trois mille prisonniers et enlevé beaucoup d'artillerie. Mais ce qui valait mieux, les Autrichiens étaient définitivement enfermés dans Ulm, et cette fois sans aucune chance de se sauver, la plus heureuse inspiration leur vînt-elle à ce dernier moment.

Octob. 1805.

Important résultat du combat d'Elchingen.

Pendant que ces événements avaient lieu sur la rive gauche, Lannes s'était approché d'Ulm par la rive droite, le général Marmont s'était avancé vers l'Iller, et le maréchal Soult, débordant l'extrémité de la position des Autrichiens, s'était emparé de Memmingen. On travaillait encore à palissader cette ville quand le maréchal Soult y était arrivé. Il l'avait rapidement investie, et avait obligé le général Spangen à déposer les armes avec 5 mille hommes, toute son artillerie et beaucoup de chevaux. Le général Jellachich, accourant trop tard pour secourir Memmingen avec sa division, et se trouvant en face d'un corps d'armée de 30 mille hommes, se retira, non pas sur Ulm, qu'il craignait de ne pouvoir plus regagner, mais sur Kempten et le Tyrol. Le maréchal Soult s'achemina sur-le-champ vers Ochsenhausen, pour achever dans tous les sens l'investissement de la place et du camp retranché d'Ulm.

Telle était la situation à la fin de la journée du 14 octobre. Après le départ du général Jellachich et les divers combats qui avaient été livrés, le général Mack était réduit à 50 mille hommes. Encore fallait-il en déduire le corps de Werneck, séparé de lui par la division Dupont. Ce malheureux général se trouvait donc dans une position désespérée. Il n'avait aucun bon parti à prendre. Sa seule ressource était de se précipiter l'épée à la main sur l'un des points du cercle de fer dans lequel on l'avait enfermé, pour mourir ou s'ouvrir une issue. Se jeter sur Ney et Dupont était encore le parti le moins désastreux. Certainement il eût été battu, car Lannes, Murat allaient accourir par le pont d'Elchingen au secours de Ney et de Dupont, et il ne fallait pas une telle réunion de forces pour vaincre des soldats démoralisés. Cependant l'honneur des armes eût été sauvé, et, après la victoire, c'est le plus précieux résultat à obtenir. Mais le général Mack persista dans la résolution de se concentrer à Ulm, et d'y attendre les secours des Russes. Il essuya de violentes attaques de la part du prince de Schwarzenberg et de l'archiduc Ferdinand. Ce dernier surtout voulait à tout prix échapper au malheur d'être fait prisonnier. Le général Mack montra les pouvoirs de l'empereur, qui, en cas de dissentiment, lui attribuaient l'autorité suprême. Mais c'était assez pour le rendre responsable, pas assez pour le faire obéir. L'archiduc Ferdinand résolut, grâce à sa position moins dépendante, de se soustraire aux ordres du général en chef. La nuit venue, il choisit celle des portes d'Ulm qui l'exposait le moins à rencontrer les Français, et il sortit avec 6 ou 7 mille chevaux et un corps d'infanterie, dans l'intention de rejoindre le général Werneck, et de s'enfuir par le haut Palatinat vers la Bohême. En réunissant au détachement qui le suivait le corps du général Werneck, l'archiduc Ferdinand privait le général Mack d'une vingtaine de mille hommes, et le laissait dans Ulm avec trente mille seulement, bloqué de toutes parts, et réduit à mettre bas les armes de la manière la plus ignominieuse.

Octob. 1805.

L'archiduc Ferdinand sort d'Ulm avec quelques mille chevaux.

On a dit faussement que le départ du prince prouvait la possibilité de sortir d'Ulm. Il est d'abord tout à fait improbable que l'armée entière avec son artillerie et son matériel pût se dérober comme un simple détachement, composé en majeure partie de troupes à cheval. Mais ce qui arriva quelques jours après à l'archiduc Ferdinand, démontre que l'armée elle-même eût trouvé sa perte dans cette fuite. La grande faute était de se diviser. Il fallait ou rester, ou sortir tous ensemble : rester pour livrer une bataille acharnée à la tête de 70 mille hommes ; sortir pour se précipiter avec ces 70 mille hommes sur l'un des points de l'investissement, et y trouver soit la mort, soit le succès que la fortune accorde quelquefois au désespoir. Mais se diviser, les uns pour s'enfuir avec Jellachich vers le Tyrol, les autres pour escorter la fuite d'un prince en Bohême, les autres pour signer une capitulation à Ulm, était de toutes les manières de se conduire la plus déplorable. Du reste l'expérience enseigne que, dans ces situations, l'âme humaine abattue, quand elle a commencé à descendre, descend si bas, qu'entre tous les partis elle prend le plus mauvais. Il faut ajouter, pour être juste, que le général Mack s'est toujours défendu depuis d'avoir voulu cette division des forces autrichiennes et ces retraites séparées [1].

Napoléon avait passé la nuit du 14 au 15 dans le couvent d'Elchingen. Le 15 au matin, il résolut d'en finir, et donna l'ordre au maréchal Ney d'enlever les hauteurs du Michelsberg. Ces hauteurs placées en avant d'Ulm, quand on vient par la rive gauche, dominent cette ville, qui est, comme nous l'avons dit,

[1] Les Autrichiens n'ont jamais fait connaître leurs opérations dans cette première partie de la campagne de 1805. On a publié néanmoins beaucoup d'écrits en Allemagne, dans lesquels on s'est attaché à accabler le général Mack, à exalter l'archiduc Ferdinand, pour expliquer par l'ineptie d'un seul homme le désastre de l'armée autrichienne, et diminuer en même temps la gloire des Français. Ces écrits sont tous inexacts et injustes, et s'appuient la plupart du temps sur des circonstances fausses, dont l'impossiblité même est démontrée. Je me suis procuré avec beaucoup de peine l'un des rares exemplaires de la défense présentée par le général Mack au conseil de guerre devant lequel il fut appelé à comparaître. Cette défense, d'une forme singulière, d'un ton contraint, surtout à l'égard de l'archiduc Ferdinand, plus remplie de réflexions déclamatoires que de faits, m'a cependant fourni le moyen de bien préciser les intentions du général autrichien, et de rectifier un grand nombre de suppositions absurdes. Je crois donc être arrivé dans ce récit à la vérité, autant du moins qu'il est permis de l'espérer à l'égard d'événements qui n'ont pas été constatés par écrit même en Autriche, et qui sont presque sans témoins vivants aujourd'hui. Les principaux personnages en effet sont morts, et il y a eu en Allemagne un motif fort naturel, fort excusable de défigurer la vérité, celui de sauver l'amour-propre national en accablant un seul homme.

située à leur pied, au bord même du Danube. (Voir la carte n° 7.) Lannes avait passé avec son corps par le pont d'Elchingen, et flanquait l'attaque de Ney. Il devait enlever le Frauenberg, hauteur voisine de celle du Michelsberg. Napoléon était sur le terrain, ayant Lannes auprès de lui, observant d'un côté les positions que Ney allait aborder à la tête de ses régiments, et de l'autre plongeant ses regards sur la ville d'Ulm placée dans le fond. Tout à coup une batterie démasquée par les Autrichiens vomit la mitraille sur le groupe impérial. Lannes saisit brusquement les rênes du cheval de Napoléon pour l'éloigner de ce feu meurtrier. Napoléon, qui ne recherchait pas le feu, et ne l'évitait pas non plus, qui ne s'en approchait qu'autant qu'il le fallait pour juger des choses d'après ses propres yeux, se place de manière à voir l'action avec moins de péril. Ney ébranle ses colonnes, gravit les retranchements élevés sur le Michelsberg, et les emporte à la baïonnette. Napoléon, craignant que l'attaque de Ney ne soit trop prompte, veut la ralentir pour donner à Lannes le temps d'aborder le Frauenberg, et de diviser ainsi l'attention de l'ennemi. — La gloire ne se partage pas, répond Ney au général Dumas, qui lui apporte l'ordre d'attendre le secours de Lannes, et il continue sa marche, surmonte tous les obstacles, et parvient avec son corps sur le revers des hauteurs, au-dessus même de la ville d'Ulm. Lannes enlève de son côté le Frauenberg, et réunis ils descendent ensemble pour s'approcher des murs de la place. Dans l'ardeur qui entraînait les colon-

Octob. 1805

nes d'attaque, le 17ᵉ léger, sous les ordres du colonel Vedel, de la division Suchet, escalade le bastion placé le plus près du fleuve, et s'y établit. Mais les Autrichiens s'apercevant de la position aventurée de ce régiment, se jettent sur lui, le repoussent et lui font quelques prisonniers.

Napoléon crut devoir suspendre le combat, et remettre au lendemain le soin de sommer la place, et, si elle résistait, de la prendre d'assaut. Pendant cette journée, le général Dupont, demeuré depuis la veille en face du corps de Werneck, s'était de nouveau engagé avec lui, pour l'empêcher de regagner Ulm. Napoléon avait envoyé Murat pour voir ce qui se passait de ce côté, car il avait la plus grande peine à se l'expliquer, ignorant la sortie d'une partie de l'armée autrichienne. Bientôt il devint évident pour lui que plusieurs détachements avaient réussi à se dérober par l'une des portes d'Ulm, celle qui était le moins exposée à la vue et à l'action des Français. Il chargea sur-le-champ Murat, avec la réserve de la cavalerie, la division Dupont et les grenadiers Oudinot, de suivre à outrance la portion de l'armée ennemie qui s'était échappée de la place.

Le lendemain, 16, il fit jeter quelques obus dans Ulm, et le soir il donna l'ordre à l'un des officiers de son état-major, M. de Ségur, de se transporter auprès du général Mack pour le sommer de mettre bas les armes. Obligé de marcher la nuit par un très-mauvais temps, M. de Ségur eut la plus grande peine à pénétrer dans la place. Il fut amené les yeux bandés devant le général Mack, qui, s'efforçant de cacher sa profonde anxiété, ne put cependant dissimuler sa surprise et sa douleur en apprenant toute l'étendue de son désastre. Il ne la connaissait pas entièrement, car il ignorait encore qu'il était cerné par plus de 100 mille Français, que 60 mille autres occupaient la ligne de l'Inn, que les Russes au contraire étaient fort loin, et que l'archiduc Charles, retenu sur l'Adige par le maréchal Masséna, ne pourrait arriver. Chacune de ces nouvelles, qu'il ne voulait d'abord pas croire, mais qu'il était bientôt obligé d'admettre sur l'assertion réitérée et véridique de M. de Ségur, déchirait son âme. Après s'être beaucoup récrié contre la proposition de capituler, le général Mack finit par en supporter l'idée, à la condition d'attendre quelques jours le secours des Russes. Il était prêt, disait-il, à se rendre sous huit jours, si les Russes ne paraissaient pas devant Ulm. M. de Ségur avait ordre de ne lui en accorder que cinq, et à la rigueur six. En cas de refus, il devait le menacer d'un assaut, et du sort le plus rigoureux pour les troupes placées sous son commandement.

Octob. 1805.

Ce malheureux général mettait son honneur, désormais perdu, à obtenir huit jours au lieu de six. M. de Ségur se retira pour porter sa réponse à l'Empereur. Les pourparlers continuèrent, et enfin Berthier, introduit lui-même dans la place, convint avec le général Mack des conditions suivantes. Si le 25 octobre, avant minuit, un corps austro-russe capable de débloquer Ulm ne se présentait pas, l'ar-

Capitulation du général Mack.

mée autrichienne devait déposer les armes, se constituer prisonnière de guerre, et être conduite en France. Les officiers autrichiens pouvaient rentrer en Autriche à la condition de ne plus servir contre la France. Chevaux, armes, munitions, drapeaux, tout devait appartenir à l'armée française.

On traitait le 19 octobre, mais on devait dater la convention du 17, ce qui en apparence donnait au général Mack les huit jours demandés. Cet infortuné, arrivé au quartier général de l'Empereur, et reçu avec les égards dus au malheur, affirma itérativement qu'il n'était pas coupable des désastres de son armée, qu'on s'était établi à Ulm par ordre du conseil aulique, et que depuis l'investissement on s'était divisé malgré sa volonté formelle.

C'était, comme on le voit, une nouvelle convention d'Alexandrie, moins la terrible effusion de sang de Marengo.

Poursuite de l'archiduc Ferdinand par Murat.

Pendant ce temps, Murat, à la tête de la division Dupont, des grenadiers Oudinot et de la réserve de cavalerie, rachetait sa faute récente en poursuivant les Autrichiens avec une rapidité vraiment prodigieuse. Il suivait à outrance le général Werneck et le prince Ferdinand, jurant de ne pas laisser échapper un seul homme. (Voir la carte n° 29.) Parti le 16 octobre au matin, il livra le soir à Nerenstetten un combat d'arrière-garde au général Werneck, et lui enleva 2 mille prisonniers. Le lendemain, 17, il se dirigea sur Heidenheim, tâchant de déborder les flancs de l'ennemi par la marche rapide de sa cavalerie. Le général Werneck et l'archiduc Ferdinand, alors réunis, faisaient leur retraite en commun. Dans la journée, on dépassa Heidenheim, et on arriva à Néresheim à la nuit, en même temps que l'arrière-garde du corps de Werneck. On la mit en désordre, et on la contraignit à se disperser dans les bois. Le lendemain 18, Murat, marchant sans relâche, suivit l'ennemi sur Nordlingen. Le régiment de Stuart enveloppé se livra tout entier. Le général Werneck, se voyant cerné de toutes parts et ne pouvant plus avancer avec une infanterie harassée, n'ayant plus ni l'espérance ni même la volonté de se sauver, offrit de capituler. La capitulation fut acceptée, et ce général posa les armes avec 8 mille hommes. Trois généraux autrichiens, emmenant une partie de la cavalerie, voulurent s'échapper malgré la capitulation. Murat leur envoya un officier pour les rappeler à l'exécution de leur engagement. Ils n'écoutèrent rien, et allèrent rejoindre le prince Ferdinand. Murat se promit de punir un tel manque de foi en les poursuivant plus activement encore le lendemain. Dans la nuit, on s'empara du grand parc, composé de 500 voitures.

Octob. 1805.

Cette route offrait un spectacle de confusion inouï. Les Autrichiens s'étaient jetés sur nos communications; ils avaient pris beaucoup de nos équipages, de nos traînards, et une partie du trésor de Napoléon. On leur reprit tout ce qu'ils avaient conquis pour un moment, plus leur artillerie, leurs équipages et leur propre trésor. On voyait des soldats, des employés des deux armées fuir en désordre, sans savoir où ils allaient, ignorant quel était

Spectacle de confusion pendant la poursuite des Autrichiens.

Octob. 1805.

le vainqueur ou le vaincu. Des paysans du haut Palatinat couraient après les fuyards, les dépouillaient, et coupaient les traits de l'artillerie autrichienne pour s'en approprier les chevaux. Murat continuant sa poursuite, arriva le 19 à Gunzenhausen, frontière prussienne d'Anspach. Un officier prussien eut la hardiesse de venir réclamer la neutralité, quand les fugitifs autrichiens avaient obtenu l'autorisation de traverser le pays. Murat, pour toute réponse, entra de vive force dans Gunzenhausen, et suivit l'archiduc au delà. Le lendemain 20, il dépassa Nuremberg. L'ennemi, sentant ses forces épuisées, finit par s'arrêter. Un combat s'engagea entre les deux cavaleries. Après des charges nombreuses reçues et rendues, les escadrons de l'archiduc se dispersèrent, et la plus grande partie d'entre eux mit bas les armes. Quelque infanterie qui restait se rendit prisonnière. Le prince Ferdinand dut au dévouement d'un sous-officier, qui lui donna son cheval, l'avantage de sauver sa personne. Il gagna, avec deux ou trois mille chevaux, la route de Bohême.

Murat ne crut pas devoir pousser plus loin. Il avait marché quatre jours sans se reposer, faisant plus de dix lieues par jour. Ses troupes étaient harassées de fatigue. Prolongée au delà de Nuremberg, cette poursuite l'eût emporté hors du cercle des opérations de l'armée. D'ailleurs ce qui restait au prince Ferdinand ne valait pas une marche de plus. Dans cette circonstance mémorable, Murat avait pris 12 mille prisonniers, 120 pièces de canon, 500 voitures, 11 drapeaux, 200 officiers, 7 généraux, plus le trésor de l'armée autrichienne. Il avait donc sa glorieuse part de cette immortelle campagne.

Octob. 1805.

Le plan de Napoléon était complétement réalisé. On était au 20 octobre, et en vingt jours, sans livrer bataille, par une suite de marches et quelques combats, une armée de 80 mille hommes était détruite. Il ne s'était enfui que le général Kienmayer avec une douzaine de mille hommes, le général Jellachich avec cinq ou six, le prince Ferdinand avec deux ou trois mille chevaux. On avait recueilli à Wertingen, à Günzbourg, à Haslach, à Munich, à Elchingen, à Memmingen, dans la poursuite dirigée par Murat, environ 30 mille prisonniers[1]. Il en restait 30 mille qu'on allait trouver dans Ulm. C'étaient 60 mille hommes en tout qu'on avait enlevés, avec leur artillerie composée de 200 bouches à feu, avec 4 ou 5 mille chevaux très-propres à remonter notre cavalerie, avec tout le matériel de l'armée autrichienne, et 80 drapeaux.

Résultats matériels de cette courte campagne.

L'armée française avait quelques mille éclopés par suite des marches forcées, elle comptait tout au plus deux mille hommes hors de combat.

[1] Voici l'énumération approximative, mais plutôt réduite qu'exagérée, de ces prisonniers :

Pris à Wertingen. . . .	2,000
à Günzbourg. . . .	2,000
à Haslach.	4,000
à Munich.	1,000
à Elchingen. . . .	3,000
à Memmingen. . .	5,000
Pendant la poursuite dirigée par Murat. .	12 à 13,000
TOTAL.	29 ou 30,000

Octob. 1805.

Napoléon, rassuré à l'égard des Russes, n'avait pas été fâché de s'arrêter quatre ou cinq jours devant Ulm, afin de donner à ses soldats le temps de se reposer, et surtout de rejoindre leurs drapeaux, car les dernières opérations avaient été si rapides, qu'un certain nombre d'entre eux étaient demeurés en arrière. — Notre Empereur, disaient-ils, a trouvé une nouvelle manière de faire la guerre; il ne la fait plus avec nos bras, mais avec nos jambes. —

Cependant Napoléon ne voulait pas attendre davantage, et il tenait à gagner les trois ou quatre jours qui restaient à courir, en vertu de la capitulation signée avec le général Mack. Il le fit venir, et, en versant quelques consolations dans son cœur, il en obtint une nouvelle concession, c'était de livrer la place le 20, moyennant que Ney restât sous Ulm jusqu'au 25 octobre. Le général Mack croyait avoir rempli ses derniers devoirs en paralysant un corps français jusqu'au huitième jour. Au reste, dans la situation à laquelle il était réduit, tout ce qu'il pouvait était peu de chose. Il consentit donc à sortir le lendemain de la place.

L'armée autrichienne sort d'Ulm en déposant les armes devant Napoléon.

Le lendemain, en effet, 20 octobre 1805, jour à jamais mémorable, Napoléon, placé au pied du Michelsberg, en face d'Ulm, vit défiler sous ses yeux l'armée autrichienne. Il occupait un talus élevé, ayant derrière lui son infanterie rangée en demi-cercle sur le versant des hauteurs, et vis-à-vis sa cavalerie déployée sur une ligne droite. Les Autrichiens défilaient entre deux, déposant leurs armes à l'entrée de cette espèce d'amphithéâtre. On avait préparé un grand feu de bivouac, auprès duquel Napoléon assistait au défilé. Le général Mack se présenta le premier et lui remit son épée, en s'écriant avec douleur : Voici le malheureux Mack. — Napoléon le reçut, lui et ses officiers, avec une parfaite courtoisie, et les fit ranger à ses côtés. Les soldats autrichiens, avant d'arriver en sa présence, jetaient leurs armes avec un dépit honorable pour eux, et n'étaient arrachés à ce sentiment que par celui de la curiosité, qui les saisissait en approchant de Napoléon. Tous dévoraient des yeux ce terrible vainqueur, qui depuis dix années faisait subir de si cruels affronts à leurs drapeaux.

Napoléon, s'entretenant avec les officiers autrichiens, leur dit assez haut pour être entendu de tous : Je ne sais pas pourquoi nous nous faisons la guerre. Je ne la voulais pas, je ne songeais qu'à la faire aux Anglais, quand votre maître est venu me provoquer. Vous voyez mon armée : j'ai en Allemagne 200 mille hommes, vos soldats prisonniers en verront 200 mille autres qui traversent la France pour venir en aide aux premiers. Je n'ai pas besoin, vous le savez, d'en avoir autant pour vaincre. Votre maître doit songer à la paix, car autrement la chute de la maison de Lorraine pourrait bien être arrivée. Ce ne sont pas de nouveaux États que je désire sur le continent, ce sont des vaisseaux, des colonies, du commerce, que je veux avoir, et cette ambition vous est aussi profitable qu'à moi. — Ces paroles, prononcées avec quelque hauteur, ne rencontrèrent chez ces officiers que le silence, et le regret de les trouver méritées.

Napoléon s'entretint ensuite avec les plus connus des généraux autrichiens, et assista cinq heures à ce spectacle extraordinaire. Vingt-sept mille hommes défilèrent devant lui. Il restait dans la place 3 à 4 mille blessés.

Selon sa coutume, il adressa le lendemain à ses soldats une proclamation. Elle était conçue dans les termes suivants :

« Du quartier général impérial d'Elchingen, le 29 vendémiaire an xiv (21 octobre 1805).

» Soldats de la grande armée,

» En quinze jours nous avons fait une campagne :
» ce que nous nous proposions est rempli. Nous
» avons chassé les troupes de la maison d'Autriche
» de la Bavière, et rétabli notre allié dans la souve-
» raineté de ses États. Cette armée qui, avec autant
» d'ostentation que d'imprudence, était venue se
» placer sur nos frontières, est anéantie. Mais qu'im-
» porte à l'Angleterre? son but est atteint, nous ne
» sommes plus à Boulogne !...

» De cent mille hommes qui composaient cette
» armée, soixante mille hommes sont prisonniers :
» ils iront remplacer nos conscrits dans les travaux
» de nos campagnes. 200 pièces de canon, 90 dra-
» peaux, tous les généraux sont en notre pouvoir,
» il ne s'est pas échappé de cette armée 15 mille
» hommes. Soldats, je vous avais annoncé une
» grande bataille ; mais, grâce aux mauvaises com-
» binaisons de l'ennemi, j'ai pu obtenir les mêmes

» succès sans courir aucune chance; et, ce qui est
» sans exemple dans l'histoire des nations, un aussi
» grand résultat ne nous affaiblit pas de plus de
» 1500 hommes hors de combat.

» Soldats, ce succès est dû à votre confiance sans
» bornes dans votre Empereur, à votre patience à
» supporter les fatigues et les privations de toute
» espèce, à votre rare intrépidité.

» Mais nous ne nous arrêterons pas là : vous
» êtes impatients de commencer une seconde cam-
» pagne. Cette armée russe que l'or de l'Angleterre
» a transportée des extrémités de l'univers, nous
» allons lui faire éprouver le même sort.

» A cette nouvelle lutte est attaché plus spéciale-
» ment l'honneur de l'infanterie. C'est là que va se
» décider pour la seconde fois cette question qui a déjà
» été décidée en Suisse et en Hollande, si l'infanterie
» française est la seconde ou la première de l'Europe?
» Il n'y a point là de généraux contre lesquels je
» puisse avoir de la gloire à acquérir : tout mon soin
» sera d'obtenir la victoire avec le moins possible d'ef-
» fusion de votre sang. Mes soldats sont mes enfants. »

Le lendemain de la reddition d'Ulm Napoléon partit pour Augsbourg, dans l'intention d'arriver sur l'Inn avant les Russes, de marcher sur Vienne, et, comme il l'avait résolu, de déjouer les quatre attaques qui se dirigeaient contre l'Empire, par la seule marche de la grande armée sur la capitale de l'Autriche.

Pourquoi faut-il qu'après cet heureux récit nous soyons immédiatement obligé d'en placer un qui est

Octob. 1805.

Suite des opérations navales

si triste? Pendant ces mêmes journées du mois d'octobre 1805, à jamais glorieuses pour la France, la Providence infligeait à nos flottes une cruelle compensation des victoires de nos armées. L'histoire, à qui est imposée la tâche de retracer tour à tour les triomphes et les revers des nations, et de faire ressentir à la postérité curieuse les mêmes émotions de joie ou de douleur qu'éprouvèrent en leur temps les générations dont elle raconte la vie, l'histoire doit, après les merveilles d'Ulm, se résigner à décrire l'effroyable scène de destruction qui se passait, à la même époque, le long des côtes d'Espagne, en vue du cap de Trafalgar.

L'infortuné Villeneuve, en sortant du Ferrol, était agité du désir de se diriger vers la Manche, pour se conformer aux grandes vues de Napoléon; mais il était par un sentiment irrésistible ramené vers Cadix. La nouvelle de la réunion de Nelson avec les amiraux Calder et Cornwallis l'avait frappé d'une sorte de terreur. Vraie sous quelques rapports, car Nelson en rentrant en Angleterre avait visité l'amiral Cornwallis devant Brest, cette nouvelle était fausse en ce qu'elle avait d'important, puisque Nelson ne s'était pas arrêté devant Brest, et avait fait voile vers Portsmouth. L'amiral Calder avait été renvoyé seul vers le Ferrol, et n'y avait paru qu'après la sortie de Villeneuve. Ils couraient donc vainement les uns après les autres, comme il arrive souvent sur le vaste espace des mers; et Villeneuve, s'il eût persisté, aurait trouvé devant Brest, Cornwallis séparé à la fois de Nelson et de Calder. Il perdit ainsi la plus grande des occasions, et la fit perdre à la France, sans qu'on puisse dire cependant quel eût été le résultat de cette expédition extraordinaire, si Napoléon s'était trouvé aux portes de Londres tandis que les armées autrichiennes auraient été sur les frontières du Rhin. La rapidité de ses coups, ordinairement prompts comme la foudre, aurait seule décidé si quarante jours, écoulés du 20 août au 30 septembre, suffisaient pour subjuguer l'Angleterre, et pour donner à la France les deux sceptres réunis de la terre et des mers.

Octob. 1805.

En quittant le Ferrol, Villeneuve n'avait pas osé dire au général Lauriston qu'il allait à Cadix; mais, une fois en mer, il ne lui cacha plus les inquiétudes dont il était dévoré, et qui le portaient à s'éloigner de la Manche, pour se diriger vers l'extrémité de la Péninsule. Sur les vives instances du général Lauriston, qui s'efforça de lui retracer toute la grandeur des desseins qu'il allait faire échouer, il revint un instant à la pensée de naviguer vers la Manche, et mit le cap au nord-est. Mais un vent debout, qui soufflait du nord-est même, lui interdisant cette route, il prit définitivement le parti d'aller à Cadix, le cœur tourmenté d'un nouvel effroi, celui d'encourir la colère de Napoléon. Il parut en vue de Cadix vers le 20 août. Une croisière anglaise, de médiocre force, bloquait ordinairement ce port. Arrivant à la tête des escadres combinées, il pouvait enlever cette croisière, s'il se fût présenté brusquement avec ses forces réunies. Mais toujours poursuivi des mêmes craintes, il envoya une avant-garde, pour

Motifs qui entraînent Villeneuve à retourner à Cadix au lieu de faire voile vers la Manche.

Octob. 1805.

s'assurer s'il n'y avait pas devant Cadix une force navale capable de livrer bataille, et il donna l'éveil à la croisière anglaise, qui eut ainsi le temps de s'enfuir. L'amiral Ganteaume, en 1801, ayant manqué le but de son expédition d'Égypte, prit au moins *le Swiftsure :* Villeneuve n'eut pas même la faible consolation d'entrer dans Cadix en amenant prisonniers deux ou trois vaisseaux anglais, comme dédommagement de son inutile campagne.

Colère de Napoléon contre Villeneuve, et chagrin qu'en ressent celui-ci.

Il s'attendait naturellement à une vive explosion de colère de la part de Napoléon, et il passa quelques jours dans un profond désespoir. Il ne se trompait pas. Napoléon, en recevant de son aide de camp Lauriston le rapport détaillé de tout ce qui avait eu lieu, prenant pour un acte de duplicité le double langage tenu au sortir du Ferrol, et pour une sorte de trahison l'ignorance dans laquelle on avait laissé Lallemand du retour de la flotte à Cadix, ce qui exposait ce dernier à se présenter seul devant Brest, Napoléon, imputant surtout à Villeneuve l'avortement du plus grand dessein qu'il eût jamais conçu, le qualifia en présence du ministre Decrès des expressions les plus outrageantes, et l'appela même un lâche et un traître. L'infortuné Villeneuve n'était ni lâche ni traître. Il était bon soldat et bon citoyen; mais trop découragé par l'inexpérience de la marine française et par l'imperfection de son matériel, effrayé de la désorganisation complète de la marine espagnole, il ne voyait que des défaites certaines dans toute rencontre avec l'ennemi, et il était désespéré du rôle de vaincu auquel Napoléon le destinait nécessairement. Il n'avait pas assez compris que ce que Napoléon lui demandait, c'était non pas de vaincre, mais de se faire détruire, pourvu que la Manche fût ouverte. Ou bien s'il avait compris cette terrible destination, il n'avait pas su s'y résigner. On verra prochainement qu'il allait être amené au même sacrifice, et cette fois sans aucun résultat qui pût illustrer sa défaite.

Napoléon, dans ce torrent de grandes choses qui l'emportait, perdit bientôt de vue l'amiral Villeneuve et sa conduite. Néanmoins, avant de partir pour les bords du Danube, il jeta un dernier regard sur sa marine, et sur l'emploi qu'il jugeait convenable d'en faire. Il ordonna la séparation de la flotte de Brest, et la division de cette flotte en plusieurs croisières, conformément au plan de M. Decrès, qui consistait à éviter les grandes batailles navales jusqu'à ce que notre marine fût formée, et à entreprendre en attendant des expéditions lointaines, composées de peu de vaisseaux, presque insaisissables pour les Anglais, et dommageables à leur commerce autant qu'avantageuses à l'instruction de nos marins. Il voulut en outre donner à la faible armée du général Saint-Cyr, qui occupait Tarente, l'appui de la flotte de Cadix et des troupes de débarquement qu'elle avait à son bord. Il calculait que cette flotte, forte d'une quarantaine de vaisseaux, et même de quarante-six, après qu'elle aurait rallié la division de Carthagène, devait dominer pendant quelque temps la Méditerranée, comme y avait dominé jadis celle de Bruix, enlever la faible croisière anglaise qui

Octob. 1805.

Ordres laissés par Napoléon à la flotte, lors de son départ de Paris.

stationnait devant Naples, et fournir au général Saint-Cyr l'utile secours des quatre mille soldats qu'elle venait de transporter sur toutes les mers. Il lui ordonna donc de sortir de Cadix, d'entrer dans la Méditerranée, de rallier la division de Carthagène, de se rendre ensuite à Tarente, et dans le cas où les escadres anglaises se seraient réunies devant Cadix, de ne pas s'y laisser enfermer, et de sortir si on était en nombre supérieur, car il valait mieux être battu que déshonoré par une conduite pusillanime.

Ces résolutions prises par Napoléon, sous l'impression que lui avait fait éprouver la timidité de Villeneuve, point assez mûries, et surtout point assez combattues par le ministre Decrès, qui n'osait plus redire ce qu'il craignait d'avoir trop dit, furent immédiatement transmises à Cadix. L'amiral Decrès ne rapporta point à Villeneuve toutes les paroles de Napoléon; mais il lui énuméra, en retranchant les expressions outrageantes, les reproches adressés à sa conduite depuis la sortie de Toulon jusqu'au retour en Espagne, et ne lui dissimula pas qu'il aurait de grandes choses à exécuter pour regagner l'estime de l'Empereur. En l'informant de sa nouvelle destination, il lui ordonna de mettre à la voile, et de toucher successivement à Carthagène, Naples et Tarente, pour y exécuter les instructions que nous venons de rapporter. Sans lui prescrire de sortir, dans tous les cas, il lui manda que l'Empereur voulait que la marine française, lorsque les Anglais seraient inférieurs en force, ne refusât jamais le combat. Il s'en tint là, n'osant ni déclarer à Villeneuve toute la vérité, ni renouveler ses instances auprès de l'Empereur pour empêcher une grande bataille navale, qui n'avait plus alors l'excuse de la nécessité. Ainsi, tout le monde se préparait sa part de tort dans un grand désastre, Napoléon celle de la colère, le ministre Decrès celle des réticences, et Villeneuve celle du désespoir.

Prêt à se mettre en route pour Strasbourg, Napoléon donna un dernier ordre à M. Decrès, relativement aux opérations navales. — Votre ami Villeneuve, lui dit-il, sera probablement trop lâche pour sortir de Cadix. Expédiez l'amiral Rosily, qui prendra le commandement de l'escadre, si elle n'est pas encore partie, et vous ordonnerez à l'amiral Villeneuve de venir à Paris me rendre compte de sa conduite. — M. Decrès n'eut pas la force d'annoncer à Villeneuve ce nouveau malheur, qui le privait de tout moyen de se réhabiliter, et se contenta de lui apprendre le départ de Rosily, sans lui en faire connaître le motif. Il ne donna point à Villeneuve le conseil de mettre à la voile avant que l'amiral Rosily fût arrivé à Cadix, mais il espéra qu'il en serait ainsi; et, dans son embarras, entre un ami malheureux, dont il ne méconnaissait pas les fautes, et l'Empereur, dont il jugeait les volontés imprudentes, il eut un tort trop fréquent, celui de livrer les choses à elles-mêmes, au lieu de prendre la responsabilité de les diriger[1].

---

[1] On a fait une foule de conjectures sur les causes qui amenèrent la sortie en masse de la flotte de Cadix, et la bataille de Trafalgar. Il n'y a de vrai que ce que nous rapportons ici. Notre récit est emprunté à la correspondance authentique de Napoléon, et à celle des amiraux Decrès

Villeneuve, en recevant les lettres de M. Decrès, devina tout ce qu'on ne lui disait pas, et fut malheureux autant qu'il devait l'être des reproches qu'il avait encourus. Ce qui le touchait le plus, c'était l'imputation de lâcheté, qu'il savait bien n'avoir jamais méritée, et qu'il croyait entrevoir dans les réticences mêmes du ministre, son protecteur et son ami. Il répondit à M. Decrès : « Les marins de Paris » et des départements seront bien indignes et bien » fous s'ils me jettent la pierre. Ils auront préparé » eux-mêmes la condamnation qui les frappera plus » tard. Qu'ils viennent à bord des escadres, et ils » verront avec quels éléments ils sont exposés à com- » battre. Au reste, *si la marine française n'a manqué* » *que d'audace, comme on le prétend, l'Empereur sera* » *prochainement satisfait, et il peut compter sur les plus* » *éclatants succès.* »

Ces paroles amères contenaient le pronostic de ce qui allait bientôt arriver. Villeneuve fit les préparatifs d'une nouvelle sortie, débarqua les troupes afin de les reposer, et les malades afin de les guérir. Il s'aida des moyens fort appauvris de l'Espagne, pour radouber ses vaisseaux fatigués d'une longue navigation, pour se procurer au moins trois mois de vivres, pour réorganiser enfin les diverses parties de sa flotte. L'amiral Gravina, par ses conseils, se débarrassa de ses mauvais bâtiments, en les échangeant contre les meilleurs de l'arsenal de Cadix. Tout le mois de septembre fut consacré à ces soins. La flotte

et Villeneuve. Il n'y a dans ce triste événement rien au delà de ce qu'on va lire.

y gagna beaucoup en matériel; le personnel resta ce qu'il était. Les équipages français avaient acquis quelque expérience pendant une navigation de près de huit mois; ils étaient pleins d'ardeur et de dévouement. Quelques-uns des capitaines étaient excellents. Mais parmi les officiers s'en trouvait un trop grand nombre emprunté récemment au commerce, et n'ayant ni les connaissances ni l'esprit de la marine militaire. L'instruction, surtout sous le rapport de l'artillerie, était beaucoup trop négligée. Nos marins n'étaient pas alors d'aussi habiles artilleurs qu'ils le sont devenus dans ces derniers temps, grâce au soin spécial apporté à cette partie de leur éducation militaire. Ce qui manquait aussi à notre marine, c'était un système de tactique navale approprié à la nouvelle manière de combattre des Anglais. Au lieu de se mettre en bataille sur deux lignes contraires, comme on faisait autrefois, de s'avancer méthodiquement, chacun gardant son rang et prenant pour adversaire le vaisseau placé vis-à-vis de lui dans la ligne opposée, les Anglais dirigés par Rodney dans la guerre d'Amérique, par Nelson dans la guerre de la révolution, avaient contracté l'habitude de s'avancer hardiment, sans observer aucun ordre que celui qui résultait de la vitesse relative des vaisseaux, de se jeter sur la flotte ennemie, de la couper, d'en détacher une portion pour la mettre entre deux feux, de ne pas craindre enfin la mêlée, au risque de tirer les uns sur les autres. L'expérience, l'habileté de leurs équipages, la confiance qu'ils devaient à leurs succès, leur assuraient toujours dans ces en-

Octob. 1805.

État de notre flotte sous le rapport du matériel et du personnel.

Nouvelle tactique navale des Anglais.

Octob. 1805.

treprises téméraires l'avantage sur leurs adversaires, moins agiles, moins confiants, quoique ayant autant de bravoure, et souvent davantage. Les Anglais avaient donc opéré sur mer une révolution assez semblable à celle que Napoléon venait d'opérer sur terre. Nelson, qui avait contribué à cette révolution, n'était pas un esprit supérieur et universel comme Napoléon; il s'en fallait; il était même assez borné dans les choses étrangères à son art. Mais il avait le génie de son état; il était intelligent, résolu, et possédait à un haut degré les qualités propres à la guerre offensive, l'activité, l'audace et le coup d'œil.

Villeneuve, qui était doué d'esprit, de courage, mais non de cette fermeté d'âme qui convient à un chef d'armée, savait parfaitement en quoi péchait notre manière de combattre. Il avait écrit à ce sujet des lettres pleines de sens à M. Decrès, qui était de son avis, car tous les marins le partageaient. Mais il croyait impossible de préparer en campagne de nouvelles instructions, et de les rendre assez familières à ses capitaines pour qu'ils pussent les appliquer dans une prochaine rencontre. Toutefois, à la bataille du Ferrol, il avait opposé aux Anglais, comme on s'en souvient sans doute, une manœuvre inattendue, fort approuvée par Napoléon et par M. Decrès. L'amiral Calder se portant en colonne sur la queue de sa ligne pour la couper, il avait eu l'art de la lui dérober avec beaucoup de promptitude. Mais une fois la bataille engagée, il n'avait plus su manœuvrer, il avait laissé oisive une partie de ses forces, et lorsqu'il aurait suffi d'un mouvement en avant, exécuté par toute sa ligne, pour reprendre deux vaisseaux espagnols désemparés, il n'avait pas osé le prescrire. Villeneuve néanmoins montra dans cette bataille de véritables talents, au jugement de Napoléon, mais pas assez de caractère pour ce qu'il possédait d'esprit. Depuis il n'adressa à ses capitaines d'autres instructions que d'obéir aux signaux qu'il ferait dans le moment de l'action, si l'état du vent permettait de manœuvrer, et s'il ne le permettait pas, de faire de leur mieux pour se porter au feu et se chercher un adversaire. — On ne doit pas attendre, disait-il, les signaux de l'amiral, qui dans la confusion d'une bataille navale ne peut souvent ni voir ce qui se passe, ni donner des ordres, ni surtout les faire parvenir. Chacun ne doit écouter que la voix de l'honneur, et se porter au plus fort du danger. TOUT CAPITAINE EST A SON POSTE, S'IL EST AU FEU. — Telles furent ses instructions, et, du reste, l'amiral Bruix lui-même, si supérieur à Villeneuve, n'en avait pas adressé d'autres aux officiers qu'il commandait. Si dans toutes nos grandes rencontres en mer chaque capitaine avait suivi ces simples prescriptions, dictées par l'honneur autant que par l'expérience, les Anglais auraient compté moins de triomphes, ou les auraient payés plus cher.

Ce qui alarmait surtout l'amiral Villeneuve, c'était l'état de la flotte espagnole. Elle se composait de beaux et grands vaisseaux, l'un d'eux notamment, *le Santissima Trinidad*, de 140 canons, le plus grand qu'on eût construit en Europe.

Octob. 1805.

Déplorable état de la flotte espagnole.

Octob. 1805.

Mais ces vastes machines de guerre, qui rappelaient l'ancien éclat de la monarchie espagnole sous Charles III, étaient, comme les vaisseaux turcs, superbes en apparence, inutiles dans le danger. Le dénûment des arsenaux espagnols n'avait pas permis de les gréer convenablement, et ils étaient quant aux équipages d'une faiblesse désespérante. On les avait armés avec un ramassis de gens de toute sorte, recueillis sans choix dans les villes maritimes de la Péninsule, n'ayant aucune instruction, aucune habitude de la mer, et incapables sous tous les rapports de se mesurer avec les vieux marins de l'Angleterre, quoique le généreux sang espagnol coulât dans leurs veines. Les officiers, pour la plupart, ne valaient pas mieux que les matelots. Cependant, dans le nombre, quelques-uns, comme l'amiral Gravina et le vice-amiral Alava, comme les capitaines Valdès, Churruca et Galiano, étaient dignes des plus beaux temps de la marine espagnole.

Villeneuve, très-décidé à prouver qu'il n'était pas un lâche, employa le mois de septembre et les premiers jours d'octobre à mettre quelque choix et quelque ordre dans cet amalgame des deux marines. Il forma deux escadres, l'une de bataille, l'autre de réserve. Il prit lui-même le commandement de l'escadre de bataille composée de 21 vaisseaux, et la distribua en trois divisions de 7 vaisseaux chacune. Il avait sous ses ordres directs la division du centre; l'amiral Dumanoir, dont le pavillon était arboré sur *le Formidable*, commandait la division de l'arrière-garde; le vice-amiral Alava, dont le pavillon flottait sur *le Santa Anna*, commandait celle de l'avant-garde. L'escadre de réserve était composée de 12 vaisseaux, et distribuée en deux divisions de 6 vaisseaux chacune. L'amiral Gravina était le chef de cette escadre, et avait sous lui, pour en diriger la seconde division, le contre-amiral Magon, monté sur *l'Algésiras*. C'était avec cette escadre de réserve, détachée du corps de bataille, et agissant à part, que Villeneuve voulait parer aux manœuvres imprévues de l'ennemi, si toutefois le vent lui permettait à lui-même de manœuvrer. Dans le cas contraire, il s'en fiait au devoir d'honneur, imposé à tous ses capitaines, de se porter au feu.

L'escadre combinée était donc composée de 33 vaisseaux, 5 frégates et 2 bricks. Dans son impatience de mettre à la voile, Villeneuve voulut profiter, le 8 octobre (16 vendémiaire), d'un vent d'est pour sortir de la rade, car il faut pour déboucher de Cadix des vents du nord-est au sud-est. Mais trois des vaisseaux espagnols venaient de quitter le bassin, et les équipages y étaient embarqués de la veille : c'étaient *le Santa Anna*, *le Rayo*, et *le San Justo*. Propres tout au plus à appareiller avec la flotte, ils étaient incapables de tenir leur place dans une ligne de bataille. C'est ce que firent remarquer les officiers espagnols. Villeneuve, pour couvrir sa responsabilité, voulut assembler un conseil de guerre. Les plus braves officiers des deux armées déclarèrent qu'ils étaient prêts à se porter partout où il faudrait, pour seconder les vues de l'empereur Napoléon, mais que se présenter immédiatement à

Octob. 1805.

Conseil de guerre tenu avant la sortie de Cadix.

l'ennemi, dans l'état de la plupart des bâtiments, était une imprudence des plus périlleuses; que la flotte, au sortir de la rade, ayant eu à peine le temps de manœuvrer quelques heures, rencontrerait une flotte anglaise, de force égale ou supérieure, et serait infailliblement détruite; qu'il valait mieux attendre quelque occasion favorable, comme une séparation des forces anglaises produite par une cause quelconque, et jusque-là terminer l'organisation des vaisseaux qui avaient été armés les derniers.

Villeneuve envoya cette délibération à Paris, ajoutant à cet avis le sien propre, qui était contraire à toute grande bataille, dans l'état présent des deux marines. Mais il envoya ces inutiles documents comme pour faire ressortir davantage sa tranquille résignation, et il ajouta qu'il avait pris la résolution d'appareiller au premier vent d'est qui lui permettrait de mettre la flotte hors de rade.

Il attendait donc impatiemment un moment propice pour quitter Cadix à tout risque. Il avait enfin devant lui ce redoutable Nelson, dont l'image, le poursuivant sur toutes les mers, lui avait fait manquer la plus grande des missions par crainte de le rencontrer. Et maintenant il ne craignait plus sa présence, bien qu'elle fût plus à redouter que jamais, parce que son âme, tendue par le désespoir, souhaitait le péril, presque la défaite, pour prouver qu'il avait eu raison d'éviter la rencontre de la marine britannique.

Nelson, après avoir touché un instant aux rivages de la Grande-Bretagne, qu'il ne devait plus revoir, avait fait voile vers Cadix. Il amenait avec lui l'une des flottes que l'amirauté britannique, pénétrant après deux ans les projets de Napoléon, avait réunies dans la Manche. Il était naturellement conduit à Cadix par le bruit répandu sur l'Océan du retour de Villeneuve vers l'extrémité de la Péninsule.

Nelson avait à sa disposition à peu près la même force navale que Villeneuve, c'est-à-dire 33 ou 34 vaisseaux, mais tous éprouvés par de longues croisières, ayant sur la flotte combinée de France et d'Espagne la supériorité qu'ont toujours les escadres bloquantes sur les escadres bloquées. Ne doutant pas, aux préparatifs dont il était exactement informé par des espions espagnols, de saisir bientôt Villeneuve au passage, il observait ses mouvements avec le plus grand soin, et avait adressé aux officiers anglais, pour la bataille qu'il prévoyait, des instructions connues depuis, et admirées de tous les hommes de mer.

Il leur avait prescrit sa manœuvre de prédilection, en ayant soin d'en détailler les motifs. — Se mettre en ligne, disait-il, faisait perdre trop de temps, car tous les vaisseaux ne se comportaient pas également au vent, et alors il fallait qu'une escadre réglât ses mouvements sur ceux qui marchaient le plus mal. On donnait ainsi à un ennemi qui voulait éviter la bataille le temps de se dérober. Or il fallait se garder de laisser échapper en cette occasion la flotte franco-espagnole. — Nelson supposait que Villeneuve avait rallié la division Lallemand, et peut-être la division de Carthagène, ce qui aurait composé une escadre de 46 vaisseaux. Il

Octob. 1805.

commandée par Nelson.

Instructions données par Nelson à ses officiers.

Octob. 1805.

espérait lui-même en avoir 40, en comptant ceux dont l'arrivée prochaine était annoncée ; et plus sa flotte devait être nombreuse, moins il voulait essayer de la mettre en ligne. Il avait donc ordonné de former deux colonnes, l'une directement placée sous son commandement, l'autre sous le commandement du vice-amiral Collingwood, de les porter vivement sur la ligne ennemie, sans observer aucun ordre que celui de vitesse, de couper cette ligne en deux endroits, au centre et vers la queue, d'envelopper ensuite les portions qu'on aurait coupées, et de les détruire. — La partie de la flotte ennemie que vous laisserez en dehors du combat, avait-il ajouté en se fondant sur les nombreuses expériences du siècle, viendra difficilement au secours de la partie attaquée, et vous aurez vaincu avant qu'elle arrive. — On ne pouvait prévoir avec plus de sagacité et de justesse les conséquences d'une pareille manœuvre. Nelson en avait d'avance fait entrer la pensée dans l'esprit de chacun de ses lieutenants, et il attendait à chaque instant l'occasion de la réaliser. Pour ne pas trop intimider son adversaire, il avait même soin de ne pas serrer Cadix de trop près. Il en observait la rade par de simples frégates, et, quant à lui, il croisait avec ses vaisseaux dans la large embouchure du détroit, courant des bordées de l'est à l'ouest, bien loin de la vue des côtes.

Informé du véritable état des forces de Villeneuve, qui n'avait rallié ni Salcedo ni Lallemand, il n'avait pas craint de laisser 4 vaisseaux à Gibraltar, d'en donner un à l'amiral Calder, qui venait d'être rappelé en Angleterre, et d'en renvoyer encore un autre à Gibraltar pour y faire de l'eau. Cette circonstance, connue à Cadix, confirma Villeneuve dans sa résolution de mettre à la voile. Il croyait les Anglais plus en force, car il leur supposait 33 ou 34 vaisseaux, et il fut charmé d'apprendre qu'ils n'en avaient pas autant. Il leur en supposa même moins qu'ils n'en possédaient réellement, c'est-à-dire 23 ou 24.

<small>Octob. 1805.</small>

C'est sur ces entrefaites qu'arrivèrent à Cadix les dernières dépêches de Paris, annonçant le départ de l'amiral Rosily. Villeneuve n'en fut pas d'abord très-affecté. L'idée de servir honorablement sous un chef son supérieur d'âge et de grade, et de se conduire à ses côtés en vaillant lieutenant, soulagea son âme accablée du poids d'une trop grande responsabilité. Mais déjà l'amiral Rosily était à Madrid, qu'aucune dépêche du ministre n'avait expliqué à Villeneuve le sort qui lui était réservé sous le nouvel amiral. Villeneuve commença bientôt à croire qu'il était destitué purement et simplement du commandement de la flotte, et qu'il n'aurait pas la consolation de se réhabiliter en combattant au second rang d'une manière éclatante. Pressé de se soustraire à ce déshonneur, et profitant de ses instructions qui l'autorisaient à sortir, qui lui en faisaient même un devoir, lorsque l'ennemi serait en force inférieure, il considéra les avis reçus dernièrement comme une autorisation d'appareiller. Sur-le-champ il en fit le signal. Le 19 octobre (27 vendémiaire) une faible

<small>Motifs qui portent Villeneuve à précipiter sa sortie.</small>

<small>Sortie des flottes de France et</small>

brise du sud-est s'étant déclarée, il mit hors de rade le contre-amiral Magon avec une division. Celui-ci donna la chasse à un vaisseau et à quelques frégates de l'ennemi, et mouilla la nuit en dehors de la rade. Le lendemain 20 (28 vendémiaire), Villeneuve appareilla lui-même avec toute la flotte. Les vents faibles et variables venaient de la partie de l'est. Il mit le cap au sud, ayant en tête et un peu à sa gauche l'escadre de réserve sous l'amiral Gravina. La flotte combinée était, comme nous l'avons dit, forte de 33 vaisseaux, 5 frégates et 2 bricks. Elle avait belle apparence. Les vaisseaux français manœuvraient bien, mais les espagnols assez mal, au moins pour la plupart.

Quoiqu'on ne vît pas encore l'ennemi, le mouvement de ses frégates donnait lieu de penser qu'il n'était pas loin. Un vaisseau, *l'Achille,* finit par l'apercevoir, mais ne découvrit et ne signala que 18 voiles. On se flatta un moment de rencontrer les Anglais en force très-inférieure. Une lueur d'espérance se fit jour dans l'âme de Villeneuve : ce devait être la dernière de sa vie.

Il ordonna le soir de se mettre en bataille par rang de vitesse, en formant la ligne sur le vaisseau qui serait le plus sous le vent, ce qui signifiait que chaque vaisseau se placerait d'après sa marche, non d'après son rang accoutumé, et s'alignerait sur celui qui aurait le plus cédé au vent. La brise avait varié. On avait le cap au sud-est, c'est-à-dire vers l'entrée du détroit. Le branle-bas de combat était fait sur tous les bâtiments de la flotte.

Pendant la nuit on ne cessa de voir et d'entendre les signaux des frégates anglaises, qui par des feux et des coups de canon indiquaient à Nelson la direction de notre marche. A la pointe du jour les vents étant à l'ouest, toujours faibles et variables, la mer houleuse, la vague haute, mais ne brisant pas, le soleil brillant, on aperçut enfin l'ennemi formé en plusieurs groupes, dont le nombre parut aux uns de deux, aux autres de trois. Il se dirigeait vers la flotte française, et en était encore à cinq ou six lieues de distance.

Octob. 1805.

Sur-le-champ Villeneuve ordonna de former régulièrement la ligne, chaque vaisseau gardant le rang qu'il avait pris la nuit, se serrant le plus possible à son voisin, et ayant les amures à tribord, disposition dans laquelle on recevait le vent par la droite, ce qui était naturel, puisqu'on avait des vents d'ouest pour aller vers le sud-est, de Cadix au détroit. La ligne fut assez mal formée. La vague était forte, la brise faible, et on manœuvrait difficilement, circonstances qui rendaient plus regrettable encore l'inexpérience d'une partie des équipages.

L'escadre de réserve, composée de 12 vaisseaux, marchait indépendante de l'escadre principale. Elle s'était constamment tenue au-dessus de celle-ci dans la direction du vent, ce qui était un avantage, car en *laissant arriver,* c'est-à-dire en cédant au vent, elle pouvait toujours la rejoindre, en prenant telle position qu'il lui conviendrait de prendre, comme par exemple de mettre l'ennemi entre deux feux, lorsqu'il serait occupé à nous combattre. Si la créa-

Villeneuve appelle à lui l'escadre de réserve pour former les deux escadres sur une même ligne.

tion d'une escadre de réserve était motivée, c'était sans doute pour la circonstance où l'on se trouvait. L'amiral Gravina, dont l'esprit était prompt et juste au milieu de l'action, fit signal à Villeneuve pour lui demander la faculté de manœuvrer d'une manière indépendante. Villeneuve la lui refusa par des motifs qu'on a peine à comprendre. Peut-être craignait-il que l'escadre de réserve ne fût compromise par sa position avancée, et désespérait-il de pouvoir aller à son secours, vu qu'il était placé au-dessous d'elle par rapport au vent. Cette raison elle-même n'était pas suffisante, car s'il n'était pas assuré de pouvoir aller à elle, il était toujours assuré de pouvoir l'amener à lui; et en la faisant rentrer immédiatement en ligne, il se privait sans retour d'un détachement mobile, très-utilement placé pour manœuvrer; il allongeait sans profit sa ligne déjà trop longue, puisqu'elle était de 21 vaisseaux, et qu'elle allait être de 33. Néanmoins il enjoignit à l'amiral Gravina de venir s'aligner sur la flotte principale. Ces signaux étaient visibles pour toute l'escadre. Le contre-amiral Magon, qui n'était pas moins heureusement doué que l'amiral Gravina, aperçut aux mâts des deux amiraux la demande et la réponse, s'écria que c'était une faute, et en exprima vivement son chagrin, de manière à être entendu de tout son état-major.

Vers huit heures et demie l'intention de l'ennemi devint plus manifeste. Les divers groupes de l'escadre anglaise, moins difficiles à discerner à mesure qu'ils s'approchaient, parurent n'en plus former que deux. Ils révélaient distinctement le projet de Nelson de couper notre ligne sur deux points. Ils s'avançaient toutes voiles déployées, et vent arrière, très-favorisés dans leur projet de se jeter en travers de notre marche, puisqu'avec des vents d'ouest ils venaient sur nous, qui formions une longue ligne du nord au sud, un peu inclinée à l'est. La première colonne, placée au nord de notre position et forte de 12 vaisseaux, commandée par Nelson, menaçait notre arrière-garde. La seconde, placée au sud de la première, forte de 15 vaisseaux, commandée par l'amiral Collingwood, menaçait notre centre. Villeneuve, par ce mouvement instinctif qui porte toujours à garantir la partie menacée, voulut aller au secours de son arrière-garde, et se maintenir en même temps en communication avec Cadix, qui était derrière lui au nord, afin d'avoir en cas de défaite un refuge assuré. Il fit donc le signal de virer tous à la fois, chaque vaisseau par cette manœuvre tournant sur lui-même, la ligne restant comme elle était, longue et droite, mais remontant au nord au lieu de descendre au sud.

Cette manœuvre ne pouvait avoir d'autre avantage que celui de se rapprocher de Cadix. Notre flotte remontant en colonne vers le nord, au lieu de descendre vers le sud, devait être rencontrée en des points différents, mais rencontrée toujours par les deux colonnes ennemies qui venaient la prendre par le travers. C'était le cas de regretter plus que jamais la position indépendante, et au vent, qu'avait un peu auparavant l'escadre de réserve, position qui en cet instant lui aurait permis de manœuvrer contre l'un des deux groupes de la flotte anglaise. Dans l'état des choses, tout ce qu'il y avait de praticable, c'était de serrer la ligne, de la rendre régulière, et autant que possible de ramener à leur poste les vaisseaux qui étant tombés sous le vent, laissaient des vides à travers lesquels l'ennemi pouvait passer.

Mais se remettre dans la ligne n'était pas facile aux vaisseaux qui en étaient sortis, surtout dans l'état des vents et avec l'inexpérience des équipages. On aurait pu *laisser arriver* tous ensemble, afin de chercher à s'aligner sur les vaisseaux *sous-ventés*, ce qui aurait entraîné un déplacement général, et peut-être de nouvelles irrégularités, plus grandes que celles qu'on voulait corriger. On ne crut pas devoir le faire. La ligne resta donc mal formée, la distance n'étant pas égale entre tous les vaisseaux, plusieurs même étant ou à droite ou en arrière de leur poste. La brise variable ayant agi davantage sur l'arrière-garde et sur le centre, il s'était produit un peu d'engorgement dans ces parties. Villeneuve avait ordonné de forcer de voiles à la tête, pour donner aux parties engorgées le moyen de se développer. Il multipliait ainsi les signaux, pour amener chacun à sa place, et n'y réussissait guère, malgré la bonne volonté et l'obéissance de tout le monde. Les frégates rangées à la droite, et sous le vent de l'escadre, chacune à la hauteur de son vaisseau-amiral, étaient un peu trop éloignées pour rendre d'autres services que celui de répéter les signaux.

Enfin, vers onze heures du matin, les deux colonnes ennemies, s'avançant vent arrière, et toutes voiles dehors, joignirent notre flotte. Elles marchaient par rang de vitesse, avec la seule précaution de placer en tête leurs vaisseaux à trois ponts. Elles en comptaient sept, et nous quatre seulement, malheureusement espagnols, c'est-à-dire moins capables de rendre leur supériorité utile. Aussi, bien que les Anglais eussent 27 vaisseaux et nous 33, ils possédaient le même nombre de bouches à feu, et dès lors une force égale. Ils avaient pour eux l'expérience de la mer, l'habitude de vaincre, un grand général, et ce jour-là même les faveurs de la fortune, puisque l'avantage du vent était de leur côté. Nous manquions de toutes ces conditions du succès, mais nous avions une vertu qui peut quelquefois conjurer le destin, la résolution de combattre jusqu'à la mort.

On était arrivé à portée de canon. (Voir la carte n° 30.) Villeneuve, par une précaution souvent ordonnée à la mer, mais fort peu souhaitable cette fois, avait prescrit de ne tirer que lorsqu'on serait à bonne portée. Les deux colonnes anglaises présentant une grande accumulation de vaisseaux, chaque coup leur aurait causé de nombreuses avaries. Quoi qu'il en soit, vers midi la colonne du sud, commandée par l'amiral Collingwood, devançant un peu celle du nord, commandée par Nelson, atteignit le milieu de notre ligne, à la hauteur du *Santa Anna*, vaisseau espagnol à trois ponts. Le vaisseau français *le Fougueux*, placé derrière *le Santa Anna*, se hâta de tirer sur *le Royal-Souverain*, vaisseau de tête de

Octob. 1805.

des deux flottes.

La colonne de l'amiral Collingwood arrive la première au feu, et coupe notre ligne à la hauteur du vaisseau *le Santa Anna*.

Octob. 1805.

la colonne anglaise, armé de 120 canons, et portant le pavillon de l'amiral Collingwood. Toute la ligne française suivit cet exemple, et dirigea le feu le plus vif sur l'escadre ennemie. Les avaries qu'on lui fit essuyer donnèrent lieu de regretter que le feu eût commencé si tard. *Le Royal-Souverain*, continuant son mouvement, essaya de se porter entre *le Santa Anna* et *le Fougueux*, pour passer entre ces deux vaisseaux, qui n'étaient pas assez rapprochés. *Le Fougueux* força de voiles pour remplir le vide, mais il n'arriva pas à temps. *Le Royal-Souverain*, passant derrière *le Santa Anna* et devant *le Fougueux*, envoya sa bordée de bâbord au *Santa Anna*, en tirant à double charge, boulet et mitraille, et en le prenant dans sa longueur, ce qui produisit beaucoup de ravage sur le vaisseau espagnol. Il envoya au même instant sa bordée de tribord au *Fougueux*, mais sans beaucoup d'effet, tandis qu'il reçut de lui un notable dommage. Les autres vaisseaux anglais de cette colonne, qui avaient suivi de près leur amiral, et s'étaient rabattus sur la ligne française du nord au sud, cherchaient à la couper en s'engageant dans les intervalles, et à la mettre entre deux feux en se portant vers son extrémité. Ils étaient quinze et se trouvaient engagés contre seize. Si donc chacun avait fait son devoir, ces 16 vaisseaux français et espagnols auraient pu tenir contre les 15 anglais, indépendamment de tout secours de l'avant-garde. Mais plusieurs vaisseaux, mal dirigés, s'étaient déjà laissé entraîner hors de leur poste. *Le Bahama, le Montanez, l'Ar-*

gonauta, tous espagnols, étaient ou à droite ou en arrière de la place qu'ils auraient dû occuper dans la ligne de bataille. L'*Argonaute*, vaisseau français, ne suivait pas un meilleur exemple. Au contraire, *le Fougueux*, *le Pluton*, *l'Algésiras*, s'étaient engagés avec une rare vigueur, et par leur énergie avaient attiré sur eux le plus grand nombre des vaisseaux ennemis, de manière que chacun d'eux en avait plusieurs à combattre. *L'Algésiras* notamment, que montait le contre-amiral Magon, s'était pris corps à corps avec *le Tonnant*, qu'il canonnait avec une extrême violence, et faisait ses préparatifs d'abordage. *Le Prince des Asturies*, commandé par l'amiral Gravina, terminait notre ligne, et, entouré d'ennemis, vengeait l'honneur du pavillon espagnol de la mauvaise conduite de la plupart des siens.

Il y avait à peine une demi-heure que le combat était commencé, et déjà la fumée, que la brise expirante n'emportait plus, enveloppait les deux armées. De ce nuage épais s'échappait une détonation épouvantable et continue, et tout autour flottaient les débris des mâtures et de nombreux cadavres horriblement mutilés.

La colonne du nord, commandée par Nelson, était arrivée vingt ou trente minutes après celle de Collingwood à la hauteur de notre centre, par le travers du *Bucentaure*. (Voir la carte n° 30.) Il y avait là sept vaisseaux rangés dans l'ordre suivant : *le Santissima Trinidad*, monté par le vice-amiral Cisneros, immédiatement après *le Bucentaure*, monté par l'amiral Villeneuve, tous deux en ligne, et si

Octob. 1805.

La colonne commandée par Nelson arrive au feu un peu après celle de Collingwood, et coupe notre ligne à la hauteur du *Bucentaure*.

rapprochés que le beaupré du second touchait la poupe du premier; *le Neptune*, vaisseau français, *le San Leandro*, vaisseau espagnol, tombés l'un et l'autre sous le vent, et ayant laissé un double vide dans la ligne; *le Redoutable*, parfaitement à son poste et dans les eaux du *Bucentaure*, mais placé à l'égard de celui-ci à la distance de deux vaisseaux; enfin *le San Justo* et *l'Indomptable*, tombés sous le vent, et laissant encore deux postes vacants entre ce groupe et *le Santa Anna*, qui était le premier du groupe attaqué par Collingwood. Sur ces sept vaisseaux il n'y avait donc en ligne que *le Santissima Trinidad* et *le Bucentaure*, tout à fait serrés l'un à l'autre, et *le Redoutable*, ayant deux postes vides devant lui, et deux derrière. Heureusement, non pour le succès de la bataille, mais pour l'honneur de nos armes, il y avait là des hommes dont le courage était supérieur à tous les dangers. C'est contre ces trois bâtiments, seuls restés à leur poste sur sept, que vint fondre tout entière la colonne de Nelson, composée de 12 vaisseaux, dont plusieurs à trois ponts.

Le Victory, sur lequel Nelson avait son pavillon, devait être précédé par *le Téméraire*. Les officiers de l'état-major anglais s'attendant à voir leur premier vaisseau foudroyé, avaient supplié Nelson de permettre que *le Téméraire* devançât *le Victory*, pour ne pas trop exposer une vie aussi précieuse que la sienne.—Je le veux bien, avait répondu Nelson; que *le Téméraire* passe le premier, s'il le peut. — Puis il avait couvert *le Victory* de toutes ses voiles, et il était resté ainsi en tête de la colonne. A peine *le Victory* arriva-t-il à portée de canon, que *le Santissima Trinidad*, *le Bucentaure* et *le Redoutable* ouvrirent sur lui un feu terrible. En quelques minutes ils lui enlevèrent l'un de ses mâts de hune, lui déchirèrent son gréement, et lui mirent cinquante hommes hors de combat. Nelson, qui cherchait le vaisseau amiral français, crut le reconnaître, non dans le géant espagnol *le Santissima Trinidad*, mais dans *le Bucentaure*, vaisseau français de 80, et il essaya de le tourner en passant dans l'intervalle qui le séparait du *Redoutable*. Mais un intrépide officier commandait *le Redoutable*, c'était le capitaine Lucas. Comprenant l'intention de Nelson à l'allure de son vaisseau, il avait déployé toutes ses voiles pour recueillir un dernier souffle de vent, et il avait été assez heureux pour arriver à temps, si bien qu'avec son beaupré il rencontra et fracassa le couronnement qui ornait la poupe du *Bucentaure*. Nelson trouva donc l'espace fermé. Il n'était pas homme à reculer. Il s'obstina, et, ne pouvant avec sa proue séparer les deux vaisseaux si fortement unis, il se laissa tomber le long du *Redoutable*, en appliquant son flanc au sien. Par le choc et un reste de brise, les deux bâtiments furent emportés hors de la ligne, et le chemin se trouva ouvert de nouveau derrière *le Bucentaure*. Plusieurs vaisseaux anglais s'y jetèrent à la fois, afin d'envelopper *le Bucentaure* et *le Santissima Trinidad*. D'autres remontèrent le long de la ligne française, où dix vaisseaux demeuraient sans ennemis, leur lâchèrent quelques bordées, et se rabattirent immédiatement sur les vaisseaux français du centre, dont trois opposaient à leurs assaillants une résistance héroïque.

Octob. 1805.

Dix vaisseaux français, formant la tête de la flotte combinée, n'ont aucun ennemi à combattre, et demeurent inactifs.

Les dix vaisseaux français de la tête devinrent donc à peu près inutiles, comme Nelson l'avait prévu. Villeneuve fit arborer à ses mâts de misaine et d'artimon les pavillons qui signifiaient que tout capitaine n'était pas à son poste, s'il n'était au feu. Les frégates, d'après les règles, répétèrent le signal, plus visible à leur mât qu'à celui de l'amiral, toujours enveloppé d'un nuage de fumée ; et, d'après les mêmes règles, elles ajoutèrent au signal les numéros des vaisseaux restés hors du feu, jusqu'à ce que ceux qui étaient désignés de la sorte répondissent à la voix de l'honneur.

Villeneuve leur fait en vain le signal de se porter au feu.

Pendant qu'on appelait ainsi au danger ceux que la manœuvre de Nelson en avaient séparés, une lutte sans exemple s'était engagée au centre. *Le Redoutable*, outre *le Victory* appliqué à son flanc gauche, avait à combattre *le Téméraire*, qui était venu se placer un peu en arrière de son flanc droit, et soutenait contre ces deux ennemis un combat furieux. Le capitaine Lucas après plusieurs décharges de ses batteries de bâbord, qui avaient causé un effroyable ravage sur *le Victory*, avait été obligé de renoncer à tirer de sa batterie basse, parce que dans cette partie les flancs arrondis des vaisseaux se touchant, il n'y avait plus moyen de se servir de l'artillerie. Il avait porté ses matelots devenus disponibles dans les hunes et les haubans, pour diriger sur le pont du *Victory* un feu meurtrier de grenades

Combat du *Redoutable* contre *le Victory*.

et de mousqueterie. En même temps il se servait de toutes ses batteries de tribord contre *le Téméraire* placé à quelque distance. Pour en finir avec *le Victory*, il avait ordonné l'abordage; mais son vaisseau n'étant qu'à deux ponts et *le Victory* à trois, il avait la hauteur d'un pont à franchir, et de plus une espèce de fossé à traverser pour passer d'un bord à l'autre, car la forme rentrante des vaisseaux laissait un vide entre eux, bien qu'ils se touchassent à la ligne de flottaison. Le capitaine Lucas ordonna sur-le-champ d'amener ses vergues pour établir un moyen de passage entre les deux bâtiments. Pendant ce temps le feu de mousqueterie continuait du haut des hunes et des haubans du *Redoutable* sur le pont du *Victory*. Nelson, revêtu d'un vieux frac qu'il portait dans les jours de bataille, ayant à ses côtés son capitaine de pavillon, le commandant Hardy, n'avait pas voulu se dérober un instant au péril. Déjà près de lui son secrétaire avait été tué, le capitaine Hardy avait eu une boucle de souliers arrachée, et un boulet ramé avait emporté huit matelots à la fois. Ce grand homme de mer, juste objet de notre haine et de notre admiration, impassible sur son gaillard d'arrière, observait cette horrible scène, lorsqu'une balle, partie des hunes du *Redoutable*, vint le frapper à l'épaule gauche, et se fixer dans les reins. Ployant sur ses genoux, il tomba sur le pont, faisant effort pour se soutenir sur l'une de ses mains. En tombant, il dit à son capitaine de pavillon : Hardy, les Français en ont fini avec moi. — Non, pas encore, lui répondit le capitaine Hardy. — Si, je vais mourir, ajouta Nelson. — On l'emporta au poste où l'on panse les blessés, mais il avait presque perdu connaissance, et il ne lui restait que peu d'heures à vivre. Recouvrant ses esprits par intervalles, il demandait des nouvelles de la bataille, et répétait un conseil qui prouva bientôt sa profonde prévoyance. —Mouillez, disait-il, mouillez l'escadre à la fin de la journée. —

Cette mort avait produit une singulière agitation à bord du *Victory*. Le moment était favorable pour l'aborder. Ignorant ce qui s'y passait, le brave Lucas, à la tête d'une troupe de matelots d'élite, était déjà monté sur l'une des vergues étendues entre les deux vaisseaux, quand *le Téméraire*, ne cessant de seconder *le Victory*, lâche une épouvantable bordée de mitraille. Près de deux cents Français tombent morts ou blessés. C'était presque tout ce qui allait s'élancer à l'abordage. Il ne restait plus assez de monde pour persister dans cette tentative. On retourne aux batteries de tribord, et on redouble contre *le Téméraire* un feu vengeur, qui le démâte et le maltraite horriblement. Mais comme s'il ne suffisait pas de deux vaisseaux à trois ponts pour en combattre un à deux ponts, un nouvel ennemi vient se joindre aux premiers pour écraser *le Redoutable*. Le vaisseau anglais *le Neptune*, le prenant par la poupe, lui envoie des bordées qui le mettent bientôt dans un état déplorable. Deux mâts du *Redoutable* sont tombés sur le pont; une partie de son artillerie est démontée; l'une de ses murailles, presque démolie, ne forme plus qu'un vaste sabord; le gouvernail est hors de service; plusieurs trous de boulets, placés à la ligne de flottaison, introduisent dans sa cale l'eau par torrents. Tout l'état-major est blessé, dix aspirants sur onze sont frappés à mort. Sur 640 hommes d'équipage 522 sont hors de combat, parmi lesquels 300 morts et 222 blessés. Dans un pareil état cet héroïque vaisseau ne peut plus se défendre. Il amène enfin son pavillon; mais, avant de le rendre, il a vengé sur la personne de Nelson les malheurs de la marine française.

Le Victory et *le Redoutable* ayant été entraînés hors de la ligne en s'abordant, le chemin avait été ouvert aux vaisseaux ennemis qui cherchaient à envelopper *le Bucentaure* et *le Santissima Trinidad*. Ces deux vaisseaux se tenaient fortement liés l'un à l'autre, car *le Bucentaure* avait son beaupré engagé dans la galerie de poupe du *Santissima Trinidad*. Au-devant d'eux *le Héros*, qui était le plus rapproché des dix vaisseaux restés inactifs, leur avait d'abord prêté secours; mais après avoir essuyé une assez vive canonnade, il s'était laissé aller au vent, et avait abandonné *le Santissima Trinidad* et *le Bucentaure* à leur funeste sort. *Le Bucentaure* au début du combat avait reçu du *Victory* quelques bordées, qui, le prenant en poupe, lui avaient causé beaucoup de mal. Bientôt plusieurs vaisseaux anglais remplaçant *le Victory* l'avaient entouré. Les uns étaient venus se placer vers la poupe, les autres doublant la ligne étaient venus se placer à tribord. Il était ainsi foudroyé en arrière et à droite par quatre vaisseaux, dont deux à trois ponts. Villeneuve, aussi ferme au milieu des

Octob. 1805.

Combat du *Bucentaure* contre plusieurs vaisseaux anglais.

boulets qu'indécis au milieu des angoisses du commandement, se tenait sur son gaillard, espérant que parmi tant de vaisseaux français et espagnols qui l'environnaient, il s'en détacherait quelqu'un pour secourir leur général. Il combattait avec la dernière énergie, et non sans quelque espérance. N'ayant pas d'ennemis à gauche, et plusieurs en arrière et à droite, par suite du mouvement que les Anglais avaient fait en passant en dedans de la ligne, il avait voulu changer de position, pour soustraire sa poupe ainsi que ses batteries de tribord fort maltraitées, et montrer à l'ennemi celles de bâbord. Mais, engagé par son beaupré dans la galerie du *Santissima Trinidad*, il ne pouvait se mouvoir. Il fit ordonner à la voix au *Santissima Trinidad* de *laisser arriver*, pour amener la séparation des deux vaisseaux. L'ordre ne fut point exécuté, parce que le vaisseau espagnol privé de tous ses mâts était réduit à une complète immobilité.

Le *Bucentaure*, cloué à sa position, était donc obligé de supporter un feu écrasant par l'arrière et par la droite, sans pouvoir faire usage de ses batteries de gauche. Cependant, soutenant noblement l'honneur du pavillon, il répondait par un feu tout aussi actif que celui qu'il endurait. Après une heure de ce combat, le capitaine de pavillon Magendie fut blessé. Le lieutenant Daudignon, qui l'avait remplacé, fut blessé aussi, et remplacé à son tour par le lieutenant de vaisseau Fournier. Bientôt le grand mât et le mât d'artimon s'abattirent sur le pont, et y produisirent un affreux désordre. On arbora le pavillon au mât de misaine. Plongé dans un épais nuage de fumée, l'amiral ne distinguait plus ce qui se passait dans le reste de l'escadre. Ayant aperçu à la faveur d'une éclaircie les vaisseaux de tête toujours immobiles, il leur ordonna, en arborant ses signaux au dernier mât qui lui restait, de virer de bord tous à la fois, afin de se porter au feu. Enveloppé de nouveau de cette nuée meurtrière qui vomissait le ravage et la mort, il continua de combattre, prévoyant qu'il lui faudrait sous peu d'instants abandonner son vaisseau amiral, pour aller remplir ses devoirs sur un autre. Vers trois heures son troisième mât tomba sur le pont, et acheva de l'encombrer de débris.

Le Bucentaure, avec son flanc droit déchiré, sa poupe démolie, ses mâts abattus, était rasé comme un ponton. Mon rôle sur *le Bucentaure* est fini, s'écria l'infortuné Villeneuve, je vais essayer sur un autre vaisseau de conjurer la fortune. — Il voulut alors se jeter dans un canot, et se transporter à l'avant-garde pour l'amener lui-même au combat. Mais les canots placés sur le pont du *Bucentaure* avaient été écrasés par la chute successive de toute la mâture. Ceux qui étaient sur les flancs avaient été criblés de boulets. On héla à la voix *le Santissima Trinidad* pour lui demander une embarcation : vains efforts ! au milieu de cette confusion, aucune voix humaine ne pouvait se faire entendre. L'amiral français se vit donc attaché au cadavre de son vaisseau prêt à couler, ne pouvant plus donner d'ordre, ni rien tenter pour sauver la flotte qui lui était confiée.

Sa frégate *l'Hortense*, qui aurait dû venir à son secours, ne faisait aucun mouvement, soit qu'elle en fût empêchée par le vent, soit qu'elle fût terrifiée par cet horrible spectacle. Il ne restait à l'amiral qu'à mourir, et l'infortuné en forma plus d'une fois le vœu. Son chef d'état-major, M. de Prigny, venait d'être blessé à ses côtés. Presque tout son équipage était hors de combat. *Le Bucentaure*, entièrement privé de mâture, criblé de boulets, ne pouvant se servir de ses batteries qui étaient démontées ou obstruées par les débris de gréement, n'avait pas même la cruelle satisfaction de rendre un seul des coups qu'il recevait. Il était quatre heures un quart; aucun secours n'arrivant, l'amiral fut obligé d'amener son pavillon. Une chaloupe anglaise vint le chercher et le conduire à bord du vaisseau *le Mars*. Il y fut accueilli avec les égards dus à son grade, à ses malheurs, à sa bravoure : faible dédommagement d'une si grande infortune! Il avait enfin trouvé ce sinistre désastre qu'il avait craint de rencontrer, tantôt aux Antilles, tantôt dans la Manche. Il le trouvait là même où il avait cru l'éviter, à Cadix, et il succombait sans la consolation de périr pour l'accomplissement d'un grand dessein.

Pendant ce combat, *le Santissima Trinidad*, entouré d'ennemis, avait été pris. Ainsi, des sept vaisseaux du centre attaqués par la colonne de Nelson, trois, *le Redoutable, le Bucentaure, le Santissima Trinidad*, avaient été accablés sans être secourus par les quatre autres, *le Neptune, le San Leandro, le San Justo, l'Indomptable*. Ces derniers, tombés sous le vent au commencement de l'action, n'avaient pu se remettre en bataille. Ils n'avaient plus d'autre moyen d'être utiles que de descendre en dedans de la ligne, sous l'impulsion bien faible du vent, qui continuait à souffler de l'ouest, et d'aller combattre avec les seize vaisseaux attaqués par l'amiral Collingwood. Un seul, *le Neptune*, bâtiment français, commandé par un bon officier, le capitaine Maistral, exécuta cette manœuvre en se tenant toujours près du danger. Il envoya successivement des bordées au *Victory*, au *Royal-Souverain*, et essaya de porter quelque secours à l'arrière-garde engagée avec la colonne de Collingwood. Les trois autres, *le San Leandro, le San Justo, l'Indomptable*, se laissèrent entraîner loin du champ de bataille par la brise expirante.

Toutefois restaient les dix vaisseaux de la tête, qui, après avoir échangé quelques boulets avec la colonne de Nelson, étaient demeurés sans ennemis. Le signal qui les appelait au poste de l'honneur les avait trouvés, ou déjà *sous-ventés*, ou presque réduits à l'immobilité par la faiblesse de la brise. *Le Héros*, placé le plus près du centre, après avoir soutenu un moment, comme on l'a vu, ses deux voisins, *le Bucentaure* et *le Santissima Trinidad*, s'était laissé aller à ce léger souffle de l'atmosphère qui régnait encore, et qui malheureusement ne donnait d'impulsion que pour s'éloigner du combat. Du moins le sang avait coulé sur le pont de ce vaisseau; mais son vaillant capitaine, Poulain, tué dès le début, avait emporté l'âme qui l'animait. *Le San Augustino*, placé au-dessus du *Héros*, ayant perdu son poste de très-bonne heure, était poursuivi et pris par les Anglais vainqueurs du *Bucentaure*. *Le San Francisco* ne faisait pas mieux. En remontant cette ligne de l'avant-garde, venaient successivement *le Mont-Blanc, le Duguay-Trouin, le Formidable, le Rayo, l'Intrépide, le Scipion, le Neptuno*. Le contre-amiral Dumanoir leur avait répété le signal de virer de bord pour se rabattre sur le centre. La plupart étaient restés immobiles, faute de savoir manœuvrer, de le pouvoir ou de le vouloir. A la fin, il y en eut quatre qui obéirent au signal du chef de la division, en s'aidant de leurs canots mis à la mer pour virer de bord. Ce furent *le Mont-Blanc, le Duguay-Trouin, le Formidable* et *le Scipion*. Le contre-amiral Dumanoir leur avait prescrit une bonne manœuvre, c'était, au lieu de virer *vent arrière*, ce qui devait les porter en dedans de la ligne, de virer *vent devant*, ce qui devait, au contraire, les porter en dehors, et leur ménager le moyen, seulement en *laissant arriver*, de se jeter dans la mêlée lorsqu'ils le jugeraient utile.

Le contre-amiral Dumanoir, avec *le Formidable* qu'il montait, et qui avait acquis tant de gloire au combat d'Algésiras, avec *le Scipion, le Duguay-Trouin, le Mont-Blanc*, se mit donc à descendre du nord au sud, le long de la ligne de bataille. Il pouvait, là où il se porterait, mettre les Anglais entre deux feux. Mais il était tard, trois heures au moins. Il apercevait presque partout des désastres consommés, et, sans la résolution de s'ensevelir dans le malheur commun de la marine française, il devait trouver de bonnes raisons pour ne pas s'engager à fond. Parvenu à la hauteur du centre, il vit *le Bucentaure* amariné, *le Santissima Trinidad* pris, *le Redoutable* vaincu depuis longtemps, et les Anglais, quoique fort maltraités eux-mêmes, courant sur les vaisseaux qui étaient tombés sous le vent. Pendant ce trajet, il essuya un feu assez vif, qui causa des avaries à ses quatre vaisseaux, et diminua leur aptitude à combattre. Chaudement accueilli par la colonne victorieuse de Nelson, et ne voyant personne à secourir, il continua son mouvement, et parvint à l'arrière-garde, où combattaient les seize vaisseaux français et espagnols engagés avec la colonne de Collingwood. Là, en se dévouant, il pouvait sauver quelques vaisseaux, ou ajouter de glorieuses morts à celles qui devaient nous consoler d'une grande défaite. Découragé par le feu qui venait d'endommager sa division, consultant la prudence plutôt que le désespoir, il n'en fit rien. Traité par la fortune comme Villeneuve, il devait bientôt, pour avoir voulu éviter un désastre glorieux, rencontrer ailleurs un désastre inutile.

A cette extrémité de la ligne qui avait été engagée la première avec la colonne de Collingwood, tous les vaisseaux français, un seul excepté, *l'Argonaute*, combattaient avec un courage digne d'une gloire immortelle. Et quant aux vaisseaux espagnols, deux, *le Santa Anna* et *le Prince des Asturies*, secondaient bravement la conduite des Français.

Après une lutte de deux heures, *le Santa Anna*, qui était le premier de l'arrière-garde, ayant perdu

Octob. 1805.

Noble conduite de la plupart

tous ses mâts, et rendu au *Royal-Souverain* presque autant de mal qu'il en avait reçu, venait d'amener son pavillon. Le vice-amiral Alava, gravement blessé, s'était noblement conduit. *Le Fougueux*, voisin le plus proche du *Santa Anna*, après avoir fait de grands efforts pour le secourir en empêchant *le Royal-Souverain* de forcer la ligne, avait été abandonné par *le Monarca*, son vaisseau d'arrière. Tourné alors, et assailli par deux vaisseaux anglais, *le Fougueux* les avait désemparés l'un et l'autre. Engagé ensuite et bord à bord avec *le Téméraire*, il avait eu à repousser plusieurs abordages, et sur 700 hommes en avait perdu environ 400. Le capitaine Baudouin, qui le commandait, ayant été tué, le lieutenant Bazin l'avait remplacé immédiatement, et avait aussi vaillamment résisté que son prédécesseur aux assauts des Anglais. Ceux-ci revenant à la charge, et s'étant emparés du gaillard d'avant, le brave Bazin, blessé, couvert de sang, n'ayant plus que quelques hommes autour de lui, et réduit au gaillard d'arrière, s'était vu contraint de rendre *le Fougueux* après la plus glorieuse résistance.

Derrière *le Fougueux*, à la place même abandonnée par *le Monarca*, le vaisseau français *le Pluton*, commandé par le capitaine Cosmao, manœuvrait avec autant d'audace que de dextérité. Se hâtant de remplir l'espace laissé vide par *le Monarca*, il avait arrêté tout court un vaisseau ennemi *le Mars*, qui cherchait à y passer, l'avait criblé de coups, et allait l'enlever à l'abordage, lorsqu'un bâtiment à trois

TRAFALGAR.

ponts était venu le canonner en poupe. Il s'était alors dérobé habilement à ce nouvel adversaire, et lui montrant le travers au lieu de la poupe, avait évité son feu en lui envoyant plusieurs bordées meurtrières. Revenu à son premier ennemi, et sachant se donner l'avantage du vent, il avait réussi à le prendre en poupe, à lui couper deux mâts, et à le mettre hors de combat. Débarrassé de ces deux assaillants, *le Pluton* cherchait à courir au secours des Français qui étaient accablés par le nombre, grâce à la retraite des vaisseaux infidèles à leur devoir.

Octob. 1805.

En arrière du *Pluton*, *l'Algésiras*, que montait le contre-amiral Magon, livrait un combat mémorable, digne de celui qu'avait soutenu *le Redoutable*, et tout aussi sanglant. Le contre-amiral Magon, né à l'île de France d'une famille de Saint-Malo, était jeune encore, et aussi beau qu'il était brave. Au commencement de l'action il avait assemblé son équipage, et promis de donner au matelot qui s'élancerait le premier à l'abordage un superbe baudrier, que lui avait décerné la Compagnie des Philippines. Tous voulaient mériter de sa main une pareille récompense. Se conduisant comme l'avaient fait les commandants du *Redoutable*, du *Fougueux*, du *Pluton*, le contre-amiral Magon porta d'abord *l'Algésiras* en avant, pour fermer le chemin aux Anglais, qui voulaient couper la ligne. Dans ce mouvement il rencontra *le Tonnant*, vaisseau de 80, autrefois français, devenu anglais après Aboukir, et monté par un courageux officier, le capitaine Tyler. Il s'en approcha de fort près, lui

Combat mémorable de *l'Algésiras*, et mort de l'amiral Magon envoya son feu, puis, virant de bord, il engagea profondément son beaupré dans les haubans du vaisseau ennemi. Les haubans, comme on sait, sont ces échelles de cordes qui, liant les mâts au corps du navire, servent à les roidir et à y monter. Attaché ainsi à son adversaire, Magon rassembla autour de lui ses plus vigoureux matelots pour les mener à l'abordage. Mais il leur arriva ce qui était arrivé à l'équipage du *Redoutable*. Déjà réunis sur le pont et le beaupré, ils allaient s'élancer sur *le Tonnant*, quand ils essuyèrent, d'un autre vaisseau anglais placé en travers, plusieurs décharges à mitraille qui abattirent un grand nombre d'entre eux. Il fallut alors, avant de songer à continuer l'abordage, riposter au nouvel ennemi qui était survenu, et à un troisième qui allait se joindre aux deux autres pour canonner les flancs déjà déchirés de *l'Algésiras*. Tandis qu'il se défendait ainsi contre trois vaisseaux, Magon fut abordé par le capitaine Tyler, qui voulut à son tour se montrer sur le pont de *l'Algésiras*. Il le reçut à la tête de son équipage, et lui-même, une hache d'abordage à la main, donnant l'exemple à ses matelots, il repoussa les Anglais. Trois fois ils revinrent à la charge, trois fois il les rejeta hors du pont de *l'Algésiras*. Son capitaine de pavillon, Letourneur, fut tué à ses côtés. Le lieutenant de vaisseau Plassan, qui prit le commandement, fut immédiatement blessé aussi. Magon, que son brillant uniforme désignait aux coups de l'ennemi, reçut une balle au bras, par laquelle s'échappa bientôt une grande quantité de sang. Il ne tint compte de cette blessure, et voulut rester à son poste. Mais une seconde vint l'atteindre à la cuisse. Ses forces commencèrent alors à l'abandonner. Comme il se soutenait à peine sur le pont de son vaisseau couvert de débris et de cadavres, l'officier qui, après la mort de tous les autres, était devenu capitaine de pavillon, M. de la Bretonnière, le supplie de descendre un moment à l'ambulance, pour faire au moins bander ses plaies, et ne pas perdre ses forces avec son sang. L'espérance de pouvoir revenir au combat décide Magon à écouter les prières de M. de la Bretonnière. Il descend dans l'entre-pont appuyé sur deux matelots. Mais les flancs déchirés du navire donnaient un libre passage à la mitraille. Magon reçoit un biscaïen dans la poitrine, et tombe foudroyé sous ce dernier coup. Cette nouvelle répand la consternation dans l'équipage. On combat avec fureur pour venger un chef qu'on aimait autant qu'on l'admirait. Mais les trois mâts de *l'Algésiras* étaient abattus, et les batteries démontées ou obstruées par les débris de la mâture. Sur 644 hommes, 150 étaient tués, 180 blessés. L'équipage, refoulé sur le gaillard d'arrière, ne possédait plus qu'une partie du vaisseau. On était sans espoir, sans ressource ; on fait alors une dernière décharge sur l'ennemi, et on rend ce pavillon du contre-amiral si vaillamment défendu.

D'autres luttaient encore derrière *l'Algésiras*, quoique la journée fût fort avancée. *Le Bahama* s'était éloigné, mais *l'Aigle* combattait avec bravoure, et ne se rendait qu'après des pertes cruelles et la mort de son chef, le capitaine Gourrège. *Le Swiftsure*, que les ennemis tenaient à reconquérir parce qu'il avait été anglais, se comportait aussi bravement, et ne cédait qu'au nombre, ayant déjà sept pieds d'eau dans sa cale. Derrière *le Swiftsure*, le vaisseau français *l'Argonaute*, après avoir éprouvé quelques avaries, se retirait. *Le Berwick* combattait honorablement à sa place. Les vaisseaux espagnols *le Montanez*, *l'Argonauta*, *le San Nepomuceno*, *le San Ildefonso* avaient abandonné le champ de bataille. Au contraire, l'amiral Gravina, monté sur *le Prince des Asturies*, enveloppé par les vaisseaux anglais qui avaient doublé l'extrémité de la ligne, se défendait seul contre eux avec une rare énergie. Cerné de toutes parts, criblé, il tenait ferme, et aurait succombé s'il n'eût été secouru par *le Neptune*, qu'on a vu s'efforcer de regagner le vent pour se rendre utile, et par *le Pluton*, qui, ayant réussi à se débarrasser de ses adversaires, était venu chercher de nouveaux dangers. Malheureusement, au terme de ce combat, l'amiral Gravina reçut une blessure mortelle.

Enfin, à l'extrémité de cette longue ligne, marquée par les flammes, par les débris flottants des vaisseaux, par des milliers de cadavres mutilés, une dernière scène vint saisir d'horreur les combattants, et d'admiration nos ennemis eux-mêmes. *L'Achille*, assailli de plusieurs côtés, se défendait avec opiniâtreté. Au milieu de la canonnade, le feu avait pris au corps du bâtiment. C'était le cas d'abandonner les canons pour courir à l'incendie, qui déjà s'étendait avec une activité effrayante. Mais les matelots de *l'Achille*, craignant que pendant qu'ils seraient occupés à l'éteindre, l'ennemi ne profitât de l'inaction de leur artillerie pour prendre l'avantage, aimèrent mieux se laisser envahir par le feu que d'abandonner leurs canons. Bientôt des torrents de fumée, s'élevant du sein du vaisseau, épouvantèrent les Anglais, et les décidèrent à s'éloigner de ce volcan qui menaçait de faire explosion, et d'engloutir ses assaillants comme ses défenseurs. Ils le laissèrent seul, isolé au milieu de l'abîme, et se mirent à considérer ce spectacle, qui, d'un instant à l'autre, devait se terminer par une horrible catastrophe. L'équipage français, déjà fort décimé par la mitraille, se voyant délivré des ennemis, s'occupa seulement alors d'éteindre les flammes qui dévoraient son navire. Mais il n'était plus temps; il fallut songer à se sauver. On jeta à la mer tous les corps propres à surnager, barriques, mâts, vergues, et on chercha sur ces asiles flottants un refuge contre l'explosion attendue à chaque minute. A peine quelques matelots s'étaient-ils précipités à la mer, que le feu, parvenu aux poudres, fit sauter *l'Achille* avec un fracas effroyable, qui terrifia les vainqueurs eux-mêmes. Les Anglais se hâtèrent d'envoyer leurs chaloupes pour recueillir les infortunés qui s'étaient si noblement défendus. Un bien petit nombre réussit à se soustraire à la mort. La plupart, demeurés à bord, furent lancés dans les airs avec les blessés qui encombraient le vaisseau.

Octob. 1805.

Il était cinq heures. Le combat était fini presque partout. La ligne, coupée d'abord en deux points, bientôt en trois ou quatre, par l'absence des vais-

Fin
de la bataille
et
ses résultats.

seaux qui n'avaient pas su se tenir en bataille, se trouvait ravagée d'une extrémité à l'autre. A l'aspect de cette flotte, ou détruite ou fugitive, l'amiral Gravina, dégagé par *le Neptune* et *le Pluton*, et devenu général en chef, donna le signal de la retraite. Outre les deux vaisseaux français qui venaient de le secourir, et *le Prince des Asturies* qu'il montait, Gravina en pouvait encore rallier huit, trois français, *le Héros, l'Indomptable, l'Argonaute;* cinq espagnols, *le Rayo, le San Francisco de Asis, le San Justo, le Montanez, le Leandro.* Ces derniers, nous devons le dire, avaient sauvé leur existence beaucoup plus que leur honneur. C'étaient onze échappés au désastre, indépendamment des quatre du contre-amiral Dumanoir, qui faisaient une retraite séparée, en tout quinze. Il faut à ce nombre ajouter les frégates, qui, placées sous le vent, n'avaient pas fait ce qu'on aurait pu attendre d'elles pour secourir la flotte. Dix-sept vaisseaux français et espagnols étaient devenus prisonniers des Anglais; un avait sauté. L'escadre combinée avait perdu six ou sept mille hommes, tués, blessés, noyés ou prisonniers. Jamais plus grande scène d'horreur ne s'était vue sur les flots.

Les Anglais avaient obtenu une victoire complète, mais une victoire sanglante, cruellement achetée. Sur les vingt-sept vaisseaux dont se composait leur escadre, presque tous avaient perdu des mâts; quelques-uns étaient hors de service, ou pour toujours, ou jusqu'à un radoub considérable. Ils avaient à regretter environ 3,000 hommes, un grand nombre de leurs officiers, et l'illustre Nelson, plus regrettable pour eux qu'une armée. Ils traînaient à leur remorque dix-sept vaisseaux, presque tous démâtés ou près de couler à fond, et un amiral prisonnier. Ils avaient la gloire de l'habileté, de l'expérience, unies à une incontestable bravoure. Nous avions la gloire d'une défaite héroïque, sans égale peut-être dans l'histoire par le dévouement des vaincus.

Octob. 1805.

A la chute du jour, Gravina s'achemina vers Cadix avec onze vaisseaux et cinq frégates. Le contre-amiral Dumanoir, craignant de trouver l'ennemi entre lui et les Français, se dirigea vers le détroit.

L'amiral Collingwood prit des signes de deuil pour la mort de son chef, mais il ne crut pas devoir suivre le conseil de ce chef mourant, et résolut, au lieu de mouiller l'escadre, de passer la nuit sous voiles. On voyait la côte et le sinistre cap de Trafalgar, qui a donné son nom à la bataille. Un vent dangereux commençait à se lever, la nuit à devenir sombre, et les vaisseaux anglais, manœuvrant difficilement à cause de leurs avaries, étaient obligés de remorquer ou d'escorter dix-sept vaisseaux prisonniers. Bientôt le vent acquit plus de violence, et aux horreurs d'une sanglante bataille succédèrent les horreurs d'une affreuse tempête, comme si le ciel eût voulu punir les deux nations les plus civilisées du globe, les plus dignes de le dominer utilement par leur union, des fureurs auxquelles elles venaient de se livrer. L'amiral Gravina et ses onze vaisseaux avaient dans Cadix une retraite assurée et prochaine. Mais, trop éloigné de Gibraltar, l'amiral Collingwood n'avait que l'étendue des flots pour se reposer des

Une horrible tempête succède à la bataille.

fatigues et des souffrances de la victoire. En peu d'instants la nuit, plus cruelle que le jour lui-même, mêla vaincus et vainqueurs, et les fit trembler tous sous une main plus puissante que celle de l'homme victorieux, sous celle de la nature en courroux. Les Anglais furent obligés d'abandonner les vaisseaux qu'ils traînaient à la remorque, ou de renoncer à surveiller ceux qu'ils avaient sous leur escorte. Singulières vicissitudes de la guerre de mer! Quelques-uns des vaincus, pleins de joie à l'aspect terrifiant de la tempête, conçurent l'espérance de reconquérir leurs vaisseaux et leur liberté. Les Anglais qui gardaient *le Bucentaure,* se voyant sans secours, rendirent eux-mêmes notre vaisseau amiral aux restes de l'équipage français. Ceux-ci, ravis d'être délivrés par un affreux péril, élevèrent quelques mâts de fortune sur leur bâtiment démâté, y attachèrent quelques débris de voiles, et se dirigèrent vers Cadix, poussés par l'ouragan. *L'Algésiras,* digne de l'infortuné Magon dont il emportait le cadavre, voulut aussi devoir sa délivrance à la tempête. Soixante-dix officiers et matelots anglais gardaient ce noble vaincu. Tout mutilé qu'il était, *l'Algésiras,* récemment construit, se soutenait sur les flots, malgré ses profondes blessures. Mais il avait ses trois mâts coupés, le grand mât à quinze pieds du pont, celui de misaine à neuf, celui d'artimon à cinq. Le vaisseau qui le remorquait, songeant à son propre salut, avait lâché le câble qui le retenait prisonnier. Les Anglais chargés de le garder avaient tiré du canon pour demander du secours, et n'avaient

Octob. 1805.

Dévouement de l'équipage de *l'Algésiras* profitant de la tempête pour arracher son vaisseau aux mains des Anglais.

obtenu aucune réponse. Alors, s'adressant à M. de la Bretonnière, ils le prièrent de les aider avec son équipage à sauver le navire, et avec le navire leur vie à tous. M. de la Bretonnière, saisi à cette proposition d'une lueur d'espérance, demande à conférer avec ses compatriotes détenus à fond de cale. Il va trouver les officiers français, et leur fait partager l'espoir d'arracher *l'Algésiras* à ses vainqueurs. Tous ensemble conviennent d'accepter la proposition qui leur est communiquée, et puis, une fois mis en possession du bâtiment, de se précipiter sur les Anglais, de leur enlever leurs armes, de les combattre à outrance au milieu de cette sombre nuit, et de pourvoir ensuite comme ils pourraient à leur propre salut. Il restait 270 Français, désarmés, mais prêts à tout pour arracher leur vaisseau des mains de l'ennemi. Les officiers se répandent parmi eux, leur font part de ce projet qui est accueilli avec transport. Il est convenu que M. de la Bretonnière sommera d'abord les Anglais, et que s'ils refusent de se rendre, les Français, à un signal donné, se jetteront sur eux. L'effroi de la tempête, la crainte de la côte dont on est près, tout est oublié : on ne songe plus qu'à ce nouveau combat, espèce de guerre civile en présence des éléments déchaînés.

M. de la Bretonnière retourne auprès des Anglais, et leur dit que l'abandon dans lequel on laisse le vaisseau au milieu d'un si grand péril a dissous tous leurs engagements, que dès ce moment les Français se regardent comme libres, et que si, du reste, leurs gardiens croient leur honneur intéressé à combattre, ils le peuvent; que l'équipage français, quoique sans armes, va fondre sur eux au premier signal. Deux matelots français, en effet, dans leur impatiente ardeur, s'élancent sur les factionnaires anglais, et en reçoivent de larges blessures. M. de la Bretonnière contient le tumulte, et donne aux officiers anglais le temps de la réflexion. Ceux-ci, après avoir délibéré un instant, songeant à leur petit nombre, à la cruauté de leurs compatriotes, au danger commun qui menace vaincus et vainqueurs, se rendent aux Français, à condition qu'ils redeviendront libres quand ils auront touché le rivage de France. M. de la Bretonnière promet de demander leur liberté à son gouvernement, si on réussit à rentrer dans Cadix. Alors les cris de joie éclatent sur le vaisseau; on se met à l'œuvre; on cherche des mâts de hune dans les approvisionnements de réserve, on les hisse, on les fixe sur les tronçons des grands mâts, on y attache quelques voiles, et on se dirige ainsi vers Cadix.

Le jour avait paru, et, loin de dissiper le mauvais temps, l'avait rendu plus mauvais encore. L'amiral Gravina était rentré dans Cadix avec les débris des escadres combinées. La flotte anglaise était à la vue de ce port, suivie de quelques-uns de ses prisonniers, qu'elle tenait sous la bouche de ses canons. Après avoir lutté toute la journée contre la tempête, le commandant de la Bretonnière, quoique sans pilote, mais aidé d'un marin à qui les parages de Cadix étaient familiers, arrive à l'entrée de la rade. Il ne lui restait qu'une seule ancre de bossoir et un gros câble, pour résister au vent qui portait violemment à la côte. Il jette cette ancre et s'y confie, dévoré néanmoins d'inquiétude, car si elle cède, *l'Algésiras* doit périr sur les rochers. Ne connaissant pas la rade, il avait mouillé près d'un écueil redoutable, appelé la Pointe du Diamant. La nuit se passe dans de cruelles angoisses. Enfin le jour reparaît, et répand une redoutable lueur sur cette plage désolée. *Le Bucentaure*, toujours malheureux, st venu s'y briser. Toutefois on a sauvé une partie de son équipage à bord de *l'Indomptable*, mouillé non loin de là. Ce dernier, qui avait peu d'avaries, parce qu'il avait peu combattu, était attaché à de bonnes ancres et à de bons câbles. Pendant la journée entière *l'Algésiras* tire le canon de détresse pour réclamer du secours. Quelques barques périssent avant de le joindre. Une seule parvient à lui remettre une ancre de jet très-faible. *L'Algésiras* reste amarré près de *l'Indomptable*, lui demandant la remorque, que celui-ci promet dès qu'il sera possible de rentrer dans Cadix. La nuit s'étend de nouveau sur la mer et sur les deux vaisseaux mouillés l'un à côté de l'autre : c'est la seconde depuis la funeste bataille. L'équipage de *l'Algésiras* regarde avec effroi les deux ancres si faibles sur lesquelles repose son salut, et avec envie celles de *l'Indomptable*. La tempête redouble, et tout à coup on entend un cri effroyable. *L'Indomptable*, dont les puissantes ancres ont cédé, arrive subitement tout couvert de ses fanaux, ayant sur son pont son équi-

Octob. 1805.

L'Indomptable est bris sur la pointeé dite du Diamant.

Octob. 1805.

page au désespoir, passe à quelques pieds de *l'Algésiras*, et vient se briser avec un fracas horrible sur la Pointe du Diamant. Les fanaux qui l'éclairent, les cris qui retentissent, tout s'évanouit dans les flots. Quinze cents hommes périssent à la fois, car *l'Indomptable* portait son équipage presque entier, celui du *Bucentaure*, valides et blessés, et une partie des troupes embarquées à bord de l'amiral.

L'Algésiras miraculeusement sauvé.

Après ce cruel spectacle et les désolantes réflexions qu'il provoque, *l'Algésiras* voit reparaître le jour et la tempête s'apaiser. Il rentre enfin dans la rade de Cadix, et va s'engager presque au hasard dans un lit de vase, où il est désormais hors de péril. Juste récompense du plus admirable héroïsme!

La plupart des vaisseaux français et espagnols pris par les Anglais leur échappent, et quelques-uns périssent dans la tempête.

Tandis que ces tragiques aventures signalaient le retour miraculeux de *l'Algésiras*, *le Redoutable*, celui qui avait si glorieusement lutté contre *le Victory*, et duquel était partie la balle qui avait tué Nelson, venait de couler à fond. Sa poupe, minée par les boulets, s'était écroulée subitement, et on avait eu à peine le temps d'en retirer 119 Français. *Le Fougueux*, désemparé, jeté sur la côte d'Espagne, s'y était perdu.

Le Monarca, abandonné de même, s'était brisé devant les rochers de San-Lucar.

Il ne restait plus que quelques-unes de leurs prises aux Anglais, et avec leurs vaisseaux les moins maltraités ils tenaient la mer en vue de Cadix, toujours contrariés par les vents, qui ne leur avaient pas permis de regagner Gibraltar. Le brave com-

Le brave capitaine Cosmao fait

mandant du *Pluton*, le capitaine Cosmao, à cet

aspect, ne put contenir le zèle dont il était animé. Son vaisseau était criblé, son équipage réduit de moitié; mais aucune de ces raisons ne put l'arrêter. Il emprunta quelques matelots à la frégate *l'Hermione*, il rapiéça son gréement à la hâte, et, usant du commandement qui lui appartenait, car tous les amiraux et contre-amiraux étaient morts, blessés ou prisonniers, il fit signal d'appareiller aux vaisseaux qui étaient encore capables de tenir la mer, afin d'aller arracher à la flotte de Collingwood les Français qu'elle traînait à sa suite. L'intrépide Cosmao sortit donc, accompagné du *Neptune*, qui pendant la bataille avait fait de son mieux pour se porter au feu, et de trois autres vaisseaux français et espagnols qui n'avaient pas eu l'honneur de combattre dans la journée de Trafalgar. Ils étaient cinq en tout, suivis des cinq frégates qui avaient aussi à réparer leur conduite récente. Malgré le mauvais temps, ces dix bâtiments s'approchèrent de la flotte anglaise. Collingwood, les prenant pour autant de vaisseaux de ligne, fit avancer sur-le-champ ses dix vaisseaux les moins avariés. Dans ce mouvement une partie des prises fut abandonnée. Les frégates en profitèrent pour saisir et remorquer *le Santa Anna* et *le Neptuno*. Le commandant Cosmao, qui n'était pas en forces, et qui avait contre lui le vent soufflant vers Cadix, rentra, amenant avec lui les deux vaisseaux reconquis, seul trophée qu'il pût remporter à la suite de tels malheurs. Ce ne fut point l'unique résultat de cette sortie. L'amiral Collingwood, craignant de ne pouvoir conserver ses prises,

Octob. 1805.

une sortie pour ramener quelques-uns des vaisseaux capturés, et en sauve deux.

coula à fond ou brûla *le Santissima Trinidad*, *l'Argonauta*, *le San Augustino*, *l'Intrépide*.

L'Aigle échappa au vaisseau anglais *le Defiance*, et alla s'échouer devant le port de Sainte-Marie. *Le Berwick* se perdit par un acte de dévouement semblable à celui qui avait sauvé *l'Algésiras*.

Parmi les vaisseaux qui avaient suivi le commandant Cosmao, il y en eut un qui ne put rentrer, ce fut l'espagnol *le Rayo*, qui périt entre Rota et San-Lucar.

Enfin l'amiral anglais revint à Gibraltar, n'emmenant que quatre de ses prises sur dix-sept, dont une française, *le Swiftsure*, et trois espagnoles. Encore fallut-il couler à fond *le Swiftsure*.

Telle fut cette fatale bataille de Trafalgar. Des marins inexpérimentés, des alliés plus inexpérimentés encore, une discipline faible, un matériel négligé, partout la précipitation avec ses conséquences; un chef sentant trop vivement ses désavantages, en concevant des pressentiments sinistres, les portant sur toutes les mers, faisant sous leur influence manquer les grands projets de son souverain; ce souverain irrité ne tenant pas assez compte des obstacles matériels, moins difficiles à surmonter sur terre que sur mer, désolant par l'amertume de ses reproches un amiral qu'il fallait plaindre plutôt que blâmer; cet amiral se battant par désespoir, et la fortune, cruelle pour le malheur, lui refusant jusqu'à l'avantage des vents; la moitié d'une flotte paralysée par l'ignorance et par les éléments, l'autre moitié se battant avec fureur; d'une part une bravoure calculée et habile, de l'autre une inexpérience héroïque, des morts sublimes, un carnage effroyable, une destruction inouïe; après les ravages des hommes, les ravages de la tempête; l'abîme dévorant les trophées du vainqueur; enfin le chef triomphant enseveli dans son triomphe, et le chef vaincu projetant le suicide comme seul refuge à sa douleur, telle fut, nous le répétons, cette fatale bataille de Trafalgar, avec ses causes, ses résultats, ses tragiques aspects.

Octob. 1805.

On pouvait cependant tirer de ce grand désastre d'utiles conséquences pour notre marine. Il fallait raconter au monde ce qui s'était passé. Les combats du *Redoutable*, de *l'Algésiras*, de *l'Achille* méritaient d'être cités avec orgueil à côté des triomphes d'Ulm. Le courage malheureux n'est pas moins admirable que le courage heureux : il est plus touchant. D'ailleurs les faveurs de la fortune à notre égard étaient assez grandes pour qu'on pût avouer publiquement quelques-unes de ses rigueurs. Il fallait ensuite combler de récompenses les hommes qui avaient si dignement rempli leur devoir, et appeler devant un conseil de guerre ceux qui, cédant à l'horreur de ce spectacle, s'étaient éloignés du feu. Et, se fussent-ils bien conduits en d'autres occasions, il fallait les immoler à la nécessité d'établir la discipline par de terribles exemples. Il fallait surtout que le gouvernement trouvât dans cette sanglante défaite une leçon pour lui-même; il fallait qu'il se dît bien que rien ne se fait vite, et particulièrement quand il s'agit de marine; il fallait qu'il renonçât à présenter en ligne de bataille des escadres qui ne seraient pas éprouvées

Octob. 1805.

Le roi d'Espagne comble ses marins de récompenses. Napoléon ordonne le silence sur la bataille de Trafalgar.

à la mer, et qu'en attendant il s'appliquât à les former toutes par des croisières fréquentes et lointaines.

L'excellent roi d'Espagne, sans se livrer à tous ces calculs, enveloppa dans une même mesure de récompense les braves et les lâches, ne voulant mettre en lumière que l'honneur fait à son pavillon par la conduite de quelques-uns de ses marins. C'était une faiblesse naturelle à une cour vieillie, mais une faiblesse inspirée par la bonté. Nos marins, un peu remis de leurs souffrances, étaient mêlés avec les marins espagnols dans le port de Cadix, lorsqu'on leur annonça que le roi d'Espagne donnait un grade à tout Espagnol qui avait assisté à la bataille de Trafalgar, indépendamment des distinctions particulières accordées à ceux qui s'étaient le mieux conduits. Les Espagnols, presque honteux d'être récompensés quand les Français ne l'étaient pas, dirent à ceux-ci que probablement ils allaient recevoir de leur côté le prix de leur courage. Il n'en fut rien : les braves, les lâches parmi les Français furent confondus aussi dans le même traitement, et ce traitement fut l'oubli.

Quand la nouvelle du désastre de Trafalgar parvint à l'amiral Decrès, il en fut saisi de douleur. Ce ministre, malgré son esprit, malgré sa profonde connaissance de la marine, n'avait jamais que des revers à annoncer à un souverain qui en toute autre chose n'obtenait que des succès. Il manda ces tristes détails à Napoléon, qui déjà s'avançait sur Vienne du vol de l'aigle. Quoiqu'une nouvelle malheureuse eût peine à se faire jour dans une âme enivrée de triomphes, la nouvelle de Trafalgar chagrina Napoléon, et lui causa un profond déplaisir. Cependant il fut cette fois moins sévère que de coutume à l'égard de l'amiral Villeneuve, car cet infortuné avait vaillamment combattu, quoique très-imprudemment. Napoléon agit ici comme agissent souvent les hommes, aussi bien les plus forts que les plus faibles; il tâcha d'oublier ce chagrin, et s'efforça de le faire oublier aux autres. Il voulut qu'on parlât peu de Trafalgar dans les journaux français, et qu'on en fît mention comme d'un combat imprudent, dans lequel nous avions plus souffert de la tempête que de l'ennemi. Il ne voulut, non plus, ni récompenser ni punir, ce qui était une cruelle injustice, indigne de lui et de l'esprit de son gouvernement. Il se passait alors quelque chose dans son âme qui contribua puissamment à lui inspirer cette conduite si mesquine; il commençait à désespérer de la marine française. Il trouvait une manière de battre l'Angleterre, plus sûre, plus praticable, c'était de la battre dans les alliés qu'elle soldait, de lui enlever le continent, d'en expulser tout à fait son commerce et son influence. Il devait naturellement préférer ce moyen, dans l'emploi duquel il excellait, et qui, bien ménagé, l'aurait certainement conduit au but de ses efforts. A partir de ce jour, Napoléon pensa moins à la marine, et voulut que tout le monde y pensât moins aussi.

L'Europe elle-même, quant à la bataille de Trafalgar, se prêta volontiers au silence qu'il désirait garder. Le bruit retentissant de ses pas sur le continent empêcha d'entendre les échos du canon de

Octob. 1805.

La bataille de Trafalgar produit en Europe beaucoup moins d'effet

Trafalgar. Les puissances, qui avaient sur la poitrine l'épée de Napoléon, n'étaient guère rassurées par une victoire navale, profitable à l'Angleterre seule, sans autre résultat qu'une nouvelle extension de sa domination commerciale, domination qu'elles n'aimaient guère et ne toléraient que par jalousie de la France. D'ailleurs la gloire britannique ne les consolait pas de leur propre humiliation. Trafalgar n'effaça donc point l'éclat d'Ulm, et, comme on le verra bientôt, n'amoindrit aucune de ses conséquences.

Octob. 1805.

que les triomphes de Napoléon à Ulm.

FIN DU LIVRE VINGT-DEUXIÈME.

LIVRE VINGT-TROISIEME.

AUSTERLITZ.

Effet produit par les nouvelles venues de l'armée. — Crise financière. — La caisse de consolidation suspend ses payements en Espagne, et contribue à accroître les embarras de la compagnie des *Négociants réunis*. — Secours fournis à cette compagnie par la Banque de France. — Émission trop considérable des billets de la Banque, et suspension de ses payements. — Faillites nombreuses. — Le public alarmé se confie en Napoléon, et attend de lui quelque fait éclatant qui rétablisse le crédit et la paix. — Continuation des événements de la guerre. — Situation des affaires en Prusse. — La prétendue violation du territoire d'Anspach fournit des prétextes au parti de la guerre. — L'empereur Alexandre en profite pour se rendre à Berlin. — Il entraîne la cour de Prusse à prendre des engagements éventuels avec la coalition. — Traité de Potsdam. — Départ de M. d'Haugwitz pour le quartier général français. — Grande résolution de Napoléon en apprenant les nouveaux dangers dont il est menacé. — Il précipite son mouvement sur Vienne. — Bataille de Caldiero en Italie. — Marche de la grande armée à travers la vallée du Danube. — Passage de l'Inn, de la Traun, de l'Ens. — Napoléon à Lintz. — Mouvement que pouvaient faire les archiducs Charles et Jean pour arrêter la marche de Napoléon. — Précautions de celui-ci en approchant de Vienne. — Distribution de ses corps d'armée sur les deux rives du Danube et dans les Alpes. — Les Russes passent le Danube à Krems. — Danger du corps de Mortier. — Combat de Dirnstein. — Combat de Davout à Mariazell. — Entrée à Vienne. — Surprise des ponts du Danube. — Napoléon veut en profiter pour couper la retraite au général Kutusof. — Murat et Lannes portés à Hollabrunn. — Murat se laisse tromper par une proposition d'armistice, et donne à l'armée russe le temps de s'échapper. — Napoléon rejette l'armistice. — Combat sanglant à Hollabrunn. — Arrivée de l'armée française à Brünn. — Belles dispositions de Napoléon pour occuper Vienne, se garder du côté des Alpes et de la Hongrie contre les archiducs, et faire face aux Russes du côté de la Moravie. — Ney occupe le Tyrol, Augereau la Souabe. — Prise des corps de Jellachich et de Rohan. — Départ de Napoléon pour Brünn. — Essai de négociation. — Fol orgueil de l'état-major russe. — Nouvelle coterie formée autour d'Alexandre. — Elle lui inspire l'imprudente résolution de livrer bataille. — Terrain choisi d'avance par Napoléon. — Bataille d'Austerlitz livrée le 2 décembre. — Destruction de l'armée austro-russe. — L'empereur d'Autriche au bivouac de Napoléon. — Armistice accordé sous la promesse d'une paix prochaine. — Commencement de négociation à Brünn. — Conditions imposées par Napoléon. — Il veut les États vénitiens pour compléter le royaume d'Italie, le Tyrol et la Souabe autrichienne pour agrandir la Bavière, les duchés de Baden et de Wurtemberg. — Alliances de famille avec ces trois maisons allemandes. — Résistance des plénipotentiaires autrichiens. — Napoléon, de retour à Vienne, a une longue entrevue avec M. d'Haugwitz. — Il reprend ses projets d'union avec la Prusse, et lui donne le Hanovre, à condition qu'elle se liera définitivement à la France. — Traité de Vienne avec la Prusse. — Départ de M. d'Haugwitz pour Berlin. — Napoléon, débarrassé de la Prusse, devient plus exigeant à l'égard de l'Autriche. — La négociation transférée à Presbourg. — Acceptation des conditions de la France, et paix de Presbourg. — Départ de Napoléon pour Munich. — Mariage d'Eugène de Beauharnais avec la princesse Auguste de Bavière. — Retour de Napoléon à Paris. — Accueil triomphal.

Octob. 1805.

Effet que produisent en France les nouvelles de l'armée.

Les nouvelles venues des bords du Danube avaient rempli la France de satisfaction; celles qui venaient de Cadix l'attristèrent, mais ni les unes ni les autres ne lui causèrent de surprise. On espérait tout de nos armées de terre, constamment victorieuses depuis le commencement de la Révolution, et presque rien de nos flottes, si malheureuses depuis quinze années. Mais on n'attachait que des conséquences médiocres aux événements de mer; on regardait, au contraire, nos prodigieux succès sur le continent comme tout à fait décisifs. On y voyait les hostilités éloignées de nos frontières, la coalition déconcertée dès son début, la durée de la guerre fort abrégée, et la paix continentale rendue prochaine, ramenant l'espérance de la paix maritime. Cependant l'armée, s'enfonçant vers l'Autriche à la rencontre des Russes, faisait prévoir de nouveaux et grands événements, qu'on attendait avec une vive impatience. Du reste, la confiance dans le génie de Napoléon tempérait toutes les anxiétés.

Octob. 1805.

Il fallait cette confiance pour soutenir le crédit profondément ébranlé. Nous avons déjà fait connaître la situation embarrassée de nos finances. Un arriéré dû à la résolution de Napoléon de suffire sans emprunt aux dépenses de la guerre, les embarras du Trésor espagnol rendus communs au Trésor français par les spéculations de la compagnie des *Négociants réunis*, le portefeuille du Trésor livré entièrement à cette compagnie par la faute d'un ministre honnête mais trompé, telles étaient les causes de cette situation. Elles avaient fini par amener la crise longtemps prévue. Un incident avait contribué à la précipiter. La cour de Madrid, qui était débitrice envers la compagnie des *Négociants réunis* du subside dont celle-ci s'était chargée d'acquitter la valeur, des cargaisons de grains expédiées pour les divers ports de la Péninsule, des approvisionnements fournis aux flottes et aux armées espagnoles, la cour de Madrid venait, dans sa détresse, de recourir à une mesure désastreuse. Obligée de suspendre les payements de la *Caisse de consolidation*, espèce de banque consacrée au service de la dette publique, elle avait donné cours forcé de monnaie aux billets de cette caisse. Une pareille mesure devait faire disparaître le numéraire. M. Ouvrard, qui, en attendant le recouvrement des piastres du Mexique, à lui déléguées par la cour de Madrid, n'avait d'autre moyen de faire face aux besoins de ses associés que le numéraire qu'il tirait de la Caisse de

Aggravation de la crise financière et commerciale.

L'Espagne suspend les payements de la caisse de consolidation.

consolidation, se trouvait subitement arrêté dans ses opérations. On avait promis notamment à M. Desprez quatre millions de piastres, qu'il avait promis à son tour à la Banque de France, pour en obtenir les secours qui lui étaient nécessaires. Il ne fallait plus compter sur ces quatre millions. Sur les recouvrements à opérer au Mexique, on avait négocié en Hollande, auprès de la maison Hope, un emprunt de dix millions, dont on pouvait tout au plus espérer deux en temps utile. Ces fâcheuses circonstances avaient accru au delà de toute mesure les embarras de M. Desprez, qui était chargé des opérations du Trésor, de M. Vanlerberghe, qui était chargé de la fourniture des vivres, et leurs embarras à l'un et à l'autre étaient retombés sur la Banque. Nous avons déjà expliqué comment ils faisaient escompter à la Banque ou leur propre papier, ou les *obligations des receveurs généraux*. La Banque leur en donnait la valeur en billets, dont l'émission s'augmentait ainsi d'une manière immodérée. Ce n'eût été là qu'un mal très-prochainement réparable, si les piastres promises étaient arrivées assez promptement pour ramener à un taux convenable la réserve métallique de la Banque. Mais les choses en étaient venues à ce point, que la Banque n'avait plus que 1,500 mille francs en caisse contre 72 millions de billets émis et 20 millions de comptes courants, c'est-à-dire contre 92 millions de valeurs immédiatement exigibles. Une circonstance étrange, qui s'était révélée récemment, aggravait beaucoup cette situation. M. de Marbois, dans sa confiance illimitée pour la compagnie, lui avait accordé une faculté tout à fait exceptionnelle, dans laquelle il n'avait vu d'abord qu'une facilité de service, et qui était devenue la cause d'un abus grave. La compagnie ayant en sa possession la plus grande partie des *obligations des receveurs généraux*, puisqu'elle les escomptait au gouvernement, ayant à se payer des services de tous genres qu'elle exécutait sur les divers points du territoire, se trouvait dans le cas de puiser sans cesse aux caisses du Trésor; et, pour plus de commodité, M. de Marbois avait ordonné aux receveurs généraux de lui verser les fonds qui leur rentraient, sur un simple récépissé de M. Desprez. La compagnie avait sur-le-champ usé de cette faculté. Tandis que d'une part elle tâchait de se procurer de l'argent à Paris, en faisant escompter à la Banque les *obligations des receveurs généraux* dont elle était nantie, de l'autre elle enlevait à la caisse des receveurs généraux l'argent destiné à acquitter ces mêmes obligations; et la Banque, à leur échéance, les envoyant chez les receveurs généraux, ne trouvait en payement que des récépissés de M. Desprez. Celle-ci encaissait donc du papier en payement d'un autre papier. C'est ainsi qu'elle était arrivée à une si grande émission de billets avec une si faible réserve. Un commis infidèle, trompant la confiance de M. de Marbois, était le principal auteur des complaisances dont on faisait un abus si déplorable.

Cette situation inconnue au ministre, mal appréciée même par la compagnie, qui, dans son entraînement, ne mesurait ni l'étendue des opérations dans

Octob. 1805.

Dangereuses facilités accordées par M. de Marbois à la compagnie des Négociants réunis.

lesquelles on l'avait engagée, ni la gravité des actes qu'elle commettait, cette situation se révélait peu à peu par une gêne universelle. Le public surtout, avide d'espèces métalliques, averti de leur rareté à la Banque, s'était porté en foule à ses bureaux pour convertir les billets en argent. Les malveillants se joignant aux effrayés, la crise devint bientôt générale.

Les circonstances ainsi aggravées amenèrent des aveux longtemps différés, et une clarté fâcheuse. M. Vanlerberghe, à qui on ne pouvait imputer ce qu'il y avait de blâmable dans la conduite de la compagnie, car il s'occupait uniquement du commerce des grains, sans savoir à quels embarras il était exposé par ses associés, M. Vanlerberghe se rendit auprès de M. de Marbois, et lui déclara qu'il lui était impossible de suffire à la fois au service du Trésor et au service des vivres; que c'était tout au plus s'il pouvait continuer ce dernier. Il ne lui dissimula pas que les fournitures exécutées pour l'Espagne, et demeurées jusqu'ici sans payement, étaient la cause principale de sa gêne. M. de Marbois, redoutant de voir manquer le service des vivres, encouragé d'ailleurs par quelques paroles de l'Empereur, qui, satisfait de M. Vanlerberghe, avait exprimé l'intention de le soutenir, accorda à ce fournisseur un secours de 20 millions. Il les imputa sur des fournitures antérieures que les administrations de la guerre et de la marine n'avaient pas encore soldées, et il les donna en rendant à M. Vanlerberghe 20 millions de ses engagements personnels, contractés à l'occasion du service du Trésor. Mais à peine ce secours était-il accordé que M. Vanlerberghe vint en réclamer un second. Ce fournisseur avait derrière lui une multitude de sous-traitants, qui ordinairement lui faisaient crédit, mais qui, n'obtenant plus confiance des capitalistes, ne pouvaient prolonger leurs avances. Il était donc réduit aux dernières extrémités. M. de Marbois, épouvanté de ces aveux, en reçut bientôt de plus graves encore. La Banque lui adressa une députation pour faire connaître sa situation au gouvernement. M. Desprez n'envoyait pas les piastres promises, il demandait cependant de nouveaux escomptes; le Trésor en demandait de son côté, et la Banque n'avait pas 2 millions d'écus en caisse contre 92 millions de valeurs exigibles. Comment devait-elle se conduire en pareille occurrence? M. Desprez déclarait pour sa part au ministre qu'il était au terme de ses ressources, surtout si la Banque lui refusait son assistance. Il avouait, lui aussi, que c'était le contre-coup des affaires d'Espagne qui le précipitait dans ces tristes embarras. Il devenait malheureusement évident pour le ministre, que M. Vanlerberghe appuyé sur M. Desprez, M. Desprez sur le Trésor et la Banque, portaient le fardeau des affaires de l'Espagne, lequel se trouvait ainsi rejeté sur la France elle-même par les téméraires combinaisons de M. Ouvrard.

Il était trop tard pour revenir sur ses pas, et fort inutile de se plaindre. Il fallait se tirer de ce péril, et pour cela en tirer ceux qui s'y étaient imprudemment exposés, car les laisser périr, c'était

Octob. 1805.

La Banque, compromise par les secours accordés déjà, déclare ses embarras au gouvernement.

Convocation d'un conseil extraordinaire de gouvernement.

courir la chance de périr avec eux. M. de Marbois n'hésita point dans la résolution de soutenir MM. Vanlerberghe et Desprez, et il fit bien. Mais il ne pouvait plus se permettre d'agir sous sa seule responsabilité, et il provoqua la réunion d'un conseil de gouvernement, qui s'assembla sur-le-champ sous la présidence du prince Joseph. Le prince Louis, l'archichancelier Cambacérès et tous les ministres y assistaient. On y appela quelques employés supérieurs des finances, et entre autres M. Mollien, directeur de la Caisse d'amortissement. Le conseil délibéra longuement sur la situation. Après beaucoup de discussions générales et oiseuses, il devenait urgent de conclure, et chacun hésitait en présence d'une responsabilité également grande, quelque parti qu'on prît, car il était aussi grave de laisser tomber les traitants que de les soutenir. L'archichancelier Cambacérès, qui avait assez de sens pour comprendre les exigences de cette situation, et assez de crédit pour les faire admettre par l'Empereur, fit prévaloir l'avis d'un secours immédiat à M. Vanlerberghe, secours qui devait être de dix millions d'abord, et de dix autres ensuite, lorsqu'on aurait une réponse approbative du quartier général. Quant à M. Desprez, ce fut une question à traiter avec la Banque, car elle seule pouvait venir en aide à ce dernier, en lui continuant ses escomptes. Mais on discuta les moyens qu'elle proposait pour parer à l'épuisement de ses caisses, et pour maintenir le crédit de ses billets, sans lesquels on allait succomber. Personne ne pensa qu'on pût leur donner cours forcé de monnaie, tant à cause de l'impossibilité de rétablir en France un papier-monnaie, qu'à cause de l'impossibilité de faire agréer une telle résolution à l'Empereur. Mais on admit certaines mesures qui devaient rendre les remboursements plus lents et l'écoulement des espèces moins rapide. On laissa au ministre du Trésor et au préfet de police le soin de s'entendre avec la Banque sur le détail de ces mesures.

Octob. 1805.

M. de Marbois eut avec le conseil de la Banque des explications très-vives. Il se plaignit de la manière dont elle avait géré ses affaires, reproche fort injuste, car, si elle était embarrassée, c'était uniquement par la faute du Trésor. Son portefeuille ne contenait que d'excellents effets de commerce, dont l'acquittement régulier était dans le moment sa seule ressource effective. Elle avait même diminué les escomptes aux particuliers jusqu'à réduire son portefeuille au-dessous des proportions ordinaires. Elle n'avait en quantité disproportionnée que du papier de M. Desprez et des *obligations des receveurs généraux*, qui ne ramenaient point d'argent. Elle ne souffrait donc qu'à cause du gouvernement lui-même. Mais les banquiers qui la dirigeaient étaient en général si dévoués à l'Empereur, dans lequel ils chérissaient sinon le guerrier glorieux, du moins le restaurateur de l'ordre, qu'ils se laissaient traiter par les agents du pouvoir avec une sévérité que ne souffriraient pas aujourd'hui les plus vulgaires compagnies de spéculateurs. Du reste, c'était de leur part patriotisme plutôt que servilité. Soutenir le gouvernement de l'Empereur était à leurs yeux un devoir

Contestations entre la Banque de France et M. de Marbois.

impérieux envers la France, que lui seul préservait de l'anarchie. Ils ne s'irritèrent pas de reproches fort peu mérités, et ils montrèrent à la cause du Trésor un dévouement digne de servir d'exemple en pareille circonstance. On adopta les mesures suivantes, comme les plus capables d'atténuer la crise.

Moyens imaginés pour rétablir la réserve métallique de la Banque de France, et diminuer l'écoulement des espèces.

M. de Marbois dut faire partir en poste des commis pour les départements voisins de la capitale, avec l'ordre aux payeurs de se démunir de tous les fonds dont ils n'auraient pas indispensablement besoin pour le service courant des rentes, de la solde, du traitement des fonctionnaires, et d'expédier ces fonds à la Banque. On espérait ainsi faire rentrer cinq à six millions en espèces. On donnait ordre aux receveurs généraux qui n'auraient pas livré à M. Desprez toutes les sommes encaissées, de les verser immédiatement à la Banque. Les commis envoyés avaient en même temps la mission de s'assurer si quelques-uns de ces comptables n'useraient pas des fonds du Trésor dans leur intérêt personnel. A ces moyens pour faire arriver le numéraire, on en ajouta quelques autres pour l'empêcher de s'écouler. Le billet commençant à perdre, le public courait avec empressement aux caisses de la Banque, afin de le convertir en argent. Quand l'agiotage et la malveillance ne s'en seraient pas mêlés, il eût suffi de la perte de 1 ou 2 pour 100 que supportait le billet, pour que la masse des porteurs en exigeât la conversion en espèces. On autorisa la Banque à ne convertir en argent que cinq à six cent mille francs de billets par jour. C'était tout ce qu'il fallait de numéraire, quand la confiance existait. On prit une autre précaution afin de ralentir les payements, ce fut celle de compter l'argent. Les demandeurs de remboursement se seraient bien passés de cette formalité, car ils ne craignaient pas que la Banque trompât le public, en mettant un écu de moins dans un sac de mille francs. Cependant on affecta le soin de les compter. On décida, en outre, qu'on ne rembourserait qu'un seul billet à la même personne, et que chacun serait admis à son tour. Enfin, l'affluence grossissant chaque jour, on imagina un dernier moyen, celui de distribuer des numéros aux porteurs de billets, dans la proportion de cinq ou six cent mille francs, qu'on voulait rembourser par jour. Ces numéros, déposés dans les mairies de Paris, durent être distribués par les maires aux individus notoirement étrangers au commerce de l'argent, et n'ayant recours au remboursement que pour satisfaire à des besoins véritables.

Ces mesures firent cesser au moins le trouble matériel autour des bureaux de la Banque, et réduisirent l'émission des espèces aux besoins les plus urgents de la population. L'agiotage, qui cherchait à soustraire les écus de la Banque pour les faire payer au public jusqu'à 6 et 7 pour 100, fut déjoué dans ses manœuvres. Cependant c'était une vraie suspension de payement, dissimulée sous un ralentissement. Elle était malheureusement inévitable. Dans ces circonstances, ce n'est pas la mesure elle-même qu'il faut blâmer, c'est

Octob. 1805.

la conduite antérieure qui l'a rendue nécessaire.

Les commis envoyés procurèrent la rentrée de deux millions tout au plus. L'échéance journalière des effets du commerce amenait plus de billets que d'écus, car les commerçants ne s'acquittaient en espèces que lorsqu'ils avaient à payer des sommes moindres de 500 francs. La Banque résolut donc d'acheter en Hollande des piastres à tout prix, et de prendre ainsi à son compte une partie des frais de la crise. Grâce à cet ensemble de moyens, on serait bientôt sorti d'embarras, si M. Desprez n'était venu tout à coup déclarer de plus grands besoins et solliciter de nouveaux secours.

Ce banquier, chargé par la compagnie de fournir au Trésor les fonds nécessaires au service, et pour cela d'escompter les *obligations des receveurs généraux*, les *bons à vue*, etc., avait pris l'engagement de faire cet escompte à $\frac{1}{2}$ pour 100 par mois, c'est-à-dire à 6 pour 100 par an. Les capitalistes ne voulant plus les lui escompter à lui-même qu'à 1 pour 100 par mois, c'est-à-dire à 12 pour 100 par an, il était exposé à des pertes ruineuses. Afin de s'épargner ces pertes, il avait imaginé un moyen, c'était de donner en gage aux prêteurs les *obligations* et les *bons à vue*, et d'emprunter sur ces valeurs, au lieu de les faire sous-escompter. Les spéculateurs, dans le désir de mettre la circonstance à profit, avaient fini par lui refuser le renouvellement de ce genre d'opérations, afin de l'obliger à livrer les valeurs du Trésor, et de les avoir ainsi à vil prix. — « Les embarras de la place, » écrivait M. de Marbois à l'Empereur, servent de

» prétexte à beaucoup de gens pour en user comme
» des corsaires envers les *Négociants réunis*, et je
» connais de grands patriotes qui ont retiré 12 à 14
» cent mille francs à l'agent du Trésor, pour en tirer
» un meilleur parti. » (Lettre du 28 septembre. —
Dépôt de la secrétairerie d'État).

M. Desprez, qui avait déjà reçu 14 millions de secours de la Banque, en voulait obtenir 30 immédiatement, et 70 dans le mois de brumaire. C'était par conséquent une somme de 100 millions qu'il lui fallait. Cette situation, avouée à la Banque, y causa un véritable effroi, et y provoqua une explosion de plaintes, de la part des hommes qui n'étaient pas disposés à épouser la fortune du gouvernement quelle qu'elle fût. On demanda ce qu'était M. Desprez, et à quel titre de si grands sacrifices étaient réclamés pour lui? On ignorait dans le commerce la solidarité établie entre lui et la compagnie de fournisseurs qui travaillait à la fois pour l'Espagne et pour la France. Mais, tout en ignorant sa vraie situation, on voulait obliger le ministre à l'avouer comme agent du Trésor, ne fût-ce que pour avoir une garantie de plus. Le ministre averti avait envoyé un billet de sa main au président de la régence, pour dire que M. Desprez n'agissait que dans l'intérêt du Trésor. Par distraction, M. de Marbois avait négligé de signer ce billet. On exigea de lui qu'il le signât. Il y consentit, et il fut impossible de se dissimuler qu'on était en présence de l'Empereur lui-même, créateur de la Banque, sauveur et maître de la France, demandant qu'on ne réduisît pas son gouvernement aux abois, par le refus des ressources dont il avait un urgent besoin.

La voix du patriotisme prévalut, et ce résultat fut particulièrement dû à M. Perregaux, célèbre banquier, dont l'influence était toujours employée au profit de l'État. On décida que tous les secours nécessaires seraient donnés à M. Desprez; que les obligations qui servaient à emprunter sur gage, et qu'on évitait d'escompter pour s'épargner de trop grandes pertes, seraient escomptées n'importe à quel prix, soit qu'elles appartinssent à M. Desprez ou à la Banque; qu'il se chargerait lui-même de cette opération, comme plus capable qu'aucun autre de l'exécuter; que les pertes seraient supportées de moitié par la compagnie et par la Banque; que des métaux seraient achetés à Amsterdam et à Hambourg, à frais communs, et que M. Desprez serait formellement invité à ne plus renouveler ses engagements, afin de mettre un terme à une pareille situation. On résolut enfin de diminuer les escomptes au commerce, de consacrer toutes les ressources existantes au Trésor, et de n'émettre de billets que pour lui. Le remboursement quotidien des effets de commerce avait fait rentrer une quantité considérable de billets, qu'on avait d'abord voulu détruire, mais qu'on remit bientôt en circulation pour suffire aux besoins de M. Desprez. On dépassa même de beaucoup la première émission, et on la porta jusqu'à 80 millions, indépendamment des 20 millions de comptes courants. Mais les achats extraordinaires de piastres, l'escompte effectif des *obligations*, procurèrent les cinq à six cent mille francs par jour qui étaient indispensables pour satisfaire le public, et on put se flatter de traverser cette crise sans compromettre les services, et sans amener la banqueroute des traitants, qui aurait amené celle du Trésor lui-même.

Octob. 1805.

On n'empêcha cependant point les banqueroutes particulières, qui, se succédant rapidement, ajoutèrent beaucoup à la tristesse générale. La faillite de M. Récamier, banquier renommé par sa probité, l'étendue de ses affaires, l'éclat de sa manière de vivre, et qui succomba, victime des circonstances bien plus que de sa conduite financière, produisit la sensation la plus pénible. Les malveillants l'attribuèrent à des relations d'affaires avec le Trésor, qui n'existaient pas. Beaucoup de faillites moins importantes suivirent celle de M. Récamier, tant à Paris que dans les provinces, et causèrent une sorte de terreur panique. Sous un gouvernement moins ferme, moins puissant que celui de Napoléon, cette crise aurait pu entraîner les conséquences les plus graves. Mais on comptait sur sa fortune et sur son génie; personne n'avait d'inquiétude pour le maintien de l'ordre public; on s'attendait à chaque instant à quelque coup d'éclat qui relèverait le crédit; et cette détestable espèce de spéculateurs, qui aggravent toutes les situations en fondant leurs calculs sur l'avilissement des valeurs, n'osait se hasarder dans le jeu à la baisse, par crainte des victoires de Napoléon.

Faillites nombreuses tant à Paris que dans les départements.

Tous les yeux étaient fixés sur le Danube, où allaient se décider les destinées de l'Europe. C'est de là que devaient surgir les événements qui pouvaient

Tous les regards tournés vers Napoléon,

mettre fin à cette crise financière et politique. On les espérait avec une pleine confiance, surtout après avoir vu en quelques jours une armée entière prise presque sans coup férir, par le seul effet d'une manœuvre. Cependant une circonstance même de cette manœuvre venait de susciter une fâcheuse complication avec la Prusse, et de nous faire craindre un ennemi de plus. Cette circonstance était la marche du corps du maréchal Bernadotte à travers la province prussienne d'Anspach.

Napoléon, en dirigeant le mouvement de ses colonnes sur le flanc de l'armée autrichienne, n'avait pas considéré un instant comme une difficulté de traverser les provinces que la Prusse avait en Franconie. En effet, d'après la convention de neutralité stipulée par la Prusse avec les puissances belligérantes, pendant la dernière guerre, les provinces d'Anspach et de Bareuth n'avaient point été comprises dans la neutralité du nord de l'Allemagne. La raison en était simple, c'est que ces provinces se trouvant sur la route obligée des armées françaises et autrichiennes, il était presque impossible de les soustraire à leur passage. Tout ce qu'on avait pu exiger, c'était qu'elles ne devinssent pas un théâtre d'hostilités, qu'on les traversât rapidement, et en payant ce qu'on y prendrait. Si la Prusse avait voulu qu'il en fût autrement cette fois, elle aurait dû le dire. D'ailleurs, lorsqu'elle venait tout récemment encore d'entrer en pourparlers d'alliance avec la France, lorsqu'elle s'était avancée dans cette voie jusqu'à écouter et accueillir l'offre du Hanovre, elle n'était guère en droit de changer les anciennes règles de sa neutralité, pour les rendre plus rigoureuses envers la France qu'en 1796. Cela eût été inconcevable; aussi avait-elle gardé à cet égard un silence que décemment elle n'aurait pas osé rompre, surtout pour déclarer qu'en pleine négociation d'alliance, elle voulait être moins facile avec nous que dans les temps de la plus extrême froideur. Quoi qu'il en soit, Napoléon se fondant sur l'ancienne convention, et sur une apparence d'intimité à laquelle il devait croire, n'avait pas considéré le passage à travers la province d'Anspach comme une violation de territoire. Ce qui prouve sa sincérité à cet égard, c'est qu'à la rigueur il aurait pu se dispenser d'emprunter les routes de cette province, et qu'en resserrant ses colonnes il lui eût été fort aisé d'éviter le sol prussien, sans perdre beaucoup de chances d'envelopper le général Mack.

Octob. 1805.

Mais la situation de la Prusse était devenue chaque jour plus embarrassante entre l'empereur Napoléon et l'empereur Alexandre. Le premier lui offrait le Hanovre et son alliance; le second lui demandait passage en Silésie pour l'une de ses armées, et semblait lui déclarer qu'il fallait s'unir à la coalition de gré ou de force. Parvenu à comprendre ce dont il s'agissait, Frédéric-Guillaume était dans un état d'agitation extraordinaire. Ce prince, dominé tantôt par l'avidité naturelle à la puissance prussienne qui le portait vers Napoléon, tantôt par les influences de cour qui l'entraînaient vers la coalition, avait fait des promesses à tout le monde, et était

Situation morale de la Prusse au moment de la violation du territoire d'Anspach.

ainsi arrivé à un embarras de position auquel il ne voyait plus d'issue que la guerre avec la Russie ou avec la France. Il en était exaspéré au plus haut point, car il était à la fois mécontent des autres et de lui-même, et il n'envisageait la guerre qu'avec épouvante. Indigné cependant de la violence dont le menaçait la Russie, il avait ordonné la mise sur pied de 80 mille hommes. C'est dans cet état des choses qu'on apprit à Berlin la prétendue violation du territoire prussien. Elle fut pour le roi de Prusse un nouveau sujet de chagrin, parce qu'elle diminuait la force des arguments qu'il opposait aux exigences d'Alexandre. Sans doute, il y avait, pour ouvrir la province d'Anspach aux Français, des raisons qui n'existaient pas pour ouvrir la Silésie aux Russes. Mais dans les moments d'effervescence, la justesse de raisonnement n'est pas ce qui domine, et en apprenant à Berlin le passage des Français sur le territoire d'Anspach, la cour se récria que Napoléon venait d'outrager indignement la Prusse, de la traiter comme il avait coutume de traiter Naples ou Baden; qu'il n'était pas possible de le supporter sans se déshonorer; que du reste, si on ne voulait pas avoir la guerre avec Napoléon, il faudrait bien l'avoir avec Alexandre, car ce prince ne souffrirait pas qu'on en agît d'une manière aussi partiale à son égard, et qu'on lui refusât ce qu'on avait accordé à son adversaire; et qu'enfin, s'il fallait se prononcer, il serait bien étrange, bien indigne des sentiments du roi d'épouser la cause des oppresseurs de l'Europe contre ses défenseurs. Frédéric-Guillaume, ajoutait-on, avait toujours professé d'autres sentiments, soit à Memel, soit depuis, dans ses épanchements confidentiels avec son jeune ami Alexandre.

Octob. 1805.

C'est là ce qu'on disait hautement à Berlin, à Potsdam, et surtout dans la famille royale, où dominait une reine passionnée, belle et remuante.

Frédéric-Guillaume, quoique sincèrement irrité de la violation du territoire d'Anspach, qui lui enlevait son meilleur argument contre les exigences de la Russie, se comporta comme ont coutume de faire les gens faux par faiblesse : il fit ressource de sa colère, et affecta de se montrer encore plus irrité qu'il n'était. Sa conduite envers les deux représentants de la France fut ridiculement affectée. Non-seulement il refusa de les recevoir, mais M. de Hardenberg ne voulut pas les admettre dans son cabinet pour écouter leurs explications. MM. de Laforest et Duroc furent frappés d'une sorte d'interdit, privés de toute communication, même avec le secrétaire particulier, M. Lombard, par lequel passaient les confidences quand il s'agissait ou des indemnités allemandes, ou du Hanovre. Les intermédiaires secrets, employés ordinairement, déclarèrent que, dans l'état d'esprit du roi à l'égard des Français, on n'osait en voir aucun. Toute cette colère était évidemment calculée. On en voulait tirer une solution des embarras dans lesquels on s'était mis; on voulait pouvoir dire à la France que les engagements pris avec elle étaient rompus par sa propre faute. Ces engagements renouvelés tant de fois, et substitués aux divers projets d'alliance manqués, avaient consisté à promettre formellement que le territoire prussien ne servirait ja-

Colère calculée de la Prusse.

Usage que fait la Prusse de l'événement d'Anspach pour sortir des embarras dans lesquels elle était placée.

mais à une agression contre la France, que le Hanovre même serait garanti contre toute invasion. Les Français ayant traversé violemment le territoire prussien, on se proposait d'en conclure qu'ils avaient donné le droit de l'ouvrir à qui on voudrait. C'était là une issue miraculeusement trouvée pour échapper aux difficultés de tout genre accumulées autour de soi. En conséquence, on résolut de déclarer que la Prusse était, par la violation de son territoire, déliée de tout engagement, et qu'elle accordait passage aux Russes à travers la Silésie, en compensation du passage pris sur Anspach par les Français. On voulut faire mieux encore que de sortir d'un grand embarras, on voulut dans tout cela recueillir un profit. On prit le parti de se saisir du Hanovre, où ne restaient plus que six mille Français enfermés dans la place forte d'Hameln, et de colorer cet envahissement sous un prétexte spécieux, celui de se prémunir contre de nouvelles violations de territoire, car une armée anglo-russe marchait sur le Hanovre, et en l'occupant on empêchait que le théâtre des hostilités ne fût transporté au sein des provinces prussiennes, dans lesquelles le Hanovre était enclavé de toutes parts.

Le roi assembla un conseil extraordinaire, auquel le duc de Brunswick, le maréchal de Mollendorf furent appelés. M. d'Haugwitz, arraché à sa retraite pour ces graves circonstances, y assista aussi. On y arrêta les résolutions que nous venons de rapporter, et on les laissa enveloppées quelques jours encore d'une sorte de nuage, pour terrifier davantage les deux représentants de la France. Bien qu'on ne les crût pas faciles à intimider, ni eux, ni leur maître, on pensait que dans un moment où Napoléon avait tant d'ennemis sur les bras, la crainte d'y ajouter la Prusse, ce qui aurait rendu la coalition universelle comme en 1792, agirait puissamment sur leur esprit.

Octob. 1805.

MM. de Laforest et Duroc avaient longtemps et inutilement demandé à entretenir M. de Hardenberg. Ils le virent enfin, lui trouvèrent l'attitude étudiée d'un homme qui fait effort pour contenir son indignation, et n'obtinrent de lui, à travers beaucoup de plaintes amères, qu'une déclaration, c'est que les engagements de la Prusse étaient rompus, et qu'elle ne serait plus guidée désormais que par l'intérêt de sa propre sûreté. Le cabinet laissa successivement parvenir à la connaissance des deux négociateurs français la résolution d'ouvrir la Silésie aux Russes, et d'occuper le Hanovre avec une armée prussienne, sous le prétexte d'empêcher que le feu de la guerre ne s'introduisît au centre même du royaume. On semblait dire que la France devait se trouver heureuse d'en être quitte à pareil prix!

Tout cela était bien peu digne de la probité du roi et de la puissance de la Prusse. Cependant, après cette première explosion, les formes commencèrent à s'améliorer, non-seulement parce qu'il entrait dans le plan prussien de s'adoucir, mais aussi parce que les succès surprenants de Napoléon avaient inspiré dans toutes les cours de sérieuses réflexions.

Après un premier éclat la Prusse commence à se calmer.

Ce qui se passait à Berlin avait été rapporté à Pulawi avec la promptitude de l'éclair. Alexandre, qui voulait voir Frédéric-Guillaume avant les griefs que la France venait de donner à la Prusse, devait le vouloir bien davantage après. Il espérait trouver ce prince disposé à subir toute espèce d'influences. Aussi, loin de fixer le rendez-vous de manière que la distance à parcourir fût également partagée, Alexandre fit lui-même le trajet entier, et se rendit immédiatement à Berlin.

Frédéric-Guillaume, en apprenant l'arrivée du czar, regretta d'avoir fait autant d'éclat, et de s'être ainsi attiré une visite flatteuse, mais compromettante. Napoléon commençait la guerre d'une façon si brusque et si décisive, qu'on était peu encouragé à se lier avec ses ennemis. Cependant il n'était pas possible de se refuser aux empressements d'un prince qu'on disait aimer si tendrement. On donna donc les ordres nécessaires pour le recevoir avec tout l'appareil convenable. Alexandre fit son entrée le 25 octobre dans la capitale de la Prusse, au bruit du canon, et au milieu des rangs de la garde royale prussienne. Le jeune roi, accouru à sa rencontre, l'embrassa cordialement, aux applaudissements du peuple de Berlin, qui, après avoir été d'abord favorable aux Français, commençait à se laisser entraîner par l'impulsion de la cour, et par l'allégation mille fois répétée que Napoléon avait violé le territoire d'Anspach par mépris pour la Prusse. Alexandre s'était promis de déployer en cette circonstance tout ce qu'il avait de moyens de séduction pour mettre la cour de Berlin dans ses intérêts. Il n'y manqua pas, et il débuta par la belle reine de Prusse, qui était facile à gagner, car, issue de la maison de Mecklembourg, elle partageait toutes les passions de la noblesse allemande contre la Révolution française. Alexandre lui adressa une sorte de culte chevaleresque et respectueux, qu'on pouvait à volonté prendre pour un simple hommage rendu à son mérite, ou pour un sentiment plus vif encore. Quoiqu'alors fort occupé d'une dame distinguée de la noblesse russe, Alexandre était homme et prince à simuler à propos un sentiment utile à ses vues. Du reste, rien, dans ce qu'il témoignait, n'était capable d'offenser ni la décence, ni la susceptibilité ombrageuse de Frédéric-Guillaume. Il n'avait pas vécu deux jours à Berlin, que déjà toute la cour était pleine de lui, et vantait sa grâce, son esprit, sa généreuse ardeur pour la cause de l'Europe. Il avait entouré de ses soins tous les parents du grand Frédéric; il avait visité le duc de Brunswick, le maréchal de Mollendorf, et honoré en eux les chefs de l'armée prussienne. Le jeune prince Louis, neveu du roi, qui se faisait remarquer par une violente haine pour les Français, par une ardente passion pour la gloire, le prince Louis, acquis d'avance à la cause de la Russie, montrait encore plus d'exaltation que de coutume. Une sorte d'entraînement général livrait la cour de Prusse à Alexandre. Frédéric-Guillaume s'apercevait de l'effet produit autour de lui, et commençait à s'en épouvanter. Il attendait avec une pénible anxiété les propositions qui allaient naître de tout cet enthousiasme, et il gardait le silence de peur de hâter le moment des expli-

---

Octob. 1805.

Séduction exercée par Alexandre sur la cour de Berlin.

cations. Nous avons déjà dit que dans son extrême embarras, il avait appelé auprès de lui son ancien conseiller d'Haugwitz, dont l'esprit trop délié pour le sien l'inquiétait quelquefois par sa supériorité même, mais dont la politique adroite, évasive, toujours portée à la neutralité, lui convenait parfaitement. Ils déploraient tous deux le fatal enchaînement de choses qui, sous la direction passionnée et inégale de M. de Hardenberg, avait conduit la Prusse à une véritable impasse. M. de Hardenberg, d'abord ami et créature de M. d'Haugwitz, bientôt rival et jaloux de cet homme d'État, avait commencé par suivre sa politique, qui consistait à se maintenir neutre entre les deux partis européens, et à exploiter cette neutralité; mais il l'avait fait avec son caractère passionné, versant tantôt d'un côté, tantôt d'un autre, favorable aux Français, lorsqu'il s'agissait du Hanovre, jusqu'à vouloir se donner totalement à eux, et, depuis l'événement d'Anspach, tellement entraîné par le mouvement général, qu'il voulait leur faire la guerre de moitié avec la Russie. M. d'Haugwitz, censurant, mais avec ménagement, un ingrat disciple, disait qu'on avait été trop français quelques mois auparavant, et qu'on était trop russe aujourd'hui. Mais comment sortir d'embarras, comment échapper aux étreintes du jeune empereur? La difficulté devenait plus grande d'heure en heure, et on ne pouvait la résoudre en éludant sans cesse. Le temps était précieux pour Alexandre, car chaque jour qui s'écoulait annonçait un nouveau pas de Napoléon sur le Danube, et un nouveau péril pour l'Autri-

Octob. 1805.

Le roi de Prusse, effrayé des entraînements de la cour, rappelle M. d'Haugwitz de sa retraite pour lui demander des conseils.

che, ainsi que pour les armées russes arrivées sur l'Inn. Il aborda donc le roi de Prusse, et fit aborder par son ministre des affaires étrangères l'habile et astucieux comte d'Haugwitz. Le thème qu'ils développèrent l'un et l'autre est facile à déduire de ce qui précède. La Prusse, dirent-ils, ne pouvait se séparer de la cause de l'Europe; elle ne pouvait contribuer par son inaction à faire triompher l'ennemi commun; elle en était ménagée dans le moment, et même fort peu, à juger d'après ce qui venait de se passer à Anspach, mais elle en serait bientôt écrasée, lorsque, délivré de l'Autriche et de la Russie, il n'aurait plus à compter avec personne. Il est vrai que la Prusse était placée bien près des coups de Napoléon; mais on marchait à son secours avec une armée de 80 mille hommes, et on ne s'était même avancé si près d'elle que dans ce but. Cette armée réunie à Pulawi, sur la frontière de Silésie, était, non pas une menace, mais une généreuse attention d'Alexandre, qui n'avait pas voulu entraîner un ami dans une guerre sérieuse, sans lui offrir les moyens d'en braver les périls. D'ailleurs Napoléon avait bien des ennemis sur les bras; il serait en grand danger sur le Danube, si, tandis que les Autrichiens et les Russes ralliés lui opposeraient une barrière solide, la Prusse se jetait sur ses derrières par la Franconie; il serait pris alors entre deux feux, et succomberait infailliblement. Dans ce cas très-probable, la commune délivrance serait due à la Prusse, et on ferait pour elle tout ce que Napoléon promettait, tout ce qu'il ne voulait pas tenir, on lui

Octob. 1805.

Langage d'Alexandre à la cour de Prusse.

donnerait ce complément de territoire, dont il avait flatté la juste ambition de la maison de Brandebourg, le Hanovre. (On avait en effet déjà écrit à Londres pour décider l'Angleterre à ce sacrifice.) Et il vaudrait bien mieux recevoir un don si beau du possesseur légitime, pour prix du salut de tous, que d'un usurpateur, dispensant le bien d'autrui en récompense d'une trahison.

L'archiduc Antoine accourt à Berlin pour seconder les efforts d'Alexandre.

A ces instances, on joignit une influence nouvelle, ce fut la présence de l'archiduc Antoine, accouru en toute hâte de Vienne à Berlin. Ce prince venait raconter les désastres d'Ulm, les progrès rapides des Français, les périls de la monarchie autrichienne, trop grands pour n'être pas communs à l'Allemagne entière, et il sollicitait avec ardeur la réconciliation à tout prix des deux premières puissances allemandes.

Vaine résistance du roi de Prusse et de M. d'Haugwitz aux instances d'Alexandre.

Cette machination diplomatique était trop bien ourdie pour que le malheureux roi de Prusse pût y échapper. Cependant lui et M. d'Haugwitz résistaient obstinément, comme s'ils avaient eu le pressentiment des revers qui devaient bientôt frapper la monarchie prussienne. Il y eut beaucoup de pourparlers, beaucoup de contestations, beaucoup même de plaintes amères. Le roi et son ministre disaient qu'on voulait perdre la Prusse, qu'on la perdrait certainement, car l'Europe tout entière, fût-elle réunie, était incapable de résister à Napoléon; que s'ils cédaient, c'est qu'on faisait violence à leur raison, à leur prudence, à leur patriotisme, et ils ne manquaient pas non plus de récriminer contre le projet qu'on avait eu de les entraîner, de gré ou de force, projet dont l'armée russe réunie sur la frontière de Silésie devait être l'instrument. A cela l'empereur Alexandre répondait en livrant son ministre, le prince Czartoryski. Cédant à son inconstance naturelle, il écoutait déjà beaucoup les Dolgorouki, lesquels allaient dire partout que le prince Czartoryski était un ministre perfide, trahissant son empereur pour la Pologne, dont il voulait se faire roi, et cherchant dans ce but à jeter la Russie sur la Prusse. Alexandre, qui n'avait pas assez de caractère pour le plan qu'on lui avait proposé, s'était effrayé à Pulawi même de l'idée de marcher sur la France en passant sur le corps de la Prusse, dût la couronne de Pologne être le prix de cette témérité. Éclairé par M. d'Alopeus, excité par les Dolgorouki, il disait qu'on avait voulu lui faire commettre une grande faute, et il le reprochait même assez vivement au prince Czartoryski, dont le caractère grave et sévère commençait à lui être importun, parce qu'avec la liberté d'un ami et d'un ministre indépendant, il blâmait quelquefois son souverain de ses faiblesses et de sa mobilité.

A force de soins, de désaveux, et surtout d'influences accessoires, telles que les instances de la reine, les propos du prince Louis, les cris du jeune état-major prussien, on finit par étourdir le roi, par vaincre M. d'Haugwitz, et par les faire entrer tous deux dans les vues de la coalition. Mais, tout dominé qu'était Frédéric-Guillaume, il voulut se réserver une dernière ressource pour échapper à ces nouveaux engagements, et, sur le conseil de

Octob. 1805.

Alexandre rejette sur ses ministres les projets de violence qu'on avait formés contre la Prusse.

Commencement de froideur entre Alexandre et ses amis.

Le roi de Prusse est enfin entraîné.

M. d'Haugwitz, il adopta un plan qui pouvait faire encore quelque illusion à sa probité entraînée, et qui consistait dans un projet de médiation, grande hypocrisie employée alors par toutes les puissances, pour déguiser les plans de coalition contre la France. C'était la forme dont la Prusse avait songé à se servir trois mois auparavant, quand il s'agissait de s'allier à Napoléon au prix du Hanovre : c'était la forme dont elle se servait maintenant, quand il s'agissait de s'allier avec Alexandre, et, malheureusement pour son honneur, toujours au prix du Hanovre.

Il fut convenu que la Prusse, alléguant l'impossibilité de vivre en repos entre des adversaires acharnés qui ne respectaient pas même son territoire, se déciderait à intervenir pour les forcer à la paix. Jusqu'ici rien de mieux, mais quelles seraient les conditions de cette paix? Là était toute la question. Si la Prusse se conformait aux traités signés avec Napoléon, et par lesquels elle avait garanti l'état présent de l'empire français, en échange de ce qu'elle avait reçu en Allemagne, il n'y avait rien à dire. Mais elle n'était pas assez ferme pour s'en tenir à cette limite, qui était celle de la loyauté. Elle convint de proposer, pour conditions de la paix, une nouvelle démarcation des possessions autrichiennes en Lombardie, qui reporterait celle-ci de l'Adige au Mincio (ce qui devait amener le morcellement du royaume d'Italie), une indemnité pour le roi de Sardaigne, et en outre les conditions ordinairement admises par Napoléon lui-même, dans le cas d'une pacification générale, c'est-à-dire l'indépendance de

Naples, de la Suisse, de la Hollande. C'était là une violation formelle des garanties réciproques que la Prusse avait stipulées avec la France, non pas dans des projets d'alliance manqués, mais dans des conventions authentiques, signées à l'occasion des indemnités allemandes.

Les Russes et les Autrichiens auraient désiré davantage, mais, comme ils savaient que Napoléon ne consentirait jamais à ces conditions, ils étaient assurés, même avec ce qu'ils venaient d'obtenir, d'entraîner la Prusse à la guerre.

Il y avait une autre difficulté sur laquelle ils passaient encore pour faire tomber tous les obstacles. Frédéric-Guillaume ne voulait pas se présenter à Napoléon au nom de tous ses ennemis, notamment de l'Angleterre, après avoir échangé avec lui contre cette puissance tant de confidences et d'épanchements. Il exprima donc le désir de ne pas prononcer un seul mot qui fût relatif à la Grande-Bretagne dans la déclaration de médiation, n'entendant se mêler, disait-il, que de la paix du continent. On y consentit encore, estimant toujours qu'il y en avait assez dans ce qui était convenu, pour le précipiter dans la guerre. Enfin il exigea une dernière précaution, celle-ci la plus captieuse et la plus importante, ce fut de reculer d'un mois le terme auquel la Prusse serait obligée d'agir. D'une part, le duc de Brunswick, toujours consulté, toujours écouté sans appel, quand il s'agissait des affaires militaires, déclarait que l'armée prussienne ne serait prête que dans les premiers jours de décembre ; de l'autre, M. d'Haugwitz conseillait de différer, pour voir comment se passeraient les choses sur le Danube, entre les Français et les Russes. Avec un capitaine tel que Napoléon, les événements ne pouvaient pas traîner en longueur, et, en gagnant seulement un mois, il y avait chance d'être tiré d'embarras par quelque solution imprévue et décisive. Il fut donc arrêté qu'à l'expiration d'un mois, à dater du jour où M. d'Haugwitz, chargé de proposer la médiation, aurait quitté Berlin, la Prusse serait tenue d'entrer en campagne, si Napoléon n'avait pas fait une réponse satisfaisante. Il était facile d'ajouter quelques jours à ce mois, en retardant sous divers prétextes le départ de M. d'Haugwitz, et de plus Frédéric-Guillaume s'en fiait à ce négociateur, à sa prudence, à son adresse, pour que les premiers mots échangés avec Napoléon ne rendissent pas la rupture inévitable et immédiate.

Ces conditions, indignes de la loyauté prussienne, car elles étaient contraires, nous le répétons, à des stipulations formelles, dont la Prusse avait reçu le prix en beaux territoires, contraires surtout à une intimité que Napoléon avait dû croire sincère, ces conditions furent insérées dans une double déclaration, signée à Potsdam le 3 novembre. Le texte n'en a jamais été publié, mais Napoléon parvint plus tard à en connaître le contenu. Cette déclaration a conservé le titre de traité de Potsdam. Sans doute Napoléon avait commis des fautes à l'égard de la Prusse : tout en la caressant et en l'avantageant beaucoup, il avait laissé passer plus d'une occasion de l'enchaîner irrévocablement. Mais il l'avait comblée de solides faveurs, et il avait toujours été loyal dans ses rapports avec elle.

Alexandre et Frédéric-Guillaume habitaient Potsdam. C'est dans cette belle retraite du grand Frédéric qu'on s'était réciproquement exalté, et qu'on avait conclu ce traité si contraire à la politique et aux intérêts de la Prusse. L'habile comte d'Haugwitz en était désolé, et ne s'excusait à ses propres yeux de l'avoir signé que dans l'espoir d'en éluder les conséquences. Le roi, étourdi, confondu, ne savait où il marchait. Pour achever de lui troubler l'esprit, Alexandre, d'accord, dit-on, avec la reine, et probablement par suite de son goût pour les scènes d'apparat, voulut visiter le petit caveau qui contient les restes du grand Frédéric, au milieu de l'église protestante de Potsdam. Là, sous ce caveau, pratiqué dans un pilier de l'église, étroit, simple jusqu'à la négligence, se trouvent deux cercueils en bois, l'un de Frédéric-Guillaume Ier, l'autre du grand Frédéric. Alexandre s'y rendit avec le jeune roi, versa des larmes, et saisissant son ami dans ses bras, lui fit et lui demanda, sur le cercueil du grand Frédéric, le serment d'une amitié éternelle! Jamais ils ne devaient séparer ni leur cause, ni leurs destinées. Tilsit allait bientôt montrer la solidité d'un tel serment, probablement sincère au moment où il fut prêté.

Cette scène, racontée à Berlin, publiée dans toute l'Europe, confirma l'opinion qu'il existait une alliance étroite entre les deux jeunes monarques.

Nov. 1805.

Alexandre jure une amitié éternelle au roi de Prusse sur le tombeau du grand Frédéric.

Nov. 1805.

Retour empressé de l'Angleterre à l'égard de la Prusse ; elle lui offre la Hollande en place du Hanovre.

L'Angleterre, avertie du changement des choses en Prusse, et des négociations si heureusement conduites avec cette cour, crut y voir un événement capital qui pouvait décider du sort de l'Europe. Elle fit partir sur-le-champ lord Harrowby lui-même, le ministre des affaires étrangères, pour négocier. Le cabinet de Londres n'était pas difficile avec la cour de Berlin, il acceptait son accession n'importe à quel prix. Il consentait à ce que l'Angleterre ne fût pas même nommée dans la négociation qu'allait entreprendre M. d'Haugwitz au camp de Napoléon, et il tenait des subsides tout prêts pour l'armée prussienne, ne doutant pas qu'elle ne prît part à la guerre sous un mois. Quant aux agrandissements de territoire annoncés à la maison de Brandebourg, il était disposé à concéder beaucoup, mais il ne dépendait pas du cabinet anglais de livrer le Hanovre, patrimoine chéri de George III. M. Pitt l'eût sacrifié volontiers, car il est toujours entré dans l'esprit des ministres britanniques de regarder le Hanovre comme une charge pour l'Angleterre. Mais on eût plutôt fait renoncer le roi George aux Trois Royaumes qu'au Hanovre. En revanche, on offrait quelque chose de moins adhérent, il est vrai, à la monarchie prussienne, mais de plus considérable, la Hollande elle-même[1]. Cette Hollande, que toutes les cours disaient l'esclave de la France, et dont elles réclamaient l'indépendance avec tant d'énergie, on la jetait aux pieds de la Prusse pour attacher celle-ci à la coalition, et dégager le Hanovre. C'est

[1] C'est sur des pièces authentiques que je fonde cette assertion.

à l'illustre nation hollandaise à juger du cas qu'elle peut faire de la sincérité des affections européennes à son égard.

C'étaient là autant de sujets à régler ultérieurement entre les cours de Prusse et d'Angleterre. En attendant, il fallait tirer du traité de Potsdam sa conséquence essentielle, c'est-à-dire l'accession de la Prusse à la coalition. Les Autrichiens et les Russes pressaient donc le départ de M. d'Haugwitz, et tandis qu'il faisait ses apprêts, l'empereur Alexandre se mit en route le 5 novembre, après dix jours passés à Berlin, se dirigeant vers Weimar, pour y voir sa sœur la grande-duchesse, princesse d'un haut mérite, qui vivait dans cette ville, entourée des plus beaux génies de l'Allemagne, heureuse de ce noble commerce qu'elle était digne de goûter. La séparation des deux monarques fut, comme leur première rencontre aux portes de Berlin, marquée par des embrassements et des témoignages d'amitié, qu'on semblait, d'un côté au moins, vouloir rendre très-ostensibles. Alexandre partait pour l'armée, entouré de l'intérêt qui s'attache ordinairement à un tel départ. On saluait en lui un jeune héros, prêt à braver les plus grands périls pour le triomphe de la cause commune des rois.

Pendant ce temps, M. de Laforest, ministre de France, Duroc, grand maréchal du palais impérial, étaient totalement délaissés. La cour continuait à les traiter avec une froideur offensante. Bien que le secret le plus profond eût été promis, entre les Russes et les Prussiens, relativement aux stipulations de Potsdam, les Russes, ne pouvant contenir leur satisfaction, avaient laissé entendre à tout le monde que la Prusse était engagée irrévocablement avec eux. Leur joie, au surplus, en disait assez, et, jointe aux apprêts militaires qui se faisaient, au mouvement peu conforme à son âge que se donnait le vieux duc de Brunswick, elle attestait le succès qu'avait obtenu la présence d'Alexandre à Potsdam. M. de Hardenberg, qui partageait avec M. d'Haugwitz la direction des relations extérieures, ne se montrait guère aux négociateurs français; mais M. d'Haugwitz les accueillait plus fréquemment. Interrogé par eux sur l'importance qu'il fallait attacher aux indiscrétions russes, il se défendait de toutes les suppositions répandues dans le public. Il avouait un projet qui, disait-il, ne devait avoir rien de nouveau pour eux, celui d'une médiation. Quand ils voulaient savoir si cette médiation serait armée, ce qui signifiait imposée, il éludait, disant que les instances de sa cour auprès de Napoléon seraient proportionnées à l'urgence du moment. Quand enfin ils demandaient quelles seraient les conditions de cette médiation, il répondait qu'elles seraient justes, sages, conformes à la gloire de la France, et qu'il en avait donné la meilleure preuve en se chargeant lui-même de les porter à Napoléon. Il ne pouvait pas, la première fois qu'il allait visiter ce grand homme, s'exposer à en être brusquement repoussé.

Tels furent les éclaircissements obtenus du cabinet de Berlin. La seule chose qui fût évidente, c'est que la Silésie était ouverte aux Russes, en punition du passage de nos troupes sur le territoire d'Anspach, et que le Hanovre allait être occupé par une armée prussienne. Comme la France avait une garnison de 6 mille hommes dans la place forte de Hameln, M. d'Haugwitz, sans dire si on ordonnerait le siége de cette place, promettait les plus grands égards envers les Français, en ajoutant qu'il en espérait autant de leur part.

Nov. 1805.

Le grand maréchal Duroc ne voyant plus rien à faire à Berlin, en partit pour le quartier général de Napoléon. A cette époque, fin d'octobre, commencement de novembre, Napoléon, en ayant fini avec la première armée autrichienne, s'apprêtait à fondre sur les Russes, suivant le plan qu'il avait conçu.

Duroc quitte Berlin pour se rendre au quartier général de Napoléon.

Quand il apprit ce qui se passait à Berlin, il fut confondu d'étonnement, car c'était de très-bonne foi, et en croyant au maintien de l'ancien usage, qu'il avait ordonné de traverser les provinces d'Anspach. Il ne pensait pas que l'irritation de la Prusse fût sincère, et il était convaincu qu'elle servait à couvrir les faiblesses de cette cour envers la coalition. Mais rien de ce qu'il pouvait supposer à ce sujet n'était capable de l'ébranler ; et il montra en cette circonstance toute la grandeur de son caractère.

Étonnement de Napoléon en apprenant ce qui se passe à Berlin.

On connaît déjà le plan général de ses opérations. En présence de quatre attaques dirigées contre l'empire français, l'une au nord par le Hanovre, la seconde au midi par la basse Italie, les deux autres à l'orient par la Lombardie et la Bavière, il n'avait tenu compte que des deux dernières. Laissant à

Masséna le soin de parer à celle de Lombardie, et de contenir les archiducs pendant quelques semaines, il s'était réservé la plus importante, celle qui menaçait la Bavière. Profitant, comme on l'a vu, de la distance qui séparait les Autrichiens des Russes, il avait, par une marche sans exemple, enveloppé les premiers, et les avait envoyés prisonniers en France. Maintenant il allait marcher sur les seconds et les culbuter sur Vienne. Par ce mouvement l'Italie devait être dégagée, et les attaques préparées au nord et au midi de l'Europe devenir d'insignifiantes diversions.

Cependant la Prusse pouvait apporter à ce plan de graves perturbations, en se jetant par la Franconie ou la Bohême sur les derrières de Napoléon, pendant qu'il marcherait sur Vienne. Un général ordinaire, sur la nouvelle de ce qui se passait à Berlin, se serait arrêté tout à coup, aurait rétrogradé pour prendre une position plus rapprochée du Rhin, de manière à n'être pas tourné, et aurait attendu dans cette position, à la tête de ses forces réunies, les conséquences du traité de Potsdam. Mais, en agissant ainsi, il rendait certains les dangers qui n'étaient que probables; il donnait aux deux armées russes de Kutusof et d'Alexandre le temps d'opérer leur jonction, à l'archiduc Charles le temps de passer de Lombardie en Bavière pour se joindre aux Russes, aux Prussiens le temps et le courage de lui faire des propositions inacceptables, et d'entrer en lice. Il pouvait en un mois avoir sur les bras 120 mille Autrichiens, 100 mille Russes, 150 mille Prussiens, rassemblés dans le haut Palatinat ou la Bavière, et être accablé par une masse de forces double des siennes. Persister dans ses idées plus que jamais, c'est-à-dire marcher en avant, refouler à une extrémité de l'Allemagne les principales armées de la coalition, écouter dans Vienne les plaintes de la Prusse, et lui donner ses triomphes pour réponse : telle était la détermination la plus sage, quoiqu'en apparence la plus téméraire. Ajoutons que ces grandes résolutions sont faites pour les grands hommes, que les hommes ordinaires y succomberaient; que, de plus, elles exigent non-seulement un génie supérieur, mais une autorité absolue, car, pour être en mesure de s'avancer ou de rétrograder à propos, il faut être le centre de tous les mouvements, de toutes les informations, de toutes les volontés, il faut être général et chef d'empire, il faut être Napoléon et empereur.

Le langage de Napoléon à la Prusse fut conforme à la résolution qu'il venait de prendre. Loin de présenter des excuses pour la violation du territoire d'Anspach, il se contenta d'en référer aux conventions antérieures, disant que si ces conventions étaient périmées, il aurait fallu l'en avertir; que, du reste, c'étaient là de purs prétextes; que ses ennemis, il le voyait bien, l'emportaient à Berlin ; qu'il ne lui convenait plus dès lors d'entrer en explications amicales avec un prince pour lequel son amitié semblait n'avoir aucun prix; qu'il laisserait au temps et aux événements le soin de répondre pour lui, mais que sur un seul point il serait inflexible, celui de l'honneur; que jamais ses aigles n'avaient souffert d'affront; qu'elles étaient dans l'une des places fortes du Hanovre, celle d'Hameln; que si on voulait les en arracher, le général Barbou les défendrait jusqu'à la dernière extrémité, et serait secouru avant d'avoir succombé; qu'avoir toute l'Europe sur les bras n'était pas pour la France une chose nouvelle ou effrayante; que lui Napoléon paraîtrait bientôt, si on l'y appelait, des bords du Danube sur les bords de l'Elbe, et ferait repentir ses nouveaux ennemis, comme les anciens, d'avoir attenté à la dignité de son empire. Voici l'ordre donné au général Barbou, et communiqué au gouvernement prussien.

AU GÉNÉRAL DE DIVISION BARBOU :

« Augsbourg, 24 octobre.

» J'ignore ce qui se prépare, mais, quelle que
» soit la puissance dont les armées voudraient en-
» trer en Hanovre, serait-ce même une puissance
» qui ne m'eût pas déclaré la guerre, vous devrez
» vous y opposer. N'ayant point assez de forces
» pour résister à une armée, enfermez-vous dans les
» forteresses, et ne laissez approcher personne sous
» le canon de ces forteresses. Je saurai venir au se-
» cours des troupes renfermées dans Hameln. Mes
» aigles n'ont jamais souffert d'affront. J'espère que
» les soldats que vous commandez seront dignes de
» leurs camarades, et sauront conserver l'honneur,
» la plus belle et la plus précieuse propriété des
» nations.

» Vous ne devez rendre la place que sur un ordre

» de moi, qui vous soit porté par un de mes aides
» de camp.

» NAPOLÉON. »

Napoléon s'était transporté d'Ulm à Augsbourg, d'Augsbourg à Munich, pour y faire ses dispositions de marche. Avant de le suivre dans cette longue et immense vallée du Danube, franchissant tous les obstacles que lui opposaient l'hiver et l'ennemi, il faut jeter un instant les yeux sur la Lombardie, où Masséna était chargé de contenir les Autrichiens, en attendant que Napoléon eût fait tomber leur position sur l'Adige en s'avançant sur Vienne.

Napoléon et Masséna connaissaient profondément l'Italie, puisque tous deux y avaient acquis leur gloire. Les instructions données pour cette campagne étaient dignes de l'un et l'autre. (Voir la carte n° 31.) Napoléon avait d'abord posé en principe que cinquante mille Français, appuyés sur un fleuve, n'avaient rien à craindre de quatre-vingt mille ennemis quels qu'ils fussent; qu'en tout cas il leur demandait une seule chose, c'était de garder l'Adige jusqu'à ce que, s'enfonçant dans la Bavière (laquelle forme le revers septentrional des Alpes, comme la Lombardie en forme le revers méridional), il eût débordé la position des Autrichiens, et les eût contraints à rétrograder; que pour cela il fallait se tenir réunis dans la partie supérieure du fleuve, l'aile gauche aux Alpes, selon l'exemple qu'il avait toujours donné, refouler les Autrichiens dans les montagnes s'ils se présentaient par les gorges du Tyrol, ou bien, s'ils passaient

Nov. 1805.

Événements militaires en Italie.

Plan de conduite que Napoléon avait prescrit à Masséna.

Nov. 1805.

le bas Adige, les laisser faire, se serrer seulement, et quand ils seraient engagés dans le pays marécageux du bas Adige et du Pô, de Legnago à Venise, se jeter dans leur flanc, et les noyer dans les lagunes; qu'en restant ainsi massé au pied des Alpes, on n'avait rien à craindre, l'attaque vînt-elle du haut ou du bas; mais que si l'ennemi paraissait renoncer à l'offensive, il fallait la prendre contre lui, enlever de nuit le pont de Vérone sur l'Adige, et se porter après à l'attaque des hauteurs de Caldiero. Les campagnes de Napoléon offraient des modèles pour toutes les manières de se conduire sur cette partie du théâtre de la guerre.

Premières opérations de Masséna.

Masséna n'était pas homme à hésiter entre l'offensive et la défensive. Le premier système de guerre convenait seul à son caractère et à son esprit. Il était arrivé à ce degré de confiance, qu'avec cinquante mille Français il ne croyait pas être condamné à garder la défensive devant quatre-vingt mille Autrichiens, même commandés par l'archiduc Charles. En conséquence, dans la nuit du 17 au 18 octobre, après avoir reçu la nouvelle des premiers mouvements de la grande armée, il s'était avancé en silence vers le pont du Château-Vieux, situé dans l'intérieur de Vérone. Cette ville, comme on le sait, est divisée par l'Adige en deux portions. L'une appartenait aux Français, l'autre aux Autrichiens. Les ponts étaient coupés, et leurs abords défendus par des palissades et des murs. Après avoir fait sauter le mur qui interdisait l'approche du pont du Château-Vieux, Masséna, parvenu au bord du fleuve, avait lancé de braves voltigeurs dans des bateaux, les uns pour reconnaître si les piles du pont étaient minées, les autres pour se jeter sur la rive opposée. Certain que les piles n'étaient pas minées, il avait fait établir une espèce de passage avec des madriers, puis, ayant franchi l'Adige, il avait combattu toute la journée du 18 avec les Autrichiens. Le secret, la vigueur, la promptitude de cette attaque, avaient été dignes du premier lieutenant de Napoléon dans les campagnes d'Italie. Masséna se trouvait par cette opération maître du cours de l'Adige, pouvant au besoin opérer sur les deux rives, et n'ayant guère à craindre d'être surpris par un passage de vive force, car il était en mesure d'interrompre une pareille opération sur quelque point qu'elle fût tentée. Avant de prendre une offensive prononcée, et de se porter définitivement sur le territoire autrichien, il voulait recevoir des bords du Danube des nouvelles qui fussent décisives.

Ces nouvelles arrivèrent le 28 octobre, et remplirent l'armée d'Italie de joie et d'émulation. Masséna les fit annoncer à ses troupes au bruit de l'artillerie, et résolut de marcher tout de suite en avant. Le lendemain, 29 octobre, il porta trois de ses divisions au delà de l'Adige, les divisions Gardanne, Duhesme et Molitor, culbuta les Autrichiens, et s'étendit dans la plaine dite de Saint-Michel, entre la place de Vérone et le camp retranché de Caldiero. Son projet était d'attaquer ce camp formidable, bien qu'il eût devant lui une armée de beaucoup supérieure en nombre, et appuyée

Nov. 1805.

Enlèvement du pont de Vérone.

Passage de l'Adige par les Français

sur des positions que la nature et l'art avaient rendues extrêmement fortes. De son côté, l'archiduc, informé des succès extraordinaires de la grande armée française, présumant qu'il serait bientôt contraint de rétrograder pour venir au secours de Vienne, ne croyait pas devoir céder le terrain en vaincu. Il voulait remporter un avantage décisif, qui lui permît de se retirer tranquillement, et de prendre la route qui conviendrait le mieux à la situation générale des coalisés.

Les deux adversaires allaient donc se heurter d'autant plus violemment qu'ils se rencontraient avec une même résolution de combattre à outrance.

Masséna avait devant lui les derniers escarpements des Alpes du Tyrol, venant s'effacer dans la plaine de Vérone, près du village de Caldiero. A sa gauche les hauteurs dites de Colognola étaient couvertes de retranchements régulièrement construits, et armés d'une nombreuse artillerie. Au centre et en plaine se trouvait le village de Caldiero, traversé par la grande route de Lombardie, qui conduit par le Frioul en Autriche. Sur ce point s'offrait l'obstacle des terrains clos et bâtis, occupés par une grande partie de l'infanterie autrichienne. Enfin à sa droite Masséna voyait s'étendre les bords plats et marécageux de l'Adige, traversés en tous sens par des fossés et des digues hérissés de canons. Ainsi à gauche des montagnes retranchées, au centre une grande route bordée de constructions, à droite des marécages et l'Adige, partout des ouvrages appropriés au sol, couverts d'artillerie, et 80 mille hommes pour les défendre; voilà le camp retranché que Masséna devait attaquer avec 50 mille hommes. Rien n'était capable d'intimider le héros de Rivoli, de Zurich et de Gênes. Dès le 30 au matin, il s'avança en colonne sur la grande route. A sa gauche, il chargea le général Molitor d'enlever avec sa division les formidables hauteurs de Colognola; avec les divisions Duhesme et Gardanne il se chargea lui-même de l'attaque du centre, le long de la grande route; et comme il jugeait que pour déloger un ennemi supérieur en nombre et en position il fallait lui montrer un danger sérieux sur l'une de ses ailes, il donna mission au général Verdier de se porter à l'extrême droite de l'armée française, d'y passer l'Adige avec 10 mille hommes, de déborder l'aile gauche de l'archiduc, et de fondre ensuite sur ses derrières. Si cette opération était bien exécutée, elle valait un tel détachement; mais il était hasardeux de confier un passage de fleuve à un lieutenant, et ces 10 mille hommes, s'ils n'étaient pas très-bien employés à la droite, allaient être vivement regrettés au centre.

A la naissance du jour, Masséna, se portant sur l'ennemi avec vigueur, le culbuta sur tous les points. Le général Molitor, l'un des officiers les plus habiles et les plus fermes de l'armée, s'avança froidement jusqu'au pied des hauteurs de Colognola, et en franchit les premiers escarpements malgré un feu épouvantable. Tandis que le colonel Teste les abordant à la tête du 5ᵉ de ligne était prêt à les gravir, le comte de Bellegarde, sorti des redoutes avec toutes ses forces, se présenta pour accabler ce régiment. Le général Molitor, appréciant sur-le-champ la gravité du danger, fondit, sans compter les ennemis, sur la colonne du général Bellegarde avec le 6ᵉ de ligne, seul régiment qu'il eût sous la main. Il attaqua cette colonne si violemment qu'il la surprit, et la contraignit à s'arrêter. Pendant ce temps, le colonel Teste était entré dans l'une des redoutes, et y avait arboré le drapeau du 5ᵉ, dont un boulet emporta l'aigle. Mais les Autrichiens, honteux de se voir arracher de telles positions par un si petit nombre d'hommes, revinrent à la charge, et reprirent la redoute. Les Français sur ce point restèrent en face des retranchements ennemis sans pouvoir s'en emparer. C'était miracle d'avoir autant osé avec si peu de monde, et sans essuyer de défaite.

Au centre le prince Charles avait placé le gros de ses forces. Il avait mis en tête une réserve de grenadiers, dans les rangs de laquelle combattaient trois archiducs. Déjà les généraux Duhesme et Gardanne, balayant la grande route, et enlevant l'un après l'autre les enclos qui la bordaient, étaient arrivés près de Caldiero. L'archiduc Charles choisit cet instant pour prendre l'offensive. Il repoussa les assaillants, et marcha sur la route en colonne serrée, à la tête de la meilleure infanterie autrichienne. Cette colonne s'avançant toujours, comme jadis celle de Fontenoy, dépassait déjà les détachements de troupes françaises répandus à droite et à gauche dans les enclos, et pouvait venir s'emparer de Vago, qui était pour les Français ce que Caldiero était pour les Autrichiens, l'appui de leur centre. Mais Masséna était accouru sur les lieux. Il rallia ses divisions, plaça sur la route et en face de l'ennemi tout ce qu'il avait d'artillerie disponible, fit mitrailler à bout portant les braves grenadiers autrichiens, puis les fit charger à la baïonnette, assaillir sur les flancs, et après un combat acharné, dans lequel il fut sans cesse au milieu du feu comme un simple soldat, il força la colonne à se mettre en retraite. Il la poussa au delà de Caldiero, et gagna du terrain jusqu'à pénétrer dans les premiers retranchements autrichiens. Si dans ce moment le général Verdier, accomplissant sa mission, avait franchi l'Adige, ou même si Masséna avait eu les 10 mille hommes inutilement envoyés à son extrême droite, il enlevait le formidable camp de Caldiero. Mais le général Verdier, dirigeant mal son opération, avait jeté un de ses régiments au delà du fleuve, sans pouvoir le faire appuyer, et avait échoué complétement dans son projet de passage. La nuit seule sépara les combattants, et couvrit de ses ombres l'un des champs de bataille les plus ensanglantés du siècle.

Il fallait le caractère de Masséna pour entreprendre et soutenir sans échec une telle lutte. Les Autrichiens avaient perdu 3 mille hommes, tués ou blessés; on leur avait fait 4,000 prisonniers. Les Français, en morts, blessés ou prisonniers, n'avaient pas perdu plus de 3 mille hommes. On bivouaqua sur le champ de bataille, mêlés les uns avec les autres au milieu d'une affreuse confusion. Mais dans la nuit l'archiduc fit évacuer ses bagages et son artillerie, et

Nov. 1805.

Retraite de l'archiduc Charles.

le lendemain, occupant les Français au moyen d'une arrière-garde, il commença son mouvement rétrograde. Un corps de 5 mille hommes, commandé par le général Hillinger, fut sacrifié à l'intérêt de sa retraite. On l'avait fait descendre des hauteurs pour inquiéter Vérone sur les derrières de notre armée, pendant que l'archiduc se mettait en marche. Le général Hillinger n'eut pas le temps de revenir de cette démonstration, peut-être poussée trop loin, et fut pris avec tout son corps. Ainsi, dans ces trois jours, Masséna avait enlevé à l'ennemi 11 ou 12 mille hommes, dont 8 mille faits prisonniers, et 3 mille laissés hors de combat.

Sur-le-champ il entreprit de poursuivre l'archiduc, l'épée dans les reins. Mais le prince autrichien avait pour lui les meilleurs soldats de l'Autriche, au nombre de 70 mille hommes, son expérience, ses talents, l'hiver, les fleuves débordés, dont il coupait les ponts en se retirant. Masséna ne pouvait se flatter de lui faire essuyer une catastrophe; néanmoins il l'occupait assez en le suivant, pour ne pas lui laisser la facilité de manœuvrer à volonté contre la grande armée.

Cette autre partie du plan de Napoléon s'accomplissait donc aussi ponctuellement que la précédente, car l'archiduc Charles, ramené vers l'Autriche, était obligé de battre en retraite, pour venir au secours de la capitale menacée.

Napoléon n'avait pas perdu un instant à Munich pour arrêter ses dispositions. Il était pressé de franchir l'Inn, de battre les Russes, et de déconcerter les menées de Berlin par de nouveaux succès aussi prompts que ceux d'Ulm. Le corps du général Kutusof, qu'il avait devant lui, était à peine de 50 mille hommes, à l'entrée en campagne, bien qu'il dût être beaucoup plus nombreux d'après les promesses de la Russie. De la Moravie à la Bavière, ce corps avait laissé en route 5 ou 6 mille traînards et malades, mais il avait été rejoint par le détachement autrichien de Kienmayer, échappé au désastre d'Ulm avant l'investissement de cette place. M. de Meerfeld avait ajouté quelques troupes à ce détachement, et en avait pris le commandement. Le tout ensemble pouvait s'élever à 65 mille soldats environ, tant Russes qu'Autrichiens. C'était bien peu pour sauver la monarchie contre 150 mille Français, dont 100 mille au moins marchaient en une seule masse. Le général Kutusof commandait cette armée. C'était un homme assez âgé, privé de l'usage d'un œil par suite d'une blessure à la tête, fort gros, paresseux, dissolu, avide, mais intelligent, délié d'esprit autant qu'il était lourd de corps, heureux à la guerre, habile à la cour, et assez capable de commander dans une situation où il fallait de la prudence et de la bonne fortune. Ses lieutenants étaient médiocres, sauf trois, le prince Bagration, les généraux Doctoroff et Miloradovitch. Le prince Bagration était un Géorgien d'un courage héroïque, suppléant par l'expérience à l'instruction première qui lui manquait, et toujours chargé, soit à l'avant-garde, soit à l'arrière-garde, du rôle le plus difficile. Le général Doctoroff était un officier sage, modeste, instruit et ferme. Le général Miloradovitch était un Serbe, d'une valeur brillante, mais absolument dépourvu de connaissances militaires, désordonné dans ses mœurs, réunissant tous les vices de la civilisation à tous les vices de la barbarie. Le caractère des soldats russes répondait assez à celui de leurs généraux. Ils avaient une bravoure sauvage et mal dirigée. Leur artillerie était lourde, leur cavalerie médiocre. En tout, généraux, officiers, soldats, composaient une armée ignorante, mais singulièrement redoutable par son dévouement. Les troupes russes ont depuis appris la guerre en la faisant contre nous, et ont commencé à joindre le savoir au courage.

Le général Kutusof avait ignoré jusqu'au dernier moment le désastre d'Ulm, car l'archiduc Ferdinand et le général Mack, la veille encore de leur malheur, ne lui annonçaient que des succès. La vérité ne fut connue que par l'arrivée du général Mack, qui vint en personne annoncer la destruction de la principale armée autrichienne. Kutusof, désespérant alors avec raison de sauver Vienne, ne dissimula point à l'empereur François, accouru au quartier général russe, qu'il fallait faire le sacrifice de cette capitale. Il aurait voulu se tirer le plus tôt possible du péril qui le menaçait lui-même, en passant sur la rive gauche du Danube, pour se réunir aux réserves russes qui arrivaient par la Bohême et la Moravie. Cependant l'empereur François et son conseil tenaient à ne faire le sacrifice de Vienne qu'à la dernière extrémité, et se flattaient qu'en retardant la marche de Napoléon par tous les moyens que la

guerre défensive peut offrir, on donnerait le temps
à l'archiduc Charles de passer en Autriche, aux réserves russes d'arriver sur le Danube, et d'opérer
une jonction générale des forces alliées, pour livrer
une bataille qui serait peut-être le salut de la capitale et de la monarchie. Le général Kutusof, se conformant aux désirs du principal allié de son maître,
promit d'opposer aux Français toute résistance qui
n'irait pas jusqu'à engager une action générale, et
résolut, pour ralentir leur mouvement, de se servir
de tous les affluents du Danube, qui viennent des
Alpes se précipiter dans ce grand fleuve. Il suffisait
pour cela de couper les ponts, et de gêner par de
fortes arrière-gardes les passages de vive force que
tenteraient les Français, passages difficiles dans une
saison où toutes les eaux étaient hautes, torrentueuses, et chargées de glaçons.

Nov. 1805.

Napoléon avait disposé sa marche de la manière
suivante. Il était réduit à cheminer entre le Danube
et la chaîne des Alpes, sur une route resserrée entre le fleuve et les montagnes. (Voir la carte n° 31.)
S'avancer avec une armée nombreuse sur cette route
étroite, était une difficulté pour vivre et un danger pour marcher, car, outre l'archiduc Charles, qui
pouvait passer de Lombardie en Bavière et se jeter
dans notre flanc, il y avait en Tyrol 25 mille hommes
environ sous l'archiduc Jean. Napoléon prit donc la
sage précaution de confier au corps de Ney la conquête du Tyrol. Il prescrivit à ce maréchal de quitter
Ulm, de remonter par Kempten, pour pénétrer dans
le Tyrol, de manière à couper en deux les troupes

Manière dont Napoléon dispose sa marche à travers la vallée du Danube.

Ney chargé de conquérir le Tyrol.

Nov. 1805.

Les corps de Marmont et Bernadotte dirigés vers le pays de Salzbourg, dans le double but d'appuyer Ney, et de flanquer la marche de la grande armée.

disséminées dans cette longue contrée. Celles qui seraient à la droite du maréchal Ney devaient être rejetées sur le Vorarlberg et le lac de Constance, où arrivait le corps d'Augereau, après avoir traversé toute la France de Brest à Huningue. Ney, privé de la division Dupont, qui avait concouru avec Murat à la poursuite de l'archiduc Ferdinand, était réduit à 10 mille hommes environ. Mais Napoléon, se confiant en sa vigueur, et dans les 14 mille hommes amenés par Augereau, croyait que c'était assez de forces pour la tâche qu'il avait à remplir. Le Tyrol ainsi occupé, il destinait Bernadotte à pénétrer dans le pays de Salzbourg. Il enjoignit à celui-ci de s'acheminer de Munich vers l'Inn, et d'aller le franchir ou à Wasserbourg ou à Rosenheim. Le général Marmont devait appuyer Bernadotte. Napoléon s'assurait ainsi deux avantages, celui de se couvrir entièrement du côté des Alpes, et celui de se ménager la possession du cours supérieur de l'Inn, ce qui empêchait les Austro-Russes d'en défendre le cours inférieur contre le gros de notre armée. Quant à lui, avec les corps des maréchaux Davout, Soult et Lannes, avec la réserve de cavalerie et la garde, il aborda de front la grande barrière de l'Inn, dans l'intention de la franchir de Mühldorf à Braunau. (Voir la carte n° 15.) Murat avait ordre de partir le 26 octobre, avec les dragons des généraux Walther et Beaumont, la grosse cavalerie du général d'Hautpoul, et un équipage de pont, pour se porter directement sur Mühldorf, en suivant la grande route de Munich par Hohenlinden, et en traversant ainsi les champs immortalisés par Moreau.

Le maréchal Soult devait l'appuyer à une marche en arrière. Le maréchal Davout prit la route de gauche par Freisingen, Dorfen et Neu-OEttingen. Lannes, qui avait contribué avec Murat à la poursuite de l'archiduc Ferdinand, dut marcher plus à gauche encore que Davout, par Landshut, Vilsbibourg et Braunau. Enfin la division Dupont, qui s'était fort engagée dans la même direction, descendit le Danube pour aller s'emparer de Passau. Napoléon, avec la garde, suivit Murat et Soult sur la grande route de Munich.

Avant de quitter Augsbourg, Napoléon y ordonna un système de précautions dont on le verra toujours plus occupé, à mesure que l'échelle de ses opérations s'agrandira, et dans lequel il est demeuré sans pareil, par l'étendue de sa prévoyance et l'activité de ses soins. Ce système de précautions avait pour but de créer sur sa ligne d'opération des points d'appui qui lui servissent également à s'avancer ou à rétrograder, s'il était réduit à ce dernier parti. Ces points d'appui, outre l'avantage de présenter une certaine force, devaient avoir celui de contenir des approvisionnements immenses en tout genre, fort utiles à une armée qui marche en avant, indispensables à une armée qui se retire. Il choisit en Bavière, sur le Lech, Augsbourg, qui offrait quelques moyens de défense, et les ressources propres à une grande population. Il y ordonna les travaux nécessaires pour la mettre à l'abri d'un coup de main, et voulut qu'on y réunît des grains, des bestiaux, des draps, des souliers, des munitions, et surtout des hôpitaux. Il fit des commandes de draps et de souliers à

Nuremberg, à Ratisbonne, à Munich, en les payant, et en exigeant une prompte exécution, avec ordre de rassembler à Augsbourg les objets confectionnés. Augsbourg devenant le point principal de la route de l'armée, tous les détachements durent y passer pour se pourvoir de ce dont ils manquaient. Ces précautions prises, Napoléon se mit en route afin de suivre ses corps, qui le devançaient d'une ou deux marches.

Les mouvements de son armée s'exécutèrent tels qu'il les avait tracés. Le 26 octobre elle s'avançait tout entière vers l'Inn. Les Austro-Russes n'avaient pas laissé subsister un seul pont. Mais partout les soldats, se jetant dans des barques, et passant par gros détachements sous la mousqueterie et la mitraille, allaient faire évacuer la rive opposée, et préparer le rétablissement des ponts, rarement détruits en entier par l'ennemi, à cause de la précipitation de sa retraite. Bernadotte, ne rencontrant que peu d'obstacles, passa l'Inn le 28 octobre à Wasserbourg. Les maréchaux Soult, Murat et Davout le passèrent à Mühldorf et à Neu-OEttingen. Lannes se dirigea vers Braunau, et trouvant le pont coupé, envoya un détachement sur l'autre rive, au moyen de quelques barques qu'on avait enlevées. Ce détachement franchit le fleuve, et se présenta aux portes de Braunau. Quel fut l'étonnement de nos soldats en trouvant ouverte cette place qui était en parfait état de défense, armée complétement, et pourvue de ressources considérables! On s'en empara sur-le-champ, et on conclut d'un fait si étrange que l'ennemi se retirait avec une précipitation qui tenait du désordre.

Napoléon, enchanté d'une acquisition aussi importante, courut de sa personne à Braunau, pour s'assurer lui-même de la force de cette place, et du parti qu'il en pourrait tirer. Après l'avoir vue, il ordonna d'y transporter une grande portion des ressources qu'il voulait d'abord réunir à Augsbourg, la jugeant préférable pour l'usage auquel il la destinait. Il y laissa une garnison, et nomma pour la commander son aide de camp Lauriston, qui était revenu de la campagne de mer faite auprès de l'amiral Villeneuve. Ce n'était pas un simple commandement de place qu'il lui déférait, c'était un gouvernement qui comprenait tous les derrières de l'armée. Les blessés, les munitions, les approvisionnements, les recrues qui arrivaient de France, les prisonniers qu'on y envoyait, tout devait passer par Braunau, sous la surveillance du général Lauriston.

Nov. 1805.

Du 29 au 30 octobre on avait traversé l'Inn, dépassé la Bavière, et envahi la haute Autriche. On ne pesait plus sur des alliés, mais sur les États héréditaires de la maison impériale. On marchait en avant, couvert contre un mouvement des archiducs, par Bernadotte et Marmont à Salzbourg, par Ney dans le Tyrol. Napoléon, ne perdant pas un instant, voulut de la ligne de l'Inn se porter sur celle de la Traun. (Voir les cartes n°ˢ 14 et 31.) De l'Inn à la Traun, on a, comme toujours dans cette contrée, le Danube à gauche, les Alpes à droite. C'est un magnifique pays, semblable à la Lombardie, plus sévère seulement, puisqu'il est au nord des Alpes au lieu d'être au midi, et qui serait uni comme une

Caractère du pays situé entre l'Inn et la Traun.

plaine, si une grande montagne, appelée le Hausruck, ne s'élevait brusquement au milieu. Cette montagne est un pic, détaché tout à fait des Alpes, et qui formerait une île si le pays était couvert par les eaux. Mais, le Hausruck dépassé, on n'a plus devant soi qu'une plaine ondulée et boisée, s'étendant jusqu'au bord de la Traun, et nommée plaine de Wels. La Traun court, sur des graviers et entre de beaux arbres, se jeter dans le Danube près de Lintz, ville capitale de la province, militairement aussi importante que la ville d'Ulm, et pour ce motif hérissée, depuis nos grandes guerres, de fortifications conçues dans un nouveau système.

Napoléon dirigea Lannes par Efferding sur Lintz, les maréchaux Davout et Soult par la route de Ried et Lambach sur Wels, longeant le pied du Hausruck. Murat les précédait toujours avec sa cavalerie. La garde suivait avec le quartier général. Cependant, craignant que la plaine de Wels ne fût choisie par l'ennemi comme champ de bataille, Napoléon prescrivit à Marmont de laisser Bernadotte à Salzbourg, et de se rabattre sur le gros de l'armée, en passant derrière le Hausruck, par la route de Straswalchen et Wocklabruck sur Wels, de manière à donner dans le flanc des Austro-Russes, s'ils voulaient s'arrêter pour combattre.

Le 1er de chasseurs les atteignit en avant de Ried, les chargea vaillamment, et les culbuta. On marcha sur Lambach, qu'ils firent mine de défendre, uniquement pour se donner le temps de sauver leurs bagages. Davout réussit à les joindre, et eut avec eux un brillant combat d'arrière-garde, mais nulle part on ne trouva les apprêts d'une bataille. L'ennemi se couvrit de la Traun en la passant à Wels. Nous entrâmes à Lintz sans coup férir. Quoique les Autrichiens se fussent servis du Danube pour évacuer leurs principaux magasins, ils nous laissaient encore de précieuses ressources. Napoléon vint établir son quartier général à Lintz le 5 novembre.

Établi dans cette ville, Napoléon porta ses corps d'armée de la Traun à l'Ens, ce qui était facile, car le pays entre ces deux affluents du Danube n'offrait aucune position dont l'ennemi pût être tenté de faire usage. Ce pays présente un plateau peu élevé, traversé de ravins, couvert de bois, ayant deux escarpements, l'un en avant qu'il faut gravir quand on a passé la Traun, l'autre en arrière qu'il faut descendre quand on veut passer l'Ens. Ne l'ayant pas défendu du côté de la Traun, les Austro-Russes ne pouvaient songer à le défendre du côté de l'Ens, puisqu'ils auraient été partout dominés. L'Ens fut donc franchi sans obstacle.

Ayant son quartier général à Lintz et ses avant-gardes sur l'Ens, Napoléon fit des dispositions nouvelles pour la continuation de cette marche offensive, exécutée, comme nous l'avons dit, sur une route étroite, entre le Danube et les Alpes. La difficulté de s'avancer ainsi en une longue colonne, dont la queue ne pouvait guère venir au secours de la tête si on était surpris par l'ennemi, avec le danger toujours à craindre d'une attaque de flanc si les archiducs quittaient subitement l'Italie pour se porter en Au-

Nov. 1805.

Passage de la Traun.

Entrée à Lintz.

Nouvelles dispositions de Napoléon pour assurer sa marche.

triche, cette difficulté, accrue encore par la rareté des vivres, déjà dévorés ou détruits par les Russes, commandait de grandes précautions avant d'arriver à Vienne.

Nov. 1805.

Danger d'une irruption des archiducs Charles et Jean à travers les Alpes, dans le flanc de la grande armée française.

Le plus grave inconvénient de cette marche était certainement la possibilité d'une apparition subite des archiducs. Les deux masses belligérantes qui agissaient en Autriche et en Lombardie se dirigeaient de l'ouest à l'est, l'une sous Napoléon et Kutusof au nord des Alpes, l'autre au midi sous Masséna et l'archiduc Charles. (Voir la carte n° 31.) Était-il possible que l'archiduc Charles, se dérobant tout à coup à Masséna, devant lequel il laisserait une simple arrière-garde pour le tromper, se portât à travers les Alpes, recueillît en passant son frère Jean avec le corps du Tyrol, et pénétrât en Bavière, soit pour se réunir aux Austro-Russes, derrière l'une des positions défensives qu'on rencontre sur le Danube, soit pour se jeter tout simplement dans le flanc de la grande armée française? Quoique possible, cela n'était guère probable. L'archiduc Charles avait deux routes, la première qui, par le Tyrol, par Vérone, Trente, Inspruck, l'aurait conduit derrière l'Inn, la seconde, plus éloignée, qui, par la Carinthie et la Styrie, par Tarvis, Léoben et Lilienfeld, l'aurait conduit à la position connue de Saint-Polten, en avant de Vienne. Quant à la première, en supposant que l'archiduc se fût décidé au moment même de la capitulation de Mack, qui s'exécuta le 20, qui ne fut connue à Vérone des Français que le 28, qui ne put l'être avant le 25 ou le 26 des Autrichiens, en supposant qu'avant de quitter l'Italie, l'archiduc ne voulût pas livrer un combat pour contenir l'armée française, il aurait eu du 25 au 28 pour traverser le Tyrol et arriver sur l'Inn, que Napoléon passait le 28 et le 29. Il avait évidemment trop peu de temps pour une telle marche. Quant à la route de Styrie, qu'il eût pu prendre après la bataille de Caldiero, il aurait eu à traverser le Frioul, la Carinthie, la Styrie, et à faire cent lieues dans les Alpes, du 30 octobre, jour de la bataille de Caldiero, au 6 ou 7 novembre, jour où Napoléon avait franchi l'Ens pour se porter au delà. Le temps lui aurait encore manqué pour une telle opération. Si l'archiduc Charles ne pouvait pas devancer Napoléon sur l'une des positions défensives du Danube, pour lui opposer 150 mille Autrichiens et Russes réunis, il pouvait sans le devancer, en se laissant devancer au contraire, traverser la chaîne des Alpes pour essayer une attaque de flanc contre la grande armée. Sans doute avec des soldats habitués à vaincre, préparés aux entreprises audacieuses, capables de se faire jour partout, il aurait pu essayer une pareille tentative, et apporter un trouble subit et grave dans la marche de Napoléon, peut-être même changer la face des événements, mais en courant lui-même la chance d'être enfermé entre deux armées, celle de Masséna et celle de Napoléon, ainsi qu'il arriva jadis à Souwarow dans le Saint-Gothard. C'était là une résolution des plus hasardeuses, et on ne prend pas de ces résolutions quand on a dans les mains une armée qui est la dernière ressource d'une monarchie.

Nov. 1805.

Position de Saint-Polten en avant de Vienne. Précautions de Napoléon pour en approcher.

Napoléon se conduisit néanmoins comme si une telle résolution avait été probable. La seule position que l'ennemi pût occuper pour couvrir Vienne, soit que l'armée de Kutusof y fût seule, soit que les archiducs y fussent avec elle, était celle de Saint-Polten. Cette position est fort connue. (Voir les cartes n°s 31 et 32.) Les Alpes de Styrie poussant le Danube au nord, de Mölk à Krems, projettent un contre-fort qu'on appelle le Kahlenberg, et qui vient expirer au bord même du fleuve, au point de n'y presque pas laisser de place pour une route. Le Kahlenberg couvrant de sa masse la ville de Vienne, il faut le traverser dans son épaisseur pour arriver à cette capitale. En avant de ce contre-fort, à mi-côte, se trouve une position assez étendue, qui a reçu le nom d'un gros bourg placé dans le voisinage, celui de Saint-Polten, et sur laquelle une armée autrichienne en retraite pourrait livrer avec avantage une bataille défensive. De la grande route d'Italie à Vienne, se détache un embranchement, qui, par Lilienfeld, vient aboutir près de Saint-Polten, et qui aurait pu y amener les archiducs. Un vaste pont en bois sur le Danube, celui de Krems, mettait cette position en communication avec les deux rives du fleuve, et aurait permis aux réserves russes et autrichiennes d'y accourir par la Bohême. C'était là par conséquent que Napoléon devait rencontrer une réunion générale des forces coalisées, si une telle réunion de forces était possible en avant de Vienne. Il prit donc, en approchant de ce point, les précautions qu'on pouvait attendre d'un général qui a réuni plus qu'aucun des capitaines connus le calcul à l'audace. Ayant à sa droite le corps du général Marmont, il résolut de l'envoyer à Léoben par une route carrossable, laquelle va de Lintz à Léoben, à travers la Styrie. Le général Marmont, s'il apprenait l'approche des archiducs, devait se replier sur la grande armée et en devenir l'extrême droite, ou bien, si les archiducs passaient directement du Frioul en Hongrie, s'établir à Léoben même, afin de donner la main à Masséna. Il y avait entre cette route que Marmont allait prendre, et la grande route du Danube qui suivait le gros de l'armée, un chemin de montagnes, qui, par Waidhofen et Saint-Gaming, venait tomber sur Lilienfeld, au delà de la position de Saint-Polten, et fournissait ainsi le moyen de la tourner. Napoléon y dirigea le corps du maréchal Davout. Le corps de Bernadotte n'était plus nécessaire à Salzbourg depuis que Ney occupait le Tyrol. Napoléon lui enjoignit de se rapprocher du centre de l'armée, en acheminant les Bavarois vers le corps de Ney, ce qui devait plaire fort à ces derniers, toujours très-ambitieux de posséder le Tyrol. Il se réserva pour aborder directement la position de Saint-Polten les corps des maréchaux Soult, Lannes, Bernadotte, plus la cavalerie de Murat et la garde, ce qui suffisait, le corps de Davout étant envoyé pour tourner cette position.

Napoléon ne s'en tint pas là, et voulut prendre quelques précautions sur la rive gauche du Danube. Jusqu'alors il n'avait marché que par la rive droite en négligeant la rive gauche. On parlait cependant

Nov. 1805.

Le corps de Marmont envoyé à Léoben.

Le corps du maréchal Davout envoyé par Saint-Gaming à Lilienfeld.

Le corps du maréchal Bernadotte ramené vers le centre de l'armée.

d'un rassemblement en Bohême, formé par l'archiduc Ferdinand, sorti d'Ulm avec quelques mille chevaux. On parlait aussi de l'approche de la seconde armée russe, conduite en Moravie par Alexandre. Il fallait donc se garder également de ce côté. Napoléon, qui avait porté à Passau la division Dupont, lui enjoignit de s'avancer par la rive gauche du Danube, en se tenant toujours à la hauteur de l'armée, et en envoyant des reconnaissances sur les routes de Bohême, pour s'informer de ce qui s'y passait. Les Hollandais qui avaient quitté Marmont durent se joindre à la division Dupont. Ne jugeant pas que ce fût assez, Napoléon détacha la division Gazan du corps de Lannes, et la fit marcher avec la division Dupont sur la rive gauche. Il les plaça l'une et l'autre sous le commandement du maréchal Mortier, et pour ne pas les laisser isolées de la grande armée qui continuait à occuper la rive droite, il imagina de former avec les bateaux recueillis sur l'Inn, la Traun, l'Ens, le Danube, une nombreuse flottille qu'il chargea de vivres, de munitions, de tous les hommes fatigués, et qui, descendant le Danube avec l'armée, pouvant en une heure jeter à droite ou à gauche dix mille hommes, liait les deux rives, et servait à la fois de moyen de communication et de transport. Il mit à la tête de cette flottille le capitaine Lostanges, officier des marins de la garde.

C'est par un tel ensemble de précautions que Napoléon pourvut à l'inconvénient de cette marche offensive, exécutée sur une route étroite et longue, entre les Alpes et le Danube. Il avait ainsi sur le sommet des Alpes le corps de Marmont, à moitié de leur hauteur le corps de Davout, à leur pied, le long du Danube, les corps de Soult, Lannes, Bernadotte, la garde, la cavalerie de Murat, sur l'autre côté du Danube, le corps de Mortier, et enfin une flottille pour lier tout ce qui marchait sur les deux rives du fleuve, et pour porter tout ce qui était difficile à traîner après soi. C'est dans cet appareil imposant qu'il s'approcha de Vienne.

Nov. 1805.

Au moment où on allait quitter Lintz, il arriva au quartier général un émissaire de l'empereur d'Allemagne. C'était le général Giulay, l'un des officiers pris à Ulm, relâché depuis, et qui, ayant entendu Napoléon parler de ses dispositions pacifiques, en avait informé son maître de manière à lui faire quelque impression. En conséquence l'empereur François l'envoyait pour proposer un armistice. Le général Giulay ne s'expliquait pas clairement, mais il était évident qu'il voulait que Napoléon s'arrêtât avant d'entrer à Vienne, et néanmoins il n'offrait en retour aucune garantie d'une paix prochaine et acceptable. Napoléon consentait bien à traiter de la paix sur-le-champ, avec un plénipotentiaire suffisamment accrédité, et autorisé à consentir les sacrifices nécessaires; mais accorder un armistice sans garantie d'obtenir ce qui lui était dû pour dédommagement de la guerre, c'était donner à la seconde armée russe le temps de rejoindre la première, et aux archiducs le temps de se réunir aux Russes sous les murs de Vienne. Napoléon n'était pas homme à commettre une telle faute. Il déclara donc

Arrivée de M. de Giulay à Lintz pour proposer un armistice.

Napoléon refuse d'écouter toute proposition d'armistice qui ne serait pas suivie d'une sérieuse négociation de paix.

qu'il s'arrêterait aux portes mêmes de Vienne, et ne les franchirait pas, si on venait à lui avec des propositions de paix sincères, mais qu'autrement il marcherait droit à son but, qui était la capitale de l'empire. M. de Giulay alléguait la nécessité de s'entendre avec l'empereur Alexandre, avant de fixer des conditions acceptables par toutes les puissances belligérantes. Napoléon répondit que l'empereur François, qui était en péril, aurait tort de subordonner ses résolutions à l'empereur Alexandre, qui n'y était pas; qu'il devait songer au salut de sa monarchie, et pour cela s'arranger avec la France, en laissant à l'armée française le soin de ramener les Russes chez eux. Napoléon ne s'était pas expliqué sur les conditions propres à le satisfaire, néanmoins tout le monde savait qu'il désirait les États vénitiens. Ces États formaient le complément de l'Italie; il n'aurait pas provoqué la guerre pour les acquérir; mais la guerre ayant été suscitée par l'Autriche, il était naturel qu'il prétendît à ce légitime prix de ses victoires. Il remit du reste à M. de Giulay une lettre, douce et polie, pour l'empereur François, suffisamment claire toutefois quant aux conditions de la paix.

Avant de partir, Napoléon reçut aussi l'électeur de Bavière, qui, n'ayant pu le joindre à Munich, venait lui exprimer à Lintz sa reconnaissance, son admiration, sa joie, et surtout ses espérances d'agrandissement.

Napoléon n'était resté à Lintz que trois jours, c'est-à-dire le temps exactement nécessaire pour donner ses ordres. Mais ses corps n'avaient pas cessé de marcher, car, après avoir passé l'Inn les 28 et 29 octobre, la Traun le 31, l'Ens les 4 et 5 novembre, ils s'avançaient ce même jour sur Amstetten et Saint-Polten. A Amstetten les Russes voulurent livrer un combat d'arrière-garde, pour se ménager le temps de sauver leurs bagages. La grande route de Vienne traversait une forêt de sapins. Les Russes prirent position dans une éclaircie de la forêt, qui laissait un certain espace libre à droite et à gauche de la route. Au milieu de cet espace, et en avant, se trouvait l'artillerie des Russes appuyée par leur cavalerie : en arrière et adossée au bois, leur meilleure infanterie. Murat et Lannes, en débouchant avec les dragons et les grenadiers Oudinot, aperçurent ces dispositions. C'était la première fois qu'ils rencontraient les Russes, et ils étaient pressés de leur apprendre comment se battaient les Français. Ils lancèrent les dragons et les chasseurs au galop sur la grande route, pour enlever l'artillerie et la cavalerie ennemies. Nos braves cavaliers, malgré la mitraille, eurent bientôt pris les pièces, sabré la cavalerie russe, et nettoyé le terrain. Mais il fallait enfoncer l'infanterie adossée aux bois de sapins. Les grenadiers Oudinot se chargèrent de cette tâche. Après un feu de mousqueterie extrêmement vif, ils marchèrent la baïonnette en avant sur les Russes. Ceux-ci, déployant une rare bravoure, se battirent corps à corps, et profitèrent longtemps de l'épaisseur du bois pour résister. Enfin nos grenadiers les forcèrent dans cette position, et les mirent en

Nov. 1805.

Combat d'Amstetten.

fuite, après leur avoir tué, blessé ou pris un millier d'hommes.

Murat et Lannes, cheminant ensemble, le premier avec sa cavalerie toujours en haleine, quoique accablée de fatigue, le second avec ses redoutables grenadiers, continuèrent la poursuite de l'ennemi les 6, 7 et 8 novembre, sans pouvoir le joindre nulle part. Les Russes, écrivait Lannes à Napoléon, fuient encore plus vite que nous ne les poursuivons; ces misérables ne s'arrêteront pas une fois pour combattre. — Arrivés le 8 devant Saint-Polten, Lannes et Murat les trouvèrent en bataille, faisant bonne contenance, comme s'ils avaient voulu engager une affaire sérieuse. Malgré leur ardeur, les deux chefs de notre avant-garde n'osèrent se permettre de hasarder une bataille sans l'Empereur. D'ailleurs ils n'avaient pas de moyens suffisants pour la livrer. On resta en présence toute la journée du 8. On était près de la belle abbaye de Mölk. Cette riche abbaye, placée sur la rive escarpée du Danube, et dominant le large lit du fleuve de ses dômes magnifiques, présente l'un des plus beaux aspects du monde. On la réservait pour en faire le quartier général de l'Empereur. Elle renfermait d'abondantes ressources, surtout pour les malades et les blessés.

Murat fut logé au château de Mittrau, chez un comte de Montecuculli. Là divers avis lui apprirent que les Russes n'avaient pas l'intention de tenir à Saint-Polten. Effectivement, ils venaient de prendre une résolution importante. Après avoir ralenti la marche des Français, soit en coupant les ponts, soit en li-

AUSTERLITZ.

vrant des combats d'arrière-garde, et avoir accédé aux désirs de l'empereur d'Autriche, qui voulait que l'on disputât le plus longtemps possible la grande route de Vienne, les Russes crurent en avoir fait assez, et songèrent à leur propre sûreté. Ils repassèrent le Danube à Krems, à l'endroit où ce fleuve, terminant son coude au nord, reprend sa direction à l'est. (Voir la carte n° 32.) Le motif qui les décida surtout à prendre cette détermination fut la nouvelle qu'une partie de l'armée française avait passé sur la rive gauche du Danube. Ils pouvaient craindre, en effet, que Napoléon, par une manœuvre imprévue, portant le gros de ses forces sur la rive gauche, ne les coupât de la Bohême et de la Moravie. En conséquence, ils franchirent le Danube à Krems, et en brûlèrent le pont après l'avoir passé. Les ouvrages qui auraient permis de le défendre, et de s'en assurer la possession exclusive, étant à peine ébauchés, il n'y avait d'autre ressource que de le détruire. Ils opérèrent leur passage dans la journée du 9, laissant dans tout l'archiduché d'Autriche d'horribles traces de leur présence. Ils pillaient, ravageaient, tuaient même, se conduisaient enfin en vrais barbares, à tel point que les Français étaient presque considérés comme des libérateurs par les gens du pays. Leur conduite surtout envers les troupes autrichiennes n'était rien moins qu'amicale. Ils les traitaient avec une extrême arrogance, affectant de leur imputer les revers de cette campagne. Le langage des officiers et des généraux russes était à cet égard d'une hauteur blessante, et nullement méritée, car si les Autrichiens

Nov. 1805.

Les Russes passent le Danube à Krems pour se retirer par la rive gauche vers leur grande armée.

montraient moins de fermeté que les fantassins russes, ils leur étaient supérieurs sous tous les autres rapports.

Les Autrichiens, vivant fort mal avec les Russes, s'en séparèrent, pour aller concourir à la défense des ponts de Vienne, et M. de Meerfeld, avec son corps, se retira par la route de Steyer sur Léoben. Il marcha suivi par le général Marmont sur la route de Waidhofen à Léoben, et par le maréchal Davout sur celle de Saint-Gaming à Lilienfeld. Le chemin direct de Vienne se trouvait donc ouvert aux Français, et ils n'avaient que deux marches à faire pour se trouver aux portes de cette capitale, sans avoir devant eux aucun ennemi qui pût leur en disputer l'entrée.

La tentation devait être grande pour Murat. Il était difficile qu'il résistât au désir de se jeter en avant, et d'aller montrer à la capitale de l'Autriche sa personne, toujours la plus apparente dans les revues comme dans les dangers. Jamais une armée venue de l'Occident n'avait pénétré dans cette métropole de l'empire germanique. Moreau en 1800, le général Bonaparte en 1797, avaient signé des armistices au moment d'y arriver. Les Turcs seuls étaient parvenus au pied de ses murs sans les franchir. Murat ne résista pas à cette tentation, et le 10 et le 11 marcha sur Vienne, en pressant les maréchaux Soult et Lannes de le suivre. Toutefois il se garda d'y entrer, et s'arrêta à Burkersdorf, dans le défilé montagneux du Kahlenberg, à deux lieues de Vienne.

C'était une précipitation inutile, et même dangereuse. Un changement aussi imprévu que celui qui venait de se révéler dans la marche de l'ennemi valait la peine qu'on s'arrêtât pour attendre les ordres de l'Empereur. D'ailleurs on devançait trop le corps du maréchal Mortier, ainsi que la flottille destinée à tenir ce corps en communication avec l'armée, et on courait à l'aveugle, entre les Russes passés de l'autre côté du Danube, et les Autrichiens rejetés dans les montagnes.

Dans cet instant, en effet, une échauffourée menaçait le maréchal Mortier, placé sur la rive gauche du Danube, en arrivant près de Stein, en présence des Russes qui avaient franchi le fleuve à Krems. Le danger du maréchal Mortier n'était pas précisément imputable à Murat, bien que celui-ci eût contribué à l'amener et à l'aggraver par son mouvement précipité sur Vienne, mais à une négligence qu'on ne rencontre presque jamais dans les opérations dirigées par Napoléon, et qui pourtant se rencontra cette fois, car il y a des lacunes même dans la vigilance la plus soutenue et la plus infatigable.

Partagé entre mille soins, Napoléon avait manqué à l'une de ses habitudes les plus invariables, qui consistait à s'assurer toujours de l'exécution de ses ordres après les avoir donnés. Il avait prescrit d'une manière générale la réunion en un seul corps des divisions Gazan, Dupont et Dumonceau, la formation d'une flottille sous le capitaine Lostanges, pour lier les colonnes qui marchaient sur la rive gauche avec celles qui marchaient sur la rive droite, et il avait trop compté sur ses lieutenants pour faire concorder toutes ces choses. Murat s'était avancé trop vite; Mortier, soit qu'il fût entraîné par le mouvement de Murat, soit qu'il n'eût pas tracé des instructions assez précises au général Dupont, avait laissé l'intervalle d'une marche entre la division Gazan qu'il avait avec lui, et les divisions Dupont et Dumonceau qui devaient le joindre. La flottille, difficile à réunir, était restée fort en arrière.

Napoléon cependant, prompt à remarquer ces inexactitudes, courut à Mölk, et devinant, sans le connaître encore, le danger du maréchal Mortier, arrêta le corps du maréchal Soult, que Murat avait voulu attirer à sa suite, et envoya des aides de camp à Murat et à Lannes pour ralentir leur mouvement. Il craignait non-seulement ce qui pouvait arriver au corps jeté sur la rive gauche du Danube, mais ce qui pouvait arriver à l'avant-garde elle-même imprudemment engagée dans les défilés du Kahlenberg.

Nulle part les fautes ne sont aussitôt punies qu'à la guerre, car nulle part les causes et les effets ne s'enchaînent aussi rapidement. Les Russes, guidés sur le sol de l'Autriche par un officier d'état-major autrichien du premier mérite, le général Schmidt, s'aperçurent bien vite de l'existence d'une division française isolée sur la rive gauche du Danube, et résolurent de l'accabler. Rassurés par la destruction du pont de Krems, qui empêchait l'armée française de venir au secours de la division compromise, ne découvrant pas une masse de bateaux qui pût suppléer au pont, ils s'arrêtèrent pour se pro-

LE MARÉCHAL MORTIER AU COMBAT DE DURNSTEIN.

curer un triomphe qui leur semblait facile. La division Gazan comptait à peine 5 mille hommes ; les Russes étaient encore près de 40 mille depuis la séparation des Autrichiens. Le sol se prêtait à leurs projets. Le Danube sur ce point coule entre des rives escarpées, resserré par les montagnes de la Bohême, d'une part, et par les Alpes de Styrie, de l'autre. De Dirnstein à Stein et à Krems, la route de la rive gauche, étroite, taillée souvent dans le roc, est enfermée entre le fleuve et les montagnes qui la dominent. Les charrois y sont difficiles. Aussi le maréchal Mortier, qui la parcourait avec la division Gazan, avait-il placé sur des bateaux la seule batterie dont il pût disposer. Les chevaux, conduits à la main, suivaient la division haut le pied.

Le 11 novembre, pendant que Murat sur la rive droite courait jusqu'aux portes de Vienne, Mortier sur la rive gauche avait franchi Dirnstein, lieu où se trouvent les ruines du château dans lequel Richard Cœur de Lion fut retenu prisonnier. A ce point de Dirnstein, les hauteurs s'éloignent un peu, et laissent un espace entre leur pied et le fleuve. La route traverse cet espace, tantôt encaissée dans le sol, tantôt élevée au-dessus par une chaussée. La division française, engagée sur cette route, aperçut la fumée du pont de Krems qui brûlait encore. Bientôt elle reconnut les Russes, et se douta qu'ils avaient passé le Danube sur ce pont. Sans trop se rendre compte de ce qu'elle avait devant elle, par l'ardeur commune qui entraînait toute l'armée, elle ne songea qu'à pousser en avant, et à combattre.

Mortier en donna l'ordre, qui fut exécuté sur-le-champ. Un officier d'artillerie, depuis général Fabvier, qui commandait la batterie attachée à la division Gazan, fit débarquer ses pièces, et les mit en position. Les Russes se portèrent en masse serrée sur la division française. Le feu de l'artillerie causa dans leurs rangs de cruels ravages. Ils se jetèrent sur les canons pour les enlever. L'infanterie des 100ᵉ et 103ᵉ régiments de ligne les défendit avec une extrême vigueur. Il s'engagea, dans cette route étroite, un combat corps à corps des plus acharnés. Les canons furent pris, et repris immédiatement. A peine arrachés aux Russes, on les tira sur eux presque à bout portant, avec un effet horriblement meurtrier. Les Français, postés sur les moindres accidents de terrain, faisaient un feu de tirailleurs qui n'était pas moins redoutable que celui de leur artillerie. On se battit sur ce point une demi-journée, et à en juger d'après les blessés trouvés le lendemain, l'ennemi essuya de grandes pertes. On lui enleva 1,500 prisonniers. Enfin on resta maître du terrain, et on crut pouvoir s'y reposer.

On s'était avancé en combattant jusqu'à Stein. Le 4ᵉ léger, répandu sur les hauteurs qui dominent le lit du fleuve, y entretenait un feu de tirailleurs très-nourri, et qui d'instant en instant devenait plus vif. Bientôt on s'en expliqua la cause, qu'on avait d'abord peine à saisir. Les Russes avaient tourné les hauteurs. Avec deux colonnes formant une masse de 12 à 15 mille hommes, ils étaient descendus sur les derrières de la division Gazan, et ils étaient entrés à

Dirnstein, que cette division avait traversé le matin. On était donc enveloppé, et séparé de la division Dupont, qui avait été laissée à une marche en arrière. Il ne paraissait aucune portion de la flottille sur le Danube, et par conséquent il restait bien peu d'espérance de se sauver. La nuit approchait; la situation était affreuse, et on ne doutait pas d'avoir sur les bras une armée entière. Dans cette extrémité évidente à tous les yeux, il ne vint à l'esprit de personne, officiers ou soldats, de capituler. Mourir tous jusqu'au dernier, plutôt que de se rendre, fut la seule alternative qui se présenta à ces braves gens, tant était héroïque l'esprit qui animait cette armée! Le maréchal Mortier pensait comme ses soldats, et, comme eux, il était résolu à mourir plutôt qu'à livrer aux Russes son épée de maréchal. Il ordonna donc de marcher en colonne serrée, et de se faire jour à la baïonnette, en rétrogradant sur Dirnstein, où l'on devait être rejoint par la division Dupont. Il était nuit. On recommença dans l'obscurité le combat qu'on avait livré le matin contre les Russes, mais en sens contraire. On lutta encore corps à corps sur cette route étroite, les hommes étant tellement rapprochés qu'ils se prenaient souvent à la gorge. On gagna du terrain vers Dirnstein en combattant de la sorte. Cependant, après avoir enfoncé plusieurs masses d'ennemis, on désespérait d'arriver au but, et de se rouvrir une route qui se refermait sans cesse. Quelques officiers de Mortier n'entrevoyant plus de salut, lui proposaient de s'embarquer seul, et de soustraire au moins sa personne aux Russes, pour ne pas leur lais-

Nov. 1805.

Extrême péril de la division Gazan; noble conduite de cette division et du maréchal Mortier qui la commande.

ser un aussi beau trophée qu'un maréchal de France. —Non, répondit l'illustre maréchal, on ne se sépare pas d'aussi braves gens. On se sauve ou on périt avec eux. — Il était là l'épée à la main, combattant à la tête de ses grenadiers, et livrant des assauts répétés pour rentrer à Dirnstein, lorsque tout à coup on entendit sur les derrières de Dirnstein un feu des plus violents. L'espérance renaquit aussitôt, car, d'après toutes les probabilités, ce devait être la division Dupont qui arrivait. En effet, cette brave division, qui avait marché toute la journée, avait appris en avançant la dangereuse position du maréchal Mortier, et elle accourait à son secours. Le général Marchand, avec le 9ᵉ léger, soutenu des 96ᵉ et 32ᵉ régiments de ligne, les mêmes qui avaient figuré à Haslach, s'enfonça dans cette gorge. Les uns poussaient directement vers Dirnstein en suivant la grande route, les autres remontaient les ravins qui descendaient des montagnes, pour y refouler les Russes. Un combat, tout aussi acharné que celui que livraient en cet instant les soldats de la division Gazan, s'engagea dans ces défilés. Enfin le 9ᵉ léger pénétra jusqu'à Dirnstein, tandis que le maréchal Mortier y entrait par le côté opposé. Les deux colonnes se rejoignirent, et se reconnurent à la lueur du feu. Les soldats s'embrassèrent, pleins de joie d'échapper à un tel désastre.

Les pertes étaient cruelles des deux côtés, mais la gloire n'était pas égale, car 5 mille Français avaient résisté à plus de trente mille Russes, et avaient sauvé leur drapeau en se faisant jour. Ce sont là des exemples qu'il faut à jamais recommander à une nation.

Des soldats qui sont résolus à mourir peuvent toujours sauver leur honneur, et réussissent souvent à sauver leur liberté et leur vie.

Le maréchal Mortier retrouva dans Dirnstein les 1500 prisonniers qu'il avait faits le matin. Les Russes perdirent, en morts, blessés ou prisonniers, 4 mille hommes environ. Dans le nombre était le colonel Schmidt. Les ennemis ne pouvaient pas éprouver une perte plus sensible, et ils eurent bientôt à la regretter amèrement. Les Français comptèrent 3 mille hommes hors de combat, tant morts que blessés. La division Gazan avait vu succomber la moitié de son effectif.

Quand Napoléon, qui était à Mölk, apprit l'issue de cette rencontre, il fut rassuré, car il avait craint la destruction entière de la division Gazan. Il fut ravi de la conduite du maréchal Mortier et de ses soldats, et envoya les plus éclatantes récompenses aux deux divisions Gazan et Dupont. Il les rappela sur la rive droite du Danube, afin de leur donner le temps de panser leurs plaies, et destina Bernadotte à les remplacer sur la rive gauche. Mais il s'en prit à Murat du décousu qui avait régné dans la marche générale des diverses colonnes de l'armée. Le caractère de Napoléon était indulgent, son esprit sévère. Il préférait à la bravoure brillante la bravoure simple, solide, réfléchie, quoiqu'il les employât toutes, telles que la nature les lui présentait dans ses armées. Il était ordinairement rigoureux pour Murat, dont il n'aimait pas la légèreté, l'ostentation, l'ambition inquiète, tout en rendant justice à son excellent cœur et à son écla-

Nov. 1805.

Dure réprimande adressée par Napoléon à Murat, à l'occasion du danger couru par Mortier.

Nov. 1805.

tant courage. Il lui adressa une lettre cruelle, et pas assez méritée. — « Mon cousin, lui écrivait-il, je ne » puis approuver votre manière de marcher. Vous » allez comme un étourdi, et vous ne pesez pas les » ordres que je vous fais donner. Les Russes, au » lieu de couvrir Vienne, ont repassé le Danube à » Krems. Cette circonstance extraordinaire aurait dû » vous faire comprendre que vous ne pouviez agir » sans de nouvelles instructions... Sans savoir quels » projets peut avoir l'ennemi, ni connaître quelles » étaient mes volontés dans ce nouvel ordre de cho- » ses, vous allez enfourner mon armée sur Vienne... » Vous n'avez consulté que la gloriole d'entrer à » Vienne... Il n'y a de gloire que là où il y a du dan- » ger. Il n'y en a pas à entrer dans une capitale sans » défense. » (Mölk, le 11 novembre.)

Murat expiait ici les fautes de tout le monde. Il avait marché trop vite sans doute; mais quand il serait resté devant Krems, sans ponts et sans bateaux, il n'aurait pas été d'un grand secours pour Mortier, qui avait été surtout compromis par la distance laissée entre les divisions Dupont et Gazan, et par l'éloignement de la flottille. Murat fut très-affligé. Napoléon, averti par son aide de camp Bertrand du chagrin de son beau-frère, corrigea par d'aimables paroles l'effet de cette dure réprimande.

Napoléon met à profit la marche précipitée de Murat, en lui ordonnant

Napoléon, voulant à l'instant tirer parti de la faute même de Murat, lui enjoignit, puisqu'il était en vue de Vienne, non d'y entrer, mais de longer les murs de la ville, et d'enlever le grand pont du Danube, qui est jeté sur ce fleuve en dehors des faubourgs. Ce pont occupé, Napoléon ordonnait en outre de s'avancer en toute hâte sur le chemin de la Moravie, afin d'arriver avant les Russes au point où la route de Krems vient rejoindre la grande route d'Olmütz. Si on enlevait le pont, et si on marchait rapidement, il était possible d'intercepter la retraite du général Kutusof vers la Moravie, et de lui faire subir un désastre presque égal à celui du général Mack. Murat avait ici de quoi réparer ses torts, et il se pressa d'en saisir l'occasion.

<small>Nov. 1805.

d'enlever les ponts de Vienne sur le Danube.</small>

Cependant il était peu croyable que les Autrichiens eussent commis la faute de laisser subsister les ponts de Vienne, qui devaient rendre les Français maîtres des deux rives du fleuve, ou que, s'ils les avaient laissés subsister, ils n'eussent pas tout préparé pour les détruire au premier signal. Rien n'était donc plus douteux que l'opération souhaitée plutôt qu'ordonnée par Napoléon.

Les Autrichiens avaient renoncé à défendre Vienne. Cette belle et grande capitale a une enceinte régulière, celle qui résista aux Turcs en 1683, et comme avec le temps elle n'a pu demeurer enfermée dans cette enceinte, et que de vastes faubourgs se sont élevés tout autour d'elle, on l'a enveloppée d'une muraille de peu de relief, en forme de redans, embrassant la totalité des terrains bâtis. Tout cela était de médiocre défense, car la muraille qui couvre les faubourgs était facile à forcer; et une fois maître des faubourgs, on pouvait, avec quelques obusiers, obliger le corps de place à se rendre. L'empereur

François avait chargé le comte de Würbna, homme sage et conciliant, de recevoir les Français, et de se concerter avec eux pour la paisible occupation de la capitale. Mais il était décidé qu'on leur disputerait le passage du fleuve.

Vienne est située à une certaine distance du Danube, qui coule à gauche de cette ville, et à travers des îles boisées. Un grand pont en bois, traversant les divers bras du fleuve, sert de communication d'une rive à l'autre. Les Autrichiens avaient disposé des matières incendiaires sous le tablier du pont, et étaient prêts à le faire sauter dès que les Français se montreraient. Ils se tenaient sur la rive gauche avec leur artillerie braquée, et un corps de 7 à 8 mille hommes, commandés par le comte d'Auersberg.

Murat s'était fort approché du pont sans entrer dans la ville, ce que les lieux rendaient facile. En ce moment le bruit d'un armistice se répandait de toutes parts. Napoléon arrivé au château de Schœnbrunn, qui, sur cette grande route, se présente avant Vienne, avait reçu une députation des habitants de cette capitale, accourus pour invoquer sa bienveillance. Il les avait accueillis avec tous les égards qui étaient dus à un peuple excellent, et que se doivent entre elles les nations civilisées. Il avait reçu aussi et paru écouter M. de Giulay, qui était venu pour réitérer les ouvertures déjà faites à Lintz. L'idée d'un armistice pouvant conduire à la paix, s'était ainsi rapidement propagée. Napoléon avait en même temps envoyé le général Bertrand, pour renouveler à Murat et à Lannes l'ordre d'enlever les ponts, s'il était possible. Murat et Lannes n'avaient pas besoin d'être aiguillonnés. Ils avaient placé les grenadiers Oudinot derrière les plantations touffues qui bordent le Danube, et s'étaient avancés eux-mêmes avec quelques aides de camp jusqu'à la tête de pont. Le général Bertrand et un officier du génie, le colonel Dode de la Brunerie, s'y étaient transportés de leur côté.

Une barrière en bois fermait cette tête de pont. On la fait abattre. Derrière, à quelque distance, se trouvait un hussard en vedette, qui tire son coup de carabine, et s'enfuit au galop. On le suit, on parcourt la ligne longue et sinueuse des petits ponts jetés sur les divers bras du fleuve, et on arrive au grand pont jeté sur le bras principal. Au lieu de madriers on ne voyait qu'un lit de fascines étendu sur le tablier. Au même instant un sous-officier d'artillerie autrichien se présente une mèche à la main. Le colonel Dode le saisit, et l'arrête, au moment où il allait mettre le feu aux artifices disposés sous les arches. On parvient ainsi jusqu'à l'autre bord; on s'adresse aux canonniers autrichiens, on leur dit qu'un armistice est signé ou va l'être, que la paix se négocie, et on demande à parler au général qui commande les troupes.

Les Autrichiens surpris hésitent, et conduisent le général Bertrand au comte d'Auersberg. Pendant ce temps une colonne de grenadiers s'avançait par ordre de Murat. On ne pouvait l'apercevoir, grâce aux grands arbres du fleuve, et aux sinuosités de cette route, qui tour à tour traversait des ponts et des îles boisées. En attendant leur arrivée on ne cessait pas de s'entretenir avec les Autrichiens, sous la bouche de leurs canons. Tout à coup la colonne de grenadiers longtemps cachée apparaît. A cette vue les Autrichiens, commençant à se croire trompés, se préparent à faire feu. Lannes et Murat, avec les officiers qui les accompagnent, se jettent sur les canonniers, leur parlent, les font hésiter de nouveau, et donnent ainsi à la colonne le temps d'accourir. Les grenadiers se précipitent enfin sur les canons, s'en saisissent, et désarment les artilleurs autrichiens.

Sur ces entrefaites le comte d'Auersberg survenait accompagné du général Bertrand et du colonel Dode. Il fut cruellement surpris en voyant le pont tombé aux mains des Français, et ceux-ci réunis en grand nombre sur la rive gauche du Danube. Il lui restait quelques mille hommes d'infanterie pour disputer ce qu'on lui avait enlevé. Mais on lui répéta tous les récits à l'aide desquels on avait déjà contenu les gardiens du pont, et on lui persuada qu'il devait avec ses soldats se retirer à quelque distance du fleuve. A chaque instant d'ailleurs de nouvelles troupes françaises arrivaient, et il n'était plus temps de recourir à la force. M. d'Auersberg s'éloigna donc, troublé, confondu, paraissant comprendre à peine ce qui venait de se passer.

C'est au moyen de cette ruse audacieuse, relevée par le courage inouï de ceux qui la tentèrent et la firent réussir, que tombèrent en notre pouvoir les ponts de Vienne. Quatre ans plus tard, faute de ces ponts, le passage du Danube nous coûta des batailles sanglantes, et qui faillirent être funestes.

<small>Nov. 1805.</small>

La joie de Napoléon fut extrême en apprenant ce succès. Il ne songea plus à gourmander Murat, et le fit partir sur-le-champ avec la réserve de cavalerie, le corps de Lannes, et celui du maréchal Soult, pour aller, par la route de Stockerau et d'Hollabrunn, couper la retraite du général Kutusof.

Ces ordres expédiés, il donna tous ses soins à la police de Vienne et à l'occupation militaire de cette capitale. C'était un beau triomphe que d'entrer dans cette vieille métropole de l'empire germanique, au sein de laquelle l'ennemi n'avait jamais paru en maître. On avait dans les deux derniers siècles soutenu des guerres considérables, gagné, perdu de mémorables batailles; mais on n'avait pas encore vu un général victorieux planter ses drapeaux dans les capitales des grands États. Il fallait remonter au temps des conquérants pour trouver des exemples de résultats aussi vastes.

Napoléon demeura de sa personne au château impérial de Schœnbrunn. Il confia le commandement de la ville de Vienne au général Clarke, et laissa le soin d'en faire la police aux milices bourgeoises. Il ordonna et fit observer la discipline la plus rigoureuse, et ne permit de toucher qu'aux propriétés publiques, telles que les caisses du gouvernement et les arsenaux. Le grand arsenal de Vienne contenait des richesses immenses : cent mille fusils, deux mille pièces de canon, des munitions de toute espèce. On avait

<small>Police établie à Vienne.</small>

lieu de s'étonner que l'empereur François ne l'eût pas fait évacuer au moyen du Danube. On s'empara de tout ce qu'il renfermait pour le compte de l'armée.

Napoléon distribua ensuite ses forces de manière à bien garder la capitale, et à observer la route des Alpes par laquelle les archiducs pouvaient arriver prochainement, celle de Hongrie par laquelle ils pouvaient arriver plus tard, celle enfin de Moravie sur laquelle les Russes étaient en force.

On a vu qu'il avait dirigé sur la grande route de Léoben le général Marmont, pour occuper le passage des Alpes, et sur le chemin de Saint-Gaming le maréchal Davout, pour tourner la position de Saint-Polten. M. de Meerfeld, avec le principal détachement autrichien, avait pris la grande route de Léoben. Se sentant poursuivi par le général Marmont, il s'était jeté par un col élevé sur le chemin de Saint-Gaming, que suivait le maréchal Davout. Celui-ci gravissait péniblement, à travers les neiges et les glaces d'un hiver précoce, les montagnes les plus escarpées, et grâce au dévouement des soldats, à l'énergie des officiers, il était parvenu à vaincre tous les obstacles, lorsque près de Mariazell, sur la grande route de Léoben à Saint-Polten par Lilienfeld, il rencontra le corps du général Meerfeld, fuyant le général Marmont. Un combat, du genre de ceux que Masséna avait autrefois livrés dans les Alpes, s'engagea aussitôt entre les Français et les Autrichiens. Le maréchal Davout culbuta ces derniers, leur prit 4 mille hommes, et rejeta le reste en désordre dans les montagnes. Il descendit ensuite sur

Vienne. Le général Marmont, après avoir atteint Léoben presque sans coup férir, s'y arrêta, et attendit de nouvelles instructions de la part de l'Empereur.

Les événements n'étaient pas moins favorables dans le Tyrol et l'Italie. Le maréchal Ney, chargé d'envahir le Tyrol après l'occupation d'Ulm, avait heureusement choisi le débouché de Scharnitz, la *porta Claudia* des anciens, pour y pénétrer. C'était l'un des accès les plus difficiles de cette contrée, mais il avait l'avantage de conduire droit sur Inspruck, au milieu des troupes disséminées des Autrichiens, qui, s'attendant peu à cette attaque, étaient répandus depuis le lac de Constance jusqu'aux sources de la Drave. Le maréchal Ney avait à peine 9 ou 10 mille hommes, soldats intrépides comme leur chef, et avec lesquels on pouvait tout entreprendre. Il leur fit escalader dans le mois de novembre les cols les plus élevés des Alpes, malgré les rochers que les habitants précipitaient sur leurs têtes, car les Tyroliens, fort dévoués à la maison d'Autriche, ne voulaient pas, ainsi qu'on les en menaçait, passer sous la domination de la Bavière. Il franchit les retranchements de Scharnitz, entra dans Inspruck, dispersa devant lui les Autrichiens surpris, et rejeta les uns sur le Vorarlberg, les autres sur le Tyrol italien. Le général Jellachich et le prince de Rohan se trouvèrent refoulés vers le Vorarlberg, et du Vorarlberg vers le lac de Constance, sur la route même par laquelle arrivait Augereau. Comme s'il avait été décidé par le destin qu'aucun des débris de l'armée d'Ulm n'échapperait aux Français, le général Jellachich, celui

Nov. 1805.

Conquête du Tyrol par le maréchal Ney.

qui, lors de la reddition de Memmingen, s'était dérobé à la poursuite du maréchal Soult, vint donner sur le corps d'Augereau. Ne voyant aucune chance de se sauver, il mit bas les armes avec un détachement de 6 mille hommes. Le prince de Rohan, moins avancé vers le Vorarlberg, eut le temps de rétrograder. Il exécuta une marche audacieuse à travers les cantonnements de nos troupes, qui, après la prise d'Inspruck, gardaient négligemment le Brenner, trompa la surveillance de Loison, l'un des généraux divisionnaires du maréchal Ney, passa près de Botzen presque sous ses yeux, vint tomber sur Vérone et Venise, pendant que Masséna suivait en queue l'archiduc Charles. Masséna avait chargé le général Saint-Cyr, avec les troupes ramenées de Naples, de bloquer Venise, dans laquelle l'archiduc Charles avait laissé une forte garnison. Le général Saint-Cyr, étonné de la présence d'un corps ennemi sur les derrières de Masséna, lorsque celui-ci était déjà au pied des Alpes Juliennes, accourut en toute hâte, enveloppa le prince de Rohan, qui fut obligé, comme le général Jellachich, de mettre bas les armes. Le général Saint-Cyr en cette occasion prit environ 5 mille hommes.

Les deux archiducs abandonnent le Tyrol et l'Italie pour se rendre en Hongrie.

Pendant ce temps l'archiduc Charles continuait sa laborieuse retraite le long du Frioul, et au delà des Alpes Juliennes. Son frère, l'archiduc Jean, passant du Tyrol italien dans la Carinthie, suivait dans l'intérieur des Alpes une ligne tout à fait parallèle à la sienne. Les deux archiducs, désespérant avec raison d'arriver en temps utile sur l'une des positions défen-

AUSTERLITZ. 267

sives du Danube, et jugeant trop téméraire de se jeter dans le flanc de Napoléon, s'étaient décidés à se réunir à Laybach, l'un par Villach, l'autre par Udine, pour se diriger ensuite sur la Hongrie. Là ils pouvaient en toute sûreté se joindre aux Russes, qui occupaient la Moravie, et, leur jonction opérée avec ces derniers, reprendre l'offensive, si aucune faute n'avait compromis les armées coalisées, et s'il restait encore aux deux souverains d'Autriche et de Russie le courage de prolonger cette lutte.

Le général Marmont, placé en avant de Léoben, sur les crêtes qui séparent la vallée du Danube de celle de la Drave, voyait avec dépit défiler presque sous ses yeux les troupes de l'archiduc Jean, et brûlait d'impatience de les combattre. Mais un ordre précis enchaînait son ardeur, et lui enjoignait de se borner à la garde des défilés des Alpes.

Masséna, après avoir poursuivi l'archiduc Charles jusqu'aux Alpes Juliennes, s'était arrêté à leur pied, et n'avait pas cru devoir s'engager en Hongrie à la suite des archiducs. Il donnait la main au général Marmont, et attendait les ordres de l'Empereur.

Tous ces mouvements s'étaient achevés vers le milieu de novembre, à peu près en même temps que la grande armée exécutait sa marche sur Vienne. Certes, on aurait imaginé un plan dans le calme du cabinet, avec les facilités qui abondent en traçant des projets sur la carte, qu'on n'aurait pas plus aisément disposé toutes choses. En six semaines, cette armée, passant le Rhin et le Danube, s'interposant entre les Autrichiens postés en Souabe, et les

Nov. 1805.

Caractère des opérations que venait d'exécuter Napoléon en deux mois.

Russes arrivant sur l'Inn, avait enveloppé les uns, refoulé les autres vers le bas Danube, surpris le Tyrol par un détachement, puis occupé Vienne, et débordé la position des archiducs en Italie, ce qui avait réduit ces derniers à chercher un refuge en Hongrie! L'histoire n'offre nulle part un tel spectacle : en vingt jours de l'Océan sur le Rhin, en quarante du Rhin à Vienne! Et, tandis que la dissémination des forces si dangereuse à la guerre, n'amène le plus souvent que des revers, on avait vu ici des corps détachés au loin, qui, sans courir de danger, avaient atteint leur but, parce qu'au centre une masse puissante, frappant à propos des coups décisifs sur les principaux rassemblements de l'ennemi, avait imprimé une impulsion à laquelle tout cédait, et n'avait plus laissé sur ses derrières ou sur ses ailes que des conséquences faciles à recueillir : en sorte que cette dispersion apparente n'était en réalité qu'une habile distribution d'accessoires à côté de l'action principale, ordonnée avec une merveilleuse justesse! Mais, après avoir admiré cet art profond, incomparable, qui étonne par sa simplicité même, il faut admirer aussi dans cette manière d'opérer, une autre condition, sans laquelle toute combinaison, même la plus habile, peut devenir un péril, c'est une vigueur telle chez les soldats et les lieutenants, que, lorsqu'ils étaient surpris par un accident imprévu, ils savaient par leur énergie, comme les soldats du général Dupont à Haslach, du maréchal Mortier à Dirnstein, du maréchal Ney à Elchingen, donner à la pensée suprême qui les dirigeait le temps de venir à leur secours, et de réparer les erreurs inévitables dans les opérations même les mieux conduites. Répétons ce que nous avons dit plus haut, c'est qu'il faut un grand capitaine à de vaillants soldats, et de vaillants soldats aussi à un grand capitaine. La gloire leur doit être commune, aussi bien que le mérite des grandes choses qu'ils accomplissent.

Napoléon à Vienne ne voulait pas s'y repaître de la vaine gloire d'occuper la capitale de l'empire germanique. Il voulait terminer la guerre. On pourra lui reprocher dans sa carrière d'avoir abusé de la fortune, on ne lui reprochera jamais, comme à Annibal, de n'avoir pas su en profiter et de s'être endormi dans les délices de Capoue. Il se prépara donc à courir sur les Russes, afin de les battre en Moravie, avant qu'ils eussent le temps d'opérer leur jonction avec les archiducs. Ceux-ci, d'ailleurs, n'étaient le 15 novembre qu'à Laybach. Il leur fallait faire un bien grand circuit pour atteindre la Hongrie, la traverser ensuite, et gagner la Moravie vers Olmütz. C'était un trajet de plus de 150 lieues à exécuter. Vingt jours n'y auraient pas suffi. Napoléon à cette époque se trouvait à Vienne, et n'avait que quarante lieues à parcourir pour être à Brünn, capitale de la Moravie.

Il rapprocha le général Marmont qui était trop éloigné à Léoben, et lui assigna une position un peu en arrière, sur le faîte même des Alpes de Styrie, pour garder la grande route d'Italie à Vienne. Il lui enjoignit, au cas où les archiducs voudraient reprendre cette voie, de rompre les ponts et les routes, ce qui dans les montagnes permet, avec un corps

Nov. 1805.

Distribution des divers corps de l'armée française autour de Vienne et sur la route de Moravie.

peu nombreux, d'arrêter quelque temps un ennemi supérieur. Il lui défendit de se laisser aller au désir de combattre, à moins d'y être contraint. Il rapprocha Masséna du général Marmont, et les mit l'un et l'autre en communication immédiate. Les troupes conduites par Masséna prirent dès lors le titre de huitième corps de la grande armée. Napoléon disposa le corps du maréchal Davout tout autour de Vienne, une division, celle du général Gudin, en arrière de Vienne vers Neustadt (voir la carte n° 32), pouvant en peu de temps donner la main à Marmont, une autre, celle du général Friant, dans la direction de Presbourg, observant les débouchés de la Hongrie; la troisième, celle du général Bisson (devenue division Caffarelli), en avant de Vienne, sur la route de la Moravie. Les divisions Dupont et Gazan furent établies dans Vienne même, pour s'y refaire de leurs fatigues et de leurs blessures. Enfin les maréchaux Soult, Lannes, Murat, marchèrent vers la Moravie, tandis que le maréchal Bernadotte, ayant passé le Danube à Krems, suivait les pas du général Kutusof, et s'apprêtait à rejoindre, par la route même qu'avait prise ce général, les trois corps français qui allaient se battre avec les Russes.

Ainsi Napoléon à Vienne, placé au milieu d'un tissu habilement tendu autour de lui, pouvait accourir partout où la moindre agitation signalerait la présence de l'ennemi. Si les archiducs tentaient quelque chose vers l'Italie, Masséna et Marmont, liés l'un à l'autre, s'adossaient aux Alpes de Styrie (voir la carte n° 32), et Napoléon, portant le corps de Davout vers Neustadt, était en force pour les soutenir. Si les archiducs se montraient par Presbourg et la Hongrie, Napoléon pouvait y porter le corps de Davout tout entier, un peu après Marmont, qui, à Neustadt, n'en était pas loin, et au besoin accourir lui-même avec le gros de l'armée. Enfin, s'il fallait faire tête aux Russes en Moravie, il pouvait, en trois jours, réunir aux corps de Soult, de Lannes, de Murat, qui s'y trouvaient déjà, celui de Davout, facile à retirer de Vienne, celui de Bernadotte, tout aussi facile à ramener de la Bohême. Il était donc en mesure partout, et remplissait au plus haut degré les conditions de cet art de la guerre, qu'un jour s'entretenant avec ses lieutenants, il définissait en ces termes : L'ART DE SE DIVISER POUR VIVRE, ET DE SE CONCENTRER POUR COMBATTRE. On n'a jamais mieux défini ni mieux pratiqué les préceptes de cet art redoutable, qui détruit ou fonde les empires.

Napoléon s'était hâté de profiter de la conquête des ponts de Vienne pour porter au delà du Danube les maréchaux Soult, Lannes et Murat, dans l'espérance de couper la retraite au général Kutusof, et d'arriver avant lui à Hollabrunn, où ce général, qui avait passé le Danube à Krems, devait rejoindre la route de Moravie. Le général Kutusof prenait sa direction vers la Moravie et non vers la Bohême, parce que c'était sur Olmütz, frontière de la Moravie et de la Gallicie, que la seconde armée russe avait elle-même tourné ses pas. Tandis qu'il s'avançait sur Hollabrunn, ayant le prince Bagration en tête, il fut tout à coup surpris et consterné en apprenant la présence des Français sur la grande route qu'il voulait suivre, et en acquérant ainsi la certitude d'être coupé. Il tendit alors à Murat le piége que Murat avait tendu aux Autrichiens pour leur enlever les ponts du Danube. Il avait auprès de lui le général Wintzingerode, le même qui avait négocié toutes les conditions du plan de campagne. Il le dépêcha auprès de Murat pour débiter à celui-ci les inventions au moyen desquelles on avait trompé le comte d'Auersberg, et qui consistaient à dire qu'il y avait à Schœnbrunn des négociateurs prêts à signer la paix. En conséquence, il lui fit proposer un armistice, dont la condition principale serait de s'arrêter les uns et les autres sur le terrain qu'on occupait, de manière que rien ne fût changé par la suspension des opérations. On devait, si elles étaient reprises, s'avertir six heures à l'avance. Murat, adroitement flatté par M. de Wintzingerode, sensible d'ailleurs à l'honneur d'être le premier intermédiaire de la paix, accepta l'armistice, sauf l'approbation de l'Empereur. Il faut ajouter, pour être juste, qu'une considération, qui n'était pas sans valeur, contribua beaucoup à l'engager dans cette fausse démarche. Le corps du maréchal Soult n'était pas encore sur le terrain, et il craignait, avec sa cavalerie et les grenadiers d'Oudinot, de n'avoir pas assez de forces pour barrer le chemin aux Russes. Il envoya donc un aide de camp au quartier général avec le projet d'armistice.

Le lendemain on se visita. Le prince Bagration vint voir Murat, montra beaucoup d'empressement et de curiosité pour les généraux français, et surtout pour l'illustre maréchal Lannes. Celui-ci, très-simple en ses allures, sans avoir pour cela moins de courtoisie militaire, dit au prince Bagration que s'il avait été seul, ils seraient actuellement occupés à se battre, au lieu de l'être à échanger des compliments. Dans le moment, en effet, l'armée russe, se couvrant de l'arrière-garde de Bagration, qui affectait de demeurer immobile, marchait rapidement derrière ce rideau, et regagnait la route de Moravie. Ainsi Murat, devenu dupe à son tour, laissait prendre à l'ennemi la revanche du pont de Vienne.

Bientôt arriva un aide de camp de l'Empereur, le général Lemarrois, qui apporta une sévère réprimande à Murat, pour la faute qu'il avait commise [1], et qui lui donna, tant à lui qu'au maréchal Lannes, l'ordre d'attaquer immédiatement, quelle

---

[1] *Au prince Murat.*

« Schœnbrunn, 25 brumaire an XIV (16 novembre 1805), à huit heures du matin.

» Il m'est impossible de trouver des termes pour vous exprimer mon mécontentement. Vous ne commandez que mon avant-garde, et vous n'avez pas le droit de faire d'armistice sans mon ordre. Vous me faites perdre le fruit d'une campagne. Rompez l'armistice sur-le-champ et marchez à l'ennemi. Vous lui ferez déclarer que le général qui a signé cette capitulation n'avait point le droit de le faire; qu'il n'y a que l'empereur de Russie qui ait ce droit.

» Toutes les fois, cependant, que l'empereur de Russie ratifierait ladite convention, je la ratifierais; mais ce n'est qu'une ruse; marchez, détruisez l'armée russe; vous êtes en position de prendre ses bagages et son artillerie. L'aide de camp de l'empereur de Russie est un.... Les officiers ne sont rien quand ils n'ont pas de pouvoirs : celui-ci n'en avait point. Les Autrichiens se sont laissé jouer pour le passage du pont de Vienne, vous vous laissez jouer par un aide de camp de l'empereur.... »

que fût l'heure à laquelle leur parviendrait cette communication. Lannes, toutefois, eut soin d'envoyer un officier au prince Bagration pour le prévenir des ordres qu'il venait de recevoir. On fit sur-le-champ les dispositions d'attaque. Le prince Bagration avait 7 à 8 mille hommes. Voulant achever de couvrir le mouvement de Kutusof, il prit la noble résolution de se faire écraser plutôt que de céder le terrain. Lannes poussa sur lui ses grenadiers. La seule disposition qui fût possible était celle de deux lignes d'infanterie, déployées en face l'une de l'autre, et s'attaquant sur un terrain peu accidenté. On échangea pendant quelque temps un feu de mousqueterie fort vif et fort meurtrier, puis on se chargea à la baïonnette, et, ce qui est rare à la guerre, les deux masses d'infanterie marchèrent résolûment l'une contre l'autre, sans qu'aucune des deux cédât avant d'être abordée. On se joignit, puis après un combat corps à corps, les grenadiers d'Oudinot enfoncèrent les fantassins de Bagration, et les taillèrent en pièces. On se disputa ensuite, au milieu de la nuit, à la lueur des flammes, le village incendié de Schœngraben, qui finit par rester aux mains des Français. Les Russes se conduisirent vaillamment. Ils perdirent en cette occasion près de la moitié de leur arrière-garde, 3 mille hommes environ, dont plus de 15 cents restèrent étendus sur le champ de bataille. Le prince Bagration s'était montré par sa résolution le digne émule du maréchal Mortier à Dirnstein. Ce sanglant combat fut livré le 16 novembre.

On s'avança les jours suivants en faisant des prisonniers à chaque pas, et le 19 on entra enfin dans la ville de Brünn, capitale de la Moravie. On trouva la place armée et pourvue d'abondantes ressources. Les ennemis n'avaient pas même songé à la défendre. Ils laissaient ainsi à Napoléon une position importante, d'où il commandait la Moravie, et pouvait à son aise observer et attendre les mouvements des Russes.

Napoléon, en apprenant le dernier combat, voulut se rendre à Brünn, car les nouvelles d'Italie lui annonçant la retraite allongée qu'exécutaient les archiducs en Hongrie, il devinait bien que c'était aux Russes qu'il aurait principalement affaire. Il apporta quelques légers changements dans la distribution du corps du maréchal Davout autour de Vienne. Il dirigea sur Presbourg la division Gudin, qui ne semblait plus nécessaire sur la route de Styrie, depuis la retraite des archiducs. Il établit la division Friant, du même corps, en avant de Vienne, sur la route de Moravie. La division Bisson (devenue un moment division Caffarelli) fut détachée du corps de Davout, et portée sur Brünn, pour remplacer dans le corps de Lannes la division Gazan, restée à Vienne.

Napoléon, arrivé à Brünn, y fixa son quartier général le 20 novembre. Le général Giulay, accompagné cette fois de M. de Stadion, vint le visiter de nouveau, et parler de paix plus sérieusement que dans ses missions précédentes. Napoléon leur exprima à l'un et à l'autre le désir de poser les armes et de rentrer en France, mais ne leur laissa

Nov. 1805.

Entrée de l'armée à Brünn.

Napoléon porte son quartier général à Brünn, capitale de la Moravie.

Nouvelle mission de M. de Giulay au

Nov. 1805.

quartier général pour y parler de paix. Il est accompagné de M. de Stadion.

point ignorer à quelles conditions il y consentirait. Il n'admettrait plus, disait-il, que l'Italie, partagée entre la France et l'Autriche, continuât d'être entre elles un sujet de défiance et de guerre. Il la voulait tout entière jusqu'à l'Isonzo, c'est-à-dire qu'il exigeait les États vénitiens, seule partie de l'Italie qui lui restât à conquérir. Il ne s'expliqua pas sur ce qu'il aurait à demander pour ses alliés, les électeurs de Bavière, de Wurtemberg et de Baden; mais il déclara en termes généraux qu'il fallait assurer leur situation en Allemagne, et mettre fin à toutes les questions demeurées pendantes entre eux et l'empereur, depuis la nouvelle constitution germanique de 1803. MM. de Stadion et de Giulay se récrièrent fort contre la dureté de ces conditions. Mais Napoléon ne montra aucune disposition à s'en départir, et il leur donna à entendre que, livré sans partage aux soins de la guerre, il ne désirait pas garder auprès de lui des négociateurs, qui n'étaient au fond que des espions militaires,

Napoléon renvoie M. de Giulay et M. de Stadion à Vienne, auprès de M. de Talleyrand.

chargés de surveiller ses mouvements. Il les invita donc à se rendre à Vienne, auprès de M. de Talleyrand, qui venait d'y arriver. Napoléon, tenant peu de compte des goûts de son ministre, qui n'aimait ni le travail, ni les fatigues des quartiers généraux, l'avait appelé d'abord à Strasbourg, puis à Munich, et maintenant à Vienne. Il le chargeait de ces interminables pourparlers, qui, dans les négociations, précèdent toujours les résultats sérieux.

Durant les conférences que Napoléon avait eues avec les deux négociateurs autrichiens, l'un d'eux, se contenant mal, avait laissé échapper une parole imprudente, de laquelle il résultait évidemment que la Prusse était liée par un traité avec la Russie et l'Autriche. On lui avait bien mandé quelque chose de pareil de Berlin, mais rien d'aussi précis que ce qu'il venait d'apprendre. Cette découverte lui inspira de nouvelles réflexions, et le disposa davantage à la paix, sans le porter toutefois à se désister de ses prétentions essentielles. Suivre les Russes au delà de la Moravie, c'est-à-dire en Pologne, ne pouvait lui convenir, car c'était s'exposer à voir les archiducs couper ses communications avec Vienne. En conséquence il résolut d'attendre l'arrivée de M. d'Haugwitz, et le développement ultérieur des projets militaires des Russes. Il était également prêt ou à traiter, si les conditions proposées lui semblaient acceptables, ou à trancher dans une grande bataille le nœud gordien de la coalition, si ses ennemis lui en offraient une occasion favorable. Il laissa donc passer quelques jours, employant son temps à étudier avec un soin extrême, et à faire étudier par ses généraux le terrain sur lequel il se trouvait, et sur lequel un secret pressentiment lui disait qu'il serait peut-être appelé à livrer une bataille décisive. En même temps il laissait reposer ses troupes, accablées de fatigue, souffrant du froid, quelquefois de la faim, et ayant parcouru, en trois mois, près de cinq cents lieues. Aussi les rangs de ses soldats étaient-ils fort éclaircis, bien qu'on vît parmi eux moins de traînards qu'à la suite d'aucune armée. Un cinquième à peu près manquait à l'effectif, depuis l'entrée en campagne. Tous les militaires re-

Nov. 1805.

connaîtront que c'était bien peu après de telles fatigues. Du reste, dès qu'on s'arrêtait quelque part, les rangs se complétaient bientôt, grâce au zèle que les hommes restés en arrière montraient pour rejoindre leurs corps.

Réunion à Olmütz des empereurs d'Allemagne et de Russie.

De leur côté les deux empereurs de Russie et d'Allemagne, réunis à Olmütz, employaient leur temps à délibérer sur la conduite qu'ils devaient tenir. Le général Kutusof, après une retraite dans laquelle il n'avait essuyé que des défaites d'arrière-garde, ne ramenait cependant que 30 et quelques mille hommes, déjà habitués à combattre, mais épuisés de fatigue. Il en avait donc perdu 12 ou 15 mille, en morts, blessés, prisonniers ou écloppés. Alexandre, avec le corps de Buxhoewden et la garde impériale russe, en conduisait 40 mille, ce qui faisait environ 75 mille Russes. Quinze mille Autrichiens, formés des débris des corps de Kienmayer et de Meerfeld, et d'une belle division de cavalerie, complétaient l'armée austro-russe sous Olmütz, et la portaient à une force totale de 90 mille hommes[1].

Force de l'armée austro-russe réunie à Olmütz.

C'est le cas de remarquer combien étaient exagérées alors les prétentions de la Russie en Europe, en les comparant à l'état réel de ses forces. Elle voulait tenir la balance entre les puissances, et voici ce qu'elle présentait de soldats sur les champs de bataille où se décidaient les destinées du monde. Elle

[1] Les Russes l'ont portée à beaucoup moins le lendemain de leur défaite, Napoléon à beaucoup plus dans ses bulletins. Après la confrontation d'un grand nombre de témoignages et d'états authentiques, nous croyons présenter ici l'assertion la plus exacte.

avait acheminé 45 à 50 mille hommes sous Kutusof; elle en amenait 40 mille sous Buxhoewden et le grand-duc Constantin, 10 mille sous le général Essen. Si on élève à 15 mille ceux qui agissaient dans le Nord de concert avec les Suédois et les Anglais, à 10 mille ceux qui se préparaient à agir vers Naples, on aura un chiffre total de 125 mille hommes, figurant en réalité dans cette guerre, et 400 mille tout au plus, si on en croyait les récits des Russes après leur défaite. L'Autriche en avait réuni plus de 200 mille, la Prusse en pouvait présenter 150 mille en ligne, la France 300 mille à elle seule. Nous parlons non pas de soldats portés sur les effectifs (ce qui fait une différence de près de moitié), mais de soldats présents au feu le jour des batailles. Bien que les Russes fussent des fantassins solides, ce n'est cependant pas avec cent mille hommes, braves et ignorants, qu'on devait alors prétendre à dominer l'Europe.

Les Russes, toujours fort méprisants pour leurs alliés les Autrichiens, qu'ils accusaient d'être de lâches soldats, de malhabiles officiers, continuaient à exercer sur le pays d'horribles ravages. La disette affligeait les provinces orientales de la monarchie autrichienne. On manquait du nécessaire à Olmütz, et les Russes se procuraient des vivres, non pas avec l'adresse du soldat français, maraudeur intelligent, rarement cruel, mais avec la brutalité d'une horde sauvage. Ils étendaient leurs pillages à plusieurs lieues à la ronde, et dévastaient complétement la contrée qu'ils occupaient. La discipline,

Nov. 1805.

Disette des provinces orientales de l'Autriche, et privations de l'armée austro-russe à Olmütz.

ordinairement si dure chez eux, s'en ressentait visiblement, et ils se montraient peu satisfaits de leur empereur.

On n'était donc pas, dans le camp austro-russe, convenablement disposé pour prendre de sages déterminations. La légèreté de la jeunesse s'ajoutait au sentiment d'un grand malaise pour pousser à agir, n'importe de quelle manière, à changer de place, ne fût-ce que pour en changer. Nous avons dit que l'empereur Alexandre commençait à tomber sous des influences nouvelles. Il n'était pas content de la direction imprimée à ses affaires, car cette guerre, malgré les flatteries dont une coterie l'avait entouré à Berlin, ne semblait pas tourner à bien, et, suivant l'usage des princes, il rejetait volontiers sur ses ministres les résultats d'une politique qu'il avait voulue, mais qu'il ne savait pas soutenir avec la persévérance qui pouvait seule en corriger le vice. Ce qui s'était passé à Berlin l'avait confirmé davantage encore dans ses dispositions. Il aurait commis bien d'autres fautes, disait-il, s'il avait écouté ses amis. En persistant à violenter la Prusse, il l'aurait jetée dans les bras de Napoléon, tandis qu'il venait au contraire par son habileté personnelle d'amener cette cour à prendre des engagements qui étaient l'équivalent d'une déclaration de guerre à la France. Aussi le jeune empereur ne voulait-il plus écouter de conseils, car il se croyait plus habile que tous ses conseillers. Le prince Adam Czartoryski, honnête, grave, passionné sous des dehors froids, devenu, comme on l'a vu, le censeur incommode des faiblesses et de la mobilité de son maître, soutenait une opinion qui devait le lui aliéner complétement. Selon ce ministre, l'empereur n'avait que faire à l'armée. Ce n'était pas là sa place. Il n'avait jamais servi, il ne pouvait pas savoir commander. Sa présence au quartier général, au milieu d'un entourage de jeunes gens légers, ignorants, présomptueux, annulerait l'autorité des généraux, et en même temps leur responsabilité. Dans une guerre qu'ils faisaient tous avec une certaine appréhension, ils ne demandaient pas mieux que de n'avoir pas d'avis, de ne rien prendre sur eux, et de laisser commander une jeunesse étourdie, pour n'être pas responsables des défaites auxquelles ils s'attendaient. Il n'y aurait plus ainsi que le pire des commandements à l'armée, celui d'une cour. Cette guerre au surplus serait féconde en batailles perdues. Pour la soutenir il fallait la constance, et la constance dépendait de la grandeur des moyens qu'on saurait préparer. Il fallait donc laisser les généraux remplir le rôle qui leur appartenait à la tête des troupes, et aller soi-même remplir le sien au centre du gouvernement, en soutenant l'esprit public, en administrant avec énergie et application, de manière à fournir aux armées les ressources nécessaires pour prolonger la lutte, seul moyen, sinon de vaincre, au moins de balancer la fortune.

On ne pouvait exprimer un sentiment ni plus sensé, ni plus désagréable à l'empereur Alexandre. Il avait essayé de jouer un rôle politique en Europe, et n'y avait pas encore réussi à son gré. Il se voyait entraîné dans une lutte qui l'aurait rempli d'effroi,

Nov. 1805.

Le prince Czartoryski conseille en vain à l'empereur Alexandre de ne pas se montrer à l'armée.

si l'éloignement de son empire ne l'avait rassuré. Il avait besoin de s'étourdir par le tumulte des camps ; il avait besoin, pour faire taire les murmures de sa raison, de s'entendre appeler à Berlin, à Dresde, à Weimar, à Vienne, le sauveur des rois. Ce monarque se demandait d'ailleurs s'il ne pourrait pas à son tour briller sur les champs de bataille ; si, avec son esprit, il n'y serait pas mieux inspiré que ces vieux généraux, dont une jeunesse imprudente l'encourageait trop à dédaigner l'expérience ; s'il ne pourrait pas enfin avoir sa part de cette gloire des armes, si chère aux princes, et alors exclusivement décernée par la fortune à un seul homme et à une seule nation.

Il était confirmé dans ces idées par la coterie militaire qui l'entourait déjà, et à la tête de laquelle se trouvait le prince Dolgorouki. Celle-ci, pour mieux s'emparer de l'empereur, voulait l'entraîner à l'armée. Elle cherchait à lui persuader qu'il avait les qualités du commandement, et qu'il n'avait qu'à se montrer pour changer le destin de la guerre ; que sa présence doublerait la valeur des soldats en les remplissant d'enthousiasme ; que ses généraux étaient des routiniers, sans caractère ; que Napoléon avait triomphé de leur timidité, de leur savoir usé, mais qu'il ne triompherait pas si aisément d'une jeune noblesse, intelligente et dévouée, conduite par un empereur adoré. Ces guerriers, si nouveaux dans le métier des armes, osaient soutenir qu'à Dirnstein, qu'à Hollabrunn, on avait vaincu les Français, que les Autrichiens étaient des lâches, qu'il n'y avait de braves que les Russes, et que si Alexandre venait les animer de sa présence, on arrêterait la prospérité arrogante et peu méritée de Napoléon.

Nov. 1805.

Le rusé Kutusof se hasardait timidement à dire qu'il n'en était pas tout à fait ainsi ; mais, trop servile pour soutenir courageusement son avis, il se gardait de contrarier les nouveaux possesseurs de la faveur impériale, et avait la bassesse de laisser insulter sa vieille expérience. L'intrépide Bagration, le vicieux, mais brave Miloradovitch, le sage Doctoroff, étaient des officiers dont l'avis méritait quelque attention. Aucun de ces hommes n'était compté. Un Allemand, conseiller de l'archiduc Jean à Hohenlinden, le général Weirother, avait seul une véritable autorité sur la jeunesse militaire qui entourait Alexandre.

Faiblesse de Kutusof qui n'a pas la force de combattre les mauvais conseils qu'on donne à Alexandre.

Dans le dernier siècle, depuis que Frédéric, à la bataille de Leuthen, avait battu l'armée autrichienne, en l'abordant par l'une de ses ailes, on avait inventé la théorie de l'ordre oblique, à laquelle Frédéric n'avait jamais pensé, et on avait attribué à cette théorie tous les succès de ce grand homme. Depuis que le général Bonaparte s'était montré si supérieur dans les hautes combinaisons de la guerre, depuis qu'on l'avait vu tant de fois surprendre, envelopper les généraux qui lui étaient opposés, d'autres commentateurs faisaient consister tout l'art de la guerre dans une certaine manœuvre, et ils ne parlaient plus que de tourner l'ennemi. Ils avaient inventé, à les en croire, une science nouvelle, et pour cette science un mot nouveau alors, celui de *stratégie* ; et ils couraient l'offrir aux princes qui voulaient se laisser diriger par eux. L'Allemand Weirother avait persuadé aux amis d'Alexandre qu'il avait un plan des plus beaux, des plus sûrs pour détruire Napoléon. Il s'agissait d'une grande manœuvre, au moyen de laquelle on devait tourner l'empereur des Français, le couper de la route de Vienne, le jeter en Bohême, battu, et séparé pour jamais des forces qu'il avait en Autriche et en Italie.

L'esprit impressionnable d'Alexandre était tout à ces idées, tout à l'influence des Dolgorouki, et ne se montrait guère enclin à écouter le prince Czartoryski, lorsque ce dernier lui conseillait de retourner à Saint-Pétersbourg, pour aller gouverner, au lieu de venir livrer des batailles en Moravie.

Au milieu de cette agitation d'esprit de la jeune cour de Russie, on ne s'occupait guère de l'empereur d'Allemagne. On ne semblait faire cas ni de son armée, ni de sa personne. Son armée, disait-on, avait compromis à Ulm le sort de cette guerre. Quant à lui, on venait à son secours, il devait s'estimer heureux d'être secouru, et ne se mêler de rien. Il ne se mêlait pas en effet de beaucoup de choses, et ne faisait aucun effort pour résister à ce torrent de présomption. Il s'attendait à de nouvelles batailles perdues, ne comptait que sur le temps, s'il comptait alors sur quelque chose, et appréciait, sans le dire, ce que valait le fol orgueil de ses alliés. Ce prince, simple et de peu d'apparence, avait les deux grandes qualités de son gouvernement, la finesse et la constance.

On devine de quelle manière devait être traitée,

parmi tant d'esprits vains, la grave question qu'il s'agissait de résoudre, celle de savoir s'il fallait ou ne fallait pas livrer bataille à Napoléon. Ces tableaux immortels que nous a légués l'antiquité, et qui nous représentent la jeune aristocratie romaine violentant par sa folle présomption la sagesse de Pompée, et l'obligeant à livrer la bataille de Pharsale, ces tableaux n'ont rien de plus grand, de plus instructif, que ce qui se passait à Olmütz, en 1805, autour de l'empereur Alexandre. Tout le monde avait un avis sur la question de la bataille à chercher ou à éviter, tout le monde l'exprimait. La coterie dont les Dolgorouki étaient les chefs n'hésitait pas. Ne pas livrer bataille, à l'entendre, était une lâcheté et une faute insigne. D'abord on ne pouvait plus vivre à Olmütz; l'armée y expirait de misère, elle se démoralisait. En restant à Olmütz, on abandonnait à Napoléon, outre l'honneur des armes, les trois quarts de la monarchie autrichienne, et toutes les ressources dont elle abondait. En avançant, au contraire, on allait recouvrer d'un seul coup les moyens de vivre, la confiance, et l'ascendant toujours si puissant de l'offensive. Et puis, ne voyait-on pas que le moment de changer de rôle était venu; que Napoléon, ordinairement si prompt, si pressant, quand il poursuivait ses ennemis, s'était arrêté tout à coup, qu'il hésitait, qu'il était intimidé, car fixé à Brünn, il n'osait pas venir à Olmütz, à la rencontre de l'armée russe? C'est qu'il pensait à Dirnstein, à Hollabrunn ; c'est que son armée était comme lui ébranlée. On savait, à n'en pas douter, qu'elle était abîmée de fatigue, réduite de moitié,

Nov. 1805.

Opinions diverses sur la convenance de livrer bataille.

en proie au mécontentement, livrée au murmure!

C'étaient là les propos que cette jeunesse débitait avec une incroyable assurance. Quelques hommes sages, le prince Czartoryski notamment, tout aussi jeune, mais beaucoup plus réfléchi que les Dolgorouki, leur opposaient un petit nombre de raisons simples, qui auraient dû être décisives sur des esprits que le plus étrange aveuglement n'aurait pas complétement égarés. En ne tenant aucun compte, disaient-ils, de ces soldats, qui après tout étaient restés maîtres du terrain à Dirnstein comme à Hollabrunn, devant lesquels on avait toujours reculé depuis Munich jusqu'à Olmütz, en ne tenant aucun compte de ce général vainqueur de tous les généraux de l'Europe, le plus expérimenté du moins de tous les capitaines vivants, s'il n'était le plus grand, car il avait commandé en cent batailles, et ses adversaires actuels n'avaient jamais commandé dans une seule, en ne tenant compte ni de ces soldats ni de ce général, il y avait pour ne pas se hâter deux raisons péremptoires. La première, et la plus frappante, c'est qu'en attendant quelques jours encore, le mois stipulé avec la Prusse serait écoulé, et qu'elle serait obligée de se déclarer. Qui sait, en effet, si, en perdant une grande bataille auparavant, on ne lui fournirait pas l'occasion de se délier? En laissant, au contraire, expirer le délai d'un mois, 150 mille Prussiens entreraient en Bohême, Napoléon serait obligé de rétrograder, sans qu'on eût à courir avec lui la chance d'une bataille. La seconde raison pour différer, c'est qu'en donnant un peu de temps aux archiducs, ils arriveraient avec quatre-vingt mille Autrichiens de la Hongrie, et on pourrait alors se battre contre Napoléon, dans la proportion de deux, peut-être de trois contre un. Il était difficile sans doute de vivre à Olmütz; mais, s'il était vrai qu'on ne pût pas y passer encore quelques jours, il n'y avait qu'à se rendre en Hongrie, à la rencontre des archiducs. On trouverait là du pain, et quatre-vingt mille hommes de renfort. En ajoutant ainsi aux distances que Napoléon avait à parcourir, on lui opposerait le plus redoutable de tous les obstacles. On avait la preuve de cette vérité dans son immobilité même, depuis qu'il occupait Brünn. S'il n'avançait pas, ce n'était pas qu'il eût peur. Des militaires sans expérience pouvaient seuls prétendre qu'un tel homme avait peur. S'il n'avançait pas, c'est qu'il trouvait la distance déjà bien grande. Il était, effectivement, à 40 lieues au delà, non pas de sa capitale, mais de celle qu'il avait conquise, et en s'éloignant il la sentait frémir sous sa main.

Nov. 1805.

Que répondre à de telles raisons? Assurément rien. Mais sur les esprits prévenus la qualité des raisons n'est d'aucun effet. L'évidence les irrite au lieu de les persuader. On décida donc autour d'Alexandre qu'il fallait livrer bataille. L'empereur François s'y prêta pour sa part. Il avait tout à gagner à ce que la question se décidât promptement, car son pays souffrait horriblement de la guerre, et il n'était pas fâché de voir les Russes s'essayer contre les Français, et se faire juger à leur tour. On prit le parti de quitter la position d'Olmütz, qui était fort bonne, sur laquelle

On se décide à combattre, et on quitte Olmütz pour marcher sur Brünn.

on aurait pu facilement repousser une armée assaillante, quelque supérieure qu'elle fût en nombre, pour venir attaquer Napoléon dans la position de Brünn, qu'il étudiait avec soin depuis plusieurs jours.

On marcha sur cinq colonnes, par la route d'Olmütz à Brünn, pour se rapprocher de l'armée française. Arrivé à Wischau, le 18 novembre, à une journée de Brünn, on surprit une avant-garde de cavalerie et un faible détachement d'infanterie, placés dans ce bourg par le maréchal Soult. On employa trois mille chevaux à les envelopper, et puis, avec un bataillon d'infanterie, on pénétra dans Wischau même. On y ramassa une centaine de prisonniers français. L'aide de camp Dolgorouki eut la plus grande part à cet exploit. On y avait fait assister l'empereur Alexandre, auquel on persuada que cette escarmouche était la guerre, et que sa présence avait doublé la valeur de ses soldats. Ce léger avantage acheva de bouleverser les jeunes têtes de l'état-major russe, et la résolution de combattre devint dès lors irrévocable. De nouvelles observations du prince Czartoryski furent fort mal reçues. Le général Kutusof, sous le nom duquel la bataille allait se livrer, ne commandait plus, et avait la coupable faiblesse d'accepter des résolutions qu'il désapprouvait. Il fut donc convenu qu'on attaquerait Napoléon dans sa position de Brünn, en suivant le plan que tracerait le général Weirother. On fit une marche de plus, et on vint s'établir en avant du château d'Austerlitz.

Napoléon, qui avait pour deviner les projets de

l'ennemi une rare sagacité, vit bien que les coalisés cherchaient une rencontre décisive avec lui, et il en fut fort satisfait. Il était préoccupé cependant des projets de la Prusse, que des nouvelles récentes de Berlin lui présentaient comme définitivement hostiles, et des mouvements de l'armée prussienne qui s'avançait vers la Bohême. Il n'avait pas de temps à perdre, il lui fallait ou une bataille foudroyante, ou la paix. Il doutait peu du résultat de la bataille, toutefois la paix offrait plus de sûreté. Les Autrichiens la proposaient avec une certaine apparence de sincérité, mais en se référant toujours, quant aux conditions, à ce que voudrait la Russie. Napoléon désira savoir ce qui se passait dans la tête d'Alexandre, et envoya au quartier général russe son aide de camp le général Savary, pour complimenter ce prince, lier conversation avec lui, et connaître au juste ce qu'il voulait.

Nov. 1805.

pénètre les vues de l'état-major russe, et devine le projet qu'on a de lui livrer bataille.

Napoléon, avant de commettre le sort de la guerre à une bataille décisive, envoie le général Savary auprès de l'empereur Alexandre.

Le général Savary partit immédiatement, se présenta en parlementaire aux avant-postes, et eut quelque peine à parvenir jusqu'à l'empereur Alexandre. Pendant qu'il attendait le moment d'être introduit, il put juger des dispositions de cette jeune aristocratie moscovite, de son fol aveuglement, de son désir d'assister à une grande bataille. Elle ne prétendait à rien moins qu'à battre les Français, et à les ramener battus jusqu'aux frontières de France. Le général Savary écouta ces propos avec beaucoup de sang-froid, pénétra enfin auprès de l'empereur, lui porta les paroles de son maître, le trouva doux et poli, mais évasif, et peu en état d'apprécier les chances de la guerre actuelle. Sur l'assurance réitérée que Napoléon était animé de dispositions fort pacifiques, Alexandre s'informa des conditions auxquelles la paix serait possible. Le général Savary n'était pas en mesure de répondre, et il engagea l'empereur Alexandre à dépêcher un de ses aides de camp au quartier général français, pour conférer avec Napoléon. Il affirmait que le résultat de cette démarche serait des plus satisfaisants. Après bien des pourparlers, dans lesquels le général Savary, par excès de zèle, en dit plus qu'il n'avait mission d'en dire, Alexandre lui donna pour l'accompagner le prince Dolgorouki lui-même, le principal personnage de la nouvelle coterie, qui disputait à MM. de Czartoryski, de Strogonoff, de Nowosiltzoff, la faveur du czar. Ce prince Dolgorouki, quoique l'un des plus ardents déclamateurs de l'état-major russe, n'en fut pas moins extraordinairement flatté d'avoir une commission à remplir auprès de l'empereur des Français. Il partit avec le général Savary, et fut présenté à Napoléon dans un moment où celui-ci, achevant la visite de ses avant-postes, n'avait dans son costume et son entourage rien d'imposant pour un esprit vulgaire. Napoléon écouta ce jeune homme, dépourvu de tact et de mesure, qui, ayant recueilli çà et là quelques-unes des idées dont se nourrissait le cabinet russe, et que nous avons fait connaître en exposant le projet du nouvel équilibre européen, les exprima sans convenance et sans à-propos. Il fallait, assurait-il, que la France abandonnât l'Italie, si elle voulait avoir la paix tout de suite; et si elle continuait la guerre, et qu'elle n'y fût pas heureuse, il faudrait qu'elle rendît la Belgique, la Savoie, le Piémont, pour constituer, autour d'elle et contre elle, des barrières défensives. Ces idées, très-maladroitement débitées, parurent à Napoléon la demande formelle de restituer immédiatement la Belgique, cédée à la France par tant de traités, et provoquèrent chez lui une irritation profonde, qu'il contint cependant, ne croyant pas que sa dignité lui permît de la laisser éclater en présence d'un tel négociateur. Il le congédia sèchement, en lui disant qu'on viderait ailleurs que dans des conférences diplomatiques les différends qui divisaient la politique des deux empires. Napoléon était exaspéré, et il n'eut plus qu'une pensée, celle de livrer une bataille à outrance.

Depuis la surprise de Wischau, il avait ramené son armée en arrière, dans une position merveilleusement choisie pour combattre. Il laissait voir dans ses mouvements une certaine hésitation qui contrastait avec la hardiesse accoutumée de ses allures. Cette circonstance, jointe à la démarche du général Savary, contribua encore à exalter les faibles intelligences qui dominaient l'état-major russe. Ce ne fut bientôt qu'un cri de guerre autour d'Alexandre. Napoléon reculait, disait-on; il était en pleine retraite; il fallait fondre sur lui, et l'accabler.

De leur côté, les soldats français, chez lesquels l'esprit abondait, virent bien qu'ils allaient avoir affaire aux Russes, et ils en conçurent une joie ex-

Déc. 1805.

De part et d'autre on se prépare à une action décisive.

trême. Des deux parts, on se prépara à une action décisive.

Napoléon, avec ce tact militaire qu'il avait reçu de la nature, et qu'il avait tant perfectionné par l'expérience, avait adopté, entre toutes les positions qu'il aurait pu prendre autour de Brünn, celle qui devait lui assurer les plus grands résultats, dans l'hypothèse où il serait attaqué, hypothèse qui était devenue une certitude.

Les montagnes de la Moravie, qui lient les montagnes de la Bohême à celles de la Hongrie (voir la carte n° 32), vont s'abaissant successivement vers le Danube, à tel point que près de ce fleuve la Moravie n'offre plus qu'une large plaine. Aux environs de Brünn, capitale de la province, ces montagnes n'ont que la hauteur de fortes collines, et sont couvertes de sombres sapins. Leurs eaux, retenues par le défaut d'écoulement, forment de nombreux étangs, et se jettent par divers affluents dans la Morava (ou March), et par la Morava dans le Danube.

Ces caractères se trouvent tous réunis dans la position entre Brünn et Austerlitz, que Napoléon a rendue à jamais célèbre. (Voir la carte n° 33.) La grande route de Moravie, en se dirigeant de Vienne à Brünn, s'élève en ligne droite vers le nord, puis, pour aller de Brünn à Olmütz, se rabat brusquement à droite, c'est-à-dire à l'est, décrivant ainsi un angle droit avec sa première direction. C'est dans cet angle que se trouve comprise la position indiquée. Elle commence à gauche, vers la route d'Olmütz, à des hauteurs hérissées de sapins ; elle se prolonge ensuite à droite, en obliquant vers la route de Vienne, et, après s'être abaissée peu à peu, elle se termine à des étangs remplis d'eaux profondes en hiver. Le long de cette position, et en avant, coule un ruisseau, qui n'a aucun nom connu en géographie, mais qui, dans une partie de son cours, est appelé Goldbach par les gens du pays. Il traverse les petits villages de Girzikowitz, Puntowitz, Kobelnitz, Sokolnitz et Telnitz, et tantôt formant des marécages, tantôt encaissé dans des canaux, s'en va finir dans les étangs dont nous venons de parler, et qu'on appelle étangs de Satschan et de Menitz.

Concentré avec toutes ses forces sur ce terrain, appuyé d'un côté aux collines boisées de la Moravie, et particulièrement à un mamelon arrondi que les soldats d'Égypte avaient nommé le *Santon*, s'appuyant de l'autre aux étangs de Satschan et de Menitz, couvrant ainsi par sa gauche la route d'Olmütz, par sa droite la route de Vienne, Napoléon était en mesure de recevoir avec avantage une bataille défensive. Cependant il ne voulait pas se borner à se défendre, car il avait l'habitude de prétendre à de plus grands résultats. Il avait pénétré, comme s'il les avait lus, les projets longuement rédigés du général Weirother. Les Austro-Russes, n'ayant aucune chance de lui enlever le point d'appui qu'il trouvait à gauche dans de hautes collines boisées, devaient être tentés de tourner sa droite, qui ne joignait pas exactement les étangs, et de lui enlever la route de Vienne. Il y avait là de quoi les séduire, car, cette route perdue, Napoléon ne conservait d'autre ressource que celle de se retirer en Bohême. Le reste de ses forces, aventuré du côté de Vienne, était réduit à remonter isolément la vallée du Danube. L'armée française, ainsi fractionnée, se voyait condamnée à une retraite excentrique, périlleuse, désastreuse même, si elle rencontrait les Prussiens sur son chemin.

Napoléon comprit très-bien que tel devait être le plan de l'ennemi. Aussi, après avoir concentré son armée vers sa gauche et les hauteurs, laissa-t-il vers sa droite, c'est-à-dire vers Sokolnitz, Telnitz et les étangs, un espace qui fut à peine gardé. Il invitait ainsi les Russes à abonder dans leurs idées. Mais ce n'était pas là précisément qu'il leur préparait le coup mortel. En face de lui, le sol offrait un accident dont il espérait tirer un parti décisif.

Au delà du ruisseau qui parcourait le front de notre position, le terrain présentait d'abord, vis-à-vis de notre gauche, une plaine légèrement ondulée, que traversait la route d'Olmütz, puis, vis-à-vis de notre centre, il s'élevait successivement, et allait former en face de notre droite un plateau, appelé plateau de Pratzen, du nom d'un village qui se trouve situé à mi-côte, dans le creux d'un ravin. Ce plateau se terminait à droite en pentes rapides vers les étangs, et sur le revers il s'abaissait doucement du côté d'Austerlitz, dont le château se montrait à quelque distance.

On apercevait là des forces considérables. La nuit, on voyait briller une multitude de feux; le jour, on découvrait un grand mouvement d'hommes et de chevaux. Napoléon ne douta plus, à cet aspect, des projets des Austro-Russes[1]. Ils voulaient, évidemment, descendre de la position qu'ils occupaient, et, traversant le ruisseau de Goldbach, entre les étangs et notre droite, nous séparer de la route de Vienne. Mais, pour ce cas, il était résolu à prendre l'offensive à son tour, à franchir le ruisseau par les villages de Girzikowitz et de Puntowitz, à gravir le plateau de Pratzen pendant que les Russes le quitteraient, et à s'en emparer lui-même. S'il réussissait, l'armée ennemie était coupée en deux, une partie était rejetée à gauche dans la plaine traversée par la route d'Olmütz, une partie à droite dans les étangs. La bataille ne pouvait manquer dès lors d'être désastreuse pour les Austro-Russes. Mais pour cela il fallait qu'ils ne commissent pas la faute à demi. L'attitude prudente, timide

Déc. 1805.

du terrain sur lequel il est appelé à combattre.

---

[1] Il vient de paraître un écrit traduit du russe par M. Léon de Narischkine, lequel contient un grand nombre d'assertions inexactes, quoique publié par un auteur en position d'être bien informé. Dans cet écrit il est dit que Napoléon eut avant la bataille d'Austerlitz communication du plan du général Weirother. Cette allégation est tout à fait erronée. Une pareille communication ne serait explicable que si le plan, communiqué longtemps d'avance aux divers chefs de corps, avait pu être exposé à une divulgation. On verra ci-après, par le rapport d'un témoin oculaire, que c'est seulement dans la nuit qui précéda la bataille, que le plan fut communiqué aux chefs de corps. Du reste, tous les détails des ordres et de la correspondance prouvent que Napoléon prévit et ne connut pas le plan de l'ennemi. Notre résolution étant d'éviter toute polémique avec les auteurs contemporains, nous nous bornerons à redresser cette erreur, sans nous occuper de beaucoup d'autres, que renferme encore l'ouvrage en question, dont nous reconnaissons d'ailleurs le mérite très-réel, et jusqu'à un certain point l'impartialité.

même de Napoléon, excitant leur folle confiance, devait les engager à commettre cette faute tout entière.

Ordres que donne Napoléon pour amener sur le champ de bataille toutes les troupes dont il peut disposer.

Napoléon arrêta ses dispositions d'après ces idées. (Voir la carte n° 32.) S'attendant depuis deux jours à être attaqué, il avait ordonné à Bernadotte de quitter Iglau sur la frontière de la Bohême, d'y laisser la division bavaroise qu'il avait emmenée avec lui, et de se diriger à marches forcées sur Brünn. Il avait ordonné au maréchal Davout de porter la division Friant, et, s'il était possible, la division Gudin, vers l'abbaye de Gross-Raigern, placée sur la route de Vienne à Brünn, à la hauteur des étangs. En conséquence de ces ordres, Bernadotte s'était mis en marche, et était arrivé dans la journée du 1ᵉʳ décembre. Le général Friant, seul averti à temps, parce que le général Gudin se trouvait plus loin vers Presbourg, était parti sur-le-champ, et en quarante-huit heures avait parcouru les trente-six lieues qui séparent Vienne de Gross-Raigern. Les soldats tombaient quelquefois sur la route, épuisés de fatigue; mais au moindre bruit, croyant entendre le canon, ils se relevaient avec ardeur, pour accourir au soutien de leurs camarades engagés, disait-on, dans une bataille sanglante. Le 1ᵉʳ décembre au soir, ils bivouaquaient, par un froid rigoureux, à Gross-Raigern, à une lieue et demie du champ de bataille. Jamais troupe à pied n'a exécuté une marche aussi étonnante, car c'est une marche de dix-huit lieues par journée, pendant deux jours de suite.

Le 1er décembre, Napoléon, renforcé du corps de Bernadotte et de la division Friant, pouvait compter 65 ou 70 mille hommes présents sous les armes, contre 90 mille hommes, Russes et Autrichiens, présents aussi sous les armes.

Déc. 1805.

A sa gauche, il plaça Lannes, dans le corps duquel la division Caffarelli remplaçait la division Gazan. Lannes, avec les deux divisions Suchet et Caffarelli, devait occuper la route d'Olmütz, et combattre dans la plaine ondulée qui s'étend sur l'un et l'autre côté de la chaussée. (Voir la carte n° 33.) Napoléon lui donna en outre la cavalerie de Murat, comprenant les cuirassiers des généraux d'Hautpoul et Nansouty, les dragons des généraux Walther et Beaumont, les chasseurs des généraux Milhaud et Kellermann. La forme plane du terrain lui faisait prévoir en cet endroit un vaste engagement de cavalerie. Sur le mamelon ou *Santon* qui domine cette partie du terrain, et que surmonte une chapelle dite de Bosenitz, il établit le 17e léger, commandé par le général Claparède, avec 18 pièces de canon, et lui fit prêter serment de défendre cette position jusqu'à la mort. Ce mamelon était, en effet, le point d'appui de la gauche.

Distribution des divers corps d'armée sur le champ de bataille d'Austerlitz.

Au centre, derrière le ruisseau de Goldbach, il rangea les divisions Vandamme et Saint-Hilaire, qui appartenaient au corps du maréchal Soult. Il les destinait à franchir ce ruisseau par les villages de Girzikowitz et de Puntowitz, et à s'emparer du plateau de Pratzen, quand le moment en serait venu. Un peu plus loin, derrière le marécage de Kobelnitz et le château de Sokolnitz, il plaça la troisième division du maréchal Soult, celle du général Legrand. Il la renforça de deux bataillons de tirailleurs, connus sous le nom de chasseurs du Pô et de chasseurs corses, et d'un détachement de cavalerie légère sous le général Margaron. Cette division ne dut avoir que le 3ᵉ de ligne et les chasseurs corses à Telnitz, point le plus rapproché des étangs, là même où Napoléon souhaitait attirer les Russes. Fort en arrière, à une lieue et demie, se trouvait la division Friant, à Gross-Raigern.

Ayant dix divisions d'infanterie, Napoléon n'en présenta donc que six en ligne. Derrière les maréchaux Lannes et Soult, il garda en réserve les grenadiers Oudinot, séparés pour cette fois du corps de Lannes, le corps de Bernadotte composé des divisions Drouet et Rivaud, et enfin la garde impériale. Il conservait ainsi sous sa main une masse de 25 mille hommes, pour la porter partout où besoin serait, et particulièrement sur les hauteurs de Pratzen, afin d'enlever ces hauteurs à tout prix, si les Russes ne les avaient pas assez dégarnies. Il bivouaqua lui-même au milieu de cette réserve.

Ces dispositions terminées, il poussa la confiance jusqu'à les annoncer à son armée, dans une proclamation toute pleine de la grandeur des événements qui se préparaient. La voici telle qu'elle fut lue aux troupes, dans la soirée qui précéda la bataille :

« Soldats,

» L'armée russe se présente devant vous pour venger l'armée autrichienne d'Ulm. Ce sont ces mêmes bataillons que vous avez battus à Hollabrunn, et que depuis vous avez constamment poursuivis jusqu'ici.

» Les positions que nous occupons sont formidables ; et, pendant qu'ils marcheront pour tourner ma droite, ils me présenteront le flanc.

» Soldats, je dirigerai moi-même vos bataillons. Je me tiendrai loin du feu, si, avec votre bravoure accoutumée, vous portez le désordre et la confusion dans les rangs ennemis. Mais si la victoire était un moment incertaine, vous verriez votre empereur s'exposer aux premiers coups ; car la victoire ne saurait hésiter, dans cette journée surtout où il s'agit de l'honneur de l'infanterie française, qui importe tant à l'honneur de toute la nation.

» Que, sous prétexte d'emmener les blessés, on ne dégarnisse pas les rangs, et que chacun soit bien pénétré de cette pensée, qu'il faut vaincre ces stipendiés de l'Angleterre, qui sont animés d'une si grande haine contre notre nation.

» Cette victoire finira la campagne, et nous pourrons reprendre nos quartiers d'hiver, où nous serons joints par les nouvelles armées qui se forment en France, et alors la paix que je ferai sera digne de mon peuple, de vous et de moi.

» NAPOLÉON. »

Déc. 1805.

Proclamation de Napoléon à ses soldats la veille de la bataille d'Austerlitz.

Dans cette même journée, il reçut M. d'Haugwitz, arrivé enfin au quartier général français, entrevit dans sa conversation caressante toute la fausseté de la cour de Prusse, et sentit plus que jamais le besoin de remporter une victoire éclatante. Il accueillit très-gracieusement l'envoyé prussien, lui dit qu'il allait se battre le lendemain, qu'il le reverrait après s'il n'était pas emporté par un boulet de canon, et qu'alors il serait temps de s'entendre avec le cabinet de Berlin. Il l'invita à partir dans la nuit même pour Vienne, et il l'adressa à M. de Talleyrand, en ayant soin de le faire conduire à travers le champ de bataille d'Hollabrunn, qui présentait un spectacle horrible. — Il est bon, écrivait-il à M. de Talleyrand, que ce Prussien apprenne par ses yeux de quelle manière nous faisons la guerre. —

Après avoir passé la soirée au bivouac avec ses maréchaux, il voulut visiter ses soldats, et juger par lui-même de leur disposition morale. C'était le 1er décembre au soir, veille de l'anniversaire du couronnement. La rencontre de ces dates était singulière, et Napoléon ne l'avait pas recherchée, car il recevait la bataille, et ne l'offrait pas. La nuit était froide et sombre.

Les premiers soldats qui l'aperçurent, voulant éclairer ses pas, ramassèrent la paille de leur bivouac, et en formèrent des torches enflammées, qu'ils placèrent au bout de leurs fusils. En quelques minutes, cet exemple fut imité par toute l'armée, et sur le vaste front de notre position on vit briller cette illumination singulière. Les soldats suivaient les pas de Napoléon aux cris de *Vive l'Empereur!*

lui promettant de se montrer le lendemain dignes de lui et d'eux-mêmes. L'enthousiasme était dans tous les rangs. On allait comme il faut aller au danger, le cœur rempli de contentement et de confiance.

Napoléon se retira pour obliger ses soldats à prendre quelque repos, et attendit sous sa tente l'aurore d'une journée qui devait être l'une des plus grandes de sa vie, l'une des plus grandes de l'histoire.

Ces feux, ces cris avaient été facilement distingués des hauteurs qu'occupait l'armée russe, et y avaient produit, chez un petit nombre d'officiers sages, un sinistre pressentiment. Ils se demandaient si c'était là le signe d'une armée abattue et en retraite.

Pendant ce temps, les chefs de corps russes, réunis chez le général Kutusof, dans le village de Kreznowitz, recevaient leurs instructions pour le lendemain. Le vieux Kutusof sommeillait profondément, et le général Weirother, ayant étendu une carte du pays sous les yeux de ceux qui l'écoutaient, lisait avec emphase un mémoire contenant tout le plan de la bataille [1]. Nous l'avons presque fait connaître d'a-

Déc. 1805.

Communication du plan de Weirother aux généraux russes le soir qui précède la bataille.

---

[1] Nous croyons utile de citer un fragment des mémoires manuscrits du général Langeron, témoin oculaire, puisqu'il commandait l'un des corps de l'armée russe.

Voici le récit de cet officier :

« On a vu que, le 19 novembre (1er décembre), nos colonnes ne parvinrent à leur destination que vers les dix heures du soir.

» Vers les onze heures, tous les chefs de ces colonnes, excepté le prince Bagration, qui était trop éloigné, reçurent l'ordre de se rendre à Kreznowitz, chez le général Kutusof, afin d'entendre la lecture des dispositions pour la bataille du lendemain.

vance en rapportant les dispositions de Napoléon. La droite des Russes, sous le prince Bagration, faisant face à notre gauche, devait s'avancer contre Lannes, des deux côtés de la route d'Olmütz, nous enlever le *Santon*, et marcher directement sur Brünn. La cavalerie, réunie en une seule masse entre le corps de Bagration et le centre de l'armée russe, devait occuper la plaine même où Napoléon avait placé Murat, et lier la gauche des Russes avec leur centre. Le gros de l'armée, composé de quatre colonnes, commandées par les généraux Doctoroff, Langeron, Pribyschewski et Kollowrath, établi dans le moment sur les hauteurs de Pratzen, devait en descendre, traverser le ruisseau marécageux dont il a déjà été parlé, prendre Telnitz, Sokolnitz et Kobelnitz, tourner la droite des Français, et s'avancer sur leurs derrières pour leur enlever la route de Vienne. Le rendez-vous de tous ces corps était fixé sous

» A une heure du matin, lorsque nous fûmes tous rassemblés, le général Weirother arriva, déploya sur une grande table une immense carte très-exacte des environs de Brünn et d'Austerlitz, et nous lut ses dispositions, d'un ton élevé et avec un air de jactance qui annonçaient en lui la persuasion intime de son mérite et celle de notre incapacité. Il ressemblait à un régent de collége qui lit une leçon à de jeunes écoliers. Nous étions peut-être effectivement des écoliers; mais il était loin d'être un bon professeur. Kutusof, assis et à moitié endormi lorsque nous arrivâmes chez lui, finit par s'endormir tout à fait avant notre départ. Buxhoewden, debout, écoutait, et sûrement ne comprenait rien; Miloradovitch se taisait; Pribyschewski se tenait en arrière, et Doctoroff seul examinait la carte avec attention. Lorsque Weirother eut fini de pérorer, je fus le seul qui pris la parole. Je lui dis : « Mon général,
» tout cela est fort bien; mais si les ennemis nous préviennent et nous
» attaquent près de Pratzen, que ferons-nous? » — « Le cas n'est pas
» prévu, me répondit-il; vous connaissez l'audace de Buonaparte. S'il
» eût pu nous attaquer, il l'eût fait aujourd'hui. » — « Vous ne le croyez

les murs de Brünn. L'archiduc Constantin avec la garde russe, forte de 9 à 10 mille hommes, devait partir d'Austerlitz à la pointe du jour, pour venir se placer en réserve derrière le centre de l'armée combinée.

Lorsque le général Weirother eut achevé sa lecture, en présence des commandants des corps russes, dont un seul était attentif, c'était le général Doctoroff, et un seul enclin à contredire, c'était le général Langeron, il essuya de la part de ce dernier quelques objections. Le général Langeron, émigré français qui servait contre sa patrie, qui était frondeur et bon officier, demanda au général Weirother s'il croyait que tout se passerait comme il l'écrivait, et se montra quant à lui fort disposé à en douter. Le général Weirother ne voulut jamais admettre une autre idée que celle qui était répandue dans l'état-major russe, c'est que Napoléon se retirait, et que les instructions pour ce cas étaient excellentes. Mais le gé-

» donc pas fort? lui dis-je. » — « C'est beaucoup s'il a 40,000 hommes. »
— « Dans ce cas, il court à sa perte en attendant notre attaque; mais
» je le crois trop habile pour être imprudent, car si, comme vous le
» voulez et le croyez, nous le coupons de Vienne, il n'a d'autre retraite
» que les montagnes de la Bohême; mais je lui suppose un autre projet.
» Il a éteint ses feux, on entend beaucoup de bruit dans son camp. »
— « C'est qu'il se retire ou qu'il change de position ; et même, en sup-
» posant qu'il prenne celle de Turas, il nous épargne beaucoup de peine,
» et les dispositions restent les mêmes. »

» Kutusof alors, s'étant réveillé, nous congédia en nous ordonnant de laisser un adjudant pour copier les dispositions que le lieutenant colonel Toll, de l'état-major, allait traduire de l'allemand en russe. Il était alors près de trois heures du matin, et nous ne reçûmes les copies de ces fameuses dispositions qu'à près de huit heures, lorsque déjà nous étions en marche. »

néral Kutusof mit un terme à toute discussion, en renvoyant les commandants des corps à leurs quartiers, et en ordonnant que copie de ces instructions leur fût expédiée à tous. Ce chef expérimenté savait ce qu'il fallait penser de cette manière de concevoir et d'ordonner le plan des batailles, et pourtant il laissait faire, quoique ce fût sous son nom qu'on agît de la sorte.

Dès quatre heures du matin, Napoléon avait quitté sa tente, pour juger par ses propres yeux si les Russes commettaient la faute à laquelle il les avait si adroitement encouragés. Il descendit jusqu'au village de Puntowitz, situé au bord du ruisseau qui séparait les deux armées, et aperçut les feux presque éteints des Russes sur les hauteurs de Pratzen. Un bruit très-sensible de canons et de chevaux indiquait une marche de gauche à droite, vers les étangs, là même où il souhaitait que les Russes marchassent. Sa joie fut vive en trouvant sa prévoyance si bien justifiée ; il revint se placer sur le terrain élevé où il avait bivouaqué, et d'où il embrassait toute l'étendue de ce champ de bataille. Ses maréchaux étaient à cheval à côté de lui. Le jour commençait à luire. Un brouillard d'hiver couvrait au loin la campagne, et ne laissait apercevoir que les parties les plus saillantes du terrain, lesquelles apparaissaient sur ce brouillard comme des îles sur une mer. Les divers corps de l'armée française étaient en mouvement, et descendaient de la position qu'ils avaient occupée pendant la nuit, pour traverser le ruisseau qui les séparait des Russes. Mais ils s'arrêtaient dans les fonds, où ils étaient cachés par la brume et retenus par les ordres de l'Empereur, jusqu'au moment opportun pour l'attaque.

Déc. 1805.

Déjà un feu très-vif se faisait entendre à l'extrémité de la ligne vers les étangs. Le mouvement des Russes contre notre droite se prononçait. Le maréchal Davout était parti en toute hâte pour diriger la division Friant de Gross-Raigern sur Telnitz, et appuyer le 3ᵉ de ligne et les chasseurs corses, qui allaient avoir sur les bras une portion considérable de l'armée ennemie. Les maréchaux Lannes, Murat, Soult, avec leurs aides de camp entouraient l'Empereur, attendant l'ordre de commencer le combat au centre et à la gauche. Napoléon modérait leur ardeur, voulant laisser achever la faute que commettaient les Russes sur notre droite, de manière qu'ils ne pussent plus revenir de ces bas-fonds dans lesquels on les voyait s'engager. Enfin le soleil parut, et, dissipant les brouillards, inonda de clarté ce vaste champ de bataille. C'était le soleil d'Austerlitz, soleil dont le souvenir retracé tant de fois à la génération présente, ne sera sans doute jamais oublié des générations futures. Les hauteurs de Pratzen se dégarnissaient de troupes. Les Russes, exécutant le plan convenu, étaient descendus dans le lit du Goldbach, pour s'emparer des villages de Telnitz et de Sokolnitz, situés le long de ce ruisseau. Napoléon alors donna le signal de l'attaque, et ses maréchaux partirent au galop pour aller se placer à la tête de leurs divers corps d'armée.

Le soleil se lève sur le champ de bataille d'Austerlitz. Napoléon donne le signal de l'attaque.

Les trois colonnes russes chargées d'attaquer

Marche des

TOM. VI.

Déc. 1805.

trois colonnes russes chargées de tourner l'armée française vers les lacs.

Telnitz et Sokolnitz s'étaient ébranlées dès sept heures du matin. Elles étaient sous les ordres immédiats des généraux Doctoroff, Langeron et Pribyschewski, et sous le commandement supérieur du général Buxhoewden, officier médiocre et inactif, tout enorgueilli d'une faveur qu'il devait à un mariage de cour, commandant aussi peu la gauche de l'armée russe, que le général en chef Kutusof en commandait l'ensemble. Il marchait de sa personne avec la colonne du général Doctoroff, formant l'extrémité de la ligne russe, et appelée à combattre la première. Il ne se souciait nullement des autres colonnes, et du concert à mettre dans leurs divers mouvements; ce qui était fort heureux pour nous, car si elles avaient agi ensemble, et assailli en masse Telnitz et Sokolnitz, la division Friant n'étant point encore arrivée sur ce point, elles auraient pu gagner du terrain sur notre droite, beaucoup plus qu'il n'était utile de leur en livrer.

La colonne de Doctoroff avait bivouaqué comme les autres sur la hauteur de Pratzen. Au pied de cette hauteur, dans le bas-fond qui la séparait de notre droite, se trouvait un village appelé Augezd, et dans ce village une avant-garde sous les ordres du général Kienmayer, composée de cinq bataillons et de quatorze escadrons autrichiens. (Voir la carte n° 33.) Cette avant-garde devait balayer la plaine entre Augezd et Telnitz, pendant que la colonne Doctoroff descendrait des hauteurs. Les Autrichiens, jaloux de montrer aux Russes qu'ils se battaient aussi bien qu'eux, abordèrent le village de Telnitz avec beaucoup de résolution. Il fallait franchir à la fois le ruisseau, coulant ici dans des fossés, puis une hauteur couverte de vignes et de maisons. Nous avions en cet endroit, outre le 3ᵉ de ligne, le bataillon des chasseurs corses, embusqué derrière les accidents du terrain. Ces adroits tirailleurs, ajustant avec sang-froid les hussards qu'on avait envoyés en avant, en abattirent un grand nombre. Ils accueillirent de la même manière le régiment de Szeckler (infanterie), et en une demi-heure couchèrent à terre une partie de ce régiment. Les Autrichiens, fatigués de ce combat meurtrier et sans résultat, assaillirent en masse le village de Telnitz, avec leurs cinq bataillons réunis, mais ne réussirent pas à y pénétrer, grâce à la fermeté du 3ᵉ de ligne, qui les reçut avec la vigueur d'une troupe éprouvée. Tandis que l'avantgarde de Kienmayer s'épuisait ainsi en efforts impuissants, la colonne Doctoroff, forte de vingt-quatre bataillons, conduite par le général Buxhoewden, parut, après s'être fait attendre plus d'une heure, et vint aider les Autrichiens à s'emparer de Telnitz, que le 3ᵉ de ligne ne suffisait plus à défendre. Le lit du ruisseau fut franchi, et le général Kienmayer lança ses quatorze escadrons dans la plaine au delà de Telnitz, contre la cavalerie légère du général Margaron. Celle-ci soutint bravement plusieurs charges, et ne put tenir cependant contre une telle masse de cavalerie. La division Friant, conduite par le maréchal Davout, n'étant pas encore arrivée de Gross-Raigern, notre droite se trouva entièrement débordée. Mais le général Buxhoewden après s'être long-

Déc. 1805

Vive résistance des chasseurs corses à la colonne Doctoroff.

La colonne de Doctoroff parvient à franchir le Goldbach.

temps fait attendre, fut obligé d'attendre à son tour la seconde colonne, que commandait le général Langeron. Cette dernière avait été retenue par un accident singulier. La masse de la cavalerie, destinée à occuper la plaine qui était à la droite des Russes et à la gauche des Français, avait mal compris l'ordre qui lui prescrivait de prendre cette position ; elle était venue s'établir à Pratzen même, au milieu des bivouacs de la colonne de Langeron. Ayant reconnu son erreur, cette cavalerie, pour se rendre à sa véritable place, avait coupé et retardé longtemps les colonnes de Langeron et de Pribyschewski. Le général Langeron, arrivé enfin devant Sokolnitz, en entreprit l'attaque. Mais pendant ce temps le général Friant était accouru en toute hâte avec sa division, composée de cinq régiments d'infanterie et de six régiments de dragons. Le 1er régiment de dragons, attaché pour cette journée à la division Bourcier, fut dirigé au grand trot sur Telnitz. Déjà les Austro-Russes, victorieux sur ce point, commençaient à dépasser le Goldbach, et à déborder le 3e de ligne, ainsi que la cavalerie légère de Margaron. Les dragons du 1er régiment, en approchant de l'ennemi, se mirent au galop, et rejetèrent dans Telnitz tout ce qui avait essayé d'en déboucher. Les généraux Friant et Heudelet, arrivant avec la première brigade, composée du 108e de ligne et des voltigeurs du 15e léger, entrèrent dans Telnitz baïonnette baissée, en chassèrent les Autrichiens et les Russes, les poussèrent pêle-mêle au delà des fossés qui forment le lit du Goldbach, et restèrent maîtres du terrain, après l'avoir couvert de morts et de blessés. Malheureusement le brouillard, quoique dissipé presque partout, régnait encore dans les bas-fonds. Il enveloppait Telnitz, où l'on se trouvait dans une sorte de nuage. Le 26ᵉ léger, de la division Legrand, venu au secours du 3ᵉ de ligne, apercevant confusément des masses de troupes au delà du ruisseau, sans distinguer la couleur de leur uniforme, fit feu sur le 108ᵉ, en croyant tirer sur l'ennemi. Cette attaque inattendue ébranla le 108ᵉ, qui se replia dans la crainte d'être tourné. Profitant de cette circonstance, les Russes et les Autrichiens, forts en ce point de vingt-neuf bataillons, reprirent l'offensive, et repoussèrent de Telnitz la brigade Heudelet, pendant que le général Langeron, abordant avec douze bataillons russes le village de Sokolnitz, situé sur le Goldbach un peu au-dessus de Telnitz, avait réussi à y pénétrer. Les deux colonnes ennemies de Doctoroff et de Langeron commencèrent alors à déboucher l'une de Telnitz, l'autre de Sokolnitz. Dans ce même temps la colonne du général Pribyschewski avait attaqué et pris le château de Sokolnitz, placé au-dessus du village du même nom. A cet aspect, le général Friant, qui, dans cette journée comme en tant d'autres, se conduisit en héros, lance le général Bourcier avec ses six régiments de dragons sur la colonne de Doctoroff, à l'instant où celle-ci se déployait au delà de Telnitz. Les Russes présentent leurs baïonnettes à nos dragons, mais les charges de nos cavaliers, répétées à outrance, les empêchent de s'étendre, et soutiennent la brigade

Déc. 1805.

Conduite héroïque du général Friant et de sa division.

Heudelet qui leur est opposée. Le général Friant se met ensuite à la tête de la brigade Lochet, composée du 48° et du 111° de ligne, et fond sur la colonne Langeron, qui dépassait déjà le village de Sokolnitz, l'y ramène, y entre à sa suite, l'en expulse, et la rejette au delà du Goldbach. Sokolnitz occupé, le général Friant en commet la garde au 48°, et marche avec sa troisième brigade, celle de Kister, composée du 33° de ligne et du 15° léger, pour disputer à la colonne de Pribyschewski le château de Sokolnitz. Il réussit encore à refouler celle-ci. Mais, tandis qu'il est aux prises avec les troupes de Pribyschewski, devant le château de Sokolnitz, la colonne de Langeron, réattaquant le village dépendant de ce château, est près d'accabler le 48°, qui, retiré dans les maisons du village, se défend avec une admirable vaillance. Le général Friant y revient, et dégage le 48°. Ce brave général, et son illustre chef le maréchal Davout, courant sans cesse d'un point à l'autre, sur cette ligne du Goldbach si vivement disputée, se battent avec 7 à 8 mille fantassins et 2,800 chevaux contre 35 mille Russes. En effet, la division Friant, par la marche de trente-six lieues qu'elle avait exécutée, était réduite à 6 mille hommes au plus, et avec le 3° de ligne ne faisait pas plus de 7 à 8 mille combattants. Mais les hommes restés en arrière, arrivant à chaque instant au bruit du canon, remplissaient successivement les vides que le feu de l'ennemi opérait dans ses rangs.

Le maréchal Soult attaque avec son corps Pendant ce combat acharné vers notre droite, le maréchal Soult au centre avait assailli la position de laquelle dépendait le sort de la bataille. Au signal donné par Napoléon, les deux divisions Vandamme et Saint-Hilaire, formées en colonnes serrées, avaient franchi d'un pas rapide les pentes du plateau de Pratzen. (Voir la carte n° 33.) La division Vandamme avait pris à gauche, celle de Saint-Hilaire à droite du village de Pratzen, qui est profondément encaissé dans un ravin aboutissant au ruisseau de Goldbach, près de Puntowitz. Tandis que les Français se portaient en avant, le centre de l'armée ennemie, composé de l'infanterie autrichienne de Kollowrath et de l'infanterie russe de Miloradovitch, fort de vingt-sept bataillons, commandé directement par le général Kutusof et les deux empereurs, était venu se déployer sur le plateau de Pratzen, pour y prendre la place des trois colonnes de Buxhoewden, descendues dans les bas-fonds. Nos soldats, sans répondre à la fusillade qu'ils essuyaient, continuaient à gravir la hauteur, surprenant par leur allure vive et résolue les généraux ennemis qui s'attendaient à les trouver en retraite [1].

Arrivés au village de Pratzen, ils le franchissent sans s'y arrêter. Le général Morand passe outre à la tête du 10ᵉ léger, et va se former sur le plateau. Le général Thiébault [2] le suit avec sa

---

[1] Le prince Czartoryski, placé entre les deux empereurs, fit remarquer à l'empereur Alexandre la marche leste et décidée des Français qui gravissaient le plateau, sans répondre au feu des Russes. Ce prince ému à cette vue sentit défaillir la confiance qu'il avait éprouvée jusquelà, et en conçut un pressentiment sinistre qui ne l'abandonna pas de la journée.

[2] Celui qui est mort récemment.

brigade, composée du 14ᵉ et du 36ᵉ de ligne, et tandis qu'il s'avance reçoit tout à coup, par derrière, une décharge de mousqueterie, qui partait de deux bataillons russes cachés dans le ravin au fond duquel le village de Pratzen est situé. Le général Thiébault fait alors une halte d'un instant, rend à bout portant le feu qu'il a reçu, et entre dans le village avec l'un de ses bataillons. Il disperse ou prend les Russes qui l'occupaient; puis il revient pour soutenir le général Morand, déployé sur le plateau. De son côté, la brigade Varé, la seconde de la division Saint-Hilaire, passant à la gauche du village, était venue se ranger en face de l'ennemi, tandis que Vandamme, avec toute sa division, s'étendant plus à gauche encore, prenait position près d'un petit mamelon appelé Stari-Winobradi, qui domine le plateau de Pratzen. Les Russes avaient établi sur ce mamelon cinq bataillons et une nombreuse artillerie.

L'infanterie autrichienne de Kollowrath et l'infanterie russe de Miloradovitch étaient disposées sur deux lignes. Le maréchal Soult, sans perdre de temps, porte en avant les divisions Saint-Hilaire et Vandamme. Le général Thiébault, formant avec sa brigade la droite de la division Saint-Hilaire, avait une batterie de douze pièces. Il les fait charger à boulet et mitraille, et commence un feu meurtrier sur l'infanterie qui lui était opposée. Ce feu, dirigé avec justesse et vivacité, répand bientôt le désordre dans les rangs autrichiens, qui d'abord rétrogradent, puis se jettent confusément sur le revers du plateau. Vandamme aborde aussitôt l'ennemi rangé devant lui. Sa brave infanterie s'avance avec sang-froid, s'arrête, exécute plusieurs décharges meurtrières, et marche sur les Russes à la baïonnette. Elle renverse leur première ligne sur la seconde, et les oblige à fuir l'une et l'autre sur le revers du plateau de Pratzen, en abandonnant leur artillerie. Dans ce mouvement, Vandamme avait laissé sur sa gauche le mamelon de Stari-Winobradi, défendu par plusieurs bataillons russes et tout hérissé d'artillerie. Il y revient, et le faisant tourner par le général Schiner avec le 24ᵉ léger, il y monte lui-même avec le 4ᵉ de ligne. Malgré un feu plongeant, il gravit le mamelon, culbute les Russes qui le gardaient, et s'empare de leurs canons.

Déc. 1805.

Ainsi en moins d'une heure, les deux divisions du corps du maréchal Soult s'étaient rendues maîtresses du plateau de Pratzen, et poursuivaient les Russes et les Autrichiens jetés pêle-mêle sur les pentes de ce plateau, qui s'incline vers le château d'Austerlitz.

Les deux empereurs d'Autriche et de Russie, témoins de cette action rapide, s'efforçaient en vain d'arrêter leurs soldats. Ils étaient peu écoutés au milieu de cette confusion, et Alexandre pouvait déjà s'apercevoir que la présence d'un souverain ne saurait valoir en pareille circonstance celle d'un bon général. Miloradovitch, toujours brillant au feu, parcourait à cheval ce champ de bataille labouré par les boulets, et tâchait de ramener les fuyards. Le général Kutusof, blessé d'une balle à la joue, voyait

Efforts des deux empereurs et du général Kutusof pour rallier le centre de l'armée austro-russe.

se réaliser le désastre qu'il avait prévu, et qu'il n'avait pas eu la fermeté d'empêcher. Il s'était hâté d'appeler à lui la garde impériale russe, qui avait bivouaqué en avant d'Austerlitz, afin de rallier derrière elle son centre en déroute. Si ce chef de l'armée autro-russe, dont le mérite se réduisait à beaucoup de finesse cachée sous beaucoup d'indolence, avait été capable de résolutions justes et promptes, c'était le cas de courir vers sa gauche engagée dans ce moment avec notre droite, de tirer les trois colonnes de Buxhoewden des bas-fonds dans lesquels on les avait engouffrées, de les ramener sur le plateau de Pratzen, et avec cinquante mille hommes réunis de tenter un effort décisif pour reprendre une position sans laquelle son armée allait être coupée en deux. Quand même il n'aurait pas réussi, il se serait au moins retiré en ordre sur Austerlitz par un chemin sûr, et n'aurait pas laissé sa gauche adossée à un abîme. Mais, se contentant de parer au mal dont il était le témoin oculaire, il se bornait à rallier son centre sur la garde impériale russe, forte de neuf à dix mille hommes, tandis que Napoléon, au contraire, les yeux toujours fixés sur le plateau de Pratzen, amenait au soutien du maréchal Soult, déjà victorieux, le corps de Bernadotte, la garde et les grenadiers Oudinot, c'est-à-dire vingt-cinq mille hommes d'élite.

Pendant que notre droite disputait ainsi la ligne du Goldbach aux Russes, et que notre centre leur enlevait le plateau de Pratzen, Lannes et Murat, à notre gauche, étaient aux prises avec le prince

Bagration, et avec toute la cavalerie des Austro-Russes. (Voir la carte n° 33.)

Déc. 1805.

Lannes, avec les divisions Suchet et Caffarelli, déployées sur les deux côtés de la route d'Olmütz, devait marcher directement devant lui. A gauche de la route, là même où s'élevait le *Santon*, le terrain se rapprochant des hauteurs boisées de la Moravie, était fort accidenté, tantôt montueux, tantôt coupé de ravins profonds. C'est là qu'était placée la division Suchet. A droite, le terrain plus uni, allait se lier par des pentes assez douces au plateau de Pratzen. Caffarelli marchait de ce côté, protégé par la cavalerie de Murat contre la masse de la cavalerie austro-russe.

Lannes et Murat, à la gauche de notre armée, triomphent des assauts répétés de Bagration et de toute la cavalerie austro-russe.

On s'attendait sur ce point à une sorte de bataille d'Égypte, car on voyait quatre-vingt-deux escadrons russes et autrichiens rangés sur deux lignes, et commandés par le prince Jean de Lichtenstein. Par ce motif, les divisions Suchet et Caffarelli présentaient plusieurs bataillons déployés, et derrière les intervalles de ces bataillons, d'autres bataillons en colonne serrée, pour appuyer et flanquer les premiers. L'artillerie était répandue sur le front des deux divisions. La cavalerie légère du général Kellermann ainsi que les divisions de dragons se trouvaient à droite dans la plaine, la grosse cavalerie de Nansouty et d'Hautpoul en réserve en arrière.

Dans cet ordre imposant, Lannes s'ébranla dès qu'il entendit le canon de Pratzen, et traversa au pas, comme il aurait pu le faire sur un champ de manœuvre, cette plaine éclairée par un beau soleil d'hiver.

Déc. 1805.

Attaque de toute la cavalerie ennemie sur le corps de Lannes.

Le prince Jean de Lichtenstein s'était longtemps fait attendre, par suite de la méprise qui avait exposé la cavalerie austro-russe à courir inutilement de la droite à la gauche du champ de bataille. En son absence la garde impériale d'Alexandre avait rempli le vide qu'il laissait entre le centre et la droite de l'armée combinée. Arrivé enfin, il aperçoit le mouvement du corps de Lannes, et lance les uhlans du grand-duc Constantin sur la division Caffarelli. Ces hardis cavaliers se jettent sur cette division, devant laquelle Kellermann était placé avec sa brigade de cavalerie légère. Le général Kellermann, l'un de nos plus habiles officiers de cavalerie, jugeant qu'il serait culbuté sur l'infanterie française, et la mettrait peut-être en désordre, s'il recevait immobile cette charge redoutable, replie ses escadrons, et les faisant passer par les intervalles des bataillons de Caffarelli, s'en va les reformer à gauche, afin de saisir une occasion favorable pour charger. Les uhlans, lancés au galop, ne trouvent plus notre cavalerie légère, et rencontrent en place une ligne d'infanterie inébranlable, qui, sans même se former en carré, les accueille par un feu meurtrier de mousqueterie. Quatre cents de ces cavaliers sont aussitôt couchés par terre, sur le front de la division. Le général russe Essen est atteint d'une blessure mortelle en combattant à leur tête. Les autres se répandent en désordre à droite et à gauche. Saisissant l'à-propos, Kellermann, qui avait reformé ses escadrons sur la gauche de Caffarelli, charge les uhlans, et en sabre un bon nombre. Le prince Jean de Lichtenstein envoie une nouvelle partie de ses escadrons au secours des uhlans. Nos divisions de dragons s'ébranlent à leur tour, fondent sur la cavalerie ennemie, et pendant quelques instants on n'aperçoit plus qu'une affreuse mêlée où tout le monde combat corps à corps. Cette nuée de cavaliers se dissipe enfin, chacun rejoint sa ligne de bataille, laissant le terrain couvert de morts et de blessés, pour la plupart russes ou autrichiens. Nos deux masses d'infanterie s'avancent alors, d'un pas ferme et mesuré, sur ce terrain abandonné par la cavalerie. Les Russes leur opposent quarante bouches à feu qui vomissent une grêle de projectiles. Une décharge enlève en entier le groupe de tambours du premier régiment de Caffarelli. On répond à cette rude canonnade par le feu de toute notre artillerie. Dans ce combat à coups de canons, le général Valhubert a une cuisse fracassée par un boulet. Quelques soldats veulent l'emporter. — Restez à votre poste, leur dit-il, je saurai bien mourir tout seul. Il ne faut pas pour un homme en perdre six. — On marche ensuite sur le village de Blaziowitz, qui était à droite de la plaine, là où le terrain commence à s'élever vers Pratzen. Ce village, comme tous ceux du pays, profondément encaissé dans un ravin, ne se faisait voir que par la flamme qui le dévorait. Un détachement de la garde impériale russe l'avait occupé le matin, en attendant la cavalerie du prince de Lichtenstein. Lannes ordonne au 13ᵉ léger de s'en emparer. Le colonel Castex, qui commandait le 13ᵉ, s'avance avec le premier bataillon, en colonne d'attaque, et tandis qu'il arrive sur le village, est frappé d'une balle au front. Le bataillon s'élance, et venge à coups de baïonnettes la mort de son colonel. On s'empare de Blaziowitz, et on y ramasse quelques centaines de prisonniers qui sont envoyés sur les derrières.

A l'autre aile du corps de Lannes, les Russes conduits par le prince Bagration essayaient d'enlever la petite éminence que nos soldats appelaient le *Santon*. Ils étaient descendus dans un vallon qui longe le pied de cette éminence, y avaient pris le village de Bosenitz, et échangeaient inutilement leurs boulets avec la nombreuse artillerie qui garnissait la hauteur. Mais ils ne songeaient pas à braver la mousqueterie du 17e de ligne, trop bien établi pour qu'on osât l'aborder de si près.

Le prince Bagration avait rangé le reste de son infanterie sur la route d'Olmütz en face de la division Suchet. Forcé à rétrograder, il se retirait lentement devant le corps de Lannes, qui marchait sans précipitation, mais avec un ensemble imposant, et en gagnant toujours du terrain.

Blaziowitz pris, Lannes fait enlever Holubitz et Kruch, villages placés le long de la route d'Olmütz, et parvient à joindre l'infanterie de Bagration. En ce moment il rompt la ligne formée par ses deux divisions. Il porte la division Suchet obliquement à gauche, la division Caffarelli obliquement à droite. Par ce mouvement divergent, il sépare l'infanterie de Bagration de la cavalerie du prince de Lichtenstein, rejette la première à la gauche de la route d'Olmütz, la seconde à la droite vers les pentes du plateau de Pratzen.

Alors cette cavalerie veut faire une dernière tentative, et fond tout entière sur la division Caffarelli, qui la reçoit avec son aplomb ordinaire, et l'arrête par le feu de sa mousqueterie. Les nombreux escadrons de Lichtenstein, d'abord dispersés, puis ralliés par leurs officiers, sont ramenés sur nos bataillons. Par l'ordre de Lannes les cuirassiers des généraux d'Hautpoul et Nansouty, qui suivaient l'infanterie de Caffarelli, défilent au grand trot derrière les rangs de cette infanterie, se forment sur sa droite, s'y déploient, et s'élancent au galop. La terre tremble sous les pieds de ces quatre mille cavaliers chargés de fer. Ils se précipitent le sabre au poing sur la masse reformée des escadrons austro-russes, les renversent de leur choc, les dispersent, et les obligent à s'enfuir sur Austerlitz, où ils se retirent pour ne plus reparaître de la journée.

Pendant le même temps, la division Suchet avait abordé l'infanterie du prince Bagration. Après avoir dirigé sur les Russes ces feux tranquilles et sûrs que nos troupes, aussi instruites qu'aguerries, exécutaient avec une extrême précision, la division Suchet les avait joints à la baïonnette. Les Russes, cédant à l'impétuosité de nos bataillons, s'étaient retirés, mais sans se rompre, et sans se rendre. Ils formaient une masse confuse, hérissée de fusils, qu'on était réduit à pousser devant soi, sans pouvoir la faire prisonnière. Lannes, débarrassé des quatre-vingt-deux escadrons du prince de Lichtenstein, s'était hâté de ramener la grosse cavalerie du général d'Hautpoul de la droite à la gauche de cette plaine, et l'avait lancée

Déc. 1805.

sur les Russes pour décider leur retraite. Les cuirassiers chargeant dans tous les sens ces fantassins obstinés qui se retiraient en gros pelotons, avaient obligé quelques mille d'entre eux à déposer les armes.

Ainsi, vers notre gauche, Lannes venait de livrer à lui seul une véritable bataille. Il avait fait quatre mille prisonniers. La terre était jonchée autour de lui de deux mille morts ou blessés, tant Russes qu'Autrichiens.

Mais sur le plateau de Pratzen la lutte s'était renouvelée entre le centre des ennemis et le corps du maréchal Soult, renforcé de toutes les réserves que Napoléon amenait en personne. Le général Kutusof, au lieu de songer, comme nous l'avons dit, à rappeler à lui les trois colonnes de Doctoroff, Langeron et Pribyschewski, engagées dans les bas-fonds, n'avait songé qu'à rallier son centre sur la garde impériale russe. La seule brigade Kamenski du corps de Langeron, entendant sur ses derrières un feu très-vif, s'était arrêtée, puis avait rétrogradé spontanément pour remonter sur le plateau de Pratzen. Le général Langeron averti était venu se mettre à la tête de cette brigade, laissant dans Sokolnitz le reste de sa colonne.

Les Français, dans ce renouvellement du combat vers le centre, allaient se trouver aux prises avec la brigade Kamenski, avec l'infanterie de Kollowrath et de Miloradovitch, avec la garde impériale russe. La brigade Thiébault, occupant l'extrême droite du corps du maréchal Soult, et séparée de la brigade Varé par le village de Pratzen, se trouvait au milieu d'une équerre de feux, car elle avait devant elle la ligne reformée des Autrichiens, et en retour sur sa droite une partie des troupes de Langeron. Cette brigade, composée du 10° léger, des 14° et 36° de ligne, allait être exposée un moment au plus grave péril. Comme elle se déployait, et se formait elle-même en équerre pour faire face à l'ennemi, l'adjudant Labadie, du 36°, craignant que son bataillon, sous un feu de mousqueterie et de mitraille reçu à trente pas, ne fût ébranlé dans son mouvement, se saisit du drapeau, et, se plaçant lui-même en jalon, s'écrie : — Soldats, voici votre ligne de bataille. — Le bataillon se déploie avec un parfait aplomb. Les autres l'imitent, la brigade prend position, et durant quelques instants échange à demi-portée une fusillade meurtrière. Cependant ces trois régiments auraient promptement succombé sous une masse de feux croisés, si le combat s'était prolongé. Le général Saint-Hilaire, admiré de l'armée pour sa bravoure chevaleresque, s'entretenait avec les généraux Thiébault et Morand sur le parti à prendre, lorsque le colonel Pouzet du 10° lui dit : Général, marchons en avant et à la baïonnette, ou nous sommes perdus. — Oui, en avant! répond le général Saint-Hilaire. — On croise aussitôt la baïonnette, on se jette à droite sur les Russes de Kamenski, en face sur les Autrichiens de Kollowrath, et on culbute les premiers dans les bas-fonds de Sokolnitz et de Telnitz, les seconds sur les revers du plateau de Pratzen, vers la route d'Austerlitz.

Tandis que la brigade Thiébault, livrée quelque

Déc. 1805.

Grave danger de la brigade Thiébault, et belle conduite de cette brigade.

temps à elle-même, s'en tirait avec tant de bonheur et de vaillance, la brigade Varé et la division Vandamme, placées de l'autre côté du village de Pratzen, n'avaient pas à beaucoup près autant de peine à repousser le retour offensif des Austro-Russes, et les avaient bientôt refoulés au pied du plateau qu'ils essayaient vainement de gravir. Dans l'ardeur qui entraînait nos troupes, le premier bataillon du 4ᵉ de ligne, appartenant à la division Vandamme, s'était laissé emporter à la poursuite des Russes, sur des terrains inclinés et couverts de vignes. Le grand-duc Constantin avait sur-le-champ envoyé un détachement de cavalerie de la garde, qui, surprenant ce bataillon au milieu des vignes, l'avait renversé avant qu'il eût pu se former en carré. Dans cette confusion, le porte-drapeau du régiment avait été tué. Un sous-officier, voulant recueillir l'aigle, avait été tué à son tour. Un soldat l'avait saisi des mains du sous-officier, et, mis lui-même hors de combat, n'avait pu empêcher les cavaliers de Constantin d'enlever ce trophée.

Napoléon, qui était venu renforcer le centre avec l'infanterie de sa garde, tout le corps de Bernadotte et les grenadiers Oudinot, aperçoit de la hauteur où il est placé l'échauffourée de ce bataillon. — Il y a là du désordre, dit-il à Rapp, il faut le réparer. — Aussitôt Rapp, à la tête des mameluks et des chasseurs à cheval de la garde, vole au secours du bataillon compromis. Le maréchal Bessières suit Rapp avec les grenadiers à cheval. La division Drouet, du corps de Bernadotte, formée

AUSTERLITZ. 323

des 94ᵉ et 95ᵉ régiments, et du 27ᵉ léger, s'avance
en seconde ligne, conduite par le colonel Gérard,
aide de camp de Bernadotte, et officier d'une grande
énergie, pour s'opposer à l'infanterie de la garde
russe.

Rapp, en se montrant, attire la cavalerie ennemie
qui sabrait nos fantassins couchés par terre. Cette
cavalerie se dirige sur lui avec quatre pièces de canon attelées. Malgré une décharge à mitraille, Rapp
s'élance, et enfonce la cavalerie impériale. Il pousse
en avant, et passe au delà du terrain que le bataillon du 4ᵉ couvrait de ses débris. Aussitôt les soldats
de ce bataillon se relèvent, et se reforment pour
venger leur échec. Rapp, arrivé jusqu'aux lignes
de la garde russe, est assailli par une seconde
charge de cavalerie. Ce sont les chevaliers-gardes
d'Alexandre, qui, dirigés par leur colonel, prince
Repnin, se jettent sur lui. Le brave Morland, colonel des chasseurs de la garde impériale française,
est tué; les chasseurs sont ramenés. Mais dans ce
moment arrivent au galop les grenadiers à cheval,
conduits par le maréchal Bessières au secours de
Rapp. Ces superbes cavaliers, montés sur de grands
chevaux, sont jaloux de se mesurer avec les chevaliers-gardes d'Alexandre. Une mêlée de plusieurs
minutes s'engage entre les uns et les autres. L'infanterie de la garde russe, témoin de ce rude combat, n'ose pas faire feu, de peur de tirer sur les siens.
Enfin les grenadiers à cheval de Napoléon, vieux
soldats éprouvés en cent batailles, triomphent des
jeunes cavaliers d'Alexandre, les dispersent, après

Déc. 1805.

en avoir étendu un certain nombre sur la terre, et reviennent vainqueurs auprès de leur maître.

Napoléon, qui assistait à cet engagement, fut enchanté de voir la jeunesse russe punie de sa jactance. Entouré de son état-major, il reçut Rapp, qui revenait blessé, couvert de sang, suivi du prince Repnin prisonnier, et lui donna d'éclatants témoignages de satisfaction. Pendant ce temps, les trois régiments de la division Drouet, amenés par le colonel Gérard, poussaient l'infanterie de la garde russe sur le village de Kreznowitz, enlevaient ce village, et faisaient beaucoup de prisonniers. Il était une heure de l'après-midi, la victoire ne présentait plus de doute, car Lannes et Murat étant maîtres de la plaine à gauche; le maréchal Soult, appuyé par toute la réserve, étant maître du plateau de Pratzen, il ne restait plus qu'à se rabattre sur la droite, et à jeter dans les étangs les trois colonnes russes de Buxhoewden, si vainement obstinées à nous couper de la route de Vienne. Napoléon, laissant alors le corps de Bernadotte sur le plateau de Pratzen, et tournant à droite avec le corps du maréchal Soult, la garde et les grenadiers Oudinot, voulut recueillir lui-même le prix de ses profondes combinaisons, et vint par la route qu'avaient suivie les trois colonnes de Buxhoewden en descendant du plateau de Pratzen, les assaillir par derrière. Il était temps qu'il arrivât, car le maréchal Davout et son lieutenant le général Friant, courant sans cesse de Kobelnitz à Telnitz, pour empêcher les Russes de franchir le Goldbach, allaient finir par succomber. Le brave

Friant avait eu quatre chevaux tués sous lui dans la journée. Mais tandis qu'il faisait les derniers efforts, Napoléon apparaît tout à coup à la tête d'une masse de forces écrasante. Une affreuse confusion se produit alors parmi les Russes surpris et désespérés. La colonne de Pribyschewski tout entière, et une moitié de celle de Langeron restée devant Sokolnitz, se voient entourées sans aucun espoir de salut, puisque les Français arrivent sur leurs derrières par les routes qu'elles-mêmes ont parcourues le matin. Ces deux colonnes se dispersent ; une partie est faite prisonnière dans Sokolnitz, une autre se réfugie vers Kobelnitz, et est enveloppée près des marécages de ce nom. Une troisième enfin s'engage vers Brünn, et est contrainte de déposer les armes près de la route de Vienne, là même où les Russes s'étaient donné rendez-vous dans l'espérance de la victoire.

Le général Langeron, avec les débris de la brigade Kamenski et quelques bataillons qu'il avait retirés de Sokolnitz avant le désastre, s'était réfugié vers Telnitz et les étangs, près du lieu où se trouvait Buxhoewden avec la colonne Doctoroff. L'inepte commandant de l'aile gauche des Russes, tout fier avec 29 bataillons et 22 escadrons d'avoir disputé le village de Telnitz à cinq ou six bataillons français, était immobile, attendant le succès des colonnes Langeron et Pribyschewski. Il portait sur son visage, à en croire un témoin oculaire, les signes des excès auxquels il se livrait habituellement. Langeron, accouru sur ce point, lui raconte avec vivacité ce qui se passe. — Vous ne voyez partout

Déc. 1805.

Affreux désastre des trois colonnes de Buxhoewden, prises entre deux feux et jetées dans les étangs.

que des ennemis, lui répond brutalement Buxhoewden — Et vous, réplique Langeron, vous n'êtes en état d'en voir nulle part. — Mais dans cet instant le corps du maréchal Soult paraît sur le versant du plateau vers les lacs, et se dirige sur la colonne Doctoroff pour la pousser dans les étangs. Il n'est plus possible de douter du péril. Buxhoewden, avec quatre régiments qu'il avait eu l'impéritie de laisser inactifs auprès de lui, essaye de regagner la route par laquelle il était venu, et qui passait par le village d'Augezd, entre le pied du plateau de Pratzen et l'étang de Satschan. Il s'y porte précipitamment, ordonnant au général Doctoroff de se sauver comme il pourrait. Langeron se joint à lui avec les restes de sa colonne. Buxhoewden traverse Augezd au moment même où la division Vandamme, descendant la hauteur, y arrive de son côté. Il essuie en fuyant le feu des Français, et parvient à se mettre en sûreté, avec une portion de ses troupes. La majeure partie suivie des débris de Langeron est arrêtée court par la division Vandamme, maîtresse d'Augezd. Alors tous ensemble se jettent vers les étangs glacés, et tâchent de s'y frayer un chemin. La glace qui couvre ces étangs, affaiblie par la chaleur d'une belle journée, ne peut résister au poids des hommes, des chevaux, des canons. Elle fléchit en quelques points sous les Russes qui s'y engouffrent; elle résiste sur quelques autres, et offre un asile aux fuyards qui s'y retirent en foule.

Napoléon, arrivé sur les pentes du plateau de Pratzen, du côté des étangs, aperçoit le désastre

BATAILLE D'AUSTERLITZ

qu'il avait si bien préparé. Il fait tirer à boulet, par une batterie de la garde, sur les parties de la glace qui résistent encore, et achève la ruine des malheureux qui s'y étaient réfugiés. Près de deux mille trouvent la mort sous cette glace brisée.

Déc. 1805.

sous la glace rompue.

Entre l'armée française et ces inaccessibles étangs, reste encore la malheureuse colonne Doctoroff, dont un détachement vient de se sauver avec Buxhoewden, et un autre de s'engloutir sous la glace. Le général Doctoroff, laissé dans cette cruelle situation, se conduit avec le plus noble courage. Le terrain, en se rapprochant des lacs, se relevait de manière à offrir une sorte d'appui. Le général Doctoroff s'adosse à ce relèvement du terrain, et forme trois lignes de ses troupes; il place la cavalerie en première ligne, l'artillerie en seconde, l'infanterie en troisième. Ainsi déployé, il oppose aux Français une ferme contenance, pendant qu'il envoie quelques escadrons chercher une route entre l'étang de Satschan et celui de Menitz.

Honorable conduite du général Doctoroff.

Un dernier et rude combat s'engage sur ce terrain. Les dragons de la division Beaumont, empruntés à Murat, et amenés de la gauche à la droite, chargent la cavalerie autrichienne de Kienmayer, qui, après avoir fait son devoir, se retire sous la protection de l'artillerie russe. Celle-ci, demeurée immobile à ses pièces, couvre de mitraille les dragons, qui essayent en vain de l'enlever. L'infanterie du maréchal Soult marche à son tour sur cette artillerie, malgré un feu à bout portant, s'en empare, et pousse l'infanterie russe sur Telnitz. De son côté, le maréchal Davout, avec la division Friant, entre dans Telnitz. Dès lors les Russes n'ont plus pour s'enfuir qu'un étroit passage entre Telnitz et les étangs. Les uns, s'y précipitant pêle-mêle, y trouvent la mort comme ceux qui les y ont précédés. Les autres parviennent à se retirer, par un chemin qu'on a découvert entre les étangs de Satschan et de Menitz. La cavalerie française les suit sur cette chaussée, en les harcelant dans leur retraite. La terre glaise de ces contrées, que le soleil de la journée a convertie de glace en boue épaisse, cède sous les pas des hommes et des chevaux. L'artillerie des Russes s'y enfonce. Leurs chevaux, plutôt faits pour courir que pour tirer, ne pouvant dégager leurs canons, les y abandonnent. Nos cavaliers recueillent au milieu de cette déroute trois mille prisonniers et une grande quantité de canons. « J'avais vu déjà, s'écrie l'un des acteurs de cette scène affreuse, le général Langeron, quelques batailles perdues ; je n'avais pas l'idée d'une pareille défaite. »

En effet, d'une aile à l'autre de l'armée russe, il n'y avait en ordre que le corps du prince Bagration, que Lannes n'avait pas osé poursuivre, dans l'ignorance où il était de ce qui se passait à la droite de l'armée. Tout le reste était dans un affreux désordre, poussant des cris sauvages, pillant les villages épars sur la route, pour se procurer quelques vivres. Les deux souverains de Russie et d'Autriche fuyaient ce champ de bataille, sur lequel ils entendaient les Français crier *vive l'Empereur!* Alexandre était dans un profond abattement. L'empereur François, plus tranquille, supportait ce désastre avec sang-froid. Dans le malheur commun il avait du moins une consolation : les Russes ne pouvaient plus prétendre que la lâcheté des Autrichiens faisait toute la gloire de Napoléon. Les deux princes couraient rapidement à travers les champs de la Moravie, au milieu d'une obscurité profonde, séparés de leur maison, et exposés à être insultés par la barbarie de leurs propres soldats. L'empereur d'Autriche, voyant tout perdu, prit sur lui d'envoyer le prince Jean de Lichtenstein à Napoléon, pour demander un armistice, avec promesse de signer la paix sous quelques jours. Il le chargea en outre d'exprimer à Napoléon le désir d'avoir avec lui une entrevue aux avant-postes.

Le prince Jean, qui avait bien rempli son devoir dans la journée, pouvait se présenter honorablement au vainqueur. Il se rendit en toute hâte au quartier général français. Napoléon, victorieux, était occupé à parcourir le champ de bataille, pour faire relever les blessés. Il ne voulait pas prendre de repos avant d'avoir donné à ses soldats les soins auxquels ils avaient tant de droits. Obéissant à ses ordres, aucun d'eux n'avait quitté les rangs pour emporter les hommes atteints de blessures. Aussi le sol en était-il jonché sur un espace de plus de trois lieues. Il était couvert surtout de cadavres russes. Le champ de bataille était affreux à voir. Mais ce spectacle touchait peu nos vieux soldats de la révolution. Habitués aux horreurs de la guerre, ils regardaient les blessures, la mort, comme une suite naturelle des combats, et comme peu de chose au sein de la vic-

Déc. 1805.

Le prince Jean de Lichtenstein envoyé à Napoléon le soir même de la bataille, pour demander un armistice et la paix.

toire. Ils étaient ivres de satisfaction, et poussaient des acclamations bruyantes lorsqu'ils apercevaient le groupe d'officiers qui signalait la présence de Napoléon. Son retour au quartier général, qu'on avait établi à la maison de poste de Posoritz, offrit l'aspect d'une marche triomphale.

Cette âme, dans laquelle de si amères douleurs devaient un jour succéder à des joies si vives, goûtait en cet instant les délices du plus magnifique succès, et du mieux mérité, car, si la victoire est souvent une pure faveur du hasard, elle était ici le prix de combinaisons admirables. Napoléon, en effet, devinant avec la pénétration du génie que les Russes voudraient lui enlever la route de Vienne, et qu'alors ils se placeraient entre lui et les étangs, les avait, par son attitude même, encouragés à y venir, puis, affaiblissant sa droite, renforçant son centre, il s'était jeté avec le gros de son armée sur les hauteurs de Pratzen par eux abandonnées, les avait ainsi coupés en deux, et précipités dans un gouffre, duquel ils n'avaient pu sortir. La majeure partie de ses troupes, gardée en réserve, n'avait presque pas agi, tant une pensée juste rendait sa position forte, tant aussi la valeur de ses soldats lui permettait de les présenter en nombre inférieur à l'ennemi. On peut dire que sur 65 mille Français, 40 ou 45 mille au plus avaient combattu, car le corps de Bernadotte, les grenadiers et l'infanterie de la garde n'avaient échangé que quelques coups de fusil. Ainsi 45 mille Français avaient vaincu 90 mille Austro-Russes.

Les résultats de la journée étaient immenses :

15 mille morts, noyés ou blessés, environ 20 mille prisonniers, parmi lesquels 10 colonels et 8 généraux, 180 bouches à feu, une immense quantité de chevaux, de voitures d'artillerie et de bagages, tels étaient les pertes de l'ennemi et les trophées des Français. Ceux-ci avaient à regretter environ 7 mille hommes, tant morts que blessés.

Déc. 1805.

matériels de la bataille d'Austerlitz.

Napoléon, rentré à son quartier général de Posoritz, y reçut le prince Jean de Lichtenstein. Il l'accueillit en vainqueur plein de courtoisie, et convint d'une entrevue avec l'empereur d'Autriche, aux avant-postes des deux armées, pour le surlendemain. Il ne devait être accordé d'armistice qu'après que les deux empereurs de France et d'Autriche se seraient vus et expliqués.

Napoléon consent à une entrevue avec l'empereur d'Autriche.

Le lendemain Napoléon porta son quartier général à Austerlitz, château appartenant à la famille de Kaunitz. Il s'y établit, et voulut donner le nom de ce château à la bataille, que les soldats appelaient déjà la bataille des trois empereurs. Elle a porté depuis, et elle portera dans les siècles, le nom qu'elle a reçu du capitaine immortel qui l'a gagnée. Il adressa à ses soldats la proclamation qui suit :

Napoléon s'établit au château d'Austerlitz, et donne à la grande bataille du 2 décembre le nom de ce château.

« Austerlitz, 12 frimaire.

» Soldats,

» Je suis content de vous : vous avez à la journée
» d'Austerlitz justifié tout ce que j'attendais de votre
» intrépidité. Vous avez décoré vos aigles d'une im-
» mortelle gloire. Une armée de cent mille hommes,
» commandée par les empereurs de Russie et d'Au-

» triche, a été en moins de quatre heures ou coupée
» ou dispersée. Ce qui a échappé à votre fer s'est
» noyé dans les lacs.

» Quarante drapeaux, les étendards de la garde
» impériale de Russie, cent vingt pièces de canon,
» vingt généraux, plus de trente mille prisonniers [1]
» sont le résultat de cette journée à jamais célèbre.
» Cette infanterie tant vantée, et en nombre supé-
» rieur, n'a pu résister à votre choc, et désormais
» vous n'avez plus de rivaux à redouter. Ainsi, en
» deux mois, cette troisième coalition a été vaincue
» et dissoute. La paix ne peut plus être éloignée;
» mais, comme je l'ai promis à mon peuple avant de
» passer le Rhin, je ne ferai qu'une paix qui nous
» donne des garanties, et assure des récompenses à
» nos alliés.

» Soldats, lorsque tout ce qui est nécessaire pour
» assurer le bonheur et la prospérité de notre patrie
» sera accompli, je vous ramènerai en France : là
» vous serez l'objet de mes plus tendres sollicitudes.
» Mon peuple vous reverra avec joie, et il vous suf-
» fira de dire : J'étais à la bataille d'Austerlitz, pour
» que l'on vous réponde : Voilà un brave.

» Napoléon. »

Il fallait suivre l'ennemi, que tous les rapports représentaient comme étant dans une déroute complète. Dans cette confusion, Napoléon, trompé par
Murat, avait cru que l'armée fugitive se dirigeait
sur Olmütz, et il avait envoyé sur ce point la cava-

[1] Les nombres exacts n'étaient pas encore connus

lerie avec le corps de Lannes. Mais le lendemain, 3 décembre, des renseignements plus exacts, recueillis par le général Thiard, apprirent que l'ennemi se dirigeait par la route de Hongrie sur la Morava. Napoléon se hâta de reporter ses colonnes sur Nasiedlowitz et Goeding. (Voir la carte n° 32.) Le maréchal Davout, renforcé par le ralliement de toute la division Friant et par l'arrivée en ligne de la division Gudin, n'avait pas perdu de temps, grâce à sa position plus rapprochée de la route de Hongrie. Il se mit à la poursuite des Russes, et les serra de près. Il voulait les atteindre avant le passage de la Morava, et enlever peut-être une partie de leur armée. Après avoir marché le 3, il était le 4 au matin en vue de Goeding, prêt à les joindre. La plus grande confusion régnait dans Goeding. Au delà était un château de l'empereur d'Autriche, celui d'Holitsch, où les deux souverains alliés avaient cherché un asile. Le trouble n'y était pas moins grand qu'à Goeding. Les officiers russes continuaient à tenir le plus inconvenant langage sur le compte des Autrichiens. Ils s'en prenaient à eux de la commune défaite, comme s'ils n'eussent pas dû l'attribuer à leur présomption, à l'ineptie de leurs généraux et à la légèreté de leur gouvernement. Les Autrichiens s'étaient d'ailleurs aussi bien comportés que les Russes sur le champ de bataille.

Les deux monarques vaincus étaient assez froids l'un pour l'autre. L'empereur François voulut conférer avec l'empereur Alexandre, avant de se rendre à l'entrevue convenue avec Napoléon. Ils tom-

Déc. 1805.

La direction des Russes étant connue, le corps du maréchal Davout est envoyé à leur poursuite sur la Morava.

bèrent d'accord qu'il fallait demander un armistice et la paix, car il était impossible de lutter plus longtemps. Alexandre, sans l'avouer, désirait qu'on sauvât au plus tôt lui et son armée des conséquences d'une poursuite impétueuse, telle qu'on pouvait la craindre de Napoléon. Quant aux conditions, il laissait à son allié le soin de les régler à sa volonté. L'empereur François devant supporter seul les frais de la guerre, les conditions auxquelles on signerait la paix le regardaient exclusivement. Quelque temps auparavant, Alexandre, se prétendant l'arbitre de l'Europe, aurait dit que ces conditions le regardaient aussi. Son orgueil était moins exigeant depuis la journée du 2 décembre.

L'empereur François partit donc pour Nasiedlowitz, village situé à moitié chemin du château d'Austerlitz, et là, près du moulin de Paleny, entre Nasiedlowitz et Urschitz, au milieu des avant-postes français et autrichiens, il trouva Napoléon qui l'attendait devant un feu de bivouac, allumé par ses soldats. Napoléon avait eu la politesse d'arriver le premier. Il vint au-devant de l'empereur François, le reçut au bas de sa voiture, et l'embrassa. Le monarque autrichien, rassuré par l'accueil de son tout-puissant ennemi, eut avec lui un long entretien. Les principaux officiers des deux armées se tenaient à l'écart, et regardaient avec une vive curiosité ce spectacle extraordinaire, du successeur des Césars, vaincu et demandant la paix au soldat couronné, que la révolution française avait porté au faîte des grandeurs humaines.

Napoléon s'excusa auprès de l'empereur François de le recevoir en pareil lieu. — Ce sont là, lui dit-il, les palais que Votre Majesté me force d'habiter depuis trois mois. — Ce séjour vous réussit assez, lui répliqua le monarque autrichien, pour que vous n'ayez pas le droit de m'en vouloir. — L'entretien se porta ensuite sur l'ensemble de la situation, Napoléon soutenant qu'il avait été entraîné à la guerre malgré lui, dans le moment où il s'y attendait le moins, et lorsqu'il était exclusivement occupé de l'Angleterre, l'empereur d'Autriche affirmant qu'il n'avait été amené à prendre les armes que par les projets de la France à l'égard de l'Italie. Napoléon déclara qu'aux conditions déjà indiquées à M. de Giulay, et qu'il se dispensa d'énoncer de nouveau, il était prêt à signer la paix. L'empereur François, sans s'expliquer à ce sujet, voulut savoir à quoi Napoléon était disposé par rapport à l'armée russe. Napoléon demanda d'abord que l'empereur François séparât sa cause de celle de l'empereur Alexandre, que l'armée russe se retirât par journées d'étape des États autrichiens, et il promit de lui accorder un armistice à cette condition. Quant à la paix avec la Russie, il ajouta qu'on la réglerait plus tard, car cette paix le regardait seul. — Croyez-moi, dit Napoléon à l'empereur François, ne confondez pas votre cause avec celle de l'empereur Alexandre. La Russie seule peut aujourd'hui faire en Europe *une guerre de fantaisie*. Vaincue, elle se retire dans ses déserts, et vous, vous payez avec vos provinces les frais de la guerre. —

Déc. 1805.

Napoléon convient d'un armistice avec l'empereur d'Autriche, et exige que l'armée russe se retire immédiatement par journées d'étape.

Les spirituelles expressions de Napoléon ne rendaient que trop bien la situation des choses en Europe, entre ce grand empire et le reste du continent. L'empereur François lui engagea sa parole d'homme et de souverain de ne plus recommencer la guerre, et surtout de ne plus céder aux suggestions de puissances qui n'avaient rien à perdre dans la lutte. Il convint d'un armistice pour lui et pour l'empereur Alexandre, armistice dont la condition était que les Russes se retireraient par journées d'étape, et que le cabinet autrichien enverrait sur-le-champ à Brünn des négociateurs chargés de signer une paix séparée avec la France.

Les deux empereurs se quittèrent avec des marques réitérées de cordialité. Napoléon mit en voiture ce monarque qu'il venait d'appeler son frère, et remonta à cheval pour retourner à Austerlitz.

Le général Savary fut envoyé pour suspendre la marche du corps de Davout. Il se rendit d'abord à Holitsch, à la suite de l'empereur François, afin de savoir si l'empereur Alexandre accédait aux conditions proposées. Il vit ce dernier, autour duquel tout était bien changé depuis la mission qu'il avait remplie quelques jours auparavant. — Votre maître, lui dit Alexandre, s'est montré bien grand. Je reconnais toute la puissance de son génie, et quant à moi, je me retire, puisque mon allié se tient pour satisfait. — Le général Savary s'entretint quelque temps avec le jeune czar sur la dernière bataille, lui expliqua comment l'armée française, inférieure en nombre à l'armée russe, avait cependant paru supérieure sur tous les points, grâce à l'art de manœuvrer que Napoléon possédait à un si haut degré. Il ajouta courtoisement qu'avec l'expérience, Alexandre deviendrait à son tour homme de guerre, mais que, dans cet art difficile, on n'était pas maître le premier jour. Après ces flatteries au monarque vaincu, il partit pour Goeding afin d'arrêter le maréchal Davout, lequel avait refusé toutes les propositions de suspension d'armes, et était prêt à assaillir les restes de l'armée russe. On avait vainement affirmé à ce maréchal, au nom de l'empereur de Russie lui-même, qu'un armistice se négociait entre Napoléon et l'empereur d'Autriche. Il ne voulait à aucun prix abandonner sa proie. Mais le général Savary l'arrêta avec un ordre formel de Napoléon. Ce furent les derniers coups de fusil de cette immortelle campagne. Les troupes de chaque nation se séparèrent pour prendre leurs quartiers d'hiver, en attendant ce que décideraient les négociateurs des puissances belligérantes.

Napoléon se rendit du château d'Austerlitz à Brünn, où il avait mandé M. de Talleyrand pour régler les conditions de la paix, qui ne pouvait plus être douteuse désormais, puisque l'Autriche était à bout de ressources, et que la Russie, pressée d'obtenir un armistice, ramenait en toute hâte son armée en Pologne. Tandis que la guerre de la première coalition avait duré cinq ans, celle de la seconde coalition deux, la guerre que venait de susciter la troisième avait duré trois mois, tant était devenue irrésistible la puissance de la France révolutionnaire, concentrée

Déc. 1805.

dans une seule main, et tant cette main était habile et prompte à frapper ceux qu'elle voulait atteindre ! Les événements s'étaient effectivement passés comme Napoléon les avait tracés d'avance, dans son cabinet à Boulogne. Il avait pris les Autrichiens à Ulm presque sans coup férir; il avait écrasé les Russes à Austerlitz, dégagé l'Italie par le seul effet de sa marche offensive sur Vienne, et réduit à de pures imprudences les attaques sur le Hanovre et sur Naples. Celle-ci notamment, après la bataille d'Austerlitz, n'était qu'une folie désastreuse pour la maison de Bourbon. L'Europe était aux pieds de Napoléon, et la Prusse, entraînée un moment par la coalition, allait se trouver à la merci du capitaine qu'elle avait offensé et trahi.

Toutefois, il fallait beaucoup d'habileté pour traiter, car si nos ennemis, se remettant de leur terreur, et abusant des engagements qu'ils avaient fait prendre à la Prusse, la forçaient à intervenir dans les négociations, ils pouvaient encore, à trois contre un, disputer les conditions de la paix, et dérober au vainqueur une partie des avantages de la victoire. Aussi Napoléon avait-il voulu que les négociations s'établissent à Brünn, loin de M. d'Haugwitz, qu'il avait envoyé à Vienne, et obligé d'y rester, en lui donnant rendez-vous dans cette capitale.

Tandis que l'on était occupé à combattre, MM. de Giulay et de Stadion avaient eu à Vienne des pourparlers avec M. de Talleyrand, et ils avaient demandé à négocier en commun pour la Russie et l'Autriche, sous la médiation de la Prusse. Depuis l'arrivée de M. d'Haugwitz, ils l'avaient sommé poliment, mais instamment, d'exécuter la convention de Potsdam, jugeant bien que, si la Prusse était comprise dans la négociation, elle serait obligée ou de faire prévaloir les conditions de paix arrêtées à Potsdam, ou de s'associer à la guerre. M. d'Haugwitz s'était refusé à traiter de la sorte, en se fondant sur la nature de sa mission, qui l'obligeait non pas à siéger dans un congrès, mais à traiter directement avec Napoléon, pour l'amener aux idées adoptées par le cabinet prussien. Au surplus, M. de Talleyrand avait coupé court à ces prétentions, en déclarant que l'Autriche serait seule admise à la négociation. Il signifiait cette résolution à Vienne, le jour même du 2 décembre, pendant que se livrait la bataille d'Austerlitz.

Déc. 1805.

Napoléon s'y oppose.

La bataille gagnée, et l'armistice demandé et accordé au bivouac du vainqueur, la négociation séparée était une condition acceptée d'avance. Napoléon exigea, comme nous venons de le rapporter, qu'elle s'ouvrît immédiatement à Brünn avec M. de Talleyrand. Il fit savoir qu'il voulait bien de M. de Giulay pour traiter, mais non pas de M. de Stadion, ancien ambassadeur d'Autriche en Russie, tout plein des préjugés de la coalition, et suscitant par la nature même de son esprit des difficultés sans cesse renaissantes. Il indiqua pour négociateur le prince Jean de Lichtenstein, qui lui avait plu par ses manières franches et militaires. On s'empressa d'envoyer celui-ci à Brünn avec M. de Giulay. L'empereur François étant à Holitsch, on pouvait communiquer avec lui en quelques heures, et s'entendre assez promptement sur

Sur le vœu exprimé par Napoléon, M. de Stadion est remplacé dans la négociation par le prince Jean de Lichtenstein.

les points contestés. La négociation s'ouvrit donc à Brünn entre MM. de Talleyrand, de Giulay et de Lichtenstein. Napoléon, après en avoir établi les bases, se proposait de se rendre ensuite à Vienne, pour arracher à M. d'Haugwitz l'aveu des faiblesses et des faussetés de la Prusse, et lui en faire porter la peine.

Mais quelles seraient les bases de la paix? C'est là ce que discutaient à Brünn Napoléon et M. de Talleyrand, et ce qui était entre eux le sujet de fréquents et profonds entretiens.

Le moment était périlleux pour la sagesse de Napoléon. Victorieux en trois mois d'une puissante coalition, ayant vu fuir devant ses soldats, même inférieurs en nombre, les soldats les plus renommés du continent, n'allait-il pas acquérir de sa puissance un sentiment exagéré, et prendre en mépris toutes les résistances européennes? Sous le Consulat, alors qu'il voulait se concilier la France et l'Europe, on l'avait vu au dedans ménager les partis, au dehors ramener l'Autriche par la victoire, la Russie par de fines caresses, la Prusse par l'appât adroitement employé des indemnités germaniques, l'Angleterre par l'isolement auquel il l'avait réduite, pacifier le monde d'une manière presque miraculeuse, et déployer la plus admirable des habiletés, celle de la force qui sait se contenir. Mais bientôt aussi on l'avait vu, irrité de l'ingratitude des partis, ne plus garder de mesures avec eux, et les frapper cruellement dans la personne du duc d'Enghien. On l'avait vu, irrité de la jalousie provocante de l'Angleterre, lui jeter le gant, qu'elle avait ramassé, et réunir tous les moyens humains pour l'accabler. Maintenant les puissances du continent l'ayant, sans motif suffisant, détourné de sa lutte contre l'Angleterre, et s'étant attiré des défaites qui étaient de véritables désastres, n'allait-il pas avec elles, comme avec ses autres ennemis, mettre de côté ces ménagements indispensables même à la force, et qui composent tout l'art de la politique? Un homme qui pouvait toujours tirer de son génie et de la bravoure de ses soldats un événement tel que Marengo ou Austerlitz, compterait-il avec quelqu'un sur la terre?

M. de Talleyrand, dont nous avons précédemment tracé le caractère et le rôle sous ce règne, essaya encore, en cette circonstance, quelques efforts pour modérer Napoléon, mais sans beaucoup de succès. Aimant à plaire plus qu'à contredire, ayant, en fait de politique européenne, des penchants plutôt que des opinions, patronant sans cesse l'Autriche, desservant la Prusse, par une vieille tradition du cabinet de Versailles, il s'était rendu suspect de complaisance pour l'une, d'aversion pour l'autre, et n'avait pas auprès de son souverain le crédit qu'aurait pu obtenir un esprit ferme et convaincu. Du reste, ici comme en d'autres occasions, s'il n'eut pas le mérite de faire prévaloir la modération, il eut celui de la conseiller.

M. de Talleyrand, le lendemain de la bataille d'Austerlitz, donna les conseils que voici au vainqueur enivré de l'Europe.

Il fallait se montrer, suivant lui, modéré et généreux envers l'Autriche. Cette puissance, considéra-

Déc. 1805.

Opinion de M. de Talleyrand

blement diminuée depuis deux siècles, devait être beaucoup moins qu'autrefois l'objet de nos jalousies. Une puissance nouvelle devait prendre sa place dans nos préoccupations, c'était la Russie ; et contre cette dernière, l'Autriche, loin d'être un danger, était une barrière utile. L'Autriche, vaste agrégation de peuples étrangers les uns aux autres, tels que les Autrichiens, les Esclavons, les Hongrois, les Bohêmes, les Italiens, pourrait facilement se briser, si on affaiblissait le lien déjà si faible qui retenait les éléments hétérogènes dont elle était formée, et ses débris auraient plus de tendance à se rattacher à la Russie qu'à la France. On devait donc s'arrêter dans les coups portés à l'Autriche, la dédommager même des pertes nouvelles qu'elle allait subir, et la dédommager d'une manière utile à l'Europe, ce qui était non-seulement possible, mais facile.

M. de Talleyrand proposait une combinaison ingénieuse, prématurée toutefois dans l'état de l'Europe, c'était de donner à l'Autriche les bords du Danube, c'est-à-dire la Valachie et la Moldavie. Ces provinces, disait-il, valaient mieux que l'Italie elle-même ; elles consoleraient l'Autriche de ses pertes, lui aliéneraient la Russie, et la rendraient à l'égard de celle-ci le boulevard de l'empire ottoman, comme elle était déjà celui de l'Europe. Ces provinces, après l'avoir brouillée avec la Russie, la brouilleraient avec l'Angleterre, et la constitueraient dès lors l'alliée obligée de la France.

Quant à la Prusse, il n'y avait plus à s'imposer de gêne à son égard, et on était libre de la traiter comme on voudrait. C'était décidément une cour fausse, peureuse, sur laquelle on ne pouvait jamais compter. Il ne fallait plus, pour lui complaire, éloigner de soi l'Autriche, seule alliée à laquelle on pût songer dans l'avenir.

Telles furent les opinions de M. de Talleyrand en cette occasion. Le conseil de ménager l'Autriche, de la consoler, de la dédommager même avec des équivalents bien choisis, était excellent, car la vraie politique de Napoléon aurait dû être de vaincre et de ménager tout le monde le lendemain de la victoire. Mais le conseil de traiter la Prusse légèrement était funeste, et partait d'une politique fausse, que nous avons déjà signalée. Certes il eût été à désirer qu'on pût donner les provinces du Danube à l'Autriche, et qu'on pût surtout les lui faire considérer comme un dédommagement suffisant de ses pertes en Italie ; mais il est douteux qu'elle se fût prêtée à cette combinaison, car la Valachie et la Moldavie, en lui aliénant la Russie et l'Angleterre, l'auraient mise dans notre dépendance. Il est douteux en outre qu'on pût à cette époque se distribuer le territoire européen aussi librement qu'on le fit deux ans après, à Tilsit. Mais, quoi qu'il en soit, il fallait se résigner, en voulant dominer l'Italie, à rencontrer l'Autriche pour ennemie, quelques ménagements qu'on gardât envers elle ; et alors quel allié choisir? Nous l'avons déjà dit plus d'une fois : brouillés avec l'Angleterre par le désir de l'égalité sur les mers, avec la Russie par le désir de la suprématie sur le continent, ne pouvant tirer aucun parti de l'Espagne désorganisée, que nous restait-il, sinon la Prusse, la

Prusse vacillante, il est vrai, mais bien plus par les scrupules de son souverain que par la fausseté naturelle de son cabinet, la Prusse n'ayant aucun intérêt contraire au nôtre, puisqu'elle n'avait pas encore les provinces rhénanes, compromise déjà dans notre système, ayant les mains pleines de biens d'Église reçus de nous, ne demandant pas mieux que d'en recevoir encore, et prête à accepter telle conquête qui l'enchaînerait pour jamais à notre politique?

On se trompait donc gravement, non pas en voulant ménager l'Autriche, mais en croyant qu'on pourrait se l'attacher sérieusement, et se l'attacher assez, pour qu'il n'y eût plus de danger à maltraiter ou à négliger la Prusse.

Napoléon ne partageait pas les erreurs de M. de Talleyrand, mais il en commettait d'autres, par la passion de dominer, que la haine de ses ennemis, le succès prodigieux de ses armées, commençaient à exciter chez lui au delà de toutes les bornes raisonnables.

Il n'avait pas cherché querelle au continent; on était venu au contraire le détourner de sa grande entreprise contre l'Angleterre, pour lui déclarer la guerre. Ceux qui avaient commencé cette guerre, et qui s'étaient fait vaincre, devaient, selon lui, en supporter les conséquences. Il voulait donc obtenir par la paix le complément de l'Italie, c'est-à-dire les États vénitiens, actuellement possédés par l'Autriche, et de plus la solution définitive des questions germaniques au profit de ses alliés, la Bavière, Baden, le Wurtemberg.

Sur ces deux points, Napoléon était absolu, et il n'avait pas tort de l'être. Il lui fallait Venise, le Frioul, l'Istrie, la Dalmatie, en un mot l'Italie jusqu'aux Alpes Juliennes, et l'Adriatique avec ses deux bords, ce qui lui assurait une action sur l'empire ottoman. Quant à l'Allemagne, il voulait d'abord ramener l'Autriche dans ses frontières naturelles, l'Inn et la Salza, lui enlever les territoires qu'elle possédait en Souabe, et qui étaient qualifiés du titre d'Autriche antérieure, territoires qui étaient pour elle un moyen de tourmenter les États allemands alliés de la France, et de faire, quand il lui plaisait, des préparatifs militaires sur le haut Danube. Il voulait lui enlever les communications du Tyrol avec le lac de Constance et la Suisse, c'est-à-dire le Vorarlberg. (Voir la carte n° 28.) Il voulait même, s'il était possible, lui ravir le Tyrol, qui lui donnait la possession des Alpes, et un passage toujours assuré en Italie. Mais ce dernier point était difficile à obtenir, parce que le Tyrol était une vieille possession de l'Autriche, aussi chère à ses affections que précieuse à ses intérêts. C'était faire subir à l'Autriche une perte d'environ 4 millions de sujets sur 24, et de 15 millions de florins sur 103 de revenu. C'étaient donc de cruels sacrifices à exiger d'elle.

Avec tout ce qu'il allait lui ôter en Allemagne, Napoléon se proposait de compléter le patrimoine des trois États allemands qui avaient été ses auxiliaires, la Bavière, Baden et le Wurtemberg. Son intention était de se ménager, par le moyen de ces trois États, une action sur la Diète, un chemin vers le Danube,

Déc. 1805.

Napoléon veut les États vénitiens et l'Italie entière jusqu'aux Alpes Juliennes.

Il se propose d'enlever à l'Autriche ses possessions en Souabe, et de plus le Tyrol.

et d'établir d'une manière éclatante que son alliance profitait à ceux qui l'embrassaient.

Il entendait aussi résoudre favorablement pour ces princes alliés la question de la noblesse immédiate, et abolir cette noblesse qui leur créait des ennemis chez eux ; il voulait résoudre également toutes les questions de suzeraineté, et supprimer par ce moyen une foule de droits d'espèce féodale, fort assujettissants et fort onéreux pour les États germaniques.

Napoléon se proposait enfin, pour s'attacher solidement les trois princes de l'Allemagne méridionale, d'ajouter au lien des bienfaits le lien des mariages. Il lui fallait des princes et des princesses pour les unir aux membres de sa dynastie. Il comptait en trouver en Allemagne, et joindre ainsi à l'avantage d'établissements princiers l'influence des alliances de famille.

Le prince Eugène de Beauharnais était cher à son cœur. Il l'avait fait vice-roi d'Italie ; il lui cherchait une épouse. Il avait jeté les yeux sur la fille de l'électeur de Bavière, princesse remarquable, et digne de celui auquel elle était destinée. Comme il réservait la plus grande part des dépouilles de l'Autriche à la Bavière, ce que la situation et les dangers de cet électorat justifiaient suffisamment, il voulait que cette part de dépouilles fût la dot du prince français.

Mais la princesse Auguste était promise à l'héritier de Baden, et sa mère, l'électrice de Bavière, violente ennemie de la France, alléguait cet engagement pour repousser une alliance qui lui répugnait. Le général Thiard, ayant contracté des liaisons avec les petites cours allemandes, lorsqu'il servait dans l'armée de Condé, avait été envoyé à Munich et à Baden, pour lever les obstacles qui s'opposaient aux unions projetées. Cet officier, négociateur adroit, s'était servi de la comtesse d'Hochberg, qui était unie par un mariage morganatique à l'électeur régnant de Baden, et qui avait besoin de la France pour faire reconnaître ses enfants. Par l'influence de cette personne, il avait obtenu de la cour de Baden une démarche délicate, qui consistait à se désister de toute vue sur la main de la princesse Auguste de Bavière. Cette démarche obtenue, l'électeur et l'électrice de Bavière demeuraient sans prétexte pour refuser une alliance qui leur valait en dot le Tyrol avec une partie de la Souabe.

Ce n'était point la seule union allemande à laquelle songeât Napoléon. L'héritier de Baden, auquel on venait d'enlever la princesse Auguste de Bavière, restait à marier. Napoléon lui destinait mademoiselle Stéphanie de Beauharnais, personne douée de grâce et d'esprit, et qu'il voulait créer princesse impériale. Il chargea M. le général Thiard de conclure cet autre mariage. Enfin le vieux duc de Wurtemberg avait une fille, la princesse Catherine, dont le malheur a fait ressortir depuis les nobles qualités. Napoléon désirait l'obtenir pour son frère Jérôme. Mais des liens contractés par celui-ci en Amérique, sans autorisation de sa famille, étaient un obstacle qu'on n'avait pas pu lever encore. Il fallait donc attendre pour ce dernier établissement. A tous les agrandissements de territoire qu'il préparaît pour les maisons de Bavière, de Wurtemberg et de Baden, Napoléon voulait ajouter le titre de roi, en laissant à ces maisons la place qu'elles avaient dans la Confédération germanique.

Ce sont là les avantages que Napoléon entendait tirer de ses dernières victoires. Exiger l'Italie tout entière était de sa part naturel et conséquent. Chercher dans les possessions autrichiennes en Souabe des moyens d'agrandir les princes ses alliés, était bien entendu, car on reportait l'Autriche derrière l'Inn, et on rendait l'alliance de la France manifestement utile. Oter à l'Autriche le Vorarlberg pour le donner à la Bavière, était sage encore, car on la séparait ainsi de la Suisse. Mais lui ôter le Tyrol, bien que ce fût une bonne combinaison quant à l'Italie, c'était accumuler dans son cœur des ressentiments implacables; c'était la réduire à un désespoir qui, caché dans le moment, devait éclater tôt ou tard; c'était dès lors se condamner plus que jamais à une politique mesurée, habile à trouver et à garder des alliances, puisqu'on se rendait inconciliable la principale des puissances du continent. Résoudre la question de la noblesse immédiate, et plusieurs autres questions féodales, pouvait être une utile simplification, relativement à l'organisation intérieure de l'Allemagne. Mais agrandir extraordinairement les princes de Baden, de Bavière, de Wurtemberg, les lier à la France, au point de les rendre suspects à l'Allemagne, c'était leur créer une position fausse, dont ils seraient tentés de sortir un jour en devenant infidèles à leur protecteur; c'était se faire des ennemis de tous les princes allemands non favorisés, c'était blesser d'une nouvelle façon l'Autriche blessée déjà en tant de manières, et, ce qui est plus fâcheux, désobliger la Prusse elle-même ; c'était enfin s'immiscer plus qu'il ne convenait dans les affaires de l'Allemagne, et se préparer de grands jaloux et de petits ingrats. Napoléon n'aurait pas dû oublier qu'il avait fallu braquer ses canons sur les portes de Stuttgard pour les faire ouvrir, qu'il lui fallait, dans le moment même, se servir d'une femme étrangère pour obtenir un mariage à Baden, et arracher presque à l'électeur de Bavière sa fille, qu'on n'avait obtenue qu'en se présentant les clefs du Tyrol dans une main, l'épée de la France dans l'autre.

Déc. 1805.

Napoléon dépassait donc la vraie mesure de la politique française en Allemagne, en se créant des alliés trop détachés du système allemand, et peu sûrs parce que leur position serait fausse. Mais la mesure est difficile à garder dans la victoire, et puis il était monarque nouveau, il était excellent chef de famille, il voulait des alliances et des mariages.

Telles furent les idées qui servirent de fondement aux instructions laissées à M. de Talleyrand pour la négociation entamée avec MM. de Giulay et de Lichtenstein. Il y ajouta une condition au profit de l'armée, qui ne lui était pas moins chère que ses frères et nièces : il demanda 100 millions pour constituer des dotations, non-seulement aux chefs de tout grade, mais aux veuves et enfants de ceux qui étaient morts en combattant. Sans perdre de temps, il signa trois traités d'alliance avec Baden,

Napoléon, outre tous les sacrifices de territoire imposés à l'Autriche, exige une contribution de cent millions au profit de l'armée.

le Wurtemberg, la Bavière. Il donna à la maison de Baden l'Ortenau et une partie du Brisgau, plusieurs villes au bord du lac de Constance, c'est-à-dire 113 mille habitants, ce qui représentait pour cette maison une augmentation de ses États d'environ un quart. Il donna à la maison de Wurtemberg le reste du Brisgau et de notables portions de la Souabe, c'est-à-dire 183 mille habitants, ce qui représentait pour celle-ci une augmentation de plus du quart, et portait sa principauté à près d'un million d'habitants. Il donna enfin à la Bavière le Vorarlberg, les évêchés d'Eichstaedt et de Passau, attribués récemment à l'électeur de Salzbourg, toute la Souabe autrichienne, la ville et l'évêché d'Augsbourg, c'est-à-dire un million d'habitants, ce qui portait la Bavière de deux millions à trois, et ajoutait un tiers à ses possessions. La marche des négociations avec l'Autriche ne permettait pas encore de parler du Tyrol.

On attribua, de plus, à ces princes tous les droits souverains sur la noblesse immédiate, et on les affranchit des sujétions féodales que l'empereur d'Allemagne prétendait sur certaines parties de leur territoire.

L'électeur de Baden ayant la modestie de refuser le titre de roi, comme trop supérieur à ses revenus, on lui laissa son titre d'électeur; mais on conféra sur-le-champ le titre de roi aux électeurs de Bavière et de Wurtemberg.

En retour de ces avantages, ces trois princes s'engagèrent à faire la guerre, de moitié avec la France, toutes les fois qu'elle aurait à la soutenir pour son état actuel, et pour celui qui résulterait du traité qu'on allait conclure avec l'Autriche. La France, de son côté, s'engageait, lorsqu'il le faudrait, à prendre les armes pour maintenir à ces princes leur nouvelle situation.

Déc. 1805.

Ces traités furent signés les 10, 12 et 20 décembre. M. le général Thiard en était nanti en partant pour négocier les mariages projetés.

On avait donc disposé d'avance, et sans être encore d'accord avec l'Autriche, d'une portion des États de cette puissance. Mais on n'avait pas grand souci des conséquences auxquelles on s'exposait.

Napoléon, après avoir veillé à ses blessés, après les avoir acheminés sur Vienne, ceux du moins qui pouvaient être transportés, après avoir dirigé sur la France les prisonniers et les canons enlevés à l'ennemi, quitta Brünn, laissant à M. de Talleyrand le soin de débattre avec MM. de Giulay et de Lichtenstein les conditions arrêtées. Il était impatient d'avoir à Vienne un long entretien avec M. d'Haugwitz, et de pénétrer tout entier le secret de la Prusse.

Retour de Napoléon à Vienne.

M. de Talleyrand entra immédiatement en pourparlers avec les deux négociateurs autrichiens. Ils se récrièrent fort quand ils connurent les prétentions du ministre français, et cependant on ne s'expliquait pas encore sur le Tyrol, on ne parlait que du désir d'éloigner l'Autriche de l'Italie et de la Suisse, afin de couper court à toutes les causes de rivalité et de guerre.

Conférences à Brünn entre M. de Talleyrand et les négociateurs autrichiens.

MM. de Lichtenstein et de Giulay firent connaître, de leur côté, les conditions auxquelles l'Autriche était prête à consentir. Elle voyait bien que c'en était fait pour elle des États vénitiens, des possessions qu'elle avait en Souabe, et des prétentions litigieuses entre l'empire et les princes allemands. Elle consentait donc à céder Venise et la terre ferme jusqu'à l'Isonzo ; mais elle voulait garder l'Istrie, l'Albanie, et gagner Raguse, comme débouchés nécessaires à la Hongrie. C'étaient d'ailleurs les derniers restes des acquisitions obtenues sous l'empereur actuel, et il y tenait par honneur.

Quant au Tyrol, elle était presque disposée à l'abandonner, mais en le transférant à l'électeur actuel de Salzbourg, l'archiduc Ferdinand, qu'on avait dédommagé en 1803 de la Toscane par l'évêché de Salzbourg et la prévôté de Berchtolsgaden. Elle voulait en échange Salzbourg et Berchtolsgaden, et il fallait de plus laisser le Vorarlberg, Lindau et les bords du lac de Constance à ce même archiduc, comme dépendances du Tyrol.

Par cet arrangement, l'Autriche aurait acquis Salzbourg, et gardé le Tyrol avec le Vorarlberg, dans la personne de l'un de ses archiducs.

Du reste, elle consentait à céder les possessions autrichiennes en Souabe, plus l'Ortenau, le Brisgau, les évêchés d'Eichstaedt et de Passau. Mais elle demandait, pour les princes de sa maison qui perdaient ces possessions, un grand dédommagement, qui paraîtra singulièrement imaginé, et qui prouvera de quels sentiments étaient animés les uns à l'égard des autres les membres de la coalition européenne, elle demandait le Hanovre.

Déc. 1805.

Ainsi ce patrimoine du roi d'Angleterre qu'on avait blâmé Napoléon d'offrir à la Prusse, et celle-ci d'accepter de Napoléon, que la Russie venait elle-même de proposer à la Prusse pour la détacher de la France, l'Autriche à son tour le demandait pour un archiduc!

M. de Talleyrand, charmé de voir se produire de tels désirs, ne se récria point en les entendant exprimer, et promit d'en faire part à Napoléon.

Enfin, quant aux 100 millions de contribution, l'Autriche se déclarait dans l'impossibilité d'en payer 10, tant elle était épuisée. Elle offrait, en compensation d'une telle somme, de livrer l'immense matériel en armes et munitions de tout genre qui se trouvait dans les États vénitiens, et qu'elle aurait eu le droit d'enlever, si elle n'en avait pas stipulé l'abandon.

Après de vifs débats, qui ne durèrent que trois ou quatre jours, vu que de tous les côtés on était pressé d'en finir, il fut convenu que le prince de Lichtenstein se transporterait au château de l'empereur François, à Holitsch, pour se procurer de nouvelles instructions, celles dont il était porteur ne l'autorisant pas à souscrire les sacrifices exigés par Napoléon.

Les négociateurs ne pouvant se mettre d'accord, le prince de Lichtenstein va prendre à Holitsch de nouvelles instructions.

M. de Talleyrand devait rester à Brünn jusqu'à son retour. C'était une grande faute aux Autrichiens que de perdre du temps, car ce qui se passait à Vienne entre Napoléon et M. d'Haugwitz allait rendre leur situation encore plus mauvaise.

M. de Talleyrand, qui de Brünn correspondait tous

les jours avec Vienne, avait fait savoir à Napoléon qu'il n'était pas près de s'entendre avec les négociateurs autrichiens. Ces résistances, qui méritaient une sérieuse attention si elles se combinaient avec les résistances de la Prusse, contrariaient Napoléon. Les archiducs s'approchaient de Presbourg suivis de cent mille hommes. Les troupes prussiennes se réunissaient en Saxe et en Franconie; les Anglo-Russes s'avançaient en Hanovre. Ces circonstances réunies n'effrayaient pas le vainqueur d'Austerlitz. Il était prêt, s'il le fallait, à battre les archiducs sous Presbourg, et à se rejeter ensuite sur la Prusse par la Bohême. Mais c'était recommencer avec l'Europe, coalisée cette fois tout entière, un jeu dangereux; et il n'eût pas été sage de s'y exposer pour quelques lieues carrées de plus ou de moins. Quoique la position de Napoléon fût celle d'un vainqueur tout-puissant, elle ne le dispensait pas néanmoins de se conduire en politique habile. C'était la Prusse que son habileté devait avoir en vue, car, en profitant de la terreur que lui avaient inspirée les derniers événements de la guerre, il pouvait l'enlever à la coalition, la rattacher à la France, et ajouter à la victoire d'Austerlitz une victoire diplomatique non moins décisive. Aussi était-il très-impatient de voir et d'entretenir M. d'Haugwitz.

M. d'Haugwitz, venu pour imposer des conditions à Napoléon, sous la fausse apparence d'une médiation officieuse, le trouvait triomphant, et presque maître de l'Europe. Sans doute avec du caractère, de l'union, de la constance, il était possible encore de tenir tête à l'empereur des Français. Mais la Russie avait passé du délire de l'orgueil à l'abattement de la défaite ; l'Autriche terrassée était sous les pieds de son vainqueur ; la Prusse tremblait à la seule idée de la guerre. Et puis, tous les coalisés, se défiant les uns des autres, communiquaient peu entre eux. M. d'Haugwitz fréquentait sans cesse, et exclusivement, la légation française, poussait la flatterie jusqu'à porter tous les jours dans Vienne le grand cordon de la Légion d'honneur [1], ne parlait qu'avec admiration d'Austerlitz, du génie de Napoléon, et ne pouvait se défendre d'une vive agitation en songeant à l'accueil qu'il allait recevoir.

Déc. 1805.

Napoléon, arrivé le 13 décembre à Vienne, fit appeler le soir même M. d'Haugwitz à Schœnbrunn, et lui donna audience dans le cabinet de Marie-Thérèse. Il ne savait pas encore tout ce qui avait eu lieu à Potsdam, cependant il en savait plus que lorsqu'il avait vu M. d'Haugwitz à Brünn, la veille d'Austerlitz. Il était informé de l'existence d'un traité signé le 3 novembre, par lequel la Prusse s'engageait éventuellement à faire partie de la coalition. Il était vif et s'emportait facilement, mais souvent il affectait la colère plus qu'il ne la ressentait. Cherchant cette fois à intimider son interlocuteur, il reprocha très-violemment à M. d'Haugwitz d'avoir, lui, ministre ami de la paix, lui qui avait placé sa gloire dans le système de la neutralité, qui avait même voulu convertir cette neutralité en un projet d'alliance avec la France, il lui reprocha d'avoir eu la faiblesse

Entrevue de Napoléon avec M. d'Haugwitz.

---

[1] C'est M. de Talleyrand qui raconte ce détail dans une de ses lettres à Napoléon.

de se lier à Potsdam avec la Russie et l'Autriche, et d'avoir contracté avec ces puissances des engagements qui ne pouvaient le mener qu'à la guerre. Il se plaignit amèrement de la duplicité de son cabinet, des hésitations de son roi, de l'empire des femmes sur sa cour, et lui fit entendre que, débarrassé maintenant des ennemis qu'il avait naguère sur les bras, il était maître de faire de la Prusse ce qu'il voudrait. Puis avec véhémence, il lui demanda ce que désirait enfin le cabinet prussien, quel système il comptait suivre, et parut exiger sur toutes ces questions des explications complètes, catégoriques et immédiates.

M. d'Haugwitz, troublé d'abord, se remit bientôt, car il avait autant de sang-froid que d'esprit. A travers cette bruyante colère, il crut deviner que Napoléon, au fond, souhaitait un raccommodement, et que si on rompait bien vite les engagements pris avec la coalition, ce vainqueur, en apparence si courroucé, consentirait à s'apaiser.

M. d'Haugwitz donna donc des explications adroites, spécieuses, caressantes, sur les circonstances qui avaient dominé et entraîné la Prusse, livra, sans inconvenance, ceux qui avaient eu la faiblesse de se laisser maîtriser par de purs accidents, jusqu'à sortir du vrai système qui convenait à leur pays, et finit par insinuer assez clairement, que, si Napoléon le voulait, tout serait réparé promptement, et même que l'alliance manquée tant de fois pourrait devenir le prix instantané d'une réconciliation immédiate.

Napoléon, jetant dans l'âme de M. d'Haugwitz un regard pénétrant, reconnut que les Prussiens ne demandaient pas mieux que de faire volte-face, et de revenir à lui. A tous les coups qu'il avait déjà portés à l'Europe, il fut charmé d'ajouter une profonde malice, et il imagina d'offrir sur-le-champ à M. d'Haugwitz le projet que Duroc avait été chargé de présenter à Berlin, c'est-à-dire l'alliance formelle de la Prusse avec la France, à la condition tant de fois renouvelée du Hanovre. C'était assurément entreprendre beaucoup sur l'honneur du cabinet prussien, car Napoléon lui proposait, on peut dire à prix d'argent, l'abandon des liens récemment contractés sur le tombeau du grand Frédéric; il lui proposait, après avoir fait à Potsdam défection à la France, au profit de l'Europe, de faire à Vienne défection à l'Europe, au profit de la France. Napoléon n'hésita pas, et, en énonçant cette proposition, il tint les yeux longtemps fixés sur le visage de M. d'Haugwitz.

Le ministre prussien ne se montra ni indigné, ni surpris. Il parut enchanté au contraire de rapporter de Vienne, au lieu d'une déclaration de guerre, le Hanovre, avec l'alliance de la France, qui était son système de prédilection. Il faut faire remarquer, pour l'excuse de M. d'Haugwitz, que, parti de Berlin dans un moment où l'on se flattait que Napoléon n'arriverait pas jusqu'à Vienne, il avait vu, même dans cette supposition, le duc de Brunswick, le maréchal Mollendorf, inquiets des conséquences d'une guerre contre la France, et insistant pour qu'on ne se déclarât pas avant la fin de décembre. Or Napoléon avait conquis Vienne, écrasé tous les coalisés à Austerlitz, et on n'était qu'au 13 décembre. M. d'Haugwitz pouvait craindre que Napoléon, vainqueur, ne se jetât brusquement sur la Bohême, et ne tombât comme la foudre à Berlin. Il fut donc heureux de faire aboutir à une conquête une situation qui menaçait d'aboutir à un désastre. Quant à la fidélité envers les coalisés, il les traitait comme ils se traitaient entre eux. Il faut s'en prendre, au surplus, de la conduite qu'il tint à Vienne, moins à lui qu'à ceux qui, en son absence, avaient engagé la Prusse dans un défilé sans issue. Il accepta, séance tenante, l'offre de Napoléon.

Celui-ci, satisfait de voir son idée accueillie, dit à M. d'Haugwitz : Eh bien, c'est chose décidée, vous aurez le Hanovre. Vous m'abandonnerez en retour quelques parcelles de territoire dont j'ai besoin, et vous signerez avec la France un traité d'alliance offensive et défensive. Mais, arrivé à Berlin, vous imposerez silence aux coteries, vous les traiterez avec le mépris qu'elles méritent, vous ferez dominer la politique du ministère sur celle de la cour. — Les allusions de Napoléon s'adressaient à la reine, au prince Louis et à l'entourage. Il enjoignit ensuite à Duroc de s'aboucher avec M. d'Haugwitz, et de rédiger immédiatement le projet de traité.

Cet arrangement était à peine conclu, que Napoléon, enchanté de son ouvrage, écrivit à M. de Talleyrand, pour lui enjoindre de ne rien terminer à Brünn, de traîner la négociation en longueur quelques jours encore, car il était assuré d'en finir avec la Prusse, qu'il venait de conquérir au prix du Hanovre, et il n'avait plus à s'inquiéter désormais ni des menaces des Anglo-Russes contre la Hollande, ni des mouvements des archiducs du côté de la Hongrie. Il ajouta qu'il voulait maintenant le Tyrol péremptoirement, la contribution de guerre plus résolûment que jamais, et que, du reste, il fallait quitter Brünn pour se transporter à Vienne. La négociation était trop loin de lui à Brünn, il la désirait plus rapprochée, à Presbourg, par exemple.

C'était le 13 décembre que Napoléon avait vu M. d'Haugwitz. Le traité fut rédigé le 14, et signé le 15, à Schœnbrunn. Voici quelles en furent les principales conditions.

La France, considérant le Hanovre comme sa propre conquête, le cédait à la Prusse. La Prusse en retour cédait à la Bavière le marquisat d'Anspach, cette même province qu'il était si difficile de ne pas traverser quand on avait la guerre avec l'Autriche. Elle cédait de plus à la France la principauté de Neufchâtel, le duché de Clèves contenant la place de Wesel. Les deux puissances se garantissaient toutes leurs possessions, ce qui signifiait que la Prusse garantissait à la France ses limites présentes, avec les nouvelles acquisitions faites en Italie, et les nouveaux arrangements conclus en Allemagne, et que la France garantissait à la Prusse son état actuel, avec les additions de 1803, et la nouvelle addition du Hanovre.

C'était un vrai traité d'alliance offensive et défensive, qui de plus en portait le titre formel, titre repoussé dans tous les traités antérieurs.

Napoléon avait exigé Neufchâtel, Clèves, et surtout Anspach, qu'il allait échanger avec la Bavière contre le duché de Berg, afin d'avoir des dotations à distribuer entre ses meilleurs serviteurs. C'étaient pour la Prusse de bien faibles sacrifices, et pour lui de précieux moyens de récompense, car, dans ses vastes desseins, il ne voulait être grand qu'en rendant tout grand autour de lui, ses ministres, ses généraux, comme ses parents. Cette négociation était un coup de maître ; elle couvrait de confusion les coalisés, elle mettait l'Autriche à la discrétion de Napoléon, et, par-dessus tout, elle assurait à celui-ci la seule alliance désirable et possible, l'alliance de la Prusse. Mais elle contenait un engagement grave, celui d'arracher le Hanovre à l'Angleterre, engagement qui pouvait être un jour fort onéreux, car on devait craindre qu'il n'empêchât la paix maritime, si dans un temps plus ou moins prochain les circonstances la rendaient possible.

Napoléon écrivit aussitôt après à M. de Talleyrand que le traité avec la Prusse était signé, et qu'il fallait quitter Brünn, si les Autrichiens n'acceptaient pas les conditions qu'il entendait leur imposer.

M. de Talleyrand, qui aurait voulu que la paix fût déjà conclue, qui répugnait surtout à maltraiter l'Autriche, éprouva la contrariété la plus vive. Quant aux négociateurs autrichiens, ils furent atterrés. Ils rapportaient d'Holitsch de nouvelles concessions, mais pas aussi étendues que celles qui leur étaient demandées. Ils surent que la Prusse, pour avoir le Hanovre, les exposait à perdre le Tyrol, et malgré le danger de différer encore, et de voir Napoléon élever peut être de nouvelles exigences, danger que M. de Talleyrand s'attachait à leur faire sentir, ils furent obligés d'en référer à leur souverain.

Déc. 1805.

On se sépara donc à Brünn, en se donnant rendez-vous à Presbourg. Le séjour de Brünn était devenu malsain par les exhalaisons qui s'échappaient d'une terre chargée de cadavres, et d'une ville remplie d'hôpitaux.

Les négociateurs, réunis à Brünn, se séparent en se donnant rendez-vous à Presbourg.

M. de Talleyrand retourna à Vienne, et trouva Napoléon disposé à recommencer la guerre, si on ne cédait pas. Il avait en effet ordonné au général Songis de réparer le matériel de l'artillerie, et de l'augmenter aux dépens de l'arsenal de Vienne. Il avait même adressé une réprimande sévère au ministre de la police Fouché, pour avoir laissé annoncer trop tôt la paix comme certaine.

Une circonstance toute récente avait contribué à l'animer davantage. Il venait d'être informé des événements qui se passaient à Naples. Cette cour insensée, après avoir stipulé (par le conseil de la Russie, il est vrai) un traité de neutralité, avait tout à coup levé le masque, et pris les armes. En apprenant la bataille de Trafalgar, et les engagements contractés par la Prusse, la reine Caroline avait cru Napoléon perdu, et s'était décidée à appeler les Russes. Le 19 novembre, une division navale avait déposé sur le rivage de Naples 10 à 12 mille Russes et 6 mille Anglais. La cour de Naples s'était engagée à joindre 40 mille Napolitains à l'armée anglo-russe. Le projet consistait à soulever l'Italie sur les derrières des Français, pen-

Événements de Naples.

Soudaine violation du traité de neutralité conclu avec la France.

dant que Masséna se trouvait au pied des Alpes Juliennes, et Napoléon presque aux frontières de l'ancienne Pologne. Cette cour d'émigrés avait cédé à la faiblesse ordinaire aux émigrés, qui est de croire toujours ce qu'ils désirent, et de se conduire en conséquence.

Napoléon, quand il connut cette scandaleuse violation de la foi jurée, fut à la fois irrité et satisfait. Son parti était pris, la reine de Naples devait payer de son royaume la conduite qu'elle venait de tenir, et laisser vacante une couronne qui serait très-bien placée dans la famille Bonaparte. Personne en Europe ne pourrait taxer d'injustice l'acte souverain qui frapperait cette branche de la maison de Bourbon, et quant à ses protecteurs naturels, la Russie et l'Autriche, on n'avait plus guère à compter avec eux.

Cependant, à Brünn, les négociateurs autrichiens avaient essayé de faire insérer dans le traité de paix quelque article qui couvrît la cour de Naples, dont ils avaient le secret, encore ignoré de Napoléon. Mais celui-ci, une fois informé, donna l'ordre formel à M. de Talleyrand de ne rien écouter à ce sujet. — Je serais trop lâche, dit-il, si je supportais les outrages de cette misérable cour de Naples. Vous savez avec quelle générosité je me suis conduit envers elle; mais c'en est fait maintenant, la reine Caroline cessera de régner en Italie. Quoi qu'il arrive, vous n'en parlerez pas au traité. C'est ma volonté absolue. —

Les négociateurs attendaient M. de Talleyrand à Presbourg. Il s'y était rendu. On négociait aux

avant-postes des deux armées. Les archiducs s'é- | Déc. 1805.
taient rapprochés de Presbourg; ils étaient à deux marches de Vienne. Napoléon y avait réuni la plus grande partie de ses troupes. Il y avait amené Masséna par la route de Styrie. Près de deux cent mille Français se trouvaient concentrés autour de la capitale de l'Autriche. Napoléon, extrêmement animé, était décidé à reprendre les hostilités. Mais s'y prêter eût été une trop grande folie de la part de la cour de Vienne, surtout après la défection de la Prusse, et dans l'état d'abattement du cabinet russe. Quelque grands que fussent les sacrifices exigés, le cabinet autrichien, tout en feignant d'abord d'en repousser l'idée, était résigné à les subir.

Il fut donc convenu que l'Autriche abandonnerait l'État de Venise, avec les provinces de terre ferme, telles que le Frioul, l'Istrie, la Dalmatie. Ainsi Trieste et les bouches du Cattaro passaient à la France. Ces territoires devaient être réunis au royaume d'Italie. La séparation des couronnes de France et d'Italie était de nouveau stipulée, mais avec un vague d'expressions qui laissait la faculté de différer cette séparation jusqu'à la paix générale, ou jusqu'à la mort de Napoléon. | L'Autriche subit les conditions de Napoléon.

Napoléon obtient l'Italie entière, l'Istrie et la Dalmatie.

La Bavière obtenait le Tyrol, objet de ses éternels désirs, le Tyrol allemand aussi bien que le Tyrol italien. L'Autriche, en retour, recevait les principautés de Salzbourg et de Berchtolsgaden, données en 1803 à l'archiduc Ferdinand, ancien grand-duc de Toscane; et la Bavière dédommageait l'archiduc en lui cédant la principauté ecclésiastique de Würzbourg, | La Bavière obtient le Tyrol.

L'archiduc Ferdinand est transporté à Würzbourg.

qu'elle avait également reçue en 1803 par suite des sécularisations.

Le territoire de l'Autriche était ainsi mieux tracé, mais elle perdait avec le Tyrol toute influence sur la Suisse et l'Italie, et l'archiduc Ferdinand, transporté au milieu de la Franconie, cessait d'être sous son influence immédiate. L'État qu'on accordait à ce prince n'était plus comme auparavant une pure annexe de la monarchie autrichienne.

A cette indemnité, trouvée dans le pays de Salzbourg, on ajoutait pour l'Autriche la sécularisation des biens de l'ordre teutonique, et leur conversion en propriété héréditaire sur la tête de celui des archiducs qu'elle désignerait. L'importance de ces biens consistait en une population de 120 mille habitants, et en un revenu de 150 mille florins.

Le titre électoral de l'archiduc Ferdinand, avec sa voix au collége des Électeurs, était maintenu, et transféré de la principauté de Salzbourg sur la principauté de Würzbourg.

L'Autriche reconnaissait la royauté des électeurs de Wurtemberg et de Bavière, consentait à ce que les prérogatives des souverains de Baden, de Wurtemberg et de Bavière sur la noblesse immédiate de leurs États, fussent les mêmes que ceux de l'empereur sur la noblesse immédiate des siens. C'était la suppression de cette noblesse dans les trois États en question, car les pouvoirs de l'empereur sur cette noblesse étant complets, ceux des trois princes le devenaient au même degré.

Enfin la chancellerie impériale renonçait à tous

droits d'origine féodale sur les trois États favorisés par la France.

Toutefois l'approbation de la Diète était formellement réservée. La France opérait de la sorte une révolution sociale dans une notable partie de l'Allemagne, car elle y centralisait le pouvoir au profit du souverain territorial, et y faisait cesser toute dépendance féodale extérieure. Elle continuait également le système des sécularisations, car avec l'ordre teutonique disparaissait l'une des deux dernières principautés ecclésiastiques subsistantes, et il ne restait plus que celle du prince archichancelier, électeur ecclésiastique de Ratisbonne. Conformément à ce qui s'était passé antérieurement, cette sécularisation s'opérait encore au profit de l'une des principales cours de l'Allemagne.

L'Autriche, définitivement exclue de l'Italie, dépouillée en perdant le Tyrol des positions dominantes qu'elle avait dans les Alpes, rejetée derrière l'Inn, privée de tout poste avancé en Souabe, et des liens féodaux qui lui assujettissaient les États de l'Allemagne méridionale, avait essuyé à la fois d'immenses dommages matériels et politiques. Elle perdait, comme nous l'avons annoncé plus haut, 4 millions de sujets sur 24, 15 millions de florins de revenu sur 103.

Le traité était bien conçu pour le repos de l'Italie et de l'Allemagne. Il n'y avait qu'une objection à lui adresser, c'est que le vaincu trop maltraité ne pouvait pas se soumettre sincèrement. C'était à Napoléon, par une grande sagesse, par des alliances

Déc. 1805.

Achèvement dans les trois États de Baden, Wurtemberg et Bavière, de la révolution politique commencée en 1803.

bien ménagées, à laisser l'Autriche sans espoir et sans moyen de se soulever contre les décisions de la victoire.

Au moment de signer un pareil traité, la main des plénipotentiaires hésitait. Ils se défendaient sur deux points, la contribution de guerre de 100 millions, et Naples. Napoléon avait réduit à 50 millions la contribution exigée, en raison des sommes qu'il avait déjà touchées directement dans les caisses de l'Autriche. Quant à Naples, il n'en voulait pas entendre parler.

On imagina, pour le vaincre, une démarche toute de courtoisie, c'était de lui envoyer l'archiduc Charles, prince dont il honorait le caractère et les talents, et qu'il n'avait jamais rencontré. On lui demanda de le recevoir à Vienne; il y consentit avec beaucoup d'empressement, mais bien résolu à ne rien céder. On s'était persuadé que ce prince, l'un des premiers généraux de l'Europe, exposant à Napoléon les ressources que conservait la monarchie autrichienne, lui exprimant les sentiments de l'armée prête à s'immoler pour repousser un traité humiliant, joignant à ces nobles protestations d'adroites instances, toucherait peut-être Napoléon. Aussi, M. de Talleyrand insistant auprès des négociateurs pour les engager à en finir, ils répondirent qu'on les accuserait d'avoir livré leur pays, s'ils donnaient leur signature avant l'entrevue que Napoléon devait avoir avec l'archiduc.

Toutefois, M. de Talleyrand ayant pris sur lui d'abandonner 10 millions encore sur la contribution de guerre, ils signèrent, le 26 décembre, le traité de Presbourg, l'un des plus glorieux que Napoléon ait jamais conclus, et le mieux conçu certainement, car si la France obtint depuis de plus grands territoires, ce fut au prix d'arrangements moins acceptables de l'Europe, et dès lors moins durables. Les négociateurs autrichiens se bornèrent à recommander, par une lettre signée en commun, la maison régnante de Naples à la générosité du vainqueur. L'archiduc vit Napoléon le 27, dans l'une des résidences de l'empereur, en fut reçu avec les égards dus à son rang et à sa gloire, s'entretint avec lui d'art militaire, ce qui était naturel entre deux capitaines de ce mérite, et se retira ensuite sans avoir dit un mot des affaires des deux empires.

Déc. 1805.

le 26 décembre 1805.

Napoléon disposa tout pour quitter l'Autriche sur-le-champ. Il fit évacuer par le Danube les deux mille pièces de canon et les cent mille fusils pris dans l'arsenal de Vienne ; il dirigea cent cinquante pièces de canon sur Palma-Nova, pour armer cette importante place, qui commandait les États vénitiens de terre ferme. Il régla la retraite de ses soldats de manière qu'elle s'exécutât à petites journées, car il ne voulait pas qu'ils retournassent comme ils étaient venus, au pas de course. Les dispositions nécessaires furent ordonnées sur la route pour qu'ils vécussent dans l'abondance. Il fit distribuer deux millions de gratification aux officiers de tout grade, afin que chacun pût jouir immédiatement des fruits de la victoire. Berthier fut chargé de veiller à la rentrée de l'armée sur le territoire de France. Elle devait être sortie de Vienne dans l'espace de cinq jours, et

Dispositions de Napoléon avant de quitter Vienne.

avoir repassé l'Inn dans l'espace de vingt. Il fut stipulé que la place de Braunau resterait dans les mains des Français jusqu'à complet payement de la contribution de 40 millions.

Cela fait, Napoléon partit pour Munich, où il fut reçu avec transport. Les Bavarois, qui devaient un jour le trahir dans sa défaite, et réduire l'armée française à leur passer sur le corps à Hanau, couvraient de leurs applaudissements, poursuivaient de leur ardente curiosité, le conquérant qui les avait sauvés de l'invasion, constitués en royaume, enrichis des dépouilles de l'Autriche vaincue ! Napoléon, après avoir assisté au mariage d'Eugène de Beauharnais avec la princesse Auguste, après avoir joui du bonheur d'un fils qu'il aimait, de l'admiration des peuples avides de le voir, des flatteries d'une ennemie, l'électrice de Bavière, partit pour Paris, où l'attendait l'enthousiasme de la France.

Une campagne de trois mois, au lieu d'une guerre de plusieurs années, comme on le craignait d'abord, le continent désarmé, l'Empire français porté aux limites qu'il n'aurait jamais dû franchir, une gloire éblouissante ajoutée à nos armes, le crédit public et privé miraculeusement rétabli, de nouvelles perspectives de repos et de prospérité ouvertes à la nation, sous un gouvernement puissant et respecté du monde, voilà ce dont on voulait le remercier par mille cris de *Vive l'Empereur!* Il entendit ces cris à Strasbourg même, en passant le Rhin, et ils l'accompagnèrent jusqu'à Paris, où il entra le 26 janvier 1806. C'était le retour de Marengo. Austerlitz était en effet pour l'Empire, ce que Marengo avait été pour le Consulat. Marengo avait raffermi le pouvoir consulaire dans les mains de Napoléon; Austerlitz assurait la couronne impériale sur sa tête. Marengo avait fait passer en un jour la France d'une situation menacée à une situation tranquille et grande; Austerlitz, en abattant en un jour une formidable coalition, ne produisait pas un moindre résultat. Pour les esprits réfléchis et calmes, s'il en restait quelques-uns en présence de tels événements, il n'y avait qu'un sujet de crainte, c'était l'inconstance connue de la fortune, et, ce qui est plus redoutable encore, la faiblesse de l'esprit humain, qui quelquefois supporte le malheur sans faillir, rarement la prospérité sans commettre de grandes fautes.

FIN DU LIVRE VINGT-TROISIÈME.

LIVRE VINGT-QUATRIEME.

CONFÉDÉRATION DU RHIN.

Retour de Napoléon à Paris. — Joie publique. — Distribution des drapeaux pris sur l'ennemi. — Décret du Sénat ordonnant l'érection d'un monument triomphal. — Napoléon consacre ses premiers soins aux finances. — La compagnie des *Négociants réunis* est reconnue débitrice envers le Trésor d'une somme de 141 millions. — Napoléon, mécontent de M. de Marbois, le remplace par M. Mollien. — Rétablissement du crédit. — Trésor formé avec les contributions levées en pays conquis. — Ordres relatifs au retour de l'armée, à l'occupation de la Dalmatie, à la conquête de Naples. — Suite des affaires de Prusse. — La ratification du traité de Schœnbrunn donnée avec des réserves. — Nouvelle mission de M. d'Haugwitz auprès de Napoléon. — Le traité de Schœnbrunn est refait à Paris, mais avec des obligations de plus, et des avantages de moins pour la Prusse. — M. de Lucchesini est envoyé à Berlin pour expliquer ces nouveaux changements. — Le traité de Schœnbrunn, devenu traité de Paris, est enfin ratifié, et M. d'Haugwitz retourne en Prusse. — Ascendant dominant de la France. — Entrée de Joseph Bonaparte à Naples. — Occupation de Venise. — Retards apportés à la remise de la Dalmatie. — L'armée française est arrêtée sur l'Inn, en attendant la remise de la Dalmatie, et répartie entre les provinces allemandes les plus capables de la nourrir. — Souffrance des pays occupés. — Situation de la cour de Prusse après le retour de M. d'Haugwitz à Berlin. — Envoi du duc de Brunswick à Saint-Pétersbourg, pour expliquer la conduite du cabinet prussien. — État de la cour de Russie. — Dispositions d'Alexandre depuis Austerlitz. — Accueil fait au duc de Brunswick. — Inutiles efforts de la Prusse pour faire approuver par la Russie et par l'Angleterre l'occupation du Hanovre. — L'Angleterre déclare la guerre à la Prusse. — Mort de M. Pitt, et avénement de M. Fox au ministère. — Espérances de paix. — Relations établies entre M. Fox et M. de Talleyrand. — Envoi de lord Yarmouth à Paris, en qualité de négociateur confidentiel. — Bases d'une paix maritime. — Les agents de l'Autriche, au lieu de livrer les bouches du Cattaro aux Français, les livrent aux Russes. — Menaces de Napoléon à la cour de Vienne. — La Russie envoie M. d'Oubril à Paris, avec mission de prévenir un mouvement de l'armée française contre l'Autriche, et de proposer la paix. — Lord Yarmouth et M. d'Oubril négocient conjointement à Paris. — Possibilité d'une paix générale.

CONFÉDÉRATION DU RHIN.

— Calcul de Napoléon tendant à traîner la négociation en longueur.
— Système de l'Empire français. — Royautés vassales, grands-duchés et duchés. — Joseph roi de Naples, Louis roi de Hollande. —
Dissolution de l'empire germanique. — Confédération du Rhin. —
Mouvements de l'armée française. — Administration intérieure. —
Travaux publics. — La colonne de la place Vendôme, le Louvre, la
rue Impériale, l'arc de l'Étoile. — Routes et canaux. — Conseil
d'État. — Création de l'Université. — Budget de 1806. — Rétablissement de l'impôt du sel. — Nouveau système de trésorerie. — Réorganisation de la Banque de France. — Continuation des négociations
avec la Russie et l'Angleterre. — Traité de paix avec la Russie, signé
le 20 juillet par M. d'Oubril. — La signature de ce traité décide lord
Yarmouth à produire ses pouvoirs. — Lord Lauderdale est adjoint à
lord Yarmouth. — Difficultés de la négociation avec l'Angleterre. —
Quelques indiscrétions commises par les négociateurs anglais, au
sujet de la restitution du Hanovre, font naître à Berlin de vives
inquiétudes. — Faux rapports qui exaltent l'esprit de la cour de
Prusse. — Nouvel entraînement des esprits à Berlin, et résolution
d'armer. — Surprise et méfiance de Napoléon. — La Russie refuse
de ratifier le traité signé par M. d'Oubril, et propose de nouvelles
conditions. — Napoléon ne veut pas les admettre. — Tendance générale à la guerre. — Le roi de Prusse demande l'éloignement de l'armée
française. — Napoléon répond par la demande d'éloigner l'armée
prussienne. — Silence prolongé de part et d'autre. — Les deux souverains partent pour l'armée. — La guerre est déclarée entre la Prusse
et la France.

Janv. 1806.

Tandis que Napoléon s'arrêtait quelques jours à Munich, pour y célébrer le mariage d'Eugène de Beauharnais avec la princesse Auguste de Bavière; tandis qu'il s'arrêtait un jour à Stuttgard, un autre jour à Carlsruhe, pour y recevoir les félicitations de ses nouveaux alliés, et y conclure des alliances de famille, le peuple de Paris l'attendait avec la plus vive impatience, afin de lui témoigner sa joie et son admiration. La France, profondément satisfaite de la marche des affaires publiques, quoique n'y prenant plus aucune part, semblait retrouver la vivacité des premiers jours de la révolution, pour applaudir les merveilleux exploits de ses armées et de son

Retour de Napoléon à Paris.

24.

chef. Napoléon, qui au génie des grandes choses joignait l'art de les faire valoir, s'était fait précéder par les drapeaux pris sur l'ennemi. Il en avait ordonné une distribution très-habilement calculée. Il les avait répartis entre le Sénat, le Tribunat, la ville de Paris, et la vieille église de Notre-Dame, témoin de son couronnement. Il en donnait huit au Tribunat, huit à la ville de Paris, cinquante-quatre au Sénat, cinquante à l'église Notre-Dame. Pendant la dernière campagne il n'avait cessé d'informer le Sénat de tous les événements de la guerre, et, la paix signée, il s'était hâté de lui communiquer par un message le traité de Presbourg. Il payait ainsi par de continuelles attentions la confiance de ce grand corps, et, en agissant de la sorte, il était conséquent avec sa politique, car il maintenait dans un haut rang ces vieux auteurs de la révolution, que la génération nouvelle écartait volontiers quand les élections lui en fournissaient le moyen. C'était son aristocratie à lui, et il espérait la fondre peu à peu avec l'ancienne.

Ces drapeaux traversèrent Paris le 1ᵉʳ janvier 1806, et furent portés triomphalement dans les rues de la capitale, pour être placés sous les voûtes des édifices qui devaient les contenir. Une foule immense était accourue afin d'assister à ce spectacle.

Le sage et impassible Cambacérès dit lui-même, dans ses graves mémoires, que la joie du peuple tenait de l'ivresse. Et de quoi serait-on joyeux en effet, si on ne l'était de pareilles choses? Quatre cent mille Russes, Suédois, Anglais, Autrichiens, marchant de tous les points de l'horizon contre la France, deux cent mille Prussiens promettant de se joindre à eux; et tout à coup cent cinquante mille Français, partant des bords de l'Océan, traversant en deux mois une partie du continent européen, prenant sans combattre la première armée qu'on leur oppose, battant les autres à coups redoublés, entrant dans la capitale étonnée du vieil empire germanique, dépassant Vienne, et allant aux frontières de la Pologne rompre en une grande bataille le lien de la coalition; renvoyant dans leurs plaines glacées les Russes vaincus, et enchaînant à leurs frontières les Prussiens déconcertés; les angoisses d'une guerre qu'on avait pu croire longue, terminées en trois mois; la paix du continent subitement rétablie, la paix des mers justement espérée; toutes les perspectives de prospérité rendues à la France charmée et placée à la tête des nations! à quoi serait-on sensible, nous le répétons, si on ne l'était à de telles merveilles? Et comme alors personne ne prévoyait la fin trop prochaine de ces grandeurs, et que dans le génie fécond qui les produisait, on ne savait pas discerner encore le génie trop ardent qui devait les compromettre, on jouissait du bonheur public, sans aucun mélange de pressentiments sinistres.

Les hommes qui tiennent particulièrement à la prospérité matérielle des États, les commerçants, les financiers, n'étaient pas moins émus que le reste de la nation. Le haut commerce, qui, dans la victoire, applaudit au retour prochain de la paix, le haut commerce était ravi de voir terminer en un jour la dou-

Janv. 1806.

ble crise du crédit public et du crédit privé, et de pouvoir espérer de nouveau ce calme profond dont le Consulat avait fait jouir la France pendant cinq années. Le Sénat, après avoir reçu les drapeaux qui lui étaient destinés, ordonna par un décret qu'un monument triomphal serait élevé à Napoléon le Grand. Conformément au vœu du Tribunat, ce monument dut être une colonne surmontée de la statue de Napoléon. Le jour de sa naissance fut rangé au nombre des fêtes nationales, et il fut décidé en outre qu'un vaste édifice serait construit sur l'une des places de la capitale, pour recevoir, avec une suite de sculptures et de peintures consacrées à la gloire des armées françaises, l'épée que Napoléon portait à la bataille d'Austerlitz.

Les drapeaux destinés à Notre-Dame furent remis au clergé de la métropole par les autorités municipales. « Ces drapeaux, dit le vénérable archevêque » de Paris, suspendus à la voûte de notre basilique, » attesteront à nos derniers neveux les efforts de » l'Europe armée contre nous, les hauts faits de nos » soldats, la protection du ciel sur la France, les suc- » cès prodigieux de notre invincible empereur, et » l'hommage qu'il fait à Dieu de ses victoires. »

C'est au milieu de cette satisfaction universelle et profonde que Napoléon rentra dans Paris, accompagné de l'Impératrice. Les chefs de la Banque, voulant que sa présence fût le signal de la prospérité publique, avaient attendu la veille de son retour pour reprendre les payements en argent. Depuis les derniers événements, la confiance renaissante avait fait abonder le numéraire dans les caisses. Il ne restait aucune trace des perplexités passagères du mois de décembre.

Janv. 1806.

Chez Napoléon la joie du succès n'interrompait jamais le travail. Cette âme infatigable savait à la fois travailler et jouir. Arrivé le 26 janvier au soir, il était le 27, au matin, tout occupé des soins du gouvernement. L'archichancelier Cambacérès fut le premier personnage de l'Empire qu'il entretint dans cette journée. Après quelques instants donnés au plaisir de recevoir ses félicitations, et de voir sa prudence confondue par les prodiges de la dernière guerre, il lui parla de la crise financière, si promptement et si heureusement terminée. Il croyait avec raison à l'exactitude, à l'équité des rapports de l'archichancelier Cambacérès, il voulait donc l'entendre avant tout autre. Il était très-irrité contre M. de Marbois, dont la gravité lui avait toujours imposé, et qu'il avait cru incapable d'une légèreté en affaires. Il était fort loin de suspecter la haute probité de ce ministre, mais il ne pouvait lui pardonner d'avoir livré toutes les ressources du Trésor à d'aventureux spéculateurs, et il était résolu à déployer une grande sévérité. L'archichancelier réussit à le calmer, et à lui démontrer qu'au lieu d'exercer des rigueurs, il valait mieux traiter avec les *Négociants réunis*, et obtenir l'abandon de toutes leurs valeurs, afin de liquider avec la moindre perte possible cette étrange affaire.

Arrivé à Paris, Napoléon reprend immédiatement la direction des affaires.

Les premiers soins de Napoléon consacrés aux finances.

Napoléon convoqua sur-le-champ un conseil aux Tuileries, et voulut qu'on lui présentât un rapport

Conseil de finances tenu

détaillé sur les opérations de la compagnie, qui étaient encore obscures pour lui. Il y appela tous les ministres, et de plus M. Mollien, directeur de la caisse d'amortissement, dont il approuvait la gestion, et auquel il supposait, beaucoup plus qu'à M. de Marbois, la dextérité nécessaire à un grand maniement de fonds. Il manda d'autorité aux Tuileries MM. Desprez, Vanlerberghe et Ouvrard, et le commis qu'on accusait d'avoir trompé le ministre du Trésor.

Tous les assistants étaient intimidés par la présence de l'Empereur, qui ne cachait pas son ressentiment. M. de Marbois entreprit la lecture d'un long rapport qu'il avait préparé sur le sujet en discussion. A peine en avait-il lu une partie, que Napoléon, l'interrompant, lui dit : Je vois ce dont il s'agit. C'est avec les fonds du Trésor, et avec ceux de la Banque, que la compagnie des *Négociants réunis* a voulu suffire aux affaires de la France et de l'Espagne. Et comme l'Espagne n'avait rien à donner que des promesses de piastres, c'est avec l'argent de la France qu'on a pourvu aux besoins des deux pays. L'Espagne me devait un subside, et c'est moi qui lui en ai fourni un. Maintenant il faut que MM. Desprez, Vanlerberghe et Ouvrard m'abandonnent tout ce qu'ils possèdent, que l'Espagne me paye à moi ce qu'elle leur doit à eux, ou je mettrai ces messieurs à Vincennes, et j'enverrai une armée à Madrid. —

Napoléon se montra froid et sévère envers M. de Marbois. — J'estime votre caractère, lui dit-il, mais vous avez été dupe de gens contre lesquels je vous avais averti d'être en garde. Vous leur avez livré toutes les valeurs du portefeuille, dont vous auriez dû mieux surveiller l'emploi. Je me vois à regret forcé de vous retirer l'administration du Trésor, car après ce qui s'est passé je ne puis vous la laisser plus longtemps. —Napoléon fit introduire alors les membres de la compagnie qu'on avait mandés aux Tuileries. MM. Vanlerberghe et Desprez, quoique les moins répréhensibles, fondaient en larmes. M. Ouvrard, qui avait compromis la compagnie par des spéculations aventureuses, était parfaitement calme. Il s'efforça de persuader à Napoléon qu'il fallait lui permettre de liquider lui-même les opérations si compliquées dans lesquelles il avait engagé ses associés, et qu'il tirerait du Mexique, par la voie de la Hollande et de l'Angleterre, des sommes considérables, et bien supérieures à celles que la France avait avancées.

Il est probable, en effet, qu'il se serait mieux acquitté que personne de cette liquidation, mais Napoléon était trop irrité, et trop pressé de se trouver hors des mains des spéculateurs, pour se fier à ses promesses. Il plaça M. Ouvrard et ses associés entre une poursuite criminelle, ou l'abandon immédiat de tout ce qu'ils possédaient, en approvisionnements, en valeurs de portefeuille, en immeubles, en gages sur l'Espagne. Ils se résignèrent à ce cruel sacrifice.

Ce devait être pour eux une liquidation ruineuse, mais ils s'y étaient exposés, en abusant des ressources du Trésor. Le plus à plaindre des trois était M. Vanlerberghe, qui, sans se mêler aux spéculations de ses associés, s'était borné à faire, activement et honnêtement, dans toute l'Europe, le

Janv. 1806.

le portefeuille du Trésor.

Napoléon exige de MM. Desprez, Vanlerberghe et Ouvrard, l'abandon de tout ce qu'ils possèdent.

commerce des grains, pour le service des armées françaises[1].

Après avoir congédié le conseil, Napoléon retint M. Mollien, et, sans attendre de sa part ni une observation, ni un consentement, il lui dit : Vous prêterez serment aujourd'hui comme ministre du Trésor. — M. Mollien, intimidé, quoique flatté par une telle confiance, hésitait à répondre. — Est-ce que vous n'auriez pas envie d'être ministre? ajouta Napoléon, et le jour même il exigea son serment.

Il fallait sortir des embarras de toute sorte créés par la compagnie des *Négociants réunis*. M. de Marbois avait déjà retiré des mains de cette compagnie le service du Trésor, et l'avait remis pour quelques jours à M. Desprez, lequel l'avait continué dès ce moment pour le compte de l'État. Il venait enfin de le confier aux receveurs généraux, à des conditions modérées, mais temporaires. On n'était pas fixé encore sur le parti définitif à prendre à ce sujet; il n'y avait d'arrêté que la résolution de ne plus charger des spéculateurs, quelque sages, quelque probes qu'ils fussent, d'un service aussi vaste et aussi important que la négociation générale des valeurs du Trésor.

Ce service, comme on l'a vu, consistait à escomp-

[1] J'emprunte ce récit aux sources les plus authentiques : aux Mémoires du prince Cambacérès d'abord, puis aux Mémoires intéressants et instructifs de M. le comte Mollien, qui ne sont point encore publiés, et enfin aux Archives du Trésor. J'ai tenu et lu moi-même, avec une grande attention, les pièces du procès, et surtout un long et intéressant rapport que le ministre du Trésor rédigea pour l'Empereur. Je n'avance donc rien ici que sur preuves officielles et incontestables.

ter les *obligations des receveurs généraux*, les *bons à vue*, les *traites de douanes* et de *coupes de bois*, valeurs qui étaient toutes à terme, et à douze, quinze, dix-huit mois d'échéance. Jusqu'à la création de la compagnie des *Négociants réunis*, on s'était borné à faire des escomptes partiels et déterminés de ces valeurs, pour des sommes de 20 ou 30 millions à la fois. En échange des effets eux-mêmes, on recevait immédiatement les fonds provenant de l'escompte. C'est peu à peu, sous l'empire croissant du besoin qui supplée bientôt à la confiance, qu'on avait successivement abandonné ce service tout entier à une seule compagnie, livré en quelque sorte à sa discrétion le portefeuille du Trésor, et poussé l'entraînement jusqu'à mettre les caisses des comptables à sa disposition. Si on s'était borné à lui transmettre des sommes déterminées de papier, pour des sommes équivalentes de numéraire, en la laissant toucher seulement à leur échéance la valeur des effets escomptés, la confusion ne se serait pas opérée entre ses affaires et celles de l'État. Mais on avait abandonné aux *Négociants réunis* jusqu'à 470 millions à la fois d'*obligations des receveurs généraux*, de *bons à vue*, de *traites de douanes*, qu'ils avaient fait escompter, soit par la Banque, soit par des banquiers français et étrangers. En même temps, pour plus de commodité, on les avait autorisés à prendre directement dans les caisses des receveurs généraux tous les fonds qui rentraient, sauf règlement ultérieur; de sorte que la Banque, comme on l'a vu, lorsqu'elle s'était présentée avec les effets qu'elle avait escomptés, et qui étaient échus, n'avait trouvé dans les caisses que des quittances de M. Desprez, attestant qu'il avait déjà touché lui-même. On ne s'en était pas tenu à ces étranges facilités. Quand M. Desprez, agissant pour les *Négociants réunis*, escomptait les effets du Trésor, il en fournissait la valeur non en écus, mais en un papier qu'on lui avait permis d'introduire, et qu'on appelait *bons de M. Desprez.* De manière que la compagnie avait pu remplir de ces bons les caisses de l'État et de la Banque, et créer un papier de circulation, à l'aide duquel elle avait fait face quelque temps à ses spéculations, tant avec la France qu'avec l'Espagne.

Le vrai tort de M. de Marbois avait été de se prêter à cette confusion d'affaires, après laquelle il n'avait plus été possible de distinguer l'avoir de l'État de celui de la compagnie. Joignez à cette complaisance abusive l'infidélité d'un commis, qui possédait seul le secret du portefeuille, et qui avait trompé M. de Marbois, en lui exagérant sans cesse le besoin qu'on avait des *Négociants réunis*, et on aura l'explication de cette incroyable aventure financière. Ce commis avait reçu pour cela un million, que Napoléon fit verser à la masse commune des valeurs livrées par la compagnie. La terreur inspirée par Napoléon était si grande, qu'on s'empressait de tout avouer et de tout restituer.

Cependant, pour être juste envers chacun, il faut dire que Napoléon avait eu lui-même sa part de torts dans cette circonstance, en s'obstinant à laisser M. de Marbois sous le poids de charges énormes, et en différant trop longtemps la création de moyens extraordinaires. Il avait fallu en effet que M. de Marbois pourvût à un premier arriéré, résultant des budgets antérieurs, et à l'insolvabilité de l'Espagne, qui, n'acquittant pas son subside, était la cause d'un nouveau déficit d'une cinquantaine de millions. C'est sous le poids de ces diverses charges, que ce ministre intègre, mais trop peu avisé, était devenu l'esclave d'hommes aventureux, qui lui rendaient quelques services, qui auraient même pu lui en rendre de très-grands, si leurs calculs avaient été faits avec plus de précision. Leurs spéculations reposaient, effectivement, sur un fondement réel, c'étaient les piastres du Mexique, qui existaient bien réellement dans les caisses des capitaines généraux de l'Espagne. Mais ces piastres ne pouvaient pas aussi facilement venir en Europe que l'avait espéré M. Ouvrard, et c'est ce qui avait amené les embarras du Trésor et la ruine de la compagnie.

Janv. 1806.

Ce qui prouve la confusion à laquelle on était arrivé, c'est la difficulté même dans laquelle on se trouva pour fixer l'étendue du débet de la compagnie envers le Trésor. On le supposait d'abord de 73 millions. Un nouvel examen le fit monter à 84. Enfin M. Mollien, voulant à son entrée en charge constater d'une manière rigoureuse la situation des finances, découvrit que la compagnie était parvenue à s'emparer d'une somme de 144 millions, dont elle restait débitrice envers l'État.

Le débet de la compagnie envers le Trésor, évalué successivement à 73, à 84, et enfin à 144 millions.

Voici comment se composait cette énorme somme de 144 millions. Les *Négociants réunis* avaient puisé directement, dans les caisses des receveurs généraux, jusqu'à 55 millions à la fois; et, par suite de diverses restitutions, leur dette envers ces comptables était réduite, au jour de la catastrophe, à 23 millions. On avait en caisse pour 73 millions de *bons de M. Desprez,* espèce de monnaie que M. Desprez donnait en place d'écus, et qui avait eu cours tant que son crédit, soutenu par la Banque, était resté entier, mais qui n'était plus désormais qu'un papier sans valeur. La compagnie devait encore 14 millions pour *traites du caissier central.* (Nous avons parlé ailleurs de ces effets imaginés pour faciliter les mouvements de fonds entre Paris et les provinces.) Ces 14 millions, pris au portefeuille, n'avaient été suivis d'aucun versement, ni en bons de M. Desprez, ni en autres valeurs. M. Desprez, pour sa gestion personnelle, pendant les quelques jours de son service particulier, restait débiteur de 17 millions. Enfin, parmi les effets de commerce que la compagnie avait fournis au Trésor, pour divers payements à exécuter au loin, il se trouvait 13 ou 14 millions de mauvais papier. Ces cinq différentes sommes, de 23 millions pris directement chez les comptables, de 73 millions en *bons Desprez* ne valant plus rien, de 14 millions en *traites du caissier central,* dont l'équivalent n'avait pas été fourni, de 17 millions du débet personnel à M. Desprez, enfin de 14 millions de lettres de change protestées, composaient les 141 millions du débet total de la compagnie.

Toutefois l'État ne devait pas perdre cette somme

importante, parce que les opérations de la compagnie, ainsi que nous venons de le dire, avaient eu un fondement réel, le commerce des piastres, et que la précision seule avait manqué à ses calculs. Elle avait fait des fournitures aux armées françaises de terre et de mer, pour une somme de 40 millions. La maison Hope avait acheté pour une dizaine de millions de ces fameuses piastres du Mexique, et en dirigeait dans le moment la valeur sur Paris. La compagnie possédait en outre des immeubles, des laines espagnoles, des grains, quelques bonnes créances, le tout montant à une trentaine de millions. Ces diverses valeurs composaient un actif de 80 millions. Restait donc à trouver 60 millions pour équivaloir au débet. L'équivalent de cette somme existait réellement dans le portefeuille de la compagnie en créances sur l'Espagne.

Napoléon, après s'être fait livrer tout ce que possédaient les *Négociants réunis*, exigea qu'on mît le Trésor français au lieu et place de la compagnie, à l'égard de l'Espagne. Il chargea M. Mollien de traiter avec un agent particulier du prince de la Paix, M. Isquierdo, lequel était à Paris depuis quelque temps, et remplissait les fonctions d'ambassadeur beaucoup plus que MM. d'Azara et de Gravina, qui n'en avaient eu que le titre. La cour de Madrid n'avait pas de refus à opposer au vainqueur d'Austerlitz; d'ailleurs elle était bien véritablement débitrice de la compagnie, et par suite de la France elle-même. On entra donc en négociations avec elle, pour assurer le remboursement de ces 60 millions, qui représentaient non-

Janv. 1806.

Actif de la compagnie, et moyens de remboursement assurés à l'État.

seulement le subside qu'elle n'avait pas acquitté, mais les vivres qui avaient été fournis à ses armées, les grains qui avaient été envoyés à son peuple.

Le Trésor devait par conséquent être remboursé en entier, grâce aux 40 millions de fournitures antérieures, aux 10 millions qui arrivaient de Hollande, aux approvisionnements existant en magasins, aux immeubles saisis, et aux engagements que l'Espagne allait prendre, et dont la maison Hope offrait d'escompter une partie. Il restait néanmoins à remplir tout de suite un double vide, provenant de l'ancien arriéré des budgets, que nous avons évalué à 80 ou 90 millions, et des ressources que la compagnie avait absorbées pour son usage. Mais tout était devenu facile depuis les victoires de Napoléon, et depuis la paix qui en avait été le fruit. Les capitalistes, qui avaient ruiné la compagnie en exigeant $1\frac{1}{2}$ pour 100 par mois (c'est-à-dire 18 pour 100 par an) pour escompter les valeurs du Trésor, s'offraient à les prendre à $\frac{3}{4}$ pour 100, et allaient bientôt se les disputer à $\frac{1}{2}$, c'est-à-dire à 6 pour 100 par an. La Banque, qui avait retiré de la circulation une partie de ses billets, depuis qu'elle en avait fini avec M. Desprez, qui voyait d'ailleurs affluer dans ses caisses les métaux dont l'achat avait été ordonné dans toute l'Europe pendant la grande détresse, la Banque était en mesure d'escompter tout ce qu'on voudrait à un taux modéré, quoique suffisamment avantageux. Bien qu'on eût aliéné d'avance, pour l'usage de la compagnie, une certaine somme des effets du Trésor appartenant à 1806, la plus grande partie des effets correspondant à cet exercice restait intacte, et allait être escomptée aux meilleures conditions. Mais la victoire n'avait pas seulement procuré du crédit à Napoléon, elle lui avait procuré aussi des richesses matérielles. Il avait imposé à l'Autriche une contribution de 40 millions. En ajoutant à cette somme 30 millions qu'il avait perçus directement dans les caisses de cette puissance, on pouvait évaluer à 70 millions la somme que la guerre lui avait rapportée. Vingt millions avaient été dépensés sur les lieux pour l'entretien de l'armée, mais à la décharge du Trésor, avec lequel Napoléon se proposait de faire un règlement, dont nous exposerons bientôt l'esprit et les dispositions. Il restait donc 50 millions, qui arrivaient partie en or et en argent sur les charrois de l'artillerie, partie en bonnes lettres de change sur Francfort, Leipzig, Hambourg et Brême. La garnison de Hameln, devant rentrer en France, par suite de la cession du Hanovre à la Prusse, était chargée de transporter, avec le matériel anglais pris en Hanovre, le produit des lettres de change échues à Hambourg et Brême. La ville de Francfort avait été imposée à 4 millions, pour tenir lieu du contingent qu'elle aurait dû fournir, à l'exemple de Baden, du Wurtemberg, de la Bavière. On allait donc recevoir, outre des valeurs considérables, des quantités notables de métaux précieux, et sous le rapport du numéraire comme sous tous les autres, l'abondance devait succéder à la détresse momentanée, que les alarmes sincères du commerce et les

Janv. 1806.

Le trésor de l'armée doit servir à procurer des dotations aux militaires, et des capitaux au Trésor à un taux modéré.

alarmes affectées de l'agiotage avaient fait naître.

Napoléon, dont le génie organisateur ne voulait jamais laisser aux choses le caractère d'accident, et tendait sans cesse à les convertir en institutions durables, avait imaginé une noble et belle création, fondée sur les bénéfices très-légitimes de ses victoires. Il avait résolu de créer avec les contributions de guerre un trésor de l'armée, auquel il ne toucherait pour aucun motif au monde, pas même pour son usage, car sa liste civile, administrée avec un ordre parfait, suffisait à toutes les dépenses d'une cour magnifique, et même à la formation d'un trésor particulier. C'est sur ce trésor de l'armée qu'il se proposait de prendre des dotations pour ses généraux, pour ses officiers, pour ses soldats, pour leurs veuves et leurs enfants. Il ne voulait pas jouir seul de ses victoires; il voulait que tous ceux qui servaient la France et ses vastes desseins acquissent non-seulement de la gloire, mais du bien-être, et qu'étant parvenus, à force d'héroïsme, à n'avoir plus aucun souci d'eux-mêmes sur le champ de bataille, ils n'en eussent aucun pour leur famille. Trouvant dans son inépuisable fécondité d'esprit l'art de multiplier l'utilité des choses, Napoléon avait inventé une combinaison qui rendait ce trésor tout aussi profitable aux finances qu'à l'armée elle-même. Ce dont on avait manqué jusqu'ici, c'était d'un prêteur qui prêtât au gouvernement à de bonnes conditions. Le trésor de l'armée devait être ce prêteur, dont Napoléon réglerait lui-même les exigences envers l'État. L'armée allait avoir 50 millions en or et en argent, plus 20 millions que le budget lui devait pour solde arriérée, plus enfin une grande valeur en matériel de guerre conquis par elle. Les caissons de l'artillerie rapportaient de Vienne cent mille fusils, deux mille pièces de canon. Le tout, matériel de guerre et contributions, formait une somme d'environ 80 millions, dont l'armée était propriétaire, et qu'elle pouvait prêter à l'État. Napoléon voulut que tout ce qui était disponible fût livré à la caisse d'amortissement, laquelle ouvrirait un compte à part, et emploierait cette somme ou à escompter des *obligations de receveurs généraux,* des *bons à vue,* des *traites de douanes,* quand les capitalistes exigeraient plus de 6 pour cent, ou à recueillir des biens nationaux, quand ils seraient à vil prix, ou même à prendre des rentes, s'il lui plaisait de faire un emprunt pour combler l'arriéré.

Cette combinaison devait donc avoir la double utilité de procurer à l'armée un intérêt avantageux de son argent, et au gouvernement tous les capitaux dont il aurait besoin, à un taux qui ne serait point usuraire.

Napoléon ordonna immédiatement diverses mesures importantes, au moyen des fonds qu'il avait à sa disposition. L'une consistait à réunir une douzaine de millions en numéraire à Strasbourg, pour le cas où les opérations militaires reprendraient leur cours, car si l'Autriche avait signé la paix, la Russie n'avait pas commencé à la négocier, la Prusse n'avait pas encore envoyé la ratification du traité de Schœnbrunn, et l'Angleterre ne cessait pas d'être très-active dans ses menées diplomatiques. Il prescrivit en outre de garder à la caisse d'amortissement quelques millions en

Janv. 1806.

Dispositions ordonnées par Napoléon au moyen des fonds dont il est pourvu.

réserve, et de laisser ignorer le nombre de ces millions, pour les faire agir tout à coup, lorsque les spéculateurs voudraient rançonner la place. Il pensait que le Trésor devait s'imposer cette sorte de dépense comme on s'impose celle d'un grenier d'abondance pour parer aux disettes, et que les intérêts perdus par cette espèce de thésaurisation seraient un sacrifice utile et nullement regrettable. Enfin les monnaies étrangères qui rentraient ayant besoin d'être refondues pour être converties en monnaies françaises, il les fit répartir entre les divers hôtels des monnaies, en proportion de la disette du numéraire dans chaque localité.

Ces premières dispositions commandées par le moment étant terminées, Napoléon voulut qu'on s'occupât sans délai d'une nouvelle organisation de la Trésorerie, d'une nouvelle constitution de la Banque de France, et confia ce double soin à M. Mollien, devenu ministre du Trésor. M. Gaudin, qui avait toujours conservé le portefeuille des finances, car on doit se souvenir qu'à cette époque le Trésor et les Finances formaient deux ministères distincts, M. Gaudin reçut l'ordre de présenter un plan pour liquider l'arriéré, pour niveler définitivement les recettes et les dépenses, dans la double hypothèse de la paix et de la guerre, fallût-il pour cela recourir à une nouvelle création d'impôt.

Après avoir veillé aux finances, Napoléon s'occupa de ramener l'armée en France, mais lentement, de manière qu'elle ne fît pas plus de quatre lieues par jour. Il avait ordonné que les blessés et les malades fussent retenus jusqu'au printemps sur les lieux où ils avaient reçu les premiers soins, et que des officiers demeurassent auprès d'eux afin de veiller à leur guérison, en puisant pour cet objet essentiel dans les caisses de l'armée. Il avait laissé Berthier à Munich, avec mission de s'occuper de tous ces détails, et de présider aux échanges de territoires, toujours si difficiles entre les princes allemands. Berthier devait se concerter, relativement à ce dernier objet, avec M. Otto, notre représentant auprès de la cour de Bavière.

Janv. 1806.

Napoléon songea ensuite à prendre des mesures contre le royaume de Naples. Masséna, emmenant avec lui 40 mille hommes tirés de la Lombardie, reçut l'ordre de marcher par la Toscane et par la région la plus méridionale de l'État romain, sur le royaume de Naples, sans entendre à aucune proposition de paix ou d'armistice. Napoléon incertain de savoir si Joseph, qui avait refusé la vice-royauté d'Italie, accepterait la couronne des Deux-Siciles, lui donna seulement le titre de son lieutenant général. Joseph ne devait pas commander l'armée, c'était Masséna seul qui avait cette mission, car Napoléon, tout en sacrifiant aux exigences de famille les intérêts de la politique, ne leur sacrifiait pas aussi facilement les intérêts des opérations militaires. Mais Joseph, une fois introduit à Naples par Masséna, devait se saisir du gouvernement civil du pays, et y exercer tous les pouvoirs de la royauté.

Ordre à Masséna de marcher sur Naples avec 40 mille hommes.

Le général Molitor fut en même temps acheminé vers la Dalmatie. Il avait sur ses derrières le général

Ordres pour l'occupation

Marmont pour l'appuyer. Celui-ci était chargé de recevoir de la main des Autrichiens Venise et l'État vénitien. Le prince Eugène avait ordre de se transporter à Venise, et d'y administrer les provinces conquises, sans les adjoindre encore au royaume d'Italie, quoique cette adjonction dût avoir lieu plus tard. Avant de la prononcer définitivement, Napoléon se proposait de conclure, avec les représentants du royaume d'Italie, divers arrangements qu'une réunion immédiate aurait contrariés.

Napoléon voulant enfin exalter l'esprit de ses soldats, et communiquer cette exaltation à la France entière, ordonna que la grande armée fût réunie à Paris, pour y recevoir une fête magnifique, qui lui serait donnée par les autorités de la capitale. On ne pouvait pas mieux figurer l'idée de la nation fêtant l'armée, qu'en chargeant les citoyens de Paris de fêter les soldats d'Austerlitz.

Pendant qu'il s'occupait ainsi de l'administration de son vaste empire, et faisait succéder les soins de la paix aux soins de la guerre, Napoléon avait aussi les yeux fixés sur les suites des traités de Presbourg et de Schœnbrunn. La Prusse notamment avait à ratifier un traité bien imprévu pour elle, puisque M. d'Haugwitz, qui venait à Vienne pour dicter des conditions, les avait au contraire subies, et au lieu d'une contrainte imposée à Napoléon, avait rapporté un traité d'alliance offensive et défensive avec lui, tout cela compensé, il est vrai, par un riche présent, celui du Hanovre.

On se figurerait difficilement la surprise de l'Europe, et les sentiments divers de contentement et de chagrin, d'avidité satisfaite et de confusion, qu'éprouva la Prusse en apprenant le traité de Schœnbrunn. On avait souvent laissé entrevoir au public de Berlin que tantôt la France, tantôt la Russie, offraient au roi l'électorat de Hanovre, lequel, outre l'avantage d'arrondir le territoire si mal tracé de la Prusse, avait l'avantage de lui assurer la domination de l'Elbe et du Weser, ainsi qu'une influence décisive sur les villes anséatiques de Brême et de Hambourg. Cette offre tant de fois annoncée était maintenant une acquisition réalisée, une certitude. C'était un grand sujet de satisfaction pour un pays qui est l'un des plus ambitieux de l'Europe. Mais en compensation de ce don, quelle confusion, il faut trancher le mot, quelle honte allait payer la conduite de la cour de Prusse! Tout en cédant, contre son gré, aux instances de la coalition, elle avait pris l'engagement de s'unir à elle, si dans un mois Napoléon n'avait accepté la médiation prussienne, et subi les conditions de paix qu'on prétendait lui imposer, ce qui équivalait à l'engagement de lui déclarer la guerre. Et tout à coup, trouvant en Moravie Napoléon, non pas embarrassé, mais tout-puissant, elle avait tourné à lui, accepté son alliance, et reçu de sa main la plus belle des dépouilles de la coalition, le Hanovre, antique patrimoine des rois d'Angleterre!

Il faut le dire, il n'y a plus d'honneur dans le monde, si de telles choses ne sont punies d'une éclatante réprobation. Aussi la nation prussienne, on doit lui rendre cette justice, sentit ce qu'une pareille

Janv. 1806.

dont on reçoit à Berlin le traité de Schœnbrunn.

Quoique satisfaite dans son ambition, la nation prussienne est honteuse

Janv. 1806.

de la conduite de son gouvernement.

conduite avait de condamnable, et, malgré la beauté du présent que lui apportait M. d'Haugwitz, elle le reçut le chagrin dans l'âme, l'humiliation sur le front. Toutefois la honte se serait effacée de la mémoire des Prussiens, et n'aurait laissé place qu'au plaisir de la conquête, si d'autres sentiments n'étaient venus se mêler à celui du remords, pour empoisonner la satisfaction qu'ils auraient dû éprouver. Quoique profondément jaloux des Autrichiens, les Prussiens, en les voyant si battus, se sentaient Allemands, et comme les Allemands ne sont pas moins jaloux des Français que les Russes ou les Anglais, ils assistaient avec chagrin à nos triomphes extraordinaires. Leur patriotisme commençait donc à s'éveiller en faveur des Autrichiens, et ce sentiment, joint à celui du remords, inspirait à la nation un profond malaise. L'armée était de toutes les classes celle qui manifestait ces dispositions le plus ouvertement. L'armée n'est pas en Prusse impassible comme en Autriche; elle réfléchit les passions nationales avec une extrême vivacité; elle représente la nation beaucoup plus que l'armée ne la représente dans les autres pays de l'Europe, la France exceptée; et elle représentait alors une nation dont l'opinion était déjà très-indépendante de ses souverains. L'armée prussienne, qui éprouvait à un haut degré le sentiment de la jalousie allemande, qui avait espéré un instant que la carrière des combats s'ouvrirait devant elle, et qui la voyait fermée tout à coup par un acte difficile à justifier, blâmait le cabinet sans aucun ménagement. L'aristocratie allemande, qui voyait l'empire germanique ruiné par la paix de

Presbourg, et la cause de la noblesse immédiate sacrifiée aux souverains de Bavière, de Wurtemberg et de Baden, l'aristocratie allemande occupant tous les hauts grades militaires, contribuait beaucoup à exciter les mécontentements de l'armée, et reportait l'expression exagérée de ces mécontentements soit à Berlin, soit à Potsdam. Ces passions éclataient surtout autour de la reine, et avaient converti sa coterie en un lieu d'opposition bruyante. Le prince Louis, qui régnait dans cette coterie, se répandait plus que jamais en déclamations chevaleresques. Tout n'est pas fait pour l'alliance de deux pays, quand les intérêts sont d'accord; il faut que les amours-propres le soient aussi, et cette dernière condition n'est pas la plus facile à réaliser. Les Prussiens étaient alors le seul peuple de l'Europe dont la politique aurait pu s'accorder avec la nôtre; mais il eût fallu beaucoup de ménagements pour l'orgueil excessif de ces héritiers du grand Frédéric; et malheureusement la conduite faible, ambiguë, quelquefois peu loyale de leur cabinet, n'attirait pas les égards qu'exigeait leur susceptibilité.

Napoléon, après six ans de relations infructueuses avec la Prusse, s'était habitué à n'avoir plus aucune considération pour elle. Il venait de le prouver en traversant l'une de ses provinces (autorisé, il est vrai, par les précédents) sans même l'en avertir. Il venait de le prouver davantage encore en se montrant si peu blessé de ses torts, qu'après la convention de Potsdam, lorsqu'il aurait eu droit de s'indigner, il lui donnait le Hanovre, la traitant

Janv. 1806.

comme bonne seulement à acheter. Elle était et devait être cruellement blessée de ce procédé.

La conscience humaine sent tous les reproches qu'elle a mérités, surtout quand on les lui épargne. Les propos auxquels elle s'était exposée de la part de Napoléon, la Prusse croyait qu'il les avait tenus. On assurait à Berlin qu'il avait dit aux négociateurs autrichiens, lorsque ceux-ci se faisaient forts de l'appui de la Prusse : — La Prusse! elle est au plus offrant; je lui donnerai plus que vous, et je la rangerai de mon côté. — Il l'avait pensé, peut-être il l'avait dit à M. de Talleyrand, mais il affirmait ne l'avoir pas dit aux Autrichiens. Quoi qu'il en soit, partout à Berlin on répétait ce propos comme vrai. Le tort de la Prusse en tout cela, c'était de n'avoir pas mérité les égards qu'elle voulait obtenir; celui de Napoléon, de ne pas les lui accorder sans qu'elle les eût mérités. On n'a des alliés, comme des amis, qu'à la condition de ménager leur orgueil autant que leur intérêt, à la condition en apercevant leurs torts, même en les sentant vivement, de ne pas s'en donner de pareils à leur égard.

M. d'Haugwitz, quoiqu'il arrivât les mains pleines, fut donc reçu avec des sentiments divers, avec colère par la cour, avec douleur par le roi, avec un mélange de contentement et de confusion par le public, et par personne avec une satisfaction complète. Quant à M. d'Haugwitz lui-même, il se présentait sans embarras devant tous ces juges. Il rapportait de Schœnbrunn ce qu'il avait invariablement conseillé, l'agrandissement de la Prusse fondé sur l'alliance de la France. Son unique tort, c'était d'avoir obéi pour un instant à l'empire des circonstances, ce qui l'exposait au fâcheux contraste d'être maintenant le signataire du traité de Schœnbrunn, après avoir été un mois auparavant le signataire du traité de Potsdam. Mais ces circonstances, c'était son malhabile successeur, son ingrat disciple, M. de Hardenberg, qui les avait fait naître, en compliquant tellement les relations de la Prusse en quelques mois de temps, qu'elle ne pouvait sortir de ces complications que par des contradictions choquantes. M. d'Haugwitz, d'ailleurs, s'il avait été entraîné un moment, l'avait été moins que personne; et il venait, après tout, de sauver la Prusse de l'abîme où on avait failli la précipiter. Il ne faut pas oublier non plus qu'à Potsdam, tout séduit qu'on était par la présence d'Alexandre, on avait bien recommandé à M. d'Haugwitz de ne pas entraîner la Prusse dans la guerre avant la fin de décembre, et que le 2 décembre il avait trouvé victorieux, irrésistible, celui qu'on voulait dominer ou combattre. Il avait été placé entre le danger d'une guerre funeste, ou une contradiction richement payée : que voulait-on qu'il fît? — Du reste, disait-il, rien n'était compromis. Se fondant sur ce que la situation avait d'extraordinaire, d'imprévu, il n'avait pris avec Napoléon que des engagements conditionnels, soumis plus expressément que de coutume à la ratification de sa cour. Les choses étaient donc entières. On pouvait, si on était aussi hardi qu'on s'en vantait, aussi sensible à l'honneur, aussi peu sensible à l'intérêt qu'on prétendait l'être,

Janv. 1806.

Langage de M. d'Haugwitz en arrivant à Berlin.

on pouvait ne pas ratifier le traité de Schœnbrunn. Il en avait prévenu Napoléon, auquel il avait annoncé que, traitant sans avoir d'instructions, il traitait sans s'engager. On pouvait opter entre le Hanovre, ou la guerre avec Napoléon. La position était encore ce qu'elle avait été à Schœnbrunn, sauf qu'il avait gagné le mois qu'on avait déclaré nécessaire à l'organisation de l'armée prussienne. —

Tel était le langage de M. d'Haugwitz, exagéré en un seul point, c'est quand il soutenait qu'il avait été placé entre l'acceptation du Hanovre ou la guerre. Il aurait pu en effet réconcilier la Prusse avec Napoléon sans accepter le Hanovre. Il est vrai que Napoléon se serait défié de cette demi-réconciliation, et que de la défiance à la guerre il n'y avait pas loin. Les ennemis de M. d'Haugwitz lui adressaient un autre reproche. En se tenant à Vienne, lui disaient-ils, moins éloigné des négociateurs autrichiens, en faisant cause commune avec eux, il aurait pu résister davantage à Napoléon, et déserter moins ostensiblement les intérêts européens épousés à Potsdam, ou ne les déserter que de l'accord de tous. Mais cela supposait une négociation collective, et Napoléon en voulait si peu, que c'était une autre manière d'aboutir à la guerre que d'insister sur ce point. C'était donc la guerre, toujours la guerre, avec un adversaire effrayant, avant le terme fixé de la fin de décembre, contre le vœu bien connu du roi, et contre les intérêts bien positifs de la Prusse, que M. d'Haugwitz prétendait avoir eue en face à Schœnbrunn.

L'embarras de cette position était donc beaucoup

plus grand pour les autres que pour lui-même, et d'ailleurs il avait un aplomb imperturbable, mêlé de calme et de grâce, qui aurait suffi à le soutenir en présence de ses adversaires, aurait-il eu les torts qu'il n'avait pas.

Janv. 1806.

Aussi M. d'Haugwitz, sans être déconcerté par les cris qui retentissaient autour de lui, sans insister même pour l'adoption du traité, comme aurait pu le faire un négociateur attaché à l'ouvrage dont il était l'auteur, ne cessa de répéter qu'on était libre, qu'on pouvait choisir, mais en sachant bien qu'on choisissait entre le Hanovre et la guerre. Il laissait à autrui l'embarras des contradictions de la politique prussienne, et ne gardait pour lui que l'honneur d'avoir remis son pays dans la voie de laquelle on n'aurait jamais dû le faire sortir. Heureux ce ministre s'il fût resté dans cette ligne, et s'il n'eût pas lui-même gâté plus tard cette situation par des inconséquences qui le perdirent, et faillirent perdre son pays.

Les exaltés, sincères ou affectés, de Berlin, disaient que ce don du Hanovre était un don perfide, qui vaudrait à la Prusse une guerre éternelle avec l'Angleterre, et la ruine du commerce national; qu'on l'achetait d'ailleurs par l'abandon de belles provinces depuis longtemps attachées à la monarchie, telles que Clèves, Anspach et Neufchâtel. Ils prétendaient que la Prusse, qui, en cédant Anspach, Clèves et Neufchâtel, avait cédé une population de 300 mille habitants pour en avoir une de 900 mille, avait conclu un mauvais marché. A les entendre, si on avait obtenu le Hanovre sans rien abandonner, sans perdre ni

Langage des exaltés de Berlin.

Neufchâtel, ni Anspach, ni Clèves, et même en acquérant quelque chose de plus, comme les villes anséatiques, par exemple, alors il n'y aurait eu rien à regretter. La défection ainsi payée en aurait valu la peine; mais le Hanovre, ce n'était plus rien depuis qu'on l'avait! Et en tout cas, ajoutaient-ils, on déshonorait la Prusse, on la couvrait d'infamie aux yeux de l'Europe! On livrait la patrie commune, l'Allemagne, aux étrangers! Ces derniers reproches étaient plus spécieux; mais il y avait à répondre cependant qu'on avait fait pis dans le dernier partage de la Pologne, et presque aussi bien dans le partage récent des indemnités germaniques. Et cependant on n'avait pas alors crié au scandale!

Les gens modérés très-répandus dans la riche bourgeoisie de Berlin, sans répéter toutes ces déclamations, craignaient pour le commerce prussien les représailles de l'Angleterre, souffraient pour la considération de la Prusse, avaient un vrai chagrin du triomphe des armées françaises sur les armées allemandes, mais redoutaient par-dessus tout la guerre avec la France.

C'était là le fond des sentiments du roi, qui, avec le cœur d'un bon Allemand patriote et modéré, hésitait entre ces considérations contraires. Il était dévoré de regrets en pensant à la faute qu'il avait commise à Potsdam, et qui le plaçait dans une nécessité d'inconséquence tout à fait déshonorante, seule objection qu'on pût opposer au beau présent de Napoléon. Et puis, bien qu'il ne manquât pas de bravoure personnelle, il craignait la guerre comme le plus grand des malheurs; il y voyait la ruine du trésor de Frédéric, follement dispersé par son père, soigneusement refait par lui, et déjà entamé par le dernier armement; il y voyait surtout, avec une sagacité que la crainte donne souvent, la ruine de la monarchie.

Frédéric-Guillaume suppliait le comte d'Haugwitz de l'éclairer de ses lumières, et le comte d'Haugwitz lui répétait sans cesse, ne sachant lui dire autre chose, que c'était à choisir entre le Hanovre ou la guerre, et que, dans son opinion, toute guerre contre Napoléon serait suivie d'un désastre; que les armées autrichiennes et russes valaient, quoi qu'on en dît, l'armée prussienne, et qu'on ne ferait pas mieux qu'elles, peut-être moins bien, car on était dans le moment beaucoup moins aguerri.

On assembla un conseil auquel on appela les principaux personnages de la monarchie, MM. d'Haugwitz, de Hardenberg, de Schullembourg, et les deux représentants les plus illustres de l'armée, le maréchal de Mollendorf et le duc de Brunswick. La discussion y fut fort agitée, quoique sans mélange de passions de cour; et sous le coup de l'éternel argument de M. d'Haugwitz, consistant à répéter qu'on pouvait refuser le Hanovre, mais en faisant la guerre, on se rendit, et on aboutit à un parti moyen, c'est-à-dire à ce qu'il y avait de plus mauvais. On décida l'acceptation du traité avec des modifications. M. d'Haugwitz résista vivement à cette résolution. Il dit qu'il avait profité des circonstances à Schœnbrunn, et qu'il avait obtenu de Napoléon ce qu'il n'en obtiendrait pas une seconde fois; que celui-ci verrait dans les mo-

Janv. 1806.

Conseil extraordinaire auquel assistent les principaux personnages politiques et militaires de la Prusse.

Le traité de Schœnbrunn est adopté avec des modifications.

difications apportées au traité un dernier succès du parti ennemi de la France; qu'il finirait par ne plus compter du tout sur l'alliance prussienne, qu'il se conduirait en conséquence, et que, se tenant pour dégagé par une ratification donnée avec des réserves, il placerait la Prusse entre des conditions pires ou la guerre.

M. d'Haugwitz ne fut pas écouté. On prétendit que les modifications apportées, bonnes ou mauvaises, sauvaient l'honneur de la Prusse, car elles prouvaient qu'on ne rédigeait pas les traités sous la dictée de Napoléon. Cette raison de si peu de valeur fit illusion à des gens qui avaient besoin de se tromper eux-mêmes, et on adopta le traité en y apportant divers changements.

Le premier de ces changements indiquait bien la pensée de ceux qui les avaient proposés, et la nature de leur embarras. On supprimait du traité la qualification d'*offensive* et *défensive*, donnée à l'alliance contractée avec la France, afin de pouvoir se présenter à la Russie avec moins de confusion. On expliquait, par des commentaires, dans quels cas on se croirait obligé de faire cause commune avec la France. On demandait des éclaircissements sur les derniers arrangements projetés en Italie, et qui devaient être compris dans les garanties réciproques stipulées par le traité de Schœnbrunn, car on tenait à ne point approuver formellement ce qui allait se consommer à Naples, c'est-à-dire la déchéance des Bourbons, clients et protégés de la Russie.

Ces modifications signifiaient qu'en étant obligé d'entrer dans la politique de la France, on ne voulait pas y entrer franchement, qu'on ne voulait pas surtout y entrer jusqu'au point de ne pouvoir plus expliquer sa conduite à Saint-Pétersbourg et à Vienne. L'intention était trop visible pour être favorablement interprétée à Paris. A ces modifications, on en ajouta quelques autres moins honorables encore. On ne les écrivit pas, il est vrai, dans le nouveau traité, mais on laissa le soin à M. d'Haugwitz de les proposer verbalement. On désirait, en gagnant le Hanovre, ne pas céder Anspach, qui était la seule concession un peu importante exigée par Napoléon, et qui formait le patrimoine franconien de la maison de Brandebourg. On désirait l'adjonction des villes anséatiques, conquête précieuse par son importance commerciale, et en comblant ainsi l'avidité de la nation prussienne, on se flattait d'étouffer chez elle le cri de l'honneur, et de désarmer l'opinion publique.

Cela fait, on appela M. de Laforest, ministre de France, chargé à ce titre de l'échange des ratifications. Celui-ci connaissait trop son souverain pour se permettre de ratifier un traité auquel il avait été apporté de tels changements. Il commença par s'y refuser; mais les instances auprès de lui devinrent si pressantes, M. d'Haugwitz lui représenta avec tant de force la nécessité d'enchaîner la cour de Berlin, pour la sauver de ses variations continuelles, et pour l'arracher aux suggestions des ennemis de la France, que ce ministre consentit à ratifier le traité modifié, *sub spe rati*, précaution d'usage en diplomatie quand on désire réserver la volonté de son souverain.

C'était donc à Paris qu'il fallait revenir pour faire

Janv. 1806.

M. d'Haugwitz

approuver ces nouvelles tergiversations de la cour de Prusse. M. d'Haugwitz avait paru réussir auprès de Napoléon, et c'est lui qu'on crut devoir envoyer en France pour conjurer l'orage qu'on prévoyait. M. d'Haugwitz déclina longtemps une telle mission ; mais le roi lui adressa de si vives prières, qu'il dut se résigner à se rendre à Paris, et à braver une seconde fois le négociateur couronné et victorieux avec lequel il avait traité à Schœnbrunn. Il partit en se faisant précéder des paroles les plus douces et les plus obséquieuses, pour se ménager un accueil moins mauvais que celui qu'il pouvait craindre.

Napoléon en apprenant ces dernières misères de la politique prussienne, y vit ce qu'il fallait y voir, de nouvelles faiblesses pour ses ennemis, de nouveaux efforts pour bien vivre avec eux, tout en se ménageant l'occasion de faire encore avec lui quelques profits. Il se sentit à l'égard de cette politique moins de considération qu'auparavant, et, ce qui fut un grand malheur pour la Prusse et pour la France, il désespéra tout à fait, dès cette époque, de l'alliance prussienne. Joignez à cela que, la réflexion venue, il en était au regret de ce qu'il avait accordé à Schœnbrunn. Le don du Hanovre, en effet, avait été concédé avec un peu trop de précipitation, non pas qu'il pût être mieux placé que dans les mains de la Prusse ; mais en disposer définitivement, c'était rendre plus acharnée la lutte avec l'Angleterre, c'était ajouter à des intérêts inconciliables sur mer, des intérêts inconciliables sur terre, car le vieux

Georges III aurait sacrifié les plus riches colonies de l'Angleterre plutôt que son patrimoine germanique. Sans doute, si on reconnaissait que l'Angleterre était à jamais implacable, et ne pouvait être ramenée que par la force, on avait raison alors de tout se permettre avec elle, et le Hanovre était très-bien employé, quand il l'était à cimenter une alliance puissante et sincère, propre à rendre impossibles les coalitions continentales. Mais aucune de ces suppositions ne paraissait actuellement vraie. On annonçait un grand découragement en Angleterre, la mort prochaine de M. Pitt, l'avénement probable de M. Fox, et un changement immédiat de système. Aussi, en apprenant les derniers actes de la Prusse, Napoléon fut-il disposé à tout replacer sur l'ancien pied avec elle, c'est-à-dire à lui restituer Anspach, Clèves, Neufchâtel, et à lui retirer le Hanovre pour le garder en réserve. Au point où en étaient arrivées les choses, soit par la faute des hommes, soit par la faute des événements, ce qu'il y avait de mieux, effectivement, c'était d'en revenir aux bons rapports sans intimité, et de reprendre de part et d'autre ce qu'on s'était donné. Napoléon, en recouvrant le Hanovre, aurait eu dans les mains un moyen de traiter avec l'Angleterre, et de saisir l'occasion unique qui allait s'offrir de terminer une guerre funeste, cause permanente de la guerre universelle.

Ce fut sa première pensée, et plût au ciel qu'il l'eût suivie ! Il donna des instructions en ce sens à M. de Talleyrand. Il voulut qu'on le représentât à M. d'Haugwitz comme plus irrité qu'il n'était des

Janv. 1806

La première disposition de Napoléon est de rendre à la cour de Berlin ce qu'elle a donné, de lui reprendre ce qu'il lui a cédé, et de renoncer à toute intimité avec elle.

Instructions données par Napoléon à M. de Talleyrand.

libertés prises avec la France, qu'on se déclarât complétement dégagé, et qu'on restât libre, ou de reprendre le Hanovre pour en faire le gage de la paix avec l'Angleterre, ou de tout remettre à nouveau avec la Prusse, pour conclure avec elle un traité plus large et plus solide [1].

M. d'Haugwitz arriva le 1er février à Paris. Il déploya, soit auprès de M. de Talleyrand, soit auprès de l'Empereur, tout l'art dont il était doué, et cet art était grand. Il fit valoir les embarras de son gouvernement, placé entre la France et l'Europe coalisée, penchant plus souvent vers la première, mais entraîné quelquefois vers la seconde par des passions

---

[1] Nous citons la lettre suivante, qui reproduit exactement la pensée de Napoléon dans cette circonstance :

A M. de Talleyrand.

Paris, 4 février 1806.

Le ministère en Angleterre a été entièrement changé après la mort de M. Pitt : M. Fox a le portefeuille des relations extérieures. Je désire que vous me présentiez ce soir une note rédigée sur cette idée :

« Le soussigné ministre des relations extérieures a reçu l'ordre exprès de S. M. l'Empereur de faire connaître à M. d'Haugwitz, à sa première entrevue, que S. M. ne saurait regarder le traité conclu à Vienne comme existant, par défaut de ratification dans le temps prescrit; que S. M. ne reconnait à aucune puissance, et moins à la Prusse qu'à toute autre, parce que l'expérience a prouvé qu'il faut parler clairement et sans détour, le droit de modifier et d'interpréter, selon son intérêt, les différents articles d'un traité; que ce n'est pas échanger des ratifications que d'avoir deux textes différents d'un même traité, et que l'irrégularité paraît encore plus grande si l'on considère les trois ou quatre pages de mémoire ajoutées aux ratifications de la Prusse; que M. de Laforest, ministre de S. M., chargé de l'échange des ratifications, serait coupable, si lui-même n'eût observé toute l'irrégularité du procédé de la cour de Prusse, mais qu'il n'avait accepté l'échange qu'avec la condition de l'approbation de l'Empereur.

de cour, qu'il fallait comprendre et excuser. Il montra le gouvernement prussien obligé de revenir péniblement de la faute commise à Potsdam, ayant besoin pour cela d'être soutenu, encouragé par les égards du gouvernement français; il se peignit si bien comme l'homme qui luttait seul à Berlin pour ramener la Prusse à la France, et comme ayant droit à ce titre d'être aidé par la bienveillance de Napoléon, que ce dernier céda, et consentit malheureusement à renouer le traité de Schœnbrunn, mais à des conditions un peu plus onéreuses encore que celles que le roi Frédéric-Guillaume venait de refuser.

Fév. 1806.

» Le soussigné est donc chargé de déclarer que S. M. ne l'approuve pas, par la considération de la sainteté due à l'exécution des traités.

» Mais en même temps le soussigné est chargé de déclarer que S. M. désire toujours que les différends survenus dans ces dernières circonstances entre la France et la Prusse se terminent à l'amiable, et que l'ancienne amitié qui avait existé entre elles subsiste comme par le passé; elle désire même que le traité d'alliance offensive et défensive, s'il est compatible avec les autres engagements de la Prusse, subsiste entre les deux pays et assure leurs liaisons. »

Cette note, que vous me présenterez ce soir, sera remise demain dans la conférence, et sous quelque prétexte que ce soit je ne vous laisse pas le maître de ne la pas remettre.

Vous comprenez vous-même que ceci a deux buts : de me laisser maître de faire ma paix avec l'Angleterre, si d'ici à quelques jours les nouvelles que je reçois se confirment, ou de conclure avec la Prusse un traité sur une base plus large.

Vous serez sévère et net dans la rédaction; mais vous y ajouterez de vive voix toutes les modifications, tous les adoucissements, toutes les illusions qui feront croire à M. d'Haugwitz que c'est une suite de mon caractère, qui est piqué de cette forme, mais que dans le fond on est dans les mêmes sentiments pour la Prusse. Mon opinion est que dans les circonstances actuelles, si véritablement M. Fox est à la tête des affaires étrangères, nous ne pouvons céder le Hanovre à la Prusse que par suite d'un grand système tel qu'il puisse nous garantir de la crainte d'une continuation d'hostilités.

Fév. 1806.

Langage de Napoléon à M. d'Haugwitz.

— Je ne veux pas vous contraindre, dit Napoléon à M. d'Haugwitz ; je vous offre toujours de remettre les choses sur l'ancien pied, c'est-à-dire de reprendre le Hanovre, en vous rendant Anspach, Clèves et Neufchâtel. Mais, si nous traitons, si je vous cède de nouveau le Hanovre, je ne vous le céderai plus aux mêmes conditions, et j'exigerai en outre que vous me promettiez de devenir les fidèles alliés de la France. Si la Prusse est franchement, publiquement avec moi, je n'ai plus de coalition européenne à craindre, et, sans coalition européenne sur les bras, je viendrai bien à bout de l'Angleterre. Mais il ne me faut pas moins que cette certitude pour vous faire don du Hanovre, et pour avoir la conviction que j'agis sagement en vous le donnant. —

Napoléon avait raison, sauf en un point, c'était de faire payer le Hanovre à la Prusse par de nouvelles compensations, de ne pas le lui livrer au contraire aux conditions les plus avantageuses, car il n'y a de bons alliés que ceux qui sont pleinement satisfaits. M. d'Haugwitz, qui était sincère dans son désir d'unir la France et la Prusse, promit à Napoléon tout ce qu'il voulut, et le promit avec toutes les apparences de la plus entière bonne foi. Il ajouta à ses promesses des insinuations fort adroites sur les procédés un peu légers de Napoléon envers la Prusse, sur la nécessité de ménager la dignité du roi, pour le roi d'abord, que sa timidité n'empêchait pas d'être au fond susceptible et irritable, mais aussi pour la nation et l'armée, qui s'identifiaient avec le monarque, et prenaient fort mal tout ce qui ressemblait à un manque d'égards pour lui. M. d'Haugwitz disait que la violation du territoire d'Anspach, notamment, avait produit, sous ce rapport, l'effet le plus regrettable, et mis la nation de moitié avec la cour dans les entraînements qui avaient amené le déplorable traité de Potsdam.

Fév. 1806.

Ces réflexions étaient justes et frappantes. Mais si la Prusse avait besoin d'être ménagée, Napoléon avait besoin d'être content d'elle pour être porté à la ménager, et d'éprouver de l'estime pour en faire paraître. C'était là une double difficulté, que jusqu'ici on n'avait pas réussi à vaincre : y réussirait-on davantage après ce nouveau raccommodement? C'était malheureusement fort douteux.

On rédigea un second traité plus explicite et plus étroit que le premier. Le Hanovre fut donné à la Prusse aussi formellement qu'à Schœnbrunn, mais à la condition de l'occuper immédiatement, et à titre de souveraineté. Une obligation nouvelle et grave était le prix de ce don : elle consistait à fermer aux Anglais le Weser et l'Elbe, et à fermer ces fleuves aussi étroitement que l'avaient fait les Français lorsqu'ils occupaient le Hanovre. En échange la Prusse accordait les mêmes cessions qu'à Schœnbrunn; elle donnait la principauté franconienne d'Anspach, les restes du duché de Clèves situés à la droite du Rhin, et la principauté de Neufchâtel formant l'un des cantons de la Suisse. Un avantage promis au roi de Prusse dans le traité de Schœnbrunn était supprimé ici au profit du roi de Bavière. D'après le premier traité, la principauté franconienne de Bareuth, contiguë à

Conditions du nouveau traité avec la Prusse.

celle d'Anspach, et conservée à la Prusse, devait être limitée d'une manière plus régulière, en prenant sur celle d'Anspach une enclave de vingt mille habitants. Il n'était plus question de cette enclave. Enfin on étendait les obligations imposées à la Prusse. Celle-ci était contrainte de garantir non-seulement l'Empire français tel quel, avec les nouveaux arrangements conclus en Allemagne et en Italie, mais on exigeait encore qu'elle garantît explicitement les futurs résultats de la guerre commencée contre Naples, c'est-à-dire la déchéance de la maison des Bourbons, et l'établissement alors présumé d'une branche de la famille Bonaparte sur le trône des Deux-Siciles. C'était là certainement la plus désagréable des récentes conditions imposées à la Prusse, car elle rendait la situation du roi envers l'empereur Alexandre plus difficile que jamais, à cause du protectorat avoué de la Russie à l'égard des Bourbons de Naples.

Il n'est pas nécessaire de dire que les garanties étaient réciproques, et que la France promettait l'appui de ses armées à la Prusse, pour assurer à celle-ci toutes ses acquisitions passées et présentes, le Hanovre compris.

Ce second traité fut signé le 15 février.

Ainsi tout ce que la Prusse avait gagné à vouloir modifier le traité de Schœnbrunn, c'était d'être privée des additions de territoire qui devaient d'abord être ajoutées à Bareuth, d'être contrainte à un acte fort dangereux, la clôture de l'Elbe et du Weser, enfin d'être obligée d'avouer publiquement ce qui allait se consommer à Naples. L'unique résultat en un mot, c'étaient des obligations de plus, et des profits de moins.

M. d'Haugwitz n'avait pu faire mieux, à moins de replacer les choses dans leur premier état, ce qui aurait été préférable assurément, car on se serait épargné les engagements embarrassants d'une alliance replâtrée et peu sincère. Il est vrai qu'on se serait privé du prestige d'une conquête brillante, bien utile pour couvrir en ce moment toutes les misères de la politique prussienne. Quoi qu'il en soit, M. d'Haugwitz ne voulait pas porter lui-même à Berlin ce triste fruit des tergiversations de sa cour, et il résolut d'y envoyer M. de Lucchesini, ministre de Prusse à Paris. Il ne lui convenait pas de solliciter l'adoption d'un ouvrage gâté, et d'assumer sur lui seul la responsabilité de la résolution qu'il s'agissait de prendre. Il voulait laisser à son roi, à ses collègues, et à la famille royale, qui intervenait d'une manière si indiscrète dans les affaires de l'État, le soin de choisir entre le traité de Schœnbrunn fort empiré, ou la guerre ; car il était évident, cette fois, que Napoléon poussé à bout par un nouveau rejet, s'il n'éclatait pas immédiatement pour une alliance refusée, traiterait la Prusse de telle sorte, dans tous les arrangements européens, que la guerre deviendrait prochainement inévitable.

Il envoya donc à Berlin M. de Lucchesini, dont il était le supérieur, et occupa pour quelques jours sa place de ministre à Paris. Il le chargea de porter le traité à sa cour, de peindre à celle-ci l'état exact des choses en France, de lui représenter les dispositions vraies de Napoléon, qui était prêt à devenir, selon

Fév. 1806.

M. d'Haugwitz envoie M. de Lucchesini à Berlin, pour y porter le nouveau traité, et demeure de sa personne à Paris.

la manière dont on se conduirait, ou un allié puissant et sincère, quoique embarrassant par son esprit d'entreprise, ou un ennemi formidable, si on le réduisait à voir dans la Prusse une seconde Autriche. M. d'Haugwitz ne donna pas à M. de Lucchesini la mission de solliciter en son nom l'adoption du nouveau traité. Il ne souhaitait plus rien, car il en était déjà au dégoût d'une tâche devenue trop ingrate, et à la fatigue d'une responsabilité trop contrariée.

Il demeura donc à Paris, parfaitement traité par Napoléon, étudiant avec curiosité cet homme extraordinaire, et se persuadant tous les jours davantage de la justesse de sa propre politique, et des intérêts présents et futurs que la Prusse et la France compromettaient également, en ne sachant pas s'entendre.

Tout allait du reste en Europe au gré des désirs de l'heureux vainqueur d'Austerlitz. L'armée qu'il avait envoyée à Naples, sous le commandement apparent de Joseph Napoléon, et sous le commandement réel de Masséna, marchait droit au but. La reine de Naples, s'efforçant encore une fois de conjurer l'orage amassé par ses fautes, implorait toutes les cours, et dépêchait successivement le cardinal Ruffo, le prince héritier de la couronne, au-devant de Joseph, pour essayer d'un traité, quelles qu'en fussent les conditions. Joseph, lié par les ordres impératifs de son frère, refusait le cardinal Ruffo, accueillait avec égard les instances du prince Ferdinand, mais ne s'arrêtait pas un instant dans sa marche sur Naples. L'armée française, forte de 40 mille hommes, passa le Garigliano le 8 février, et s'avança formée en trois corps. L'un, celui de droite, sous le général Reynier, vint faire le blocus de Gaëte; l'autre, celui du centre, sous le maréchal Masséna, marcha sur Capoue; le troisième, celui de gauche, sous le général Saint-Cyr, se dirigea par la Pouille et les Abruzzes vers le golfe de Tarente. A cette nouvelle les Anglais s'embarquèrent avec une telle précipitation, qu'ils faillirent mettre en péril leurs alliés, les Russes. Les premiers s'enfuirent en Sicile, les seconds à Corfou. La cour de Naples se réfugia à Palerme, après avoir entièrement vidé les caisses publiques, même celle de la Banque. Le prince royal, avec ce qui restait de meilleur dans l'armée napolitaine, s'enfonça dans les Calabres. Deux seigneurs napolitains furent envoyés à Capoue, pour traiter de la reddition de la capitale. Une convention fut signée, et Joseph, escorté du corps de Masséna, se présenta devant Naples. Il y entra le 15 février, sans que l'ordre fût troublé, la population des lazzaroni n'ayant opposé aucune résistance.

La place de Gaëte, quoique comprise dans la convention de Capoue, ne fut point rendue par le prince de Hesse-Philippstadt, qui en était le commandant. Il déclara qu'il s'y défendrait jusqu'à la dernière extrémité. La force de cette place, espèce de Gibraltar, tenant seulement par un isthme au continent d'Italie, permettait en effet une longue résistance. Le général Reynier enleva les positions extérieures avec une grande hardiesse, et s'occupa du soin de resserrer l'ennemi dans la place, en attendant qu'on lui fournît le matériel nécessaire pour entreprendre un siége en règle.

Fév. 1806.

Évacuation de Naples, et retraite de la cour en Sicile.

Résistance de la place de Gaëte.

Joseph, maître de Naples, n'était qu'au début des difficultés qu'il avait à vaincre. Quoiqu'il ne prît encore que la qualité de lieutenant de Napoléon, il n'en était pas moins à tous les yeux le roi désigné du nouveau royaume. Il n'y avait pas un ducat dans les caisses; toutes les munitions militaires avaient été emportées, les principaux fonctionnaires étaient partis. Il fallait créer à la fois des finances et une administration. Joseph avait du sens, de la douceur, mais aucune portion de cette activité prodigieuse dont son frère Napoléon était doué, et qui aurait été nécessaire ici pour fonder un gouvernement.

Il se mit néanmoins à l'œuvre. Les grands du royaume, plus éclairés que le reste de la nation, comme il arrive en tout pays peu civilisé, avaient été maltraités par la reine, qui leur reprochait d'être enclins aux opinions libérales, et qui les faisait vivre dans la crainte des lazzaroni, ignorants et fanatiques, qu'elle menaçait sans cesse de déchaîner contre eux : conduite ordinaire à la royauté qui s'appuie partout sur le peuple contre les grands, lorsque la résistance se montre chez ces derniers. Les grands firent donc un bon accueil à ce gouvernement nouveau, duquel ils espéraient une administration sagement réformatrice, et décidée à protéger également toutes les classes. Joseph, les voyant animés de sentiments favorables, s'attacha davantage à les attirer à lui, et contint les lazzaroni par la crainte d'exécutions sévères. Au surplus, le nom de Masséna faisait trembler les perturbateurs. Un coup de vent avait rejeté sur Naples une frégate et une corvette napolitaines, avec plusieurs bâtiments de transport. On recouvra ainsi quelques munitions, et des valeurs assez importantes. On arma les forts, on leva des contributions, et un Corse fort habile, M. Salicetti, envoyé par Napoléon à Naples, fut mis à la tête de la police. Joseph demanda des secours d'argent à son frère pour l'aider à passer ces premiers moments.

Fév. 1806.

Eugène, vice-roi de la haute Italie, avait reçu des mains de l'Autriche les États vénitiens. Il était entré dans Venise à la grande satisfaction des habitants de cette antique reine des mers, qui trouvaient dans leur adjonction à un royaume italien, constitué sur de sages principes, un certain dédommagement de leur indépendance perdue. Le corps du général Marmont, descendu des Alpes Styriennes en Italie, s'était porté sur l'Isonzo, et formait une réserve prête à pénétrer en Dalmatie, si cette adjonction de forces devenait nécessaire. Le général Molitor avec sa division avait rapidement marché vers la Dalmatie, pour s'emparer d'une contrée à laquelle Napoléon attachait beaucoup de prix, parce qu'elle était voisine de l'empire turc. Ce général était entré dans la ville de Zara, capitale de la Dalmatie. Mais il lui restait à parcourir un assez grand espace de côtes avant d'arriver aux célèbres bouches du Cattaro, la plus méridionale et la plus importante des positions de l'Adriatique, et il se hâtait, afin de contenir par la terreur de son approche les Monténégrins, depuis longtemps stipendiés par la Russie.

Occupation des États vénitiens par le prince Eugène.

Occupation de la Dalmatie.

Fév. 1806.

Empressement de la cour d'Autriche à exécuter le traité de Presbourg, afin de hâter la retraite des armées françaises.

Du reste, la cour de Vienne, soupirant après la retraite de l'armée française, était disposée à exécuter fidèlement le traité de Presbourg. Cette cour, épuisée par la dernière guerre, qui était la troisième depuis la révolution française, terrifiée des coups qu'elle avait reçus à Ulm et à Austerlitz, ne renonçait sans doute pas à l'espoir de se relever un jour, mais pour le présent elle était résolue à mettre un peu d'ordre dans ses finances, et à laisser passer bien des années avant de tenter encore une fois la fortune des armes. L'archiduc Charles, redevenu ministre de la guerre, était chargé de chercher un nouveau système d'organisation militaire, qui procurât, sans une trop grande réduction de forces, les économies qu'on ne pouvait plus différer. On se pressait donc d'exécuter en tout point le dernier traité de paix, de verser, ou en espèces ou en lettres de change, la contribution de 40 millions, de seconder le transport des canons, des fusils pris à Vienne, pour que la retraite successive des troupes françaises s'accomplît promptement. Cette retraite devait se terminer le 1er mars par l'évacuation de Braunau.

L'armée française commence à se retirer.

Napoléon, qui avait laissé Berthier à Munich, pour y veiller au retour de l'armée, retour qu'il voulait rendre lent et commode, avait prescrit à ce fidèle exécuteur de ses volontés de s'arrêter à Braunau, et de ne restituer cette place qu'après qu'il aurait reçu la nouvelle positive de la remise des bouches du Cattaro. Il avait établi le maréchal Ney, avec son corps, dans le pays de Salzbourg, pour y vivre le plus longtemps possible aux dépens d'une province destinée à devenir autrichienne. Il avait établi le corps du maréchal Soult sur l'Inn, à cheval sur l'archiduché d'Autriche et la Bavière, et vivant sur tous les deux. Les corps des maréchaux Davout, Lannes, Bernadotte, pesant trop sur la Bavière, dont on commençait à lasser les habitants, venaient d'être acheminés vers les pays nouvellement cédés aux princes allemands nos alliés; et comme il n'y avait pas de terme fixé pour la remise de ces pays, dépendante encore d'arrangements litigieux, on avait un prétexte fondé pour y séjourner quelque temps. Le corps de Bernadotte fut donc transporté dans la province d'Anspach, cédée par la Prusse à la Bavière. Il avait là de l'espace pour s'étendre et pour subsister. Le corps du maréchal Davout fut transporté dans l'évêché d'Aichstedt et dans la principauté d'OEttingen. La cavalerie fut répartie entre ces différents corps. Ceux qui n'étaient pas assez au large pour trouver à se nourrir, avaient la permission de s'étendre chez les petits princes de la Souabe, dont le traité de Presbourg rendait l'existence problématique, en exigeant de nouveaux changements à la constitution germanique. Les troupes de Lannes, partagées entre le maréchal Mortier et le général Oudinot, furent cantonnées en Souabe. Les grenadiers d'Oudinot s'acheminèrent à travers la Suisse, vers la principauté de Neufchâtel, pour en prendre possession. Enfin, le corps d'Augereau, renforcé de la division Dupont et de la division batave du général Dumonceau, fut cantonné autour de Francfort, prêt à marcher sur

Fév. 1806.

Distribution des troupes françaises dans les provinces allemandes nouvellement cédées.

la Prusse, si les derniers arrangements conclus avec elle n'amenaient pas une entente sincère et définitive.

Fév. 1806.

Brillant état de l'armée française.

Ces divers corps se trouvaient dans le meilleur état. Ils commencèrent à se ressentir du repos qui leur avait été accordé, ils se recrutaient par l'arrivée des jeunes conscrits partant sans cesse des bords du Rhin, où l'on avait réuni les dépôts, sous les maréchaux Kellermann et Lefebvre. Nos soldats étaient, s'il est possible, plus propres encore à la guerre qu'avant la dernière campagne, et singulièrement enorgueillis de leurs récentes victoires.

Conduite des soldats français en Allemagne.

Ils se montraient humains à l'égard des peuples d'Allemagne, un peu bruyants, il est vrai, vantant volontiers leurs exploits, mais, ce bruit passé, sociables au plus haut point, et offrant un singulier contraste avec les Allemands auxiliaires, beaucoup plus durs envers leurs compatriotes que nous ne l'étions nous-mêmes. Malheureusement, Napoléon, par un esprit d'économie utile à son armée, nuisible à sa politique, ne faisait payer aux soldats qu'une partie de la solde, retenant le reste à leur profit, et pour le leur compter plus tard, quand ils rentreraient en France. Il exigeait que les vivres leur fussent fournis par les pays où ils campaient, en remplacement de la portion de la solde qui leur était retenue, et c'était pour les habitants une charge fort lourde. Si les vivres eussent été payés, la présence de nos troupes, au lieu d'être un fardeau, serait devenue un avantage, et l'Allemagne, qui savait qu'elles avaient été amenées

Souffrances des pays occupés sans

sur son sol par la faute de la coalition, n'aurait eu que des sentiments bienveillants pour nous. C'était donc une économie mal entendue, et le bénéfice qui en résultait pour l'armée ne valait pas les inconvénients qui pouvaient naître de la souffrance des pays occupés. Napoléon faisait retenir aussi la dépense de l'habillement, pour vêtir ses soldats à neuf, quand ils repasseraient le Rhin, et viendraient prendre part aux fêtes qu'il leur préparait. Ils étaient, quant à eux, fort de cet avis, et se résignaient gaiement à porter leurs vêtements usés, à recevoir peu d'argent, se disant qu'à leur retour en France ils auraient des habits neufs, et d'abondantes économies à dépenser.

Fév. 1806.

qu'il y ait de la faute de nos troupes.

Du reste, si les peuples se plaignaient du séjour prolongé de nos troupes, les petits princes avaient fini par invoquer leur présence comme un bienfait, car rien n'était comparable aux violences, aux spoliations que se permettaient les gouvernements allemands, surtout ceux qui possédaient quelque force. Le roi de Bavière, le grand-duc de Baden avaient mis la main sur les biens de la noblesse immédiate, et quoiqu'ils agissent sans ménagement, leur précipitation était de l'humanité comparée à la violence du roi de Wurtemberg, qui poussait l'avidité jusqu'à faire envahir et piller tous les fiefs, comme du temps où l'on criait en France : *Guerre aux châteaux, paix aux chaumières*. Ses troupes entraient dans les domaines des princes enclavés dans son royaume, sous prétexte de saisir les possessions de la noblesse immédiate. N'ayant droit qu'à une por-

Spoliations et violences des gouvernements allemands à l'égard de la noblesse immédiate.

tion du Brisgau, dont la plus grande partie était destinée à la maison de Baden, le roi de Wurtemberg l'avait occupé presque en totalité. Sans les troupes françaises, les Wurtembergeois et les Badois en seraient venus aux mains.

Napoléon avait constitué M. Otto, ministre de France à Munich, et Berthier, major général de la grande armée, arbitres des différends qu'il prévoyait entre les princes allemands, grands et petits. Ces derniers étaient tous accourus à Munich, où la diète de Ratisbonne paraissait avoir transféré son siége, et ils y sollicitaient la justice de la France, et même la présence, quelque onéreuse qu'elle fût, des troupes françaises. On voyait surgir de toutes parts d'inextricables contestations, qui ne semblaient pouvoir être résolues que par une nouvelle refonte de la Constitution germanique. En attendant, des détachements de nos soldats gardaient les lieux en litige, et tout était remis à l'arbitrage de la France et de ses ministres. Au surplus, Napoléon ne se servait pas de ces conflits pour prolonger le séjour de ses troupes en Allemagne, car il était impatient de faire rentrer l'armée, de la réunir à Paris autour de lui; et il n'attendait pour cela que l'entière occupation de la Dalmatie, et la réponse définitive de la cour de Prusse.

Cette cour, obligée de se prononcer une dernière fois sur le traité de Schœnbrunn modifié, prenait enfin son parti. Elle acceptait ce traité, devenu moins avantageux depuis son double remaniement à Berlin et à Paris, et elle recevait, avec la confusion sur le front, avec l'ingratitude dans le cœur, le don du Hanovre, qui dans un autre temps l'aurait comblée de joie. Que faire en effet? il n'y avait pas d'autre parti à prendre que celui de finir par adhérer aux propositions de la France, ou de se résigner bientôt à la guerre, à la guerre que l'armée prussienne appelait avec jactance, et que ses chefs, plus avisés, le roi surtout, redoutaient comme une funeste épreuve.

Fév. 1806.

A opter pour la guerre, il aurait fallu s'y décider quand Napoléon quittait Ulm pour s'enfoncer dans la longue vallée du Danube, et tomber sur ses derrières, pendant que les Austro-Russes, concentrés à Olmütz, l'attiraient en Moravie. Mais l'armée prussienne n'était pas prête alors; et après le 2 décembre, quand M. d'Haugwitz s'aboucha avec Napoléon, il était trop tard. Il était bien plus tard encore, maintenant que les Français, réunis en Souabe et en Franconie, n'avaient qu'un pas à faire pour envahir la Prusse, maintenant que les Russes étaient en Pologne, et les Autrichiens en complet état de désarmement.

Accepter le don du Hanovre, aux conditions qu'y mettait la France, était donc la seule résolution possible. Mais c'était là une singulière manière de commencer une alliance intime. Le traité du 15 février fut ratifié le 24. M. de Lucchesini repartit immédiatement pour Paris avec les ratifications. M. d'Haugwitz, de son côté, se mit en route pour retourner à Berlin, pleinement satisfait des traitements personnels qu'il avait reçus de Napoléon, lui

Retour de M. d'Haugwitz à Berlin.

promettant de nouveau la fidèle alliance de la Prusse, mais s'attendant à des épreuves bien pénibles, à la vue de toutes les difficultés qui fourmillaient alors en Allemagne, à la vue surtout de ces petits princes allemands, prosternés aux pieds de la France, pour se sauver des exactions dont les accablaient des princes plus puissants ou plus favorisés. Rentré à Berlin, M. d'Haugwitz trouva le roi fort attristé de sa situation, et fort affligé des difficultés que lui opposait la cour, plus exaltée et plus intempérante que jamais. L'audace des mécontents fut poussée à ce point, que pendant une nuit les vitres de la maison de M. d'Haugwitz furent brisées par des perturbateurs, qu'on crut généralement appartenir à l'armée, et qu'on disait publiquement, mais faussement, n'être que les agents du prince Louis. M. d'Haugwitz affecta de dédaigner ces manifestations, qui, très-insignifiantes dans les pays libres, où l'on permet en les méprisant ces excès de la multitude, étaient étranges et graves dans une monarchie absolue, surtout quand on pouvait les imputer à l'armée. Le roi les considéra comme une chose sérieuse, et annonça publiquement l'intention de sévir. Il donna des ordres formels pour la recherche des coupables, que la police, soit qu'elle fût complice ou impuissante, ne parvint pas à découvrir. Le roi poussé à bout montra une volonté ferme et arrêtée, qui imposa aux mécontents, et particulièrement à la reine. Il fit sentir à celle-ci que son parti était pris, que le salut de la monarchie lui avait commandé de le prendre, et qu'il fallait que tout le monde autour

de lui eût une attitude conforme à sa politique. La
reine, qui du reste était dévouée aux intérêts du roi
son époux, se tut, et pour un instant la cour offrit
un aspect convenable.

Fév. 1806.

M. de Hardenberg quitta le ministère. Ce personnage était devenu l'idole des opposants. Il avait été la créature de M. d'Haugwitz, son partisan, son imitateur, et le prôneur le plus ardent de l'alliance française, surtout en 1805, lorsque Napoléon, de son camp de Boulogne, offrait le Hanovre à la Prusse. Alors M. de Hardenberg regardait comme la plus belle des gloires d'assurer cet agrandissement à son pays, et se plaignait aux ministres français des hésitations de son roi, trop lent, disait-il, à s'attacher à la France. Depuis, ayant vu échouer ce dessein, il s'était jeté avec l'impétuosité d'un caractère immodéré dans les bras de la Russie, et n'ayant pas su revenir de cette erreur, il déclamait tout haut contre la France. Napoléon, informé de sa conduite, avait commis à son égard une faute qu'il renouvela plus d'une fois, c'était de parler de lui dans ses bulletins, en faisant une allusion offensante à un ministre prussien séduit par l'or des Anglais. L'imputation était injuste. M. de Hardenberg n'était pas plus séduit par l'or des Anglais que M. d'Haugwitz par l'or des Français. Elle était de plus indécente dans un acte officiel, et sentait trop la licence du soldat vainqueur. C'est cette attaque qui avait valu à M. de Hardenberg l'immense popularité dont il jouissait. Le roi lui accorda sa retraite, avec des témoignages de con-

Retraite
et popularité
de M. de
Hardenberg.

sidération, qui n'enlevaient pas à cette retraite le caractère d'une disgrâce politique.

Mais tandis qu'il éloignait M. de Hardenberg, Frédéric-Guillaume adjoignait à M. d'Haugwitz un second, qui ne valait pas beaucoup mieux, c'était M. de Keller, que la cour regardait comme un des siens, et qui se donnait publiquement pour surveillant de son chef. C'était une sorte de satisfaction accordée au parti ennemi de la France, car dans les gouvernements absolus, on est souvent obligé de céder à l'opposition, tout comme dans les gouvernements libres. Frédéric-Guillaume faisait plus encore, il essayait de bien vivre avec la Russie, et de lui expliquer honorablement les inconséquences intéressées qu'il avait commises.

Depuis Austerlitz on avait été fort sobre à Berlin de communications avec Saint-Pétersbourg. Après toutes les jactances de Potsdam, la Russie devait être confuse de sa défaite, et la Prusse de la manière dont elle avait tenu le serment prêté sur la tombe du grand Frédéric. Le silence était, dans le moment, la seule relation convenable entre ces deux cours. La Russie cependant l'avait rompu une fois, pour déclarer que ses forces étaient à la disposition de la Prusse, si le traité de Potsdam divulgué lui attirait la guerre. Depuis elle s'était tue, et la Prusse aussi.

Il fallait finir par s'expliquer. Le roi pressa le vieux duc de Brunswick d'aller à Saint-Pétersbourg, opposer sa gloire aux reproches que la conduite suivie à Schœnbrunn et continuée à Paris ne pouvait manquer de provoquer. Ce prince respectable, dévoué à la maison de Brandebourg, partit donc, malgré son âge, pour la Russie. Il ne venait pas déclarer franchement qu'on épousait enfin l'alliance française, ce qui était difficile, mais ce qui eût été préférable à une continuation d'ambiguïtés, déjà bien funeste; il venait dire que si la Prusse avait pris le Hanovre, c'était pour ne pas le laisser à la France, et pour s'épargner le chagrin et le danger de voir les Français reparaître dans le nord de l'Allemagne; que si on avait accepté le mot d'alliance, c'était pour éviter la guerre, et que par ce mot on n'avait voulu entendre que la neutralité; que la neutralité était ce qui valait le mieux pour les uns et pour les autres; que la Russie et la Prusse n'avaient rien à gagner à la guerre; qu'en s'obstinant dans ce système d'hostilité acharnée contre la France, on faisait les affaires du monopole commercial de l'Angleterre, et qu'il n'était pas bien sûr qu'on ne fît pas aussi les affaires de la domination continentale de Napoléon.

Tel était le langage que devait tenir le duc de Brunswick à Saint-Pétersbourg.

Il faut revenir à ce jeune empereur, qui, entraîné à la guerre par vanité, et contre les inspirations secrètes de sa raison, avait fait à Austerlitz un si triste apprentissage des armes. Il avait peu donné à parler de lui pendant les trois derniers mois, et il avait caché dans l'éloignement de son empire la confusion de sa défaite.

Un cri général s'élevait en Russie contre les jeunes gens qui, disait-on, gouvernaient et compromet-

Fév. 1806.

expliquer la conduite de la Prusse.

Langage du duc de Brunswick à Saint-Pétersbourg.

Ce qui se passait en Russie depuis la bataille d'Austerlitz.

taient l'empire. Ces jeunes gens, placés les uns dans l'armée, les autres dans le cabinet, se disputaient entre eux. Le parti des Dolgorouki accusait le parti des Czartoryski, et lui reprochait d'avoir tout perdu par sa mauvaise conduite envers la Prusse. On avait voulu la violenter, disaient les Dolgorouki; on l'avait ainsi éloignée, au lieu de la rapprocher, et son refus de prendre part à la coalition en avait empêché le succès. C'était dans un intérêt particulier qu'on avait agi de la sorte, c'était pour arracher à la Prusse les provinces polonaises, et reconstituer la Pologne, rêve funeste pour lequel le prince polonais Czartoryski trahissait évidemment l'empereur.

Le prince Czartoryski et ses amis soutenaient avec bien plus de raison, que c'étaient ces militaires présomptueux, qui n'avaient pas su attendre à Olmütz le terme fixé pour l'intervention de la Prusse, qui avaient voulu prématurément livrer bataille, et opposer leur expérience de vingt-cinq ans à la science du général le plus consommé des temps modernes, que c'étaient ces militaires présomptueux et incapables qui étaient les vrais auteurs des revers de la Russie.

Les vieux Russes mécontents condamnaient toute cette jeunesse; et Alexandre, accusé de se laisser conduire tantôt par les uns, tantôt par les autres, était devenu, à cette époque, un objet de peu de considération pour ses sujets.

Il avait été fort découragé dans les premiers jours qui suivirent sa défaite, et si le prince Czartoryski ne l'avait plusieurs fois rappelé au sentiment de sa propre dignité, il aurait trop laissé voir le profond abattement de son âme. Le prince Czartoryski, bien qu'il eût sa part de l'inexpérience commune à tous les jeunes gens qui gouvernaient l'empire, avait néanmoins de la suite et du sérieux dans les vues. Il était le principal auteur de ce système d'arbitrage européen, qui avait amené la Russie à prendre les armes contre la France. Ce système, qui, chez les hommes d'État russes, n'était au fond qu'un masque jeté sur leur ambition nationale, était chez ce jeune Polonais une pensée sincère et franchement embrassée. Il voulait qu'Alexandre y persistât; et si c'était une grande présomption à de si jeunes gens de vouloir régenter l'Europe, surtout en présence des puissances qui s'en disputaient alors l'empire, c'était une plus grande légèreté encore d'abandonner si vite ce qu'on avait si témérairement entrepris.

Le prince Czartoryski avait adressé au jeune empereur, naguère son ami, et commençant à redevenir son maître, de nobles et respectueuses remontrances, qui honoreraient un ministre dans un pays libre, qui doivent l'honorer bien davantage dans un pays où la résistance au pouvoir est un acte de dévouement rare, et destiné à rester inconnu. Le prince Czartoryski retraçant à Alexandre ses hésitations, ses faiblesses, lui disait : « L'Autriche est abattue, mais elle déteste son vainqueur; la Prusse est divisée entre deux partis, mais elle finira par céder au sentiment allemand qui la domine. Sachez, en ménageant ces puissances, laisser venir le moment où l'une et l'autre seront prêtes à agir. Jusque-là, vous êtes hors d'atteinte ; vous pouvez demeurer un certain temps sans faire ni la paix ni la guerre, et attendre ainsi les circonstances qui vous permettront, soit de reprendre les armes, soit de traiter avec avantage. Ne cessez pas d'être uni à l'Angleterre, et vous obligerez Napoléon à vous concéder ce qui vous est dû. »

Sentant profondément la grandeur de Napoléon, depuis qu'il l'avait rencontré sur le champ de bataille d'Austerlitz, Alexandre répondait au prince Czartoryski : Quand nous voulons lutter avec cet homme, nous sommes des enfants qui veulent lutter avec un géant. — Et il ajoutait que, sans la Prusse, il n'était pas possible de renouveler la guerre, car sans elle il n'y avait aucune chance de soutenir une guerre heureuse. Alexandre avait conçu une singulière estime pour l'armée prussienne, par ce seul motif que Napoléon ne l'avait pas encore battue. Cette armée, en effet, était alors l'illusion et l'espérance de l'Europe. Alexandre était avec elle tout prêt à recommencer la lutte, mais non sans elle. Quant à l'Angleterre, il n'en espérait plus un appui fort efficace. Il craignait qu'après la mort de M. Pitt, annoncée comme certaine, qu'après l'avénement de M. Fox, annoncé comme prochain, la haine de la France ne s'éteignît, sinon dans le cœur des Anglais, au moins dans leur politique. Cependant les remontrances du prince Czartoryski, en stimulant l'orgueil d'Alexandre, avaient relevé son âme, et il était résolu, avant de remettre son épée à Napoléon, de la lui faire attendre. Mais, quoique utiles, les leçons de son jeune censeur lui étaient importunes; et il en était arrivé au point de chercher dans les vieux personnages de son empire un complaisant sans capacité, qui couvrît d'un grand âge, qui exécutât avec soumission, ses volontés personnelles. On disait déjà que sa faveur se dirigeait sur le général de Budberg.

Mars 1806.

La conduite conseillée par le prince Czartoryski n'en fut pas moins suivie assez exactement. On se mit de nouveau en rapport avec l'Autriche, on parut oublier les froideurs d'Holitsch, et on témoigna à cette cour un grand intérêt pour ses malheurs, une grande considération pour ce qui lui restait de puissance; on se chargea même de négocier à Londres pour lui faire payer une année de subsides, quoique la guerre n'eût duré que trois mois. Quant à la Prusse, on évita tout ce qui aurait pu la blesser, en se gardant néanmoins d'approuver ses actes. Le duc de Brunswick venait d'arriver dans les premiers jours du mois de mars. On lui fit le meilleur accueil, on le combla de prévenances qui paraissaient adressées à sa personne, à son âge, à sa gloire militaire, et nullement à la cour dont il était le représentant. Il fut moins bien accueilli lorsqu'il commença à s'entretenir d'affaires politiques. On lui dit qu'on ne pouvait pas trouver bon que la Prusse eût accepté le Hanovre des mains de l'ennemi de l'Europe; que, du reste, la paix qu'elle avait faite avec la France était une paix fausse, peu solide et peu durable; que bientôt la Prusse serait forcée d'adopter une résolution trop longtemps différée, et de tirer enfin l'épée du grand Frédéric.
— Alors, dit l'empereur Alexandre au duc de Bruns-

wick, je servirai sous vos ordres, et je me ferai gloire d'apprendre la guerre à votre école. —

Toutefois on essaya d'entamer avec le vieux duc une négociation destinée à rester profondément cachée. Sous prétexte que les conditions de l'alliance ne seraient pas fidèlement observées par la France, on lui proposa de conclure une sous-alliance avec la Russie, au moyen de laquelle la Prusse, si elle était mécontente de son allié français, pourrait recourir à son allié russe, et aurait à sa disposition toutes les forces de l'empire moscovite. Ce qu'on offrait n'était pas moins qu'une trahison envers la France. Le duc de Brunswick, voulant laisser à Saint-Pétersbourg de bonnes dispositions en faveur de la Prusse, consentit, non pas à conclure un pareil engagement, car il n'avait pu y être autorisé, mais à en faire la proposition à son roi. Il fut convenu que cette négociation demeurerait ouverte, et se poursuivrait secrètement à l'insu de M. d'Haugwitz, par l'intermédiaire de M. de Hardenberg, ce même ministre qui en apparence était disgracié, et qui, sous main, continua de traiter la plus importante des affaires de la monarchie.

Tandis que la Prusse cherchait ainsi à expliquer sa conduite auprès de la Russie, elle tentait aussi de faire excuser à Londres l'occupation du Hanovre. Rien n'était plus singulier que son manifeste au peuple hanovrien, et sa dépêche à la cour de Londres. Elle disait au peuple hanovrien qu'elle prenait avec peine possession de ce royaume, possession qu'elle payait d'un sacrifice amer, celui de ses provinces du Rhin, de Franconie et de Suisse; mais qu'elle en agissait ainsi pour assurer la paix à l'Allemagne, et épargner au Hanovre la présence des armées étrangères. Après avoir adressé au peuple hanovrien ces paroles sans franchise et sans dignité, elle disait au cabinet anglais qu'elle n'enlevait pas le Hanovre à l'Angleterre, mais qu'elle le recevait de Napoléon, dont le Hanovre était la conquête. Elle le recevait, ajoutait-elle, à contre-cœur, et comme un échange qui lui était imposé, contre des provinces objet de tous ses regrets; que c'était l'une des suites de la guerre imprudente que la Prusse avait toujours blâmée, qu'on avait entreprise malgré ses avis, et dont on devait s'imputer les conséquences, car on avait élevé, en le combattant mal à propos, ce pouvoir colossal, qui prenait aux uns pour donner aux autres, et qui violentait aussi bien ceux qu'il favorisait de ses dons que ceux qu'il dépouillait.

L'Angleterre ne se paya pas de semblables raisons. Elle répondit par un manifeste, dans lequel elle accabla d'invectives la cour de Prusse, la déclara misérablement tombée sous le joug de Napoléon, indigne d'être écoutée, et aussi méprisable par son avidité que par sa dépendance. Toutefois le cabinet britannique, pour ne point paraître, aux yeux de la nation, se mettre un ennemi de plus sur les bras, dans un intérêt exclusivement propre à la famille royale, dit qu'il aurait souffert cette nouvelle invasion du Hanovre, résultat inévitable de la guerre continentale, si la Prusse s'était bornée à une simple

Mars 1806.

Déclaration de guerre de

occupation; mais que cette puissance ayant annoncé la clôture des fleuves, avait commis un acte hostile et souverainement dommageable au commerce anglais, et qu'en conséquence on lui déclarait la guerre. Ordre fut donné à tous les vaisseaux de la marine royale de courir sur le pavillon prussien. Ce devait être une vraie perturbation pour l'Allemagne, car les bâtiments de la Baltique se couvraient ordinairement de ce pavillon, plus ménagé que les autres par les dominateurs de la mer.

L'ascendant de la bataille de Marengo avait ramené l'Angleterre à Napoléon. L'ascendant de celle d'Austerlitz la lui ramenait encore une fois, car les victoires de nos armées de terre étaient un moyen tout aussi sûr de la désarmer, quoique moins direct. La première de ces victoires avait produit la retraite de M. Pitt, la seconde causa sa mort. Ce grand ministre, rentré dans le cabinet en août 1803, pour deux ans seulement, n'y parut que pour être abreuvé d'amertumes. Rentré sans MM. Windham et Grenville, ses anciens collègues, sans M. Fox, son récent allié, il avait eu à combattre dans le parlement ses vieux et ses nouveaux amis, en Europe Napoléon, devenu empereur et plus puissant que jamais. A sa voix si connue des ennemis de la France, le cri des armes avait retenti de toutes parts. Une troisième coalition s'était formée, et l'armée française avait été détournée de Douvres sur Vienne. Mais cette troisième coalition une fois dissoute à Austerlitz, M. Pitt avait vu ses projets déjoués, Napoléon libre de revenir à Boulogne, et les vives anxiétés de l'Angleterre prêtes à renaître.

Mars 1806.

L'idée de revoir Napoléon sur le rivage de la Manche préoccupait tous les esprits en Angleterre. On comptait toujours, il est vrai, sur l'immense difficulté du passage, mais on commençait à craindre qu'il n'y eût rien d'impossible pour l'homme extraordinaire qui agitait l'univers, et on se demandait s'il valait la peine de braver de telles chances pour acquérir quelque île de plus, quand déjà on avait l'Inde entière, quand on tenait le cap de Bonne-Espérance et Malte, de manière à n'en pouvoir plus être évincé. On se disait que la bataille de Trafalgar avait définitivement assuré la supériorité de l'Angleterre sur les mers, mais que le continent européen restait à Napoléon, qu'il allait en fermer toutes les issues, que ce continent, après tout, c'était le monde, et qu'on n'en pouvait vivre éternellement séparé ; que les victoires navales les plus éclatantes n'empêcheraient pas que Napoléon, profitant un jour d'un accident de mer, ne partît de ce continent pour envahir l'Angleterre. Le système de la guerre à outrance était donc universellement discrédité chez les Anglais raisonnables, et, bien que ce système ait réussi plus tard, on en sentait alors le danger, qui était grand, trop grand, pour les avantages qu'on pouvait recueillir d'une lutte prolongée.

Or, comme les hommes sont esclaves de la fortune, et qu'ils prennent volontiers pour éternels ses caprices d'un moment, ils étaient cruels envers M. Pitt; ils oubliaient les services que depuis vingt

Effet
de la bataille
d'Austerlitz

Mars 1806.

en Angleterre, et injustice des contemporains envers M. Pitt.

ans ce ministre avait rendus à sa patrie, le degré de grandeur auquel il l'avait portée, par l'énergie de son patriotisme, par les talents parlementaires qui lui avaient soumis la chambre des communes. Ils le tenaient pour vaincu, et le traitaient comme tel. Ses ennemis raillaient sa politique et les résultats qu'elle avait eus. Ils lui imputaient les fautes du général Mack, la précipitation des Autrichiens à entrer en campagne, sans attendre les Russes, et la précipitation des Russes à livrer bataille, sans attendre les Prussiens. Ils imputaient tout cela aux impatientes fureurs de M. Pitt; ils affectaient un grand intérêt pour l'Autriche, ils accusaient M. Pitt de l'avoir perdue, et d'avoir perdu avec elle le seul ami véritable de l'Angleterre.

Cependant M. Pitt était étranger au plan de campagne, et n'avait eu part qu'à la coalition. C'est lui surtout qui l'avait nouée, et en la nouant il avait empêché l'expédition de Boulogne. On ne lui en savait aucun gré.

Une circonstance singulière avait rendu plus pénible l'effet de la dernière victoire de Napoléon. Au lendemain d'Austerlitz, comme au lendemain de Marengo, on prétendait, quelques instants avant que la vérité fût connue, que Napoléon avait perdu dans une grande bataille vingt-sept mille hommes et toute son artillerie. Mais bientôt la nouvelle exacte avait été répandue, et les membres de l'opposition, faisant traduire et imprimer les bulletins français, les envoyaient distribuer à la porte de M. Pitt et de l'ambassadeur de Russie.

Pour jouir de toute sa gloire, Napoléon n'aurait eu qu'à passer le détroit, et à écouter ce qu'on y disait de lui, de son génie, de sa fortune! Tristes vicissitudes de ce monde! ce que M. Pitt essuyait à cette époque, Napoléon devait l'essuyer plus tard, et avec une grandeur d'injustice et de passion proportionnée à la grandeur de son génie et de sa destinée.

Mars 1806.

Vingt-cinq ans de luttes parlementaires, luttes dévorantes qui usent l'âme et le corps, avaient ruiné la santé de M. Pitt. Une maladie héréditaire, que le travail, les fatigues, et ses derniers chagrins avaient rendue mortelle, venait de causer sa fin prématurée le 23 janvier 1806. Il était mort à l'âge de 47 ans, après avoir gouverné son pays pendant plus de vingt années, avec autant de pouvoir qu'on en peut exercer dans une monarchie absolue; et cependant il vivait dans un pays libre, il ne jouissait pas de la faveur de son roi, il avait à conquérir les suffrages de l'assemblée la plus indépendante de la terre!

Si on admire ces ministres qui, dans les monarchies absolues, savent enchaîner longtemps la faiblesse du prince, l'instabilité de la cour, et régner au nom de leur maître sur un pays asservi, quelle admiration ne doit-on pas éprouver pour un homme dont la puissance, établie sur une nation libre, a duré vingt années! Les cours sont bien capricieuses sans doute : elles ne le sont pas plus que les grandes assemblées délibérantes. Tous les caprices de l'opinion, excités par les mille stimulants de la presse quotidienne, et réfléchis dans un parlement où ils prennent l'autorité de la souveraineté nationale, com-

Caractère et destinée de M. Pitt.

posent cette volonté mobile, tour à tour servile ou despotique, qu'il est nécessaire de captiver, pour régner soi-même sur cette foule de têtes qui prétendent régner! Il faut pour y dominer, outre cet art de la flatterie, qui procure des succès dans les cours, cet art si différent de la parole, quelquefois vulgaire, quelquefois sublime, qui est indispensable pour se faire écouter des hommes réunis; il faut encore, ce qui n'est pas un art, ce qui est un don, le caractère avec lequel on parvient à braver et à contenir les passions soulevées. Toutes ces qualités naturelles ou acquises, M. Pitt les posséda au plus haut degré. Jamais, dans les temps modernes, on ne trouva un plus habile conducteur d'assemblée. Exposé pendant un quart de siècle à la véhémence entraînante de M. Fox, aux sarcasmes poignants de M. Sheridan, il se tint debout avec un imperturbable sang-froid, parla constamment avec justesse, à propos, sobriété, et quand à la voix retentissante de ses adversaires venait se joindre la voix plus puissante encore des événements, quand la Révolution française, déconcertant sans cesse les hommes d'État, les généraux les plus expérimentés de l'Europe, jetait au milieu de sa marche ou Fleurus, ou Zurich, ou Marengo, il sut toujours contenir par la fermeté, par la convenance de ses réponses, les esprits émus du parlement britannique. Et c'est en cela surtout que M. Pitt fut remarquable, car il n'eut, comme nous l'avons dit ailleurs, ni le génie organisateur, ni les lumières profondes de l'homme d'État. A l'exception de quelques institutions financières, d'un mérite contesté, il ne créa rien en Angle-

terre; il se trompa souvent sur les forces relatives de
l'Europe, sur la marche des événements, mais il
joignit aux talents d'un grand orateur politique l'amour ardent de son pays, la haine passionnée de la
Révolution française. Il faut au génie des passions
pour qu'il ait de la puissance. Représentant en Angleterre, non pas de l'aristocratie nobiliaire, mais de
l'aristocratie commerciale, qui lui prodigua ses trésors par la voie des emprunts, il résista à la grandeur de la France, et à la contagion des désordres
démagogiques, avec une persévérance inébranlable,
et maintint l'ordre dans son pays sans en diminuer
la liberté. Il le laissa chargé de dettes, il est vrai,
mais tranquille possesseur des mers et des Indes. Il
usa et abusa des forces de l'Angleterre; mais elle
était le second pays de la terre quand il mourut, et
le premier huit ans après sa mort. Et à quoi seraient
bonnes les forces des nations, sinon à essayer de dominer les unes sur les autres? Les vastes dominations sont dans les desseins de la Providence. Ce
qu'un homme de génie est à une nation, une grande
nation l'est à l'humanité. Les grandes nations civilisent, éclairent le monde, et le font marcher plus
rapidement dans toutes les voies. Seulement il faut
leur conseiller d'unir à la force la prudence qui fait
réussir la force, et la justice qui l'honore.

M. Pitt, si heureux pendant dix-huit ans, fut
malheureux dans les derniers jours de sa vie. Nous
fûmes vengés, nous Français, de ce cruel ennemi,
car il put nous croire victorieux pour jamais; il
put douter de l'excellence de sa politique, et trem-

bler pour l'avenir de sa patrie. C'était l'un de ses plus médiocres successeurs, lord Castlereagh, qui devait jouir de nos désastres!

Au milieu des accusations les plus diverses, les plus violentes, M. Pitt eut la bonne fortune de ne point voir son intégrité attaquée. Il vécut de ses émoluments qui étaient considérables, et, sans qu'il fût pauvre, passa pour l'être. Lorsqu'on annonça sa mort, l'un des membres de la vieille majorité ministérielle proposa de payer ses dettes. Cette proposition, présentée au Parlement, et accueillie avec respect, fut combattue par ses anciens amis, devenus ses ennemis, et notamment par M. Windham, qui avait été si longtemps son collègue au ministère. Son noble antagoniste, M. Fox, refusa d'y adhérer, mais avec douleur. — J'honore, s'écria-t-il avec un accent qui remua l'assemblée des communes, j'honore mon illustre adversaire, et je regarde comme la gloire de ma vie d'avoir été quelquefois appelé son rival. Mais j'ai combattu vingt ans sa politique, et que dirait de moi la génération présente, si elle me voyait accueillir une proposition dont on veut faire le dernier et le plus éclatant hommage à cette politique, que j'ai crue, que je crois encore funeste pour l'Angleterre! — Tout le monde comprit le vote de M. Fox, et applaudit à la noblesse de son langage.

Quelques jours après, la proposition ayant pris un autre caractère, le Parlement vota à l'unanimité 50 mille livres sterling (1 million 250 mille francs) pour payer les dettes de M. Pitt. On décida qu'il serait enseveli à Westminster.

M. Pitt laissait vacantes les charges de premier lord de la trésorerie, de chancelier de l'échiquier, de lord gouverneur des cinq ports, de grand maître de l'université de Cambridge, et plusieurs autres moins importantes.

C'était une grande difficulté que de le remplacer, non dans ces charges diverses, que de nombreuses ambitions se disputaient, mais dans celle de premier ministre, qui avait quelque chose d'effrayant, en présence de Napoléon, vainqueur de la coalition européenne. Une idée s'était emparée des esprits lors du renouvellement de la guerre en 1803, et à la vue du faible ministère Addington, qui gouvernait alors : c'était de réunir tous les grands talents, même d'opinion contraire, tels que MM. Pitt et Fox, pour suffire aux difficultés de la lutte qui allait recommencer avec Napoléon. L'opposition concertée de MM. Pitt et Fox contre le cabinet Addington, rendait cette réunion de talents plus naturelle et plus facile. M. Pitt la voulut, mais point assez pour vaincre Georges III. Il entra au ministère sans M. Fox, et, par une sorte de compensation, il entra également sans ses amis les plus prononcés dans le vieux système tory, sans MM. Grenville et Windham, qu'il avait trouvés trop ardents pour se les adjoindre de nouveau.

Ceux-ci, laissés en dehors par M. Pitt, s'étaient rapprochés peu à peu de M. Fox, par la voie de l'opposition, quoique par la nature de leurs opinions ils fussent plus éloignés de lui que ne l'était M. Pitt lui-même. Une lutte commune de deux années avait

Mars 1806.

Difficulté de remplacer M. Pitt.

contribué à les unir, et peu de différences les divisaient lorsque M. Pitt mourut. Une opinion générale les appelait ensemble au ministère, pour remplacer, par la coalition de leurs talents, le grand ministre qu'on venait de perdre; pour essayer de faire la paix, au moyen des relations amicales de M. Fox avec Napoléon, et pour lutter avec toute l'énergie connue des Grenville et des Windham, si on ne réussissait pas à s'entendre avec la France.

Si, en 1803, Georges III avait pris M. Pitt, qu'il n'aimait pas, pour se passer de M. Fox, qu'il aimait encore moins, il était contraint après la mort de M. Pitt de subir l'empire de l'opinion, et de rassembler, dans un même cabinet, MM. Fox, Grenville, Windham et leurs amis. M. Grenville eut la charge de premier lord de la trésorerie, c'est-à-dire de premier ministre; M. Windham, celle qu'il avait toujours occupée, l'administration de la guerre; M. Fox, les affaires étrangères; M. Gray, l'amirauté. Les autres départements furent distribués entre les amis de ces personnages politiques, mais de manière que M. Fox comptait le plus grand nombre des voix dans le nouveau ministère.

Ce cabinet, ainsi formé, obtint une grande majorité, malgré les attaques des collègues expulsés de M. Pitt, MM. Castlereagh et Canning. Il s'occupa sur-le-champ de deux objets essentiels, l'organisation de l'armée et les relations avec la France.

Quant à l'armée, il n'était pas possible de la laisser telle qu'elle était depuis 1803, c'est-à-dire composée d'une force régulière insuffisante, et de 300 mille volontaires, aussi dispendieux que mal disciplinés. C'était une organisation d'urgence, imaginée pour le moment du danger. M. Windham, qui s'était sans cesse raillé des volontaires, et qui avait soutenu qu'on ne pouvait rien faire de grand qu'avec les armées régulières, ce qui lui avait fourni l'occasion de parler en termes magnifiques de l'armée française, M. Windham pouvait moins qu'un autre maintenir l'organisation actuelle. Il proposa donc une espèce de licenciement déguisé des volontaires, et certains changements dans les troupes de ligne, qui devaient faciliter le recrutement de celles-ci. On a déjà vu que l'armée anglaise, comme toute armée mercenaire, se recrutait par les engagements spontanés. Mais ces engagements étaient à vie, et rendaient le recrutement difficile. M. Windham proposa de les convertir en engagements temporaires, de sept à vingt ans, et d'y ajouter des avantages de solde très-considérables. Il contribua ainsi à procurer une plus forte organisation à l'armée anglaise; mais il eut à lutter contre le préjugé que les armées permanentes inspirent à toutes les nations libres, contre la faveur que les volontaires s'étaient acquise, et surtout contre les intérêts créés par cette institution, car il avait fallu former un corps d'officiers pour les volontaires, qu'on était maintenant obligé de dissoudre. On s'efforça de mettre M. Windham en contradiction avec son nouveau collègue, M. Fox, qui, partageant les préjugés populaires de son parti, avait montré autrefois plus de penchant pour l'institution des volontaires, que pour l'extension de

Mars 1806.

ministère Fox et Windham.

l'armée régulière. Malgré tous ces obstacles, le projet ministériel fut adopté. On vota une large augmentation de l'armée, qui, jusqu'à l'entier développement du nouveau système, dut se composer de 267 mille hommes, dont 75 mille de milice locale, et 192 mille de troupes de ligne, répandus dans les trois royaumes et les colonies. La dépense totale du budget monta encore, pour cette année, à environ 83 millions sterling, c'est-à-dire à plus de deux milliards de francs, dans lesquels les impôts entraient pour 1500 millions, et l'emprunt à exécuter dans l'année pour 500.

C'est avec ces puissantes ressources que l'Angleterre voulait se présenter à Napoléon, afin de négocier. On attendait de M. Fox, de sa situation, de ses relations bienveillantes avec le Premier Consul devenu empereur, des facilités que nul autre ne pouvait avoir pour nouer des relations pacifiques. Un hasard heureux, que la Providence devait à cet honnête homme, lui en fournit l'occasion la plus honorable et la plus naturelle. Un misérable, jugeant de la nouvelle administration anglaise d'après les précédentes, s'introduisit chez M. Fox pour lui offrir d'assassiner Napoléon. M. Fox, indigné, le fit saisir par ses huissiers, et livrer à la police anglaise. Il écrivit sur-le-champ à M. de Talleyrand une lettre fort noble, pour lui dénoncer l'odieuse proposition qu'il venait de recevoir, et mettre à sa disposition tous les moyens d'en poursuivre l'auteur, si son projet paraissait avoir quelque chose de sérieux.

Napoléon fut touché, comme il devait l'être, d'un procédé si généreux, et fit adresser, par M. de Talleyrand, à M. Fox la réponse que celui-ci méritait.

Mars 1806.
Échange de lettres entre M. Fox et M. de Talleyrand.

« J'ai mis, écrivit M. de Talleyrand, sous les yeux
» de Sa Majesté, la lettre de Votre Excellence. Je
» reconnais là, s'est-elle écriée, les principes d'hon-
» neur et de vertu qui ont toujours animé M. Fox. —
» Remerciez-le de ma part, a-t-elle ajouté, et dites-
» lui que, soit que la politique de son souverain nous
» fasse rester encore longtemps en guerre, soit qu'une
» querelle, inutile pour l'humanité, ait un terme
» aussi rapproché que les deux nations doivent le
» désirer, je me réjouis du nouveau caractère que,
» par cette démarche, la guerre a déjà pris, et qui
» est le présage de ce qu'on peut attendre d'un
» cabinet dont je me plais à apprécier les prin-
» cipes d'après ceux de M. Fox, qui est l'un des
» hommes les mieux faits pour sentir en toutes choses
» ce qui est beau, ce qui est vraiment grand. »

M. de Talleyrand ne disait rien de plus, et c'était assez pour donner suite à des relations si noblement commencées. Sur-le-champ M. Fox répondit par une lettre franche et cordiale, dans laquelle il offrait, sans détour, sans embûche diplomatique, la paix, à des conditions sûres et honorables, et par des moyens aussi simples que prompts. Les bases du traité d'Amiens étaient fort changées, selon M. Fox; elles l'étaient par les avantages mêmes que la France et l'Angleterre avaient obtenus sur les deux éléments qui étaient le théâtre ordinaire de leurs succès. Il fallait donc chercher des conditions nouvelles,

M. Fox offre franchement la paix.

qui ne missent en souffrance l'orgueil d'aucune des deux nations, et qui procurassent à l'Europe des garanties d'un avenir tranquille et sûr. Ces conditions, si de part et d'autre on voulait être raisonnable, n'étaient point difficiles à trouver. D'après les traités antérieurs, l'Angleterre ne pouvait négocier séparément de la Russie ; mais en attendant qu'on eût consulté celle-ci, il était permis de confier à des intermédiaires choisis le soin de discuter les intérêts des puissances belligérantes, et d'en préparer l'ajustement. M. Fox offrait de désigner sur-le-champ les personnes qui seraient chargées de cette mission, et le lieu où elles devraient se réunir.

Cette proposition charma Napoléon, qui au fond souhaitait un rapprochement avec la Grande-Bretagne, car c'était d'elle que partait toute guerre, comme une eau de sa source ; et il y avait peu de moyens directs de la vaincre, un seul excepté, très-décisif, mais très-chanceux, et pour lui seul praticable, la descente. Il éprouva une vive joie de cette franche ouverture, et l'accueillit avec le plus grand empressement.

Sans s'expliquer sur les conditions, il donna à entendre, dans sa réponse, qu'on disputerait peu à l'Angleterre les conquêtes qu'elle avait faites (elle avait détenu Malte, comme on s'en souvient, et pris le Cap) ; que la France, de son côté, avait dit son dernier mot à l'Europe dans le traité de Presbourg, et qu'elle ne prétendait à rien au delà ; que les bases devaient donc être faciles à poser, si l'Angleterre n'avait pas de vues particulières et inadmissibles, relativement aux intérêts commerciaux. L'Empereur est persuadé, disait M. de Talleyrand, que la vraie cause de la rupture de la paix d'Amiens n'est autre que le refus de conclure un traité de commerce. Soyez bien averti que l'Empereur, sans refuser certains rapprochements commerciaux, s'ils sont possibles, n'admettra aucun traité nuisible à l'industrie française, qu'il entend protéger par toutes les taxes ou prohibitions qui pourront en favoriser le développement. Il demande qu'on ait la liberté de faire chez soi tout ce qu'on veut, tout ce qu'on croit utile, sans qu'une nation rivale ait le droit de le trouver mauvais.

Avril 1806.

Quant à l'intervention de la Russie dans le traité, Napoléon faisait déclarer positivement qu'il n'en voulait pas. Le principe de sa diplomatie était celui des paix séparées, et ce principe était aussi juste qu'habilement imaginé. L'Europe avait toujours employé contre la France le moyen des coalitions; c'eût été les favoriser que d'admettre les négociations collectives, car c'était se prêter à la condition essentielle de toute coalition, celle qui interdit à ses membres de traiter isolément. Napoléon, qui à la guerre tâchait de rencontrer ses ennemis séparés les uns des autres, afin de les battre en détail, devait chercher en diplomatie à les rencontrer en même position. Aussi avait-il opposé des refus absolus à toutes les offres de négocier collectivement, et il avait eu raison, sauf à se départir de ce principe de conduite, dans le cas où M. Fox aurait des engagements qui ne lui permettraient pas de traiter

Napoléon ne veut pas de négociation collective.

Avril 1806.

sans la Russie. Napoléon, après avoir posé le principe d'une négociation séparée, fit dire en outre qu'il était prêt à choisir pour lieu de la négociation, non pas Amiens, qui rappelait des bases de paix désormais abandonnées, mais Lille, et à y envoyer tout de suite un ministre plénipotentiaire.

M. Fox insiste pour une négociation qui comprenne la Russie et l'Angleterre.

M. Fox répliqua sur-le-champ que la première condition dont on était convenu dès le début de ces pourparlers, c'était que la paix fût également honorable pour les deux nations, et qu'elle ne le serait pas pour l'Angleterre si on traitait sans la Russie, car on était formellement engagé, par un article de traité (celui qui avait constitué la coalition de 1805), à ne pas conclure de paix séparée. Cette obligation était absolue, selon M. Fox, et ne pouvait être éludée. Il disait que si la France avait un principe, celui de ne pas autoriser les coalitions par sa manière de négocier, l'Angleterre en avait un autre, celui de ne pas se laisser exclure du continent, en se prêtant à la dissolution de ses alliances continentales; qu'on était sur ce point aussi ombrageux en Angleterre qu'on pouvait l'être en France sur l'article des coalitions. M. Fox, qui à chacune de ses dépêches officielles joignait une lettre particulière, pleine de franchise et de loyauté, exemple que M. de Talleyrand suivit de son côté, M. Fox terminait en disant que la négociation allait s'arrêter peut-être devant un obstacle absolu, qu'il le regrettait sincèrement, mais qu'au moins la guerre serait loyale, et digne des deux grands peuples qui la soutenaient. Il ajoutait ces paroles remarqua-

CONFÉDÉRATION DU RHIN.

bles : « Je suis sensible au dernier point, comme je
» dois l'être, aux expressions obligeantes dont le
» grand homme que vous servez a fait usage à mon
» égard... Les regrets sont inutiles, mais s'il pouvait
» voir du même œil dont je l'envisage la vraie gloire
» qu'il serait en droit d'acquérir par une paix mo-
» dérée et juste, que de bonheur n'en résulterait-il
» pas pour la France et pour l'Europe entière !

» Londres, 22 avril 1806.

» C. J. Fox. »

Avril 1806

Au milieu de cette lutte acharnée, et qu'on peut appeler féroce, quand on se rappelle les scènes sanglantes qui l'ont signalée, l'esprit se repose volontiers sur ces relations nobles et bienveillantes, qu'un honnête homme, aussi généreux qu'éloquent, fit naître un instant entre les deux plus grandes nations du globe, et l'âme se remplit de mille regrets douloureux, inconsolables !

Napoléon était fort touché lui-même du langage de M. Fox, et il désirait sincèrement la paix. M. de Talleyrand, tout en se trompant sur le système de nos alliances, n'errait jamais sur le point essentiel de la politique du temps, et il ne cessait pas un seul jour de croire que la paix, au degré de grandeur auquel nous étions arrivés, était notre premier intérêt. Il trouvait pour le dire un courage qu'il n'avait pas ordinairement, il pressait vivement Napoléon de saisir l'occasion unique, offerte par la présence de M. Fox aux affaires, pour négocier avec la Grande-Bretagne. Il n'avait du reste pas de peine à se faire écouter, car Napoléon n'était pas moins disposé que lui à profi-

Efforts de M. de Talleyrand pour lever l'obstacle qui menace d'arrêter la négociation dès le début.

ter de cette occasion aussi heureuse qu'inattendue.

Les circonstances, au surplus, se prêtaient à vaincre l'obstacle qui semblait arrêter la négociation dès son début. On avait plus d'une raison de croire, par des rapports qui venaient du duc de Brunswick et du consul de France à Saint-Pétersbourg, qu'Alexandre, inquiet des conséquences de la guerre, se défiant du silence du cabinet britannique à son égard et des dispositions personnelles de M. Fox, souhaitait le rétablissement de la paix. Le consul de France avait envoyé à Paris le chancelier du consulat pour rapporter ce qu'il avait appris, et tout semblait faire naître l'espérance d'ouvrir une négociation directe avec la Russie. Dans ce cas M. Fox ne pourrait plus insister sur le principe d'une négociation collective, puisque la Russie aurait elle-même donné l'exemple d'y renoncer.

On résolut donc de continuer les pourparlers commencés avec M. Fox, et on se servit pour cet objet d'un intermédiaire qu'une rencontre heureuse venait d'offrir. Aux généreuses paroles échangées avec M. Fox s'étaient joints des procédés non moins généreux. Depuis l'arrestation des Anglais ordonnée par Napoléon, à l'époque de la rupture de la paix d'Amiens, en représailles de la saisie des bâtiments français, beaucoup de membres des plus grandes familles d'Angleterre étaient détenus à Verdun. M. Fox avait demandé le renvoi sur parole de plusieurs d'entre eux. Ses demandes avaient rencontré l'accueil le plus empressé, et, bien que n'osant pas insister sur toutes au même degré, il les eût classées suivant l'intérêt qu'elles lui inspiraient, Napoléon avait voulu les lui concéder toutes, et les Anglais désignés par lui avaient été relâchés sans aucune exception. En retour de ce noble procédé, M. Fox avait choisi, pour les rendre, les prisonniers les plus distingués faits à la bataille de Trafalgar, l'infortuné Villeneuve, l'héroïque commandant du *Redoutable*, le capitaine Lucas, et beaucoup d'autres en nombre égal aux Anglais élargis.

Parmi les prisonniers rendus à M. Fox, se trouvait l'un des seigneurs d'Angleterre les plus riches et les plus spirituels, c'était lord Yarmouth, depuis marquis de Hartford, tory prononcé, mais tory ami intime de M. Fox, partisan décidé de la paix, qui lui permettait la vie et les plaisirs du continent, dont il était privé par la guerre. Ce jeune seigneur, en relation avec la jeunesse la plus brillante de Paris, dont il partageait la dissipation, était fort connu de M. de Talleyrand, qui aimait la noblesse anglaise, surtout celle qui avait de l'esprit, de l'élégance et du désordre. On lui indiqua lord Yarmouth, comme lié particulièrement avec M. Fox, et comme très-digne de la confiance des deux gouvernements. Il le fit appeler, lui déclara que l'Empereur désirait sincèrement la paix, qu'il fallait mettre de côté l'appareil des formes diplomatiques, et s'entendre franchement sur les conditions acceptables de part et d'autre ; que ces conditions ne pouvaient être bien difficiles à trouver, puisqu'on ne voulait plus disputer à l'Angleterre ce qu'elle avait conquis, c'est-à-dire Malte et le Cap ; que la ques-

Avril 1806

Lord Yarmouth, l'un des prisonniers rendus, est envoyé à M. Fox pour suivre la négociation commencée.

Conditions communiquées à lord Yarmouth comme réciproquement acceptables.

tion dès lors se réduisait à quelques îles de peu d'importance; que, pour ce qui regardait la France, elle se prononçait tout de suite clairement; elle voulait, outre son territoire naturel, le Rhin et les Alpes, qu'on ne songeait plus à lui contester, l'Italie entière, le royaume de Naples compris, et ses alliances en Allemagne, à la condition de rendre leur indépendance à la Suisse et à la Hollande, dès que la paix serait signée; que par conséquent il n'y avait pas d'obstacle sérieux à une réconciliation immédiate des deux pays, puisque de part et d'autre on devait être disposé à se concéder les choses qui venaient d'être énoncées; que, relativement à la difficulté naissant de la forme de la négociation, collective ou séparée, on ne tarderait pas à en trouver la solution, grâce au penchant que montrait la Russie à traiter directement avec la France.

Il y avait un objet capital sur lequel on ne s'expliqua point, mais sur lequel on laissa entendre qu'à la fin on dirait son secret, et qu'on le dirait de manière à satisfaire la famille royale d'Angleterre, c'était le Hanovre.

Napoléon était effectivement décidé à le restituer à Georges III, et c'était la conduite récente de la Prusse qui avait provoqué chez lui cette grave résolution. Le langage hypocrite de cette cour dans ses manifestes, tendant à la présenter aux Hanovriens et aux Anglais comme une puissance opprimée, à laquelle on avait fait accepter un beau royaume l'épée sur la gorge, l'avait transporté de colère. Il avait voulu à l'instant même déchirer le traité du 15 février, en forçant la Prusse à tout remettre sur l'ancien pied. Sans les réflexions que le temps et M. de Talleyrand lui avaient inspirées, il aurait fait un éclat. Une autre circonstance plus récente avait contribué à le détacher entièrement de la Prusse, c'était la publication des négociations de 1805, due à lord Castlereagh et aux collègues sortants de M. Pitt. Ceux-ci avaient tenu à venger la mémoire de leur illustre chef, en montrant qu'il était demeuré étranger aux opérations militaires, tandis qu'il avait eu la plus grande part à la formation de la coalition de 1805, laquelle avait sauvé l'Angleterre en amenant la levée du camp de Boulogne. Mais pour défendre la mémoire de leur chef, ils avaient compromis la plupart des cours. M. Fox le leur avait reproché du haut de la tribune avec une extrême véhémence, et leur avait attribué l'altération de toutes les relations de l'Angleterre avec les puissances européennes. Il n'y avait en effet qu'un cri contre la diplomatie anglaise dans les cabinets, qui se voyaient dénoncés à la France par cette publication imprudente. La conduite de la Prusse avait reçu en cette circonstance une clarté fâcheuse. Ses hypocrites et récentes déclarations à l'Angleterre au sujet du Hanovre, les espérances qu'elle avait données à la coalition, avant et après les événements de Potsdam, tout était divulgué. Napoléon, sans se plaindre, avait fait insérer ces documents au *Moniteur*, laissant à chacun le soin de deviner ce qu'il en devait penser.

Mais l'opinion de Napoléon était formée sur la Prusse. Il ne croyait plus qu'elle valût la peine d'une

Avril 1806.

lutte prolongée avec l'Angleterre. Il était décidé à restituer le Hanovre à celle-ci, en offrant à la Prusse l'une de ces deux choses, ou un équivalent du Hanovre pris en Allemagne, ou la restitution de ce qu'on avait reçu d'elle, Anspach, Clèves et Neufchâtel. Le cabinet de Berlin recueillait là ce qu'il avait semé, et ne rencontrait pas plus de fidélité qu'il n'en avait montré. Encore Napoléon ignorait-il la négociation cachée établie avec la Russie, par l'intermédiaire du duc de Brunswick et de M. de Hardenberg.

Sans s'expliquer complétement, on laissa entendre à lord Yarmouth que la paix ne tiendrait pas au Hanovre, et il partit, promettant de revenir bientôt avec le secret des intentions de M. Fox.

Un événement singulier, qui pour quelques jours donna à la situation une forte apparence de guerre, contribua au contraire à faire tourner les choses à la paix, en précipitant les résolutions du cabinet russe. Les troupes françaises chargées d'occuper la Dalmatie s'étaient hâtées de marcher vers les bouches du Cattaro, pour les garantir du danger qui les menaçait. Les Monténégrins, dont l'évêque et les principaux chefs vivaient des largesses de la Russie, s'étaient fort agités en apprenant l'approche des Français, et avaient appelé l'amiral Siniavin, celui qui avait transporté de Corfou à Naples, de Naples à Corfou, les Russes chargés d'envahir le midi de l'Italie. Cet amiral, averti de l'occasion qui s'offrait d'enlever les bouches du Cattaro, s'était pressé d'embarquer quelques centaines de Russes, les avait joints à une troupe de Monténégrins, descendus de leurs montagnes, et s'était présenté devant les forts. Un officier autrichien qui les occupait, et un commissaire chargé par l'Autriche de les rendre aux Français, se déclarant contraints par une force supérieure, les livrèrent aux Russes. Cette allégation d'une force supérieure n'avait rien de fondé, car il se trouvait dans les forts de Cattaro deux bataillons autrichiens très-capables de les défendre, même contre une armée régulière qui aurait eu les moyens de siége dont les Russes étaient dépourvus. Cette perfidie était surtout le fait du commissaire autrichien, marquis de Ghisilieri, Italien très-rusé, blâmé depuis par son gouvernement, et mis en jugement pour cet acte de déloyauté.

Quand ce fait, transmis à Paris par courrier extraordinaire, fut connu de Napoléon, il en conçut un vif déplaisir, car il tenait infiniment aux bouches du Cattaro, moins à cause des avantages, d'ailleurs très-réels, de cette position maritime, qu'à cause du voisinage de la Turquie, sur laquelle les bouches du Cattaro lui fournissaient un moyen de faire sentir son action, ou protectrice ou répressive. Mais il s'en prit exclusivement au cabinet de Vienne, car c'était ce cabinet qui devait lui remettre le territoire de la Dalmatie, et qui en était à son égard l'unique débiteur. Le corps du maréchal Soult était sur le point de repasser l'Inn et d'évacuer Braunau. Napoléon lui ordonna de s'arrêter sur l'Inn, de réarmer Braunau, de s'y établir, et d'y créer une véritable place d'armes. En même temps il déclara à l'Autriche que les trou-

Avril 1806.

Irritation de Napoléon en apprenant l'abandon fait aux Russes des bouches du Cattaro

Napoléon suspend l'évacuation de l'Autriche, et occupe de nouveau

pes françaises allaient rebrousser chemin, que les prisonniers autrichiens, déjà en marche pour rentrer dans leur patrie, allaient être retenus, et que s'il le fallait, les choses seraient poussées jusqu'à un renouvellement d'hostilités, à moins qu'on ne lui donnât l'une des deux satisfactions suivantes : ou la restitution immédiate des bouches du Cattaro, ou l'envoi d'une force militaire autrichienne pour les reprendre sur les Russes conjointement avec les Français.

Cette seconde alternative n'était pas celle qui lui convenait le moins, car c'était mettre l'Autriche aux prises avec la Russie.

Quand ces déclarations, faites avec le ton péremptoire qui était ordinaire à Napoléon, parvinrent à Vienne, elles y causèrent une véritable consternation. Le cabinet autrichien n'était pour rien dans cette infidélité d'un agent inférieur. Celui-ci avait agi sans ordre, et en croyant plaire à son gouvernement par une perfidie envers les Français. Sur-le-champ on écrivit de Vienne à Saint-Pétersbourg, pour faire part à l'empereur Alexandre des nouveaux périls auxquels l'Autriche se trouvait exposée, et pour lui déclarer que, ne voulant à aucun prix revoir les Français à Vienne, on accepterait plutôt la douloureuse nécessité d'attaquer les Russes dans les forts de Cattaro.

L'amiral Siniavin, qui s'était emparé des bouches du Cattaro, avait agi sans ordre, comme le marquis de Ghisilieri, qui les avait livrées. Alexandre était fâché de la position dans laquelle on avait placé son allié l'empereur François; il était fâché de la position dans laquelle on le plaçait lui-même, entre l'embarras de rendre et celui de garder. Il était toujours plus importuné des instances de ses jeunes amis, qui lui parlaient sans cesse de persévérance dans la conduite; il était inquiet des négociations entamées avec Napoléon par l'Angleterre, et, bien que celle-ci eût enfin rompu le silence qu'elle avait observé pendant la crise ministérielle, il se défiait de ses alliés, il était enclin à suivre l'exemple général, et à se rapprocher de la France. En conséquence, il saisit l'occasion même des bouches du Cattaro, qui semblait plutôt une occasion de guerre que de paix, pour entamer une négociation pacifique. Il avait sous la main l'ancien secrétaire de la légation russe à Paris, M. d'Oubril, qui s'y était conduit à la satisfaction des deux gouvernements, et qui avait de plus l'avantage de bien connaître la France. On le chargea de se transporter à Vienne, et là de demander des passe-ports pour Paris. Le prétexte ostensible devait être de s'occuper des prisonniers russes, mais la mission réelle était de traiter l'affaire des bouches du Cattaro, et de la comprendre dans un règlement général de toutes les questions qui avaient divisé les deux empires. M. d'Oubril avait ordre de retarder le plus longtemps qu'il le pourrait la restitution des bouches du Cattaro, de les rendre toutefois s'il n'y avait pas moyen d'empêcher une reprise d'hostilités contre l'Autriche, et de ménager surtout le rétablissement d'une paix honorable entre la Russie et la France. On la trouverait honorable, lui disait-on, s'il y avait quelque chose d'obtenu, n'importe quoi, pour les deux protégés ordinaires du cabinet russe, les rois de Naples et de Piémont; car, du reste, les deux empires n'avaient rien à se contester l'un à l'autre, et ne se faisaient qu'une guerre d'influence. Avant de partir, M. d'Oubril s'entretint avec l'empereur Alexandre, et il devint manifeste pour lui que ce prince penchait visiblement vers la paix, beaucoup plus que le ministère russe, qui d'ailleurs était chancelant et presque démissionnaire. Il partit donc inclinant du côté où inclinait son maître. Il emportait de doubles pouvoirs, les uns limités, les autres complets, et embrassant toutes les questions qu'on pouvait avoir à résoudre. Il avait ordre de se concerter avec le négociateur anglais, relativement aux conditions de la paix, mais sans exiger une négociation collective, ce qui décidait par le fait les difficultés soulevées entre la France et l'Angleterre.

M. d'Oubril partit pour Vienne, et par sa présence rendit le calme à l'empereur François, qui craignait ou de revoir les Français chez lui, ou d'avoir à combattre les Russes. La seconde alternative l'effrayant beaucoup moins que la première, ce prince avait dirigé un corps autrichien vers les bouches du Cattaro, avec ordre de seconder au besoin les troupes françaises. M. d'Oubril le rassura en lui montrant ses pouvoirs, et fit demander des passe-ports par le comte de Rasomousky, afin d'arriver le plus tôt possible à Paris.

Napoléon voulut qu'on répondît sans retard, et favorablement, à la demande de M. d'Oubril, mais en même temps il eut soin de distinguer l'affaire des bouches du Cattaro de celle du rétablissement de la paix. L'affaire des bouches du Cattaro, suivant ce qui fut dit de sa part, ne pouvait être l'objet d'aucune négociation, puisqu'il s'agissait d'un engagement de l'Autriche resté sans exécution, et à l'égard duquel on n'avait rien à démêler avec la Russie. Quant au rétablissement de la paix, on était prêt à écouter avec la meilleure volonté les propositions de M. d'Oubril, car on souhaitait franchement terminer une guerre sans but comme sans intérêt pour les deux empires. Les passe-ports de M. d'Oubril furent sur-le-champ expédiés à Vienne.

Avril 1806.

Napoléon voyait donc l'Autriche épuisée par trois guerres, cherchant à éviter toute nouvelle hostilité contre la France; la Russie dégoûtée d'une lutte trop légèrement entreprise, et décidée à ne pas la prolonger; l'Angleterre satisfaite de ses succès sur mer, ne croyant pas qu'il valût la peine de s'exposer de nouveau à quelque expédition formidable; la Prusse enfin, déconsidérée, n'ayant plus aucune valeur aux yeux de personne, et dans cet état, le monde entier désirant ou conserver ou obtenir la paix, à des conditions, il est vrai, qui n'étaient pas encore clairement définies, mais qui laisseraient, quelles qu'elles fussent, la France au rang de première puissance de l'univers.

Magnifique situation de Napoléon en 1806, maître de faire la paix avec toutes les puissances.

Napoléon jouissait vivement de cette situation, et n'avait nullement envie de la compromettre, même pour remporter de nouvelles victoires. Mais il méditait de vastes projets, qu'il croyait pouvoir faire découler naturellement et immédiatement du traité de Presbourg. Ces projets lui semblaient si généralement prévus, qu'à la seule condition de les accomplir tout de suite, il espérait les faire comprendre dans la double paix qui se négociait avec la Russie et avec l'Angleterre. Alors son empire, tel qu'il l'avait conçu dans sa vaste pensée, se trouverait constitué définitivement, et accepté de l'Europe. Ces résultats obtenus, il regardait la paix comme l'achèvement et la ratification de son œuvre, comme le prix dû à ses travaux et à ceux de son peuple, comme l'accomplissement de ses vœux les plus chers. Il était homme, enfin, ainsi qu'il l'avait déjà fait dire à M. Fox, et il était loin d'être insensible aux charmes du repos. Avec la puissante mobilité de son âme, il était aussi disposé à goûter les douceurs de la paix et la gloire des arts utiles, qu'à se transporter de nouveau sur les champs de bataille, pour bivouaquer sur la neige, au milieu des rangs de ses soldats.

Lord Yarmouth était revenu de Londres avec une lettre particulière de M. Fox, attestant qu'il jouissait de toute la confiance de ce ministre, et qu'on pouvait lui parler sans réserve. Cette lettre ajoutait que lord Yarmouth recevrait des pouvoirs, dès qu'on aurait l'espérance fondée de s'entendre. M. de Talleyrand l'avait alors instruit des communications établies avec la Russie, et lui avait ainsi prouvé l'inutilité de réclamer une négociation collective, lorsque la Russie se prêtait elle-même à une négociation séparée. Quant à la prétention de l'Angleterre de n'être pas exclue des affaires du continent, M. de Talleyrand offrit à lord Yarmouth la reconnaissance officielle d'*un droit égal, pour les deux puissances, d'intervention et de garantie dans les affaires continentales et maritimes*[1]. Ainsi la question de la négociation séparée semblait n'en plus être une, et les conditions de la paix ne paraissaient plus elles-mêmes présenter de difficultés insolubles. L'Angleterre voulait conserver Malte et le Cap; elle laissait voir le désir de garder nos établissements de l'Inde, tels que Chandernagor et Pondichéry, les îles françaises de Tabago et de Sainte-Lucie, et surtout la colonie hollandaise de Surinam, située sur le continent américain. Entre ces diverses possessions il n'y avait de considérable que Surinam, car Pondichéry n'était qu'un vain débris de notre ancienne puissance dans l'Inde; Tabago, Sainte-Lucie n'avaient pas assez de valeur pour motiver un refus. Relativement à Surinam, l'Angleterre ne se montrait pas absolue. Quant à nos conquêtes continentales, bien autrement importantes que ses conquêtes maritimes, elle était prête à nous les concéder toutes, sans excepter Gênes, Venise, la Dalmatie et Naples. La Sicile seule paraissait faire difficulté. Lord Yarmouth, s'expliquant confidentiellement, disait qu'on était fatigué de protéger ces Bourbons de Naples, cet imbécile roi, cette folle reine; que néanmoins, si la Sicile leur restait de fait, puisque Joseph ne l'avait pas encore conquise, on serait obligé de la deman-

---

[1] Texte de la dépêche.

der pour eux, mais que ce serait là une question qui dépendrait du résultat des opérations militaires actuellement entreprises. Dans le cas cependant où la Sicile leur serait enlevée, lord Yarmouth ajoutait qu'il faudrait leur trouver une indemnité quelque part. Il était sous-entendu, que, pour prix de ces diverses concessions, le Hanovre serait rendu à l'Angleterre. Mais, de part et d'autre, on réservait la chose, sans l'énoncer formellement.

La Sicile était donc la seule difficulté sérieuse, et encore la conquête immédiate de l'île, sauf un dédommagement, quelque insignifiant qu'il fût, pouvait tout arranger. Les passe-ports étaient envoyés à M. d'Oubril ; on ne savait pas quelles prétentions il apportait, mais elles ne devaient pas être sensiblement différentes des prétentions anglaises.

Napoléon voyait clairement qu'en ne précipitant pas les négociations, et en accélérant au contraire l'exécution de ses projets, il atteindrait son double but, de constituer son empire comme il le voulait, et d'en faire confirmer l'établissement par la paix générale.

Dès l'origine, en préférant le titre d'empereur à celui de roi, il avait imaginé un vaste système d'empire, duquel relèveraient des royautés vassales, à l'imitation de l'empire germanique, empire si affaibli qu'il n'existait plus que de nom, et qu'il faisait naître la tentation de le remplacer en Europe. Les dernières victoires de Napoléon avaient exalté son imagination, et il ne rêvait rien moins que de relever l'empire d'Occident, d'en placer la couronne sur sa tête, et de le rétablir ainsi au profit de la France. Les nouvelles royautés vassales étaient toutes trouvées, et elles devaient être distribuées entre les membres de la famille Bonaparte. Eugène de Beauharnais, adopté comme fils, devenu époux d'une princesse de Bavière, était déjà vice-roi d'Italie, et cette vice-royauté comprenait la moitié la plus importante de la Péninsule italique, puisqu'elle s'étendait de la Toscane aux Alpes Juliennes. Joseph, frère aîné de Napoléon, était roi désigné de Naples. Il ne restait qu'à lui procurer la Sicile pour qu'il possédât l'un des plus beaux royaumes de second ordre. La Hollande, qui se gouvernait assez difficilement en république, était sous la dépendance absolue de Napoléon, et il croyait pouvoir la rattacher à son système, en la constituant en royaume sur la tête de son frère Louis. Cela faisait trois royautés, celles d'Italie, de Naples, de Hollande, à placer sous la suzeraineté de son empire. Quelquefois, lorsqu'il étendait davantage encore le rêve de sa grandeur, il songeait à l'Espagne et au Portugal, qui lui donnaient tous les jours des signes, l'Espagne, d'une hostilité cachée, le Portugal, d'une hostilité patente. Mais ceci était placé loin encore dans le vaste horizon de sa pensée. Il fallait que l'Europe l'obligeât à quelque nouveau coup d'éclat, comme Austerlitz, pour se permettre l'expulsion complète de la maison de Bourbon. Il est certain cependant que cette expulsion commençait à devenir chez lui une idée systématique. Depuis qu'il avait été amené à proclamer la déchéance des Bourbons de

Avril 1806.

français, composé de royautés vassales, de grands et petits duchés, etc.

Royaume d'Italie.

Royaume de Naples.

Royaume de Hollande.

Naples; il considérait la famille Bonaparte comme destinée à remplacer la maison de Bourbon sur tous les trônes du midi de l'Europe.

Dans cette vaste hiérarchie d'États vassaux dépendant de l'Empire français, il voulait un second et un troisième rang, composés de grands et petits duchés, sur le modèle des fiefs de l'empire germanique. Il avait déjà constitué au profit de sa sœur aînée le duché de Lucques, qu'il se proposait d'agrandir en y ajoutant la principauté de Massa, détachée du royaume d'Italie. Il projetait d'en créer un autre, celui de Guastalla, en le détachant aussi du royaume d'Italie. Ces deux démembrements étaient fort insignifiants, en comparaison de la magnifique adjonction des États vénitiens. Napoléon venait d'obtenir de la Prusse Neufchâtel, Anspach et les restes du duché de Clèves. Il avait donné Anspach à la Bavière pour se procurer le duché de Berg, joli pays, placé à la droite du Rhin, au-dessous de Cologne, et comprenant l'importante place de Wesel. — Strasbourg, Mayence, Wesel, disait Napoléon, sont *les trois brides* du Rhin. —

Il avait encore, dans la haute Italie, Parme et Plaisance; dans le royaume de Naples, Ponte-Corvo et Bénévent, fiefs restés litigieux entre Naples et le Pape, qui en ce moment lui donnait les plus graves sujets de mécontentement. Pie VII n'avait pas emporté de Paris les satisfactions auxquelles il s'était attendu. Flatté des soins de Napoléon, il avait été déçu dans ses espérances d'un dédommagement territorial. De plus l'invasion de toute l'Italie par les Français, maintenant qu'ils s'étendaient des Alpes Juliennes jusqu'au détroit de Messine, lui avait paru compléter la dépendance des États romains. Il en était au désespoir, et le montrait de toutes les manières. Il ne voulait pas organiser l'Église d'Allemagne, qui restait sans prélats, sans chapitres, depuis les sécularisations. Il n'admettait aucun des arrangements religieux adoptés pour l'Italie. A l'occasion du mariage que Jérôme Bonaparte avait contracté aux États-Unis avec une protestante, et que Napoléon voulait faire casser, le Pape opposait une résistance peu sincère, mais opiniâtre, usant ainsi, à défaut d'armes temporelles, de ses armes spirituelles. Napoléon lui avait fait dire qu'il se tenait pour maître de l'Italie, Rome comprise, et qu'il n'y souffrirait pas un ennemi caché; qu'il suivrait l'exemple de ces princes qui, en restant fidèles à l'Église, avaient su la dominer; qu'il était pour l'Église romaine un vrai Charlemagne, car il l'avait rétablie, et qu'il prétendait être traité comme tel. En attendant, il exprimait son déplaisir en prenant Ponte-Corvo et Bénévent. C'était le déplorable commencement d'une mésintelligence funeste, à laquelle Napoléon croyait alors pouvoir assigner les bornes qu'il lui plairait de poser, dans l'intérêt de la religion et de l'Empire.

Ainsi, outre plusieurs trônes à distribuer, il avait Lucques, Guastalla, Bénévent, Ponte-Corvo, Plaisance, Parme, Neufchâtel, Berg, à partager entre ses sœurs et ses plus fidèles serviteurs, à titre de principautés ou de duchés. En donnant des royaumes comme Naples à Joseph, des accroissements

Avril 1806.

Autres petits duchés créés dans les États vénitiens et le royaume de Naples.

comme les États vénitiens à Eugène, il songeait à y créer encore une vingtaine de moindres duchés, destinés tant à ses généraux qu'à ses meilleurs serviteurs de l'ordre civil, pour former un troisième rang dans sa hiérarchie impériale, et pour récompenser d'une manière éclatante ces hommes auxquels il devait le trône, et auxquels la France devait sa grandeur.

Depuis qu'en plaçant la couronne impériale sur sa tête, il s'était adjugé à lui-même le prix des exploits merveilleux accomplis par la génération présente, il avait déchaîné les désirs des compagnons de sa gloire, et ils aspiraient aussi à obtenir le prix de leurs travaux. Malheureusement ils n'imitaient plus la sobriété des généraux de la république, et souvent ils prenaient ce qu'on ne se hâtait pas de leur donner. On venait de commettre en Italie, et notamment dans les États vénitiens, des exactions fâcheuses, que Napoléon s'était attaché à réprimer avec la dernière rigueur. Il avait, avec une vigilance incroyable, recherché, découvert le secret de ces exactions, appelé devant lui ceux qui se les étaient permises, arraché d'eux la révélation des valeurs détournées, et exigé la restitution immédiate de ces valeurs, en commençant par le général en chef, qui avait été obligé de verser une somme considérable dans la caisse de l'armée.

Mais il ne voulait pas imposer une intégrité rigoureuse à ses généraux, sans récompenser leur héroïsme. — Dites-leur, avait-il écrit à Eugène et à Joseph, auprès desquels étaient alors employés plusieurs des officiers dont il venait de redresser la conduite, dites-leur que je leur donnerai à tous beaucoup plus qu'ils ne pourraient jamais prendre eux-mêmes; que ce qu'ils prendraient les couvrirait de honte, que ce que je leur donnerai leur fera honneur, et sera le témoignage immortel de leur gloire; qu'en se payant de leurs mains ils vexeraient mes peuples, rendraient la France l'objet des malédictions des vaincus, et que ce que je leur donnerai au contraire, accumulé par ma prévoyance, ne sera une spoliation pour personne. Qu'ils attendent, avait-il ajouté, et ils seront riches, honorés, sans avoir à rougir d'aucune concussion. —

Des idées profondes se mêlaient, comme on le voit, à ses conceptions en apparence les plus vaines. Il était donc résolu à satisfaire chez les généraux le désir des jouissances, mais à le diriger vers de nobles récompenses légitimement acquises. Sous le Consulat, quand tout avait encore la forme républicaine, il avait imaginé la Légion d'honneur. Maintenant que tout prenait autour de lui la forme monarchique, et qu'il grandissait à vue d'œil, il voulait que chacun grandît avec lui. Il méditait de créer des rois, des grands-ducs, des ducs, des comtes, etc... M. de Talleyrand, prôneur assidu des créations de ce genre, avait, pendant la dernière campagne, travaillé beaucoup lui-même à l'œuvre de Napoléon, et l'avait entretenu de ce sujet autant que de l'arrangement de l'Europe, qu'il était chargé de négocier à Presbourg. Ils avaient à eux deux conçu un vaste système de vassalité, comprenant des ducs, des grands-ducs, des rois, sous la suzeraineté de l'Empereur, et ayant non pas de vains

Avril 1806.

titres, mais de véritables principautés, soit en domaines territoriaux, soit en riches revenus.

Les nouveaux rois devaient, pour plus de conformité avec l'empire germanique, conserver, sur les trônes qu'ils allaient occuper, leur qualité de grands dignitaires de l'Empire français. Joseph devait rester grand électeur, Louis connétable, Eugène archichancelier d'État, Murat grand amiral, quand ils deviendraient rois ou grands-ducs. Des dignitaires supplémentaires, tels qu'un vice-connétable, un vice-grand électeur, etc., pris parmi les principaux personnages de l'État, rempliraient leurs fonctions quand ils seraient absents, et multiplieraient ainsi les charges à distribuer. Les rois, restés dignitaires de l'Empire français, devaient résider souvent en France, y avoir un établissement royal au Louvre, approprié à leur usage. Ils devaient former le conseil de la famille impériale, y remplir certaines fonctions spéciales pendant les minorités, et même élire l'Empereur, dans le cas où la ligne masculine viendrait à s'éteindre, ce qui arrive quelquefois chez les familles régnantes.

L'assimilation avec l'empire germanique était complète, et cet empire tombant de toutes parts en ruine, exposé même à disparaître par un simple effet de la volonté de Napoléon, l'Empire français se trouvait tout prêt à le remplacer en Europe. L'empire des Francs pouvait redevenir ce qu'il avait été sous Charlemagne, l'empire d'Occident, et en prendre même le titre. C'était là le dernier vœu de cette ambition immense, le seul qu'elle n'ait pas réalisé, et celui pour lequel elle a tourmenté le monde, pour lequel elle a péri peut-être. M. de Talleyrand, qui, tout en conseillant la paix, flattait quelquefois les passions qui amenaient la guerre, présentait souvent cette idée à Napoléon, sachant l'émotion profonde qu'elle produisait dans son âme. Chaque fois qu'il lui en parlait, il voyait briller dans ses yeux, étincelants de génie, tous les feux de l'ambition. Saisi cependant d'une sorte de pudeur, comme à la veille du jour où il prit le pouvoir suprême, Napoléon n'osait pas avouer toute l'étendue de ses désirs. L'archichancelier Cambacérès, avec lequel il s'ouvrait davantage, parce qu'il était plus assuré d'une discrétion absolue, avait eu la demi-confidence de ses vœux secrets, et s'était gardé de les encourager, parce que chez lui le dévouement ne faisait jamais taire la prudence. Mais il était évident qu'au faîte des grandeurs humaines, arrivé à ce point qu'Alexandre, César, Charlemagne, n'ont pas dépassé, l'âme inquiète et insatiable de Napoléon souhaitait encore quelque chose, et que c'était ce titre d'empereur d'Occident, qui depuis mille ans n'avait plus été porté dans le monde.

Il existe entre les peuples du Midi et de l'Occident, chez les Français, les Italiens, les Espagnols, tous enfants de la civilisation romaine, une certaine conformité de génie, de mœurs, d'intérêts, quelquefois de territoire, qu'on ne retrouve plus au delà de la Manche, du Rhin et du cercle des Alpes, chez les Anglais et les Allemands. Cette conformité est l'indication d'une alliance naturelle, que la maison de

Bourbon, en réunissant sous son sceptre royal Paris, Madrid, Naples, et quelquefois Milan, Parme, Florence, avait en partie réalisée. Si c'était là ce que voulait Napoléon; si, maître de la France, de celle qui ne finit qu'aux bouches de la Meuse et du Rhin, et au sommet des Alpes, si, maître de l'Italie entière, pouvant le devenir bientôt de l'Espagne, il ne voulait que reconstituer cette alliance des peuples d'origine latine, en lui donnant la forme symbolique, et sublime par les souvenirs, de l'empire d'Occident, la nature des choses, quoique forcée, n'était pas outragée cependant. La famille Bonaparte remplaçait la maison de Bourbon, pour régner d'une manière plus complète sur l'étendue des pays que cette antique maison avait aspiré à dominer, pour les rattacher par un simple lien de suzeraineté au chef de la famille, lien qui laissait à chacune des nations méridionales son indépendance, en rendant plus fort l'utile faisceau de leur alliance. Avec le génie de Napoléon, en transportant dans la politique la prudence qu'il déployait à la guerre, avec un très-long règne, cette conception n'était peut-être pas impossible à réaliser. Mais cette nature des choses qui se venge toujours cruellement de ceux qui la méconnaissent, était follement violentée, lorsque, dans son ambition, Napoléon cessait de respecter la limite du Rhin, lorsqu'il voulait réunir des Germains à des Gaulois, soumettre des peuples du Nord à des peuples du Midi, placer des princes français en Allemagne, malgré d'invincibles antipathies de mœurs, et il faisait apparaître alors à tous les yeux le fantôme de cette monarchie universelle, que l'Europe redoute et déteste, qu'elle a combattue, qu'elle fera bien de combattre sans cesse, mais qu'un jour peut-être elle subira de la main des peuples du Nord, après avoir refusé de la subir de la main des peuples d'Occident.

Un enchaînement de faits imprévus, même pour la vaste et prévoyante ambition de Napoléon, amenait en ce moment la dissolution de l'empire germanique, et allait rendre vacant ce noble titre d'empereur d'Allemagne, qui avait remplacé sur la tête des successeurs de Charlemagne le titre d'empereur d'Occident. C'était un nouvel et fatal encouragement pour les projets que Napoléon nourrissait dans son esprit, sans oser les produire encore.

En songeant, dans ses derniers traités avec l'Autriche, à récompenser ses trois alliés de l'Allemagne méridionale, les princes de Bavière, de Wurtemberg et de Baden, et à terminer tout sujet de collision entre eux et le chef de l'empire, par la solution de certaines questions restées indécises en 1803, Napoléon avait prononcé, sans qu'il s'en doutât, la dissolution prochaine du vieil empire germanique. Instrument providentiel, quelquefois involontaire, presque toujours méconnu, de cette révolution française, qui devait changer la face du monde, il avait préparé à son insu l'une des plus grandes réformes européennes.

On se souvient comment, en 1803, la France avait été appelée à se mêler du gouvernement intérieur de l'Allemagne; comment les princes qui avaient perdu tout ou partie de leurs États par la cession de la rive gauche du Rhin, avaient résolu de se dédommager de leurs pertes en sécularisant les principautés ecclésiastiques. Ne pouvant se mettre d'accord sur le partage de ces principautés, ils avaient appelé Napoléon à leur secours, pour apporter dans ce partage l'équité et la volonté sans lesquelles il était impossible. La Prusse et l'Autriche avaient reçu de sa propre main les biens de l'Église, avec un seul déplaisir, celui de n'en pas obtenir davantage. La suppression des principautés ecclésiastiques avait entraîné la modification des trois colléges composant la Diète. On s'était entendu sur le collége des électeurs, mais point sur celui des princes, dans lequel l'Autriche prétendait avoir un plus grand nombre de voix catholiques que celui qui lui avait été accordé. On s'était entendu sur le collége des villes, en réduisant leur nombre à six, et en détruisant presque tout à fait leur influence. On n'avait rien statué sur une nouvelle organisation des cercles, chargés de maintenir le respect des lois dans chaque grande province allemande; sur une nouvelle organisation religieuse, devenue nécessaire depuis la suppression d'une foule de siéges, et indéfiniment retardée par la mauvaise volonté du Pape. Enfin, on n'avait pas résolu la grave question de la noblesse immédiate, parce qu'elle intéressait toute l'aristocratie allemande, et surtout l'Autriche, qui avait dans les membres de cette noblesse des vassaux dépendants de l'empire, indépendants des princes territoriaux, et lui rendant une quantité de services dont le recrutement, autorisé dans leurs terres, n'était pas le moindre.

Les puissances médiatrices, la France et la Russie, fatiguées de cette longue médiation, attirées ailleurs par d'autres événements, avaient à peine retiré leur main, laissant l'Allemagne à moitié réformée, que l'anarchie avait envahi cette malheureuse contrée. L'Autriche, sous le prétexte d'un prétendu droit d'épave, avait usurpé les dépendances des biens ecclésiastiques donnés en indemnité, et avait privé les princes indemnisés d'une notable partie de ce qui leur était dû. Ces princes de leur côté avaient voulu s'emparer des biens de la noblesse immédiate, et avaient profité pour cela des incertitudes du dernier recès.

Avril 1806.

L'anarchie introduite de nouveau en Allemagne depuis le traité de Presbourg.

La guerre de 1805 ayant ramené Napoléon au delà du Rhin, il avait profité de l'occasion pour résoudre au profit des princes ses alliés les questions restées indécises, et il avait ainsi créé dans les pays de Bade, de Wurtemberg et de Bavière, une sorte de dissonance avec le reste de l'Allemagne. Mais l'avidité de ces mêmes alliés avait fait naître des difficultés qui touchaient à l'Allemagne tout entière. Le roi de Wurtemberg, ne gardant aucune mesure, avait usurpé les terres de la noblesse immédiate, tant celles qui avaient cette qualité que celles qui ne l'avaient pas. Il s'était arrogé plus que les droits du souverain territorial, et il avait saisi beaucoup de châteaux de la noblesse, comme s'il en eût été le véritable propriétaire. Tous ces droits d'origine féodale que l'Autriche avait voulu exercer en Souabe, et dont la portée était dangereusement arbitraire, il s'en était déclaré le nouveau titulaire, en vertu de la possession de certains chefs-lieux féodaux que le partage de la Souabe autrichienne lui avait procurés, et il commençait à s'en servir avec plus de rigueur que la chancellerie autrichienne elle-même. Les maisons de Baden et de Bavière, molestées par lui, et autorisées par son exemple, commettaient les mêmes excès dans leur circonscription. Le mépris du droit avait été poussé jusqu'à pénétrer dans les principautés souveraines enclavées dans les territoires de ces trois princes, sous prétexte d'y rechercher les domaines de la noblesse immédiate, qui ne pouvaient dans aucun cas leur appartenir, car si ces domaines appartenaient à d'autres qu'aux nobles immédiats eux-mêmes, c'était tout au plus au prince souverain duquel ils relevaient immédiatement.

Napoléon avait chargé M. Otto, son ministre à Munich, comme arbitre, et Berthier comme chef de la force exécutive, de régler, entre Baden, Wurtemberg et Bavière, toutes les contestations naissant du partage des territoires autrichiens de la Souabe. Les difficultés se compliquant, Napoléon leur avait adjoint le général Clarke pour les aider à débrouiller ce chaos. Les uns et les autres désespéraient d'en venir à bout. Les princes violentés s'étaient d'abord présentés à Ratisbonne, mais les ministres à la Diète, n'ayant ni courage ni autorité depuis que l'Autriche ne leur en donnait plus, s'avouaient impuissants en présence du désordre croissant de toutes parts. L'Autriche elle-même les avait presque réduits à cette impuissance, dont ils se plaignaient, en refusant l'année précédente d'autoriser toute délibération sérieuse, tant qu'on ne reconstituerait pas à son gré le collége des princes, et qu'on n'y ajouterait pas le nombre des voix catholiques qu'elle réclamait. Et maintenant, définitivement vaincue, préoccupée uniquement de son salut, elle achevait d'anéantir la Diète, en lui laissant voir qu'il n'y avait plus à compter sur elle pour aucun acte efficace. La Diète était donc un corps détruit, recevant tout au plus les communications qu'on lui faisait, en accusant à peine réception, mais ne délibérant sur aucun sujet.

Avril 1806.

A cette vue, les petits princes souverains, les nobles immédiats exposés à toutes sortes d'usurpations, les villes libres réduites de six à cinq par le don d'Augsbourg à la Bavière, les princes ecclésiastiques sécularisés dont les pensions n'étaient plus payées, étaient accourus à Munich pour invoquer auprès de MM. Otto, Berthier et Clarke, la protection de la France. Ceux-ci, révoltés du spectacle d'oppression dont ils étaient témoins, avaient d'abord formé une espèce de congrès pour concilier tous les intérêts, et empêcher qu'à l'ombre de la protection de la France on ne commît des actes iniques. M. Otto avait conçu un projet d'arrangement que la France devait soumettre aux principaux oppresseurs, les souverains de Bavière, de Baden et de Wurtemberg. Mais il avait bientôt reconnu qu'il ne faisait pas moins qu'un nouveau plan de constitution germanique, et, de plus, les agents du roi de Wurtemberg, quand il leur avait présenté ce plan, s'étaient vivement récriés, et avaient déclaré que jamais leur maître ne consentirait aux concessions proposées. On eût dit que ce prince, dont on venait de faire un roi, d'augmenter les États, de doubler les prérogatives souveraines, était spolié par la France, parce qu'elle lui demandait quelque respect des propriétés, et quelques égards de voisinage en faveur de ses voisins les plus faibles. N'y sachant plus que faire, M. Otto avait tout envoyé à Paris, et les réclamations, et les réclamants, et les projets d'arrangement qu'il avait imaginés dans une intention de justice. Ce renvoi avait eu lieu à la fin de mars.

Les princes allemands opprimés ont de nouveau recours à la France.

Depuis cette époque, opprimés et oppresseurs étaient au pied du trône de Napoléon. Il devenait évident que le sceptre de Charlemagne avait passé des Germains aux Francs.

C'est ce qu'avait dit, écrit, sous toutes les formes, le prince archichancelier, dernier électeur ecclésiastique conservé par Napoléon, et transporté, comme on s'en souvient, de Mayence à Ratisbonne. Ce prince, dont nous avons tracé ailleurs le caractère aimable et mobile, les penchants somptueux, cherchant la force où elle était, ne cessait de supplier Napoléon de prendre en main le sceptre de la Germanie; et si quelqu'un avait fait retentir aux oreilles de Napoléon le dangereux nom de Charlemagne, c'était certainement lui. — Vous êtes Charlemagne, lui disait-il, soyez donc le maître, le régulateur, le sauveur de l'Allemagne. — Si ce nom, qui n'était pas celui qui plaisait davantage à l'orgueil de Napoléon, car il avait dans Alexandre et César des émules plus dignes de son génie, mais qui plaisait particulièrement à son ambition, parce qu'il établissait plus de rapports avec ses projets sur l'Europe; si ce nom se trouvait toujours mêlé au sien, c'était moins par son fait que par le fait de tous ceux qui recouraient à son pouvoir protecteur. Quand l'Église voulait quelque chose de lui, elle lui disait : Vous êtes Charlemagne, donnez-nous ce qu'il nous a donné. — Quand les princes allemands de tous les États étaient opprimés, ils lui disaient : Vous êtes Charlemagne, protégez-nous comme il l'aurait fait. —

On lui eût donc inspiré les idées que son ambition aurait tardé à concevoir, si elle avait été lente dans ses désirs. Mais les besoins des peuples et son ambition marchaient alors ensemble.

A toutes les époques, les princes de l'Allemagne, outre la Confédération germanique, autorité légale et reconnue par eux, avaient formé des ligues particulières, pour défendre tels droits ou tels intérêts, qui étaient communs à certains d'entre eux. Tout ce qui restait de ces ligues s'adressait à Napoléon, en le priant d'intervenir à leur profit, tant comme auteur et garant de l'acte de médiation de 1803, que comme signataire et exécuteur du traité de Presbourg. Les uns lui proposaient de former de nouvelles ligues sous sa protection, les autres de former une nouvelle confédération germanique sous son sceptre impérial. Les princes dont les possessions étaient envahies, les nobles immédiats dont les terres étaient saisies, les villes libres menacées de suppression, proposaient des plans différents, mais étaient prêts, moyennant protection, à se réunir au plan qui prévaudrait.

Le prince archichancelier, qui craignait que son électorat ecclésiastique, le dernier échappé au naufrage, ne succombât dans cette autre tempête, imagina un plan pour le sauver, ce fut de former une nouvelle confédération germanique, appelée à délibérer sous sa présidence, et à comprendre tous les États allemands, excepté la Prusse et l'Autriche. Afin d'intéresser Napoléon à cette création, il inventa deux moyens. Le premier consistait à créer un électorat attaché au duché de Berg, qu'on savait destiné à Murat, et le second à désigner sur-le-champ un coadjuteur pour l'archevêché de Ratisbonne, et à le choisir dans la famille impériale. Ce coadjuteur étant archevêque désigné de Ratisbonne, archichancelier futur de la confédération, devait placer la nouvelle diète sous la main de Napoléon. Le membre de la famille Bonaparte destiné à ce rôle de coadjuteur était tout indiqué par sa profession ecclésiastique, c'était le cardinal Fesch, archevêque de Lyon, ambassadeur à Rome [1].

Avril 1806.

Plan d'une nouvelle confédération germanique, imaginée par l'électeur de Ratisbonne, prince archichancelier de l'empire.

---

[1] Nous citons le curieux document qui fut adressé à Napoléon.

Ratisbonne, 19 avril 1806.

Sire,

Le génie de Napoléon ne se borne pas à créer le bonheur de la France; la Providence accorde l'homme supérieur à l'univers. L'estimable nation germanique gémit dans les malheurs de l'anarchie politique et religieuse : soyez, Sire, le régénérateur de sa Constitution! Voici quelques vœux dictés par l'état des choses. Que le duc de Clèves devienne électeur, qu'il obtienne l'octroi du Rhin sur toute la rive droite; que le cardinal Fesch soit mon coadjuteur; que les rentes assignées sur l'octroi à douze États de l'empire soient fondées sur quelque autre base. Votre Majesté Impériale et Royale jugera dans sa sublimité s'il est utile au bien général de réaliser ces idées. Si quelque erreur idéologique me

Sans attendre qu'un tel plan fût proposé, discuté et accueilli, l'archichancelier, pressé de s'assurer la conservation de son siége, par une adoption qui en rendît la destruction impossible, à moins que Napoléon ne voulût porter atteinte aux intérêts de sa famille, ce qu'elle ne supportait pas aisément, et ce qu'il n'aimait pas à faire, l'archichancelier, sans consulter personne, au grand étonnement de ses coÉtats, choisit le cardinal Fesch pour coadjuteur de l'archevêché de Ratisbonne, et écrivit à Napoléon une lettre officielle afin de lui annoncer ce choix.

Napoléon n'avait aucune raison d'aimer le cardinal

Avril 1806.

Sans consulter personne, le prince archichancelier, archevêque de Ratisbonne, choisit le cardinal Fesch pour son coadjuteur.

trompe à cet égard, le cœur m'atteste au moins la pureté de mes intentions.

Je suis avec un attachement inviolable et le plus profond respect, Sire, de Votre Majesté Impériale et Royale le très-humble et tout dévoué admirateur,

CHARLES, *électeur archichancelier.*

La nation germanique a besoin que sa Constitution soit régénérée : la majeure partie de ses lois ne présente que des mots vides de sens, depuis que les tribunaux, les cercles, la Diète de l'empire n'ont plus les moyens nécessaires pour soutenir les droits de propriété et de sûreté personnelle des individus qui composent la nation, et que ces institutions ne peuvent plus protéger les opprimés contre les attentats du pouvoir arbitraire et de la cupidité. Un tel état est anarchique; les peuples supportent les charges de l'état civil sans jouir de ses principaux avantages, position désastreuse pour une nation foncièrement estimable par sa loyauté, son industrie, son énergie primitive. La Constitution germanique ne peut être régénérée que par un chef de l'empire d'un grand caractère, qui rende la vigueur aux lois en concentrant dans ses mains le pouvoir exécutif. Les États de l'empire n'en jouiront que d'autant mieux de leurs domaines, lorsque les vœux des peuples seront exposés et discutés à la Diète, les tribunaux mieux organisés, et la justice administrée d'une manière plus efficace. Sa Majesté l'empereur d'Autriche, François second, serait un particulier respectable par ses qualités personnelles, mais dans le fait le sceptre d'Allemagne lui échappe, parce

Avril 1806.

Napoléon forme le projet d'une confédération du Rhin.

Fesch, esprit vain et opiniâtre, qui n'était pas le moins tracassier de tous ses parents, et il se souciait médiocrement de le placer à la tête de l'empire germanique. Toutefois il souffrit, sans s'expliquer, cette étrange désignation. Elle était un symptôme frappant de cette disposition des princes allemands opprimés, à remettre en ses mains le nouveau sceptre impérial.

Napoléon ne voulait pas enlever directement ce sceptre au chef de la maison d'Autriche. C'était une entreprise qui lui semblait trop grande pour le moment, bien qu'il y en eût peu qui l'effrayassent

qu'il a maintenant la majorité de la Diète contre lui; qu'il a manqué à sa capitulation en occupant la Bavière, en introduisant les Russes en Allemagne, en démembrant des parties de l'empire pour payer des fautes commises dans les querelles particulières de sa maison. *Puisse-t-il être empereur d'Orient pour résister aux Russes, et que l'empire d'Occident renaisse en l'empereur Napoléon, tel qu'il était sous Charlemagne, composé de l'Italie, de la France et de l'Allemagne!* Il ne paraît pas impossible que les maux de l'anarchie fassent sentir la nécessité d'une telle régénération à la majorité des électeurs; c'est ainsi qu'ils choisirent Rodolphe de Habsbourg après les troubles du grand interrègne. Les moyens de l'archichancelier sont très-bornés; mais c'est au moins avec une intention pure qu'il compte sur les lumières de l'empereur Napoléon, nommément dans les objets qui pourront agiter le midi de l'Allemagne plus particulièrement dévoué à ce monarque. La régénération de la Constitution germanique a été de tout temps l'objet des vœux de l'électeur archichancelier; il ne demande et n'accepterait rien pour lui-même; il pense que si Sa Majesté l'empereur Napoléon pouvait se réunir en personne chaque année pour quelques semaines à Mayence ou ailleurs avec les princes qui lui sont attachés, les germes de la régénération germanique se développeraient bientôt. M. d'Hédouville a inspiré une parfaite confiance à l'électeur archichancelier, qui sera charmé s'il veut bien exposer ces idées dans toute leur pureté à Sa Majesté l'empereur des Français et à son ministre M. de Talleyrand.

CHARLES, *électeur archichancelier.*

depuis Austerlitz. Mais il était éclairé sur ce qu'il pouvait oser actuellement en Allemagne, et fixé sur ce qu'il convenait de faire. Pour le présent il voulait disloquer, affaiblir l'empire germanique, de manière que l'Empire français brillât seul en Occident. Ensuite il voulait réunir les princes de l'Allemagne méridionale, situés aux bords du Rhin, en Franconie, en Souabe, en Bavière, et les former en confédération sous son protectorat avoué. Cette confédération déclarerait ses liens dissous avec l'empire germanique. Quant aux autres princes de l'Allemagne, ou ils resteraient dans l'ancienne Confédération, sous l'autorité de l'Autriche, ou, ce qui était plus probable, ils en sortiraient, et se grouperaient à leur gré, les uns autour de la Prusse, les autres autour de l'Autriche. Alors l'empire français, ayant sous sa suzeraineté formelle l'Italie, Naples, la Hollande, peut-être un jour la Péninsule espagnole, sous son protectorat le midi de l'Allemagne, comprendrait à peu près les États qui avaient appartenu à Charlemagne, et tiendrait la place de l'empire d'Occident. Lui donner ce titre n'était plus qu'une affaire de mots, grave pourtant, à cause des jalousies de l'Europe, mais réalisable un jour de victoire ou de négociation heureuse.

Pour accomplir un tel projet, on avait peu à faire, car la Bavière, le Wurtemberg, Baden traitaient alors à Paris, afin d'arriver à une régularisation quelconque de leur situation, agrandie mais incertaine. Tous les autres princes demandaient à être compris, n'importe sous quel titre, n'importe sous quelle condition, dans le nouveau système fédératif, qu'on prévoyait et qu'on désirait comme inévitable. Y être nommé, c'était vivre ; y être omis, c'était périr. Il n'était donc pas nécessaire de négocier avec d'autres qu'avec les princes de Baden, de Wurtemberg, de Bavière, et encore eut-on soin de ne les consulter que dans une certaine mesure, et en excluant tous autres qu'eux de la négociation. On se proposait de présenter le traité tout rédigé à ceux des princes qu'on voudrait conserver, et de les admettre à le signer purement et simplement. La nouvelle confédération devait porter le titre de Confédération du Rhin, et Napoléon celui de Protecteur.

M. de Talleyrand fut chargé, avec un premier commis fort habile, M. de Labesnardière, de rédiger le projet de la nouvelle confédération, et de le soumettre ensuite à l'Empereur [1].

Tel fut, comme on le voit, l'enchaînement de faits qui, deux fois, amena la France à se mêler des affaires d'Allemagne. La première fois, le partage inévitable des biens ecclésiastiques menaçant l'Allemagne d'un bouleversement, on vint demander à Napoléon d'accomplir lui-même ce partage, et d'y ajouter les changements qui devaient en découler dans la constitution germanique. La seconde fois, Napoléon, appelé des bords de l'Océan aux bords du Danube par l'irruption des Autrichiens en Bavière, obligé de se créer des alliés dans le midi de l'Allemagne, de

[1] C'est de M. de Labesnardière lui-même, seul confident de cette importante création, que nous tenons tous ces détails, appuyés en outre sur une foule de documents authentiques.

les récompenser, de les agrandir, de les contenir en même temps quand ils voulaient abuser de son alliance, fut encore obligé d'intervenir pour régler la situation des princes allemands qui, géographiquement, intéressaient la France.

S'il eut dans tout ce qu'il fit en cette occasion une vue personnelle, ce fut de rendre vacant un titre auguste par la dissolution de l'empire germanique, et de ne plus laisser exister aux yeux des peuples que l'Empire français. Néanmoins les causes essentielles de son intervention ne furent pas autres que les violences des forts, les cris des faibles, et le double désir, très-avouable, de réprimer des injustices commises sous son nom, et de réformer l'Allemagne d'une manière conforme aux lumières de son bon sens, puisqu'enfin il ne pouvait pas se dispenser d'y toucher.

Ce n'en fut pas moins une faute grave de la part de Napoléon, que cette intervention dans les affaires allemandes poussée au delà de certaines bornes. Vouloir exercer une influence prédominante au midi de l'Europe, sur l'Italie, même sur l'Espagne, était dans le sens de la politique française de tous les temps, et, quelque vaste que fût cette ambition, d'éclatantes victoires en pouvaient justifier la grandeur. Mais vouloir étendre sa puissance au nord de l'Europe, c'est-à-dire en Allemagne, c'était pousser au dernier terme le désespoir secret de l'Autriche; c'était donner à la Prusse un genre de jalousies que la France ne lui avait pas encore inspirées. C'était prendre pour son compte les difficultés qui naissaient des divisions de tous ces petits princes entre eux, passer pour appui et complice des oppresseurs, quand on était défenseur des opprimés, mettre contre soi ceux qui n'étaient pas favorisés, sans mettre pour soi ceux qui l'étaient, car ceux-ci s'exprimaient déjà de manière à faire prévoir qu'après s'être enrichis par nous, ils seraient capables de se tourner contre nous, afin d'acheter la conservation de ce qu'ils avaient acquis. Et quant à l'assistance qu'on croyait trouver dans leurs troupes, c'était une déception dangereuse, car on serait induit à considérer comme auxiliaires des soldats tout prêts, dans l'occasion, à devenir des traîtres. Ce qui était une faute plus grande encore, c'était de changer les vieilles combinaisons de l'Allemagne, qui faisaient de la Prusse un éternel jaloux de l'Autriche, par conséquent un allié de la France, et de tous les princes d'Allemagne des rivaux envieux les uns des autres, dès lors des clients de notre politique, auprès de laquelle ils cherchaient un appui. Que la France ajoutât quelque chose à l'influence de la Prusse, et retranchât quelque chose à celle de l'Autriche, c'était assez faire en un siècle, c'était même tout ce qu'il fallait à l'Allemagne. Au delà il n'y avait que des bouleversements de la politique européenne, funestes plutôt qu'utiles. Si ces changements étaient poussés jusqu'à rendre la Prusse toute-puissante, c'était uniquement déplacer le danger, transporter à Berlin l'ennemi que nous avions toujours eu à Vienne : s'ils l'étaient jusqu'à détruire la Prusse et l'Autriche, c'était soulever l'Allemagne entière ; et quant aux petits États, tout ce qui allait au delà d'une juste protection pour certains princes de second ordre, comme la Bavière, Baden, le Wurtemberg, ordinairement alliés de la France, tout ce qui allait au delà d'un prix raisonnable donné après la guerre à leur alliance, était une intervention dangereuse dans les affaires d'autrui, une gratuite acceptation de difficultés qui n'étaient pas les nôtres, et, sous une violation apparente de l'indépendance étrangère, une insigne duperie. Il ne restait qu'une faute plus grande à commettre, c'était de fonder des royaumes français en Allemagne. Napoléon n'en était pas encore arrivé à ce degré de puissance et d'erreur. La vieille constitution germanique modifiée par le recès de 1803, avec quelques solutions de plus, négligées lors de ce recès, avec les anciennes influences modifiées seulement dans leur proportion, voilà ce qui convenait à la France, à l'Europe et à l'Allemagne. Nous avons entrepris davantage, pour le bien de l'Allemagne encore plus que pour le nôtre; elle nous en a gardé une profonde rancune, et elle a attendu le moment de notre retraite pour tirer par derrière sur nos soldats accablés par le nombre. Tel est le prix des fautes!

Napoléon, laissant MM. de Talleyrand et de Labesnardière régler en secret les détails du nouveau plan de confédération germanique, avec les ministres de Baden, de Wurtemberg et de Bavière, avait commencé par procéder à l'exécution de son plan général, surtout relativement à l'Italie et à la Hollande, afin que les négociateurs anglais et russes, traitant chacun de leur côté, trouvassent des réso-

Avril 1806.

Avril 1806.

Rapports personnels de Napoléon avec sa famille.

lutions consommées et irrévocables à l'égard des nouvelles royautés qu'il voulait créer.

La couronne de Naples avait été destinée à Joseph, celle de Hollande à Louis. L'institution de ces royautés était tout à la fois pour Napoléon un calcul politique et une satisfaction de cœur. Il n'était pas seulement grand, il était bon, et sensible aux affections du sang, quelquefois jusqu'à la faiblesse. Il ne recueillait pas toujours le prix de ses excellents sentiments, car il n'est rien de plus exigeant qu'une famille parvenue. Il n'y avait pas un seul de ses parents qui, tout en reconnaissant que c'était le vainqueur de Rivoli, des Pyramides et d'Austerlitz qui avait fondé la grandeur des Bonaparte, ne crût cependant y être pour quelque chose, et ne se regardât comme traité d'une manière injuste, dure, ou disproportionnée avec ses mérites. Sa mère, répétant sans cesse qu'elle lui avait donné le jour, se plaignait de n'être pas entourée d'assez d'hommages et de respects; et c'était pourtant des femmes de cette famille la plus modeste, la moins enivrée. Lucien Bonaparte avait mis, disait-il, la couronne sur la tête de son frère, car seul il n'avait pas été ébranlé au 18 brumaire, et pour prix de ce service il vivait dans l'exil. Joseph, le plus doux de tous, le plus sensé, disait à son tour qu'il était l'aîné, et qu'on manquait envers lui de la déférence due à ce titre. Il n'était pas sans une certaine disposition à croire que les traités de Lunéville, d'Amiens, du Concordat, que Napoléon l'avait complaisamment chargé de signer, au détriment de M. de Talleyrand, étaient l'ouvrage de son habileté personnelle, autant que des hauts faits de son frère. Louis, malade, défiant, rempli d'orgueil, affectant la vertu, et ayant de l'honnêteté, se prétendait sacrifié à un office infâme, celui de couvrir, en l'épousant, les faiblesses d'Hortense de Beauharnais pour Napoléon, calomnie odieuse, inventée par les émigrés, colportée en mille pamphlets, et dont Louis avait le tort de se montrer préoccupé, au point de faire supposer que lui-même y ajoutait foi. Chacun d'eux se croyait donc victime en quelque chose, et mal payé de la part qu'il avait prise à la grandeur de son frère. Les sœurs de Napoléon, n'osant avoir de telles prétentions, s'agitaient autour de lui, et troublaient de leurs rivalités, quelquefois de leur mécontentement, son âme en proie à tant d'autres soucis. Caroline sollicitait sans cesse pour Murat, lequel, tout léger qu'il était, payait du moins les bienfaits de son beau-frère d'un dévouement qui ne permettait pas d'augurer alors sa conduite postérieure, bien, il est vrai, qu'on doive tout attendre de la légèreté. Élisa, l'aînée, transportée à Lucques, où elle recherchait la gloire personnelle de bien conduire un petit État, et qui, en effet, le conduisait parfaitement, désirait l'augmentation de son duché.

Dans toute cette parenté, Jérôme, comme le plus jeune, Pauline, comme la plus dissipée, étaient exempts de ces exigences, de ces rancunes, de ces jalousies, qui troublaient l'intérieur de la famille impériale. Jérôme, dont la jeunesse peu régulière avait provoqué souvent la sévérité de Napoléon, voyait en lui un père plutôt qu'un frère, et recevait ses bienfaits le cœur plein d'une reconnaissance sans mélange. Pauline, livrée à ses plaisirs comme une princesse de la famille des Césars, belle comme une Vénus antique, ne cherchait dans la grandeur de son frère que des moyens de satisfaire ses goûts déréglés, ne voulait pas de plus hauts titres que ceux des Borghèse, dont elle portait le nom, était disposée à préférer la fortune, source de jouissances, à la grandeur, satisfaction de l'orgueil. Elle aimait tellement son frère, que lorsqu'il était à la guerre, l'archichancelier Cambacérès, chargé de gouverner la famille régnante et l'État, était obligé d'envoyer à cette princesse les nouvelles à l'instant même où il les recevait, car le moindre retard la jetait dans des souffrances cruelles.

C'est la crainte de se voir préférer les enfants de la famille Beauharnais qui avait poussé les Bonaparte à se faire ennemis de Joséphine. Ils ne ménageaient pas même en cela le cœur de Napoléon, et le tourmentaient de cent manières. La grandeur précoce d'Eugène, devenu vice-roi et héritier désigné du beau royaume d'Italie, les offusquait singulièrement, et cependant on avait offert cette couronne à Joseph, qui ne l'avait pas voulue, parce qu'elle le plaçait trop immédiatement sous le pouvoir de l'empereur des Français. Il voulait régner, disait-il, d'une manière indépendante. On verra plus tard ce que le goût d'indépendance, commun à tous les membres de la famille impériale, combiné avec les tendances des peuples sur lesquels ils étaient appelés

LA PRINCESSE PAULINE BORGHÈSE

à régner, devait apporter de difficultés au gouvernement de Napoléon, et de nouvelles causes de malheur à nos malheurs.

Avril 1806.

C'est entre tous les membres de cette famille qu'il fallait distribuer les royaumes et les duchés de nouvelle création. La couronne de Naples assurait à Joseph une situation assez notoirement indépendante, et était d'ailleurs assez belle pour être acceptée. On éprouve quelque surprise d'avoir à employer de telles paroles, pour caractériser les sentiments avec lesquels étaient reçus ces beaux royaumes, par des princes nés si loin du trône, et si loin même de cette grandeur que les particuliers doivent quelquefois à la naissance ou à la fortune. Mais c'est l'une des singularités du spectacle fantastique donné par la révolution française, et par l'homme extraordinaire qu'elle avait mis à sa tête, que ces refus, ces hésitations, presque ces dédains de la satiété anticipée, témoignés en présence des plus belles couronnes, par des personnages qui, dans leur jeunesse, ne devaient guère s'attendre à les porter. Napoléon, qui avait vu Joseph dédaigner tantôt la présidence du Sénat, tantôt la vice-royauté d'Italie, n'était pas sûr qu'il acceptât le trône de Naples, et ne lui avait conféré d'abord que le titre de son lieutenant[1]. S'étant assuré

La couronne de Naples donnée à Joseph Bonaparte.

---

[1] Nous citons les lettres suivantes, qui montrent comment Napoléon donnait les couronnes et comment on les recevait.

« *Au ministre de la guerre.*

» Munich, 5 janvier 1806.

» Expédiez le général Berthier, votre frère, avec le décret qui nomme le prince Joseph commandant de l'armée de Naples. Il gardera le plus depuis de son acceptation, il avait consigné son nom sur les décrets destinés à être présentés au Sénat.

Quant à la Hollande, il avait désigné Louis, qui a raconté depuis à l'Europe, dans un livre accusateur contre son frère, à quel point il avait été offensé d'être peu consulté dans cette disposition. En effet, Napoléon, sans s'occuper de Louis, dont la volonté ne lui semblait pas être un obstacle à prévoir et à vaincre, avait mandé quelques-uns des principaux citoyens de la Hollande, notamment l'amiral Verhuel, le vaillant et habile commandant de la flottille, pour disposer la Hollande à renoncer enfin à son antique gouvernement républicain, et à se constituer en monarchie. C'est un autre trait du tableau que nous retraçons ici, que cette révolution française, ayant commencé par vouloir convertir tous les trônes en républiques, et s'appliquant maintenant à convertir les républiques les plus anciennes en mo-

---

profond secret, et ce ne sera que lorsque le prince arrivera qu'il lui remettra le décret. Je dis qu'il doit garder le plus profond secret, parce que je ne suis pas sûr que le prince Joseph y aille, et, sous ce point, il ne faut pas que rien soit connu. »

« *Au prince Joseph.*

» Stuttgard, le 19 janvier 1806.

» Mon intention est que dans les premiers jours de février vous entriez dans le royaume de Naples, et que je sois instruit dans le courant de février que mes aigles flottent sur cette capitale. Vous ne ferez aucune suspension d'armes ni capitulation. Mon intention est que les Bourbons aient cessé de régner à Naples, et je veux sur ce trône asseoir un prince de ma maison, vous d'abord, si cela vous convient, un autre si cela ne vous convient point.

» Je vous réitère de ne point diviser vos forces; que toute votre armée passe l'Apennin, et que vos trois corps d'armée soient dirigés narchies. Les républiques de Venise et de Gênes devenues provinces de divers royaumes, les villes libres d'Allemagne absorbées dans diverses principautés, avaient déjà signalé cette singulière tendance. La royauté de Hollande en était le dernier et le plus éclatant phénomène. La Hollande, après s'être jetée dans les bras de la France pour échapper aux stathouders, était mécontente de se voir condamnée à une guerre éternelle, et manquait de reconnaissance envers Napoléon, qui avait fait à Amiens, et qui renouvelait chaque jour les plus grands efforts, pour lui assurer la restitution de ses colonies. Les Hollandais, à moitié Anglais par la religion, les mœurs, l'esprit mercantile, quoique ennemis de l'Angleterre par suite de leurs intérêts maritimes, n'avaient aucune sympathie pour le gouvernement de Napoléon, et pour sa grandeur exclusi-

droit sur Naples, de manière à se réunir en un jour sur un même champ de bataille.

» Laissez un général, des dépôts, des approvisionnements et quelques canonniers à Ancône pour défendre la place. Naples pris, les extrémités tomberont d'elles-mêmes, tout ce qui sera dans les Abbruzzes sera pris à revers, et vous enverrez une division à Tarente, et une du côté de la Sicile pour achever la conquête du royaume.

» Mon intention est de laisser sous vos ordres dans le royaume de Naples pendant l'année, jusqu'à ce que j'aie fait de nouvelles dispositions, 14 régiments d'infanterie française, complétés au grand complet de guerre, et 12 de cavalerie française aussi au grand complet.

» Le pays doit vous fournir les vivres, l'habillement, les remontes, et tout ce qui est nécessaire, de manière qu'il ne m'en coûte pas un sou. Mes troupes du royaume d'Italie n'y resteront qu'autant de temps que vous le jugerez nécessaire, après quoi elles retourneront chez elles.

» Vous lèverez une légion napolitaine où vous ne laisserez entrer que des officiers et soldats napolitains, des gens du pays qui voudront s'attacher à ma cause. »

vement continentale. La moindre victoire sur mer les aurait bien plutôt séduits que la plus éclatante victoire sur terre. Ils montraient assez de dédain pour le gouvernement semi-monarchique d'un grand pensionnaire, que Napoléon les avait induits à se donner, lorsqu'il instituait une sorte de premier consul dans tous les pays soumis à l'influence de la France. Ce grand pensionnaire, qui était M. de Schimmelpenninck, bon citoyen et homme honorable, n'était à leurs yeux qu'un préfet français chargé de commettre des exactions, parce qu'il demandait des impôts et des emprunts, afin de suffire aux dépenses de l'état de guerre. Le peu de goût inspiré par ce gouvernement d'un grand pensionnaire, était la seule facilité que présentât la situation de la Hollande pour lui faire accepter un roi. Bien qu'atteints de cette fatigue qui, à la fin des révolutions, rend indifférent à tout, les Hollandais éprouvaient un sentiment pénible en se voyant enlever leur état républicain. Cependant, l'assurance qu'on leur laisserait leurs lois, surtout leurs lois municipales, le bien qu'on leur disait de Louis Bonaparte, de la régularité de ses mœurs, de son penchant à l'économie, de l'indépendance de son caractère, et enfin la résignation ordinaire aux choses longtemps prévues, décidèrent les principaux représentants de la Hollande à se prêter à l'institution d'une royauté. Un traité dut convertir en une alliance d'État à État, la nouvelle situation de la Hollande par rapport à la France.

Les provinces vénitiennes, que Napoléon n'avait pas réunies immédiatement au royaume d'Italie, pour être plus libre d'en étudier les ressources, et de les employer suivant ses desseins, les provinces vénitiennes, la Dalmatie comprise, furent adjointes au royaume d'Italie, sous la condition de céder le pays de Massa à la princesse Élisa, pour en accroître le duché de Lucques, et le duché de Guastalla à la princesse Pauline Borghèse, qui n'avait encore rien reçu de la munificence de son frère. Celle-ci ne voulut pas garder son duché, et le revendit au royaume d'Italie pour quelques millions.

C'était le cas, peut-être, de songer au Pape et à la cause réelle de ses mécontentements. Dans un moment où l'Italie était le gâteau des rois partagé avec le tranchant du sabre, c'était chose aisée que de réserver la part de Saint-Pierre, et d'essayer de ramener par quelques avantages temporels cette puissance spirituelle, avec qui les démêlés sont fâcheux, même dans nos temps de foi douteuse, et qu'il faut bien plus redouter quand elle est opprimée que lorsqu'elle opprime. Ces nouveaux monarques auraient dû être encore fort heureux de recevoir leurs États même avec une province de moins, et Pie VII, dédommagé, aurait été porté à souffrir avec plus de patience que la puissance française l'investît complétement, comme elle le faisait depuis l'établissement de Joseph à Naples. Dans tous les cas, Napoléon avait encore Parme et Plaisance à donner, et il n'en pouvait pas faire un meilleur usage que de les employer à consoler la cour de Rome. Mais Napoléon commençait à s'inquiéter beaucoup moins des résistances physiques ou morales, depuis Austerlitz. Il était extrêmement mécontent du Pape, de ses menées hostiles contre le nouveau roi de Naples, et il se sentait plus disposé à réduire qu'à augmenter le patrimoine de Saint-Pierre. D'ailleurs il réservait Parme et Plaisance pour un emploi qui avait aussi son mérite ; il songeait à en faire l'indemnité de quelques-uns des princes protégés de la Russie ou de l'Angleterre, tels que les souverains de Naples et de Piémont, vieux rois détrônés, auxquels il voulait jeter quelques miettes du riche festin autour duquel étaient assis les nouveaux rois. Cette pensée était bonne assurément, mais restait la faute de laisser le Pape mécontent, prêt à en venir à des éclats, et qu'il eût été facile de satisfaire sans un grand dommage pour les royaumes récemment institués.

Il fallait pourvoir Murat, époux de Caroline Bonaparte, et ayant du moins mérité à la guerre ce qu'on allait faire pour lui à raison de la parenté. Mais lui aussi avait ses exigences, qui étaient plutôt celles de sa femme que les siennes. Napoléon avait songé à leur donner la principauté de Neufchâtel, que ni le mari ni la femme n'avaient voulue. L'archichancelier Cambacérès, qui s'interposait ordinairement entre Napoléon et sa famille, avec cette patience conciliante qui apaise les irritations réciproques, qui écoute tout, et ne répète que ce qui est bon à redire, l'archichancelier Cambacérès eut la confidence de leur vif déplaisir. Ils se trouvaient traités avec une inégalité blessante. Napoléon alors songea pour eux au duché de Berg, cédé à la France par la Bavière en échange d'Anspach, accru encore des restes du duché de Clèves, beau pays, heureusement situé à la droite du Rhin, contenant 320 mille habitants, produisant, tous frais d'administration payés, 400 mille florins de revenu, permettant d'entretenir deux régiments, et pouvant procurer à son possesseur une certaine importance dans la nouvelle confédération germanique. La fertile imagination de Murat et de sa femme ne manqua pas effectivement de rêver un rôle fort considérable, décoré extérieurement de quelque grand titre renouvelé du Saint-Empire.

La famille régnante était pourvue. Mais les frères et les sœurs de Napoléon n'étaient pas tout ce qu'il aimait. Restaient ses compagnons d'armes et les collaborateurs de ses travaux civils. Sa bienveillance naturelle, d'accord ici avec sa politique, se plaisait à payer le sang des uns, les veilles des autres. Il voulait qu'ils fussent braves, laborieux et probes, et, pour cela, il pensait qu'il fallait les bien récompenser. Voir le sourire sur le visage de ses serviteurs, le sourire non de la reconnaissance, sur laquelle il comptait peu en général, mais du contentement, était l'une des plus vives jouissances de son noble cœur.

Il consulta l'archichancelier Cambacérès sur la distribution des nouvelles faveurs, et celui-ci, voyant que, quelque grand que fût le butin à partager, l'étendue des services et des ambitions était plus grande encore, devina l'embarras de Napoléon, et commença par faire cesser cet embarras pour ce qui le concernait. Il pria Napoléon de ne pas songer à lui pour les nouveaux duchés. Nul homme ne savait aussi bien que, lorsqu'on est arrivé à un certain degré de fortune, conserver vaut mieux qu'acquérir, et un empire dont il aurait dirigé la politique, dont Napoléon aurait dirigé l'administration et les armées, serait resté le plus grand de tous, après l'être devenu. L'archichancelier ne voulait qu'une chose, c'était garder sa grandeur actuelle, et la certitude de la garder lui paraissait préférable aux plus beaux duchés. Il s'était procuré cette certitude dans l'occasion que voici. Un moment, il avait craint, en voyant Napoléon exiger que les nouveaux rois conservassent leurs dignités françaises, que son intention ne fût d'avoir exclusivement des rois pour dignitaires de l'Empire, et que les titres d'archichancelier dont il était pourvu, d'architrésorier dont jouissait le prince Lebrun, ne passassent bientôt à l'un des monarques nouvellement créés ou à créer. Voulant connaître, à ce sujet, la pensée de Napoléon, il lui dit : Quand vous aurez un roi tout prêt pour recevoir le titre d'archichancelier, vous me préviendrez, et je donnerai ma démission.— Soyez tranquille, lui répondit Napoléon, il me faut un homme de loi pour cette charge, et vous la garderez. — En effet, au milieu des têtes couronnées qui composaient autrefois l'empire germanique, il y avait eu trois places pour de simples prélats, les électeurs de Mayence, de Trèves et de Cologne. De même, au milieu de ces rois, dignitaires de son empire, il plaisait à Napoléon de réserver une place pour le premier, le plus grave magistrat de son temps, appelé à faire entrer dans ses conseils la sagesse qui pouvait n'y pas toujours entrer avec des rois.

Il n'en fallait pas davantage pour contenter pleinement le prudent archichancelier. Dès lors ne désirant, ne demandant rien pour lui, il aida très-utilement Napoléon dans la difficile répartition qu'il avait à faire. Ils furent tous deux d'accord sur le premier personnage à récompenser grandement, c'était Berthier, le plus appliqué, le plus exact, le plus éclairé peut-être des lieutenants de Napoléon, celui qui était toujours auprès de lui sous les boulets, et qui supportait sans aucune apparence de déplaisir une vie dont les périls n'étaient pas au-dessus de son grand courage, mais dont les fatigues commençaient à n'être plus dans ses goûts. Napoléon éprouva une véritable satisfaction à pouvoir le payer de ses services. Il lui accorda la principauté de Neufchâtel, qui le constituait prince souverain.

Avril 1806.

Berthier créé prince de Neufchâtel.

Il y avait un de ses serviteurs qui occupait en Europe un rang plus élevé qu'aucun autre, M. de Talleyrand, qui le servait beaucoup plus encore par son art de traiter avec les ministres étrangers et l'élégance de ses mœurs que par ses lumières dans le conseil, où il avait cependant le mérite d'opiner toujours pour la politique modérée. Napoléon ne l'aimait pas et s'en défiait; mais il lui était pénible de le voir mécontent, et M. de Talleyrand l'était depuis qu'on ne l'avait pas compris au nombre des grands dignitaires. Napoléon, pour le dédommager, lui conféra la belle principauté de Bénévent, l'une des deux qui venaient d'être enlevées au Pape, comme enclaves du royaume de Naples.

M. de Talleyrand créé prince de Bénévent.

Napoléon avait encore celle de Ponte-Corvo, enclavée aussi dans le royaume de Naples, et comme la

Bernadotte créé prince

précédente enlevée au Pape. Il voulut la donner à un personnage qui n'avait rendu aucun service considérable, qui avait la trahison dans le cœur, mais qui était beau-frère de Joseph, c'était le maréchal Bernadotte. Napoléon eut besoin de se faire violence pour accorder cette dignité. Il s'y décida par convenance, par esprit de famille, par oubli des injures.

C'eût été bien peu que de récompenser ces trois ou quatre serviteurs, si Napoléon n'avait pas songé aux autres, plus nombreux et bien plus méritants, Berthier excepté, qu'il avait autour de lui, et qui attendaient leur part des fruits de la victoire. Il pourvut à ce qui les concernait au moyen d'une institution fort adroitement conçue. En donnant des royaumes, il les concéda aux nouveaux rois à une condition, c'était d'y instituer des duchés, richement rétribués, et de lui livrer une certaine part des domaines nationaux. Ainsi en ajoutant les États vénitiens au royaume d'Italie, il réserva la création de douze duchés sous les titres suivants : duchés de Dalmatie, d'Istrie, de Frioul, de Cadore, de Bellune, de Conégliano, de Trévise, de Feltre, de Bassano, de Vicence, de Padoue, de Rovigo. Ces duchés ne conféraient aucun pouvoir, mais ils assuraient une dotation annuelle, qui devait être prise sur le quinzième réservé des revenus du pays. Il donna le royaume de Naples à Joseph, à condition d'y réserver six fiefs, dont faisaient partie les deux principautés déjà citées de Bénévent et de Ponte-Corvo, et que complétaient les quatre duchés de Gaëte, d'Otrante, de Tarente, de Reggio. En ajoutant à la principauté de Lucques celle de Massa, Napoléon stipula la création du duché de Massa. Il en institua trois autres dans les pays de Parme et de Plaisance. L'un des trois fut accordé à l'architrésorier Lebrun. Parmi tous ces titres que nous venons de citer, on voit figurer ceux qui furent portés bientôt par les plus illustres serviteurs de l'Empire, et qui le sont aujourd'hui par leurs enfants, dernier et vivant témoignage de nos grandeurs passées. Tous ces duchés étaient institués aux mêmes conditions que les douze qui avaient été créés dans l'État vénitien, sans aucun pouvoir, mais avec une part dans le quinzième des revenus. Napoléon voulut qu'il y eût des récompenses pour chaque grade, et il se fit attribuer, dans chacun de ces pays, des biens nationaux et des rentes, afin de créer des dotations. Ainsi il s'assura 30 millions de biens nationaux dans l'État de Venise, et une inscription de rente de douze cent mille francs sur le grand livre du royaume d'Italie. Il se réserva, dans le même but, les biens nationaux de Parme et de Plaisance, une rente d'un million sur le royaume de Naples, quatre millions de biens nationaux dans la principauté de Lucques et de Massa. Le tout formait 22 duchés, 34 millions de biens nationaux, 2,400,000 francs de rentes, et joint au trésor de l'armée qu'une première contribution de guerre avait déjà élevé à 70 millions, et que de nouvelles victoires allaient grossir indéfiniment, devait servir à distribuer des dotations à tous les grades, depuis le soldat jusqu'au maréchal. Les fonctionnaires civils devaient avoir leur part de ces dotations. Napoléon avait déjà dis-

Avril 1806.

Grandes ressources réservées pour procurer des dotations à tous les grades, et à tous les services, tant civils que militaires.

cuté avec M. de Talleyrand un projet de reconstitution de la noblesse, car il trouvait que ce n'était pas assez que la Légion d'honneur et les duchés. Il se proposait de créer des comtes, des barons, croyant à la nécessité de ces distinctions sociales, et voulant que chacun grandît avec lui, en proportion de ses mérites. Mais il entendait corriger la profonde vanité de ces titres de deux manières, en les faisant acheter par de grands services, et en les dotant de revenus qui assuraient l'avenir des familles.

Ces diverses résolutions furent successivement présentées au Sénat, pour être converties en articles des constitutions de l'Empire, dans les mois de mars, d'avril et de juin.

Le 15 mars de cette année 1806, Murat fut proclamé grand-duc de Clèves et de Berg. Le 30 mars Joseph fut proclamé roi de Naples et de Sicile, Pauline Borghèse duchesse de Guastalla, Berthier prince de Neufchâtel. Le 5 juin seulement (les négociations avec la Hollande ayant entraîné quelque retard), Louis fut proclamé roi de Hollande, M. de Talleyrand prince de Bénévent, Bernadotte prince de Ponte-Corvo. On pouvait se croire revenu à ces temps de l'empire romain où un simple décret du sénat enlevait ou conférait les couronnes.

Cette série d'actes extraordinaires fut terminée par la création définitive de la nouvelle Confédération du Rhin. La négociation s'était secrètement passée entre M. de Talleyrand et les ministres de Bavière, de Baden et de Wurtemberg. A l'agitation visible des princes allemands, tout le monde se doutait qu'il s'agissait encore une fois de constituer l'Allemagne. Ceux qui, par la situation géographique de leurs États, pouvaient être inclus dans la nouvelle confédération, suppliaient que l'on voulût bien les y admettre, afin de conserver leur existence. Ceux qui devaient être limitrophes avec elle, cherchaient à pénétrer le secret de sa constitution, afin de savoir quels seraient leurs rapports avec cette nouvelle puissance, et ne demandaient pas mieux que d'y entrer moyennant certains avantages. L'Autriche, regardant depuis quelque temps l'empire comme dissous, et désormais sans utilité pour elle, assistait à ce spectacle avec une apparente indifférence. La Prusse, au contraire, qui voyait dans la chute de la vieille Confédération germanique une immense révolution, qui aurait voulu partager au moins avec la France le pouvoir impérial enlevé à la maison d'Autriche, et avoir la clientèle du nord de l'Allemagne, tandis que la France s'arrogeait celle du midi, la Prusse était aux écoutes pour savoir ce qui se préparait. La manière dont elle venait de prendre possession du Hanovre, les dépêches publiées à Londres, avaient tellement refroidi Napoléon à son égard, qu'il ne se donnait pas même la peine de l'avertir de choses qui n'auraient dû être faites que de concert avec elle. Indépendamment de ce qu'elle était éconduite des affaires de l'Allemagne, qui étaient les siennes, on répandait mille bruits de remaniements de territoire, remaniements d'après lesquels on lui enlevait des provinces, pour lui en attribuer d'autres, toujours moindres que celles qu'on lui prenait.

Juin 1806

Inaction de l'Autriche en cette circonstance.

Efforts de la Prusse pour avoir quelque part à la formation d'une nouvelle Allemagne.

Le mécontentement qu'elle a donné à Napoléon la fait exclure de toutes les négociations dont l'Allemagne est le sujet.

Juin 1806.

Imprudence du grand-duc de Berg et perfidie de l'électeur de Hesse-Cassel dans l'affaire de la nouvelle Confédération germanique.

Deux princes germaniques, l'un aussi ancien que l'autre était nouveau, faisaient naître tous ces bruits par leur impatiente ambition. Le premier était l'électeur de Hesse-Cassel, prince astucieux, avare, riche du produit de ses mines et du sang de ses sujets vendu à l'étranger, cherchant à ménager l'Angleterre, chez laquelle il avait beaucoup de capitaux placés, la Prusse dont il était le voisin et l'un des généraux, la France enfin, qui édifiait ou renversait en ce moment la fortune de toutes les maisons souveraines. Il n'était pas de ruse dont il ne fît usage auprès de M. de Talleyrand pour être compris et avantagé dans les arrangements nouveaux. Ainsi il offrait de se joindre à la confédération projetée, et de mettre par conséquent sous notre influence l'une des portions les plus importantes de l'Allemagne, c'est-à-dire la Hesse, mais à une condition, celle de lui livrer une grande partie du territoire de la maison de Hesse-Darmstadt, qu'il détestait de cette haine de branche directe à branche collatérale, si fréquente chez les familles allemandes. Il insistait fort à ce sujet, et il avait proposé un plan très-étendu et très-détaillé. En même temps il écrivait au roi de Prusse pour lui dénoncer ce qui se tramait à Paris, pour lui dire qu'on préparait une confédération qui ruinerait autant l'influence de la Prusse que celle de l'Autriche, et qu'on employait auprès de lui toute sorte de moyens pour l'y faire entrer.

Le nouveau prince allemand, Murat, s'y prenait autrement. Non content du beau duché de Berg, qui renfermait, comme nous l'avons dit, 320 mille habitants de population, et produisait 400 mille florins de revenu, qui lui fournissait le moyen d'entretenir deux régiments, et mettait en ses mains l'importante place de Wesel, il voulait devenir l'égal au moins des souverains de Wurtemberg ou de Baden, et il désirait pour y parvenir qu'on lui créât en Westphalie un État d'un million d'habitants. Dans ce but, il obsédait M. de Talleyrand, qui, toujours fort pressé de complaire aux membres de la famille impériale, imaginait projets sur projets pour lui composer un territoire. Naturellement la Prusse en fournissait les matériaux avec Munster, Osnabruck et l'Ost-Frise. Il s'agissait, il est vrai, de donner à cette puissance les villes anséatiques en échange, lesquelles présentaient un beau dédommagement, sinon en territoire, du moins en richesse et en importance.

Tous ces plans, préparés sans que Napoléon en fût informé, ne reçurent point son agrément dès qu'il en eut connaissance. Il n'avait pas tellement à cœur de satisfaire l'ambition de Murat, qu'il voulût opérer de nouveaux démembrements en Allemagne; il était décidé surtout à n'incorporer les villes anséatiques dans aucun grand État européen. Ses dernières combinaisons avaient déjà fait disparaître Augsbourg, et allaient faire disparaître Nuremberg, villes par lesquelles passait le commerce de la France avec le centre et le midi de l'Allemagne. Notre commerce avec le Nord passait par Hambourg, Brême, Lubeck. Napoléon se serait bien gardé de sacrifier des villes dont l'indépendance intéressait la France et l'Europe. Les vins, les tissus français pénétraient en Allemagne et en Russie sous le pavillon neutre des villes anséatiques, et sous le même pavillon revenaient les matières navales, quelquefois les céréales, quand l'état des récoltes en France l'exigeait. Enfermer ces villes dans les douanes d'un grand État, c'eût été enchaîner leur commerce et le nôtre. C'était bien assez de se priver de Nuremberg, d'Augsbourg, qui envoyaient en France leurs merceries et leurs quincailleries, pour en tirer nos vins, nos étoffes, nos denrées coloniales, qu'elles répandaient ensuite dans tout le midi de l'Allemagne.

Napoléon, bien décidé à ne pas sacrifier les villes anséatiques, repoussait toute combinaison qui aurait tendu à les donner à un État quelconque, grand ou petit. Il ne favorisait donc aucun des projets de Murat. Quant à l'électeur de Hesse, il détestait ce prince faux, avide, cachant sous le dehors d'une sorte d'indifférence un ennemi acharné, et se proposait à la première occasion de le payer des sentiments qu'il avait pour la France. Napoléon ne voulait donc pas se lier à son égard, en l'introduisant dans la confédération qui s'organisait, car c'eût été rendre impossible un projet éventuel, qui devait entraîner la ruine assez prochaine et assez méritée de ce prince. Si on était amené à restituer le Hanovre à l'Angleterre, il fallait trouver un dédommagement pour la Prusse, et Napoléon était déterminé à lui offrir la Hesse, qu'elle eût certainement acceptée, comme elle avait accepté les principautés ecclésiastiques et le Hanovre, comme elle aurait accepté les villes anséatiques, qu'elle demandait tous les jours. Ce projet, qui resta un secret pour la diplomatie européenne, et qui était le prix des trames continuelles de la maison de Hesse-Cassel avec les ennemis de la France, fut la cause, alors inexpliquée, des refus opposés aux instances que faisait l'électeur pour être admis dans la nouvelle confédération, et de la fausse fidélité dont il se vanta bientôt à l'égard de la Prusse.

Juillet 1806.

Tout étant convenu avec les princes de Baden, de Wurtemberg et de Bavière, les seuls qui fussent consultés, on donna le traité à signer aux autres princes, qui furent compris, à leur prière, dans la nouvelle confédération, mais sans prendre leur avis sur la nature de l'acte qui la constituait. Ce traité reçut la date du 12 juillet; il renfermait les dispositions qui suivent.

Conclusion du traité constituant la Confédération du Rhin.

La nouvelle confédération devait porter un titre restreint et bien choisi, celui de *Confédération du Rhin*, titre qui excluait la prétention d'englober l'Allemagne tout entière, et qui s'appliquait exclusivement aux États voisins de la France, et ayant avec elle des relations d'intérêt incontestables. Le titre corrigeait donc un peu la faute de l'institution. Les princes signataires formaient une confédération, sous la présidence du prince archichancelier, et sous le protectorat de l'empereur des Français. Toute contestation entre eux devait être résolue dans une diète siégeant à Francfort, et composée de deux colléges seulement, l'un appelé collége des rois, l'autre collége des princes. Le premier répondait à l'ancien collége des électeurs, qui n'aurait eu aucun

Titre de la Confédération.

Engagements des princes confédérés.

sens maintenant, puisqu'il n'y avait plus d'empereur à élire; le second, par le titre et la chose, était l'ancien collége des princes. Il n'y avait plus de collége répondant à l'ancien collége des villes.

Les princes confédérés étaient en état perpétuel d'alliance offensive et défensive avec la France. Toute guerre, dans laquelle la Confédération ou la France serait engagée, devenait commune à toutes deux. La France devait fournir 200 mille hommes, et la Confédération 63 mille, ainsi répartis : la Bavière 30 mille, le Wurtemberg 12, le grand-duché de Baden 8, le grand-duché de Berg 5, celui de Hesse-Darmstadt 4, enfin les petits États 4 mille à eux tous. A la mort du prince archichancelier, l'empereur des Français avait le droit de nommer le successeur.

Les confédérés se déclaraient séparés à jamais de l'empire germanique, et devaient en faire la déclaration immédiate et solennelle à la Diète de Ratisbonne. Ils devaient se régir, dans leurs rapports entre eux, et relativement à leurs affaires allemandes, par des lois que la Diète de Francfort était appelée à délibérer prochainement.

Par un article spécial, toutes les maisons allemandes avaient la faculté d'adhérer plus tard à ce traité, à la condition d'une adhésion pure et simple.

Pour le présent, la Confédération du Rhin comprenait les rois de Bavière et de Wurtemberg, le prince archichancelier, archevêque de Ratisbonne, les grands-ducs de Baden, de Berg, de Hesse-Darmstadt, les ducs de Nassau-Usingen et de Nassau-

Weilbourg, les princes de Hohenzollern-Hechingen, et Hohenzollern-Sigmaringen, de Salm-Salm, et Salm-Kirbourg, d'Isembourg, d'Aremberg, de Lichtenstein, de la Leyen.

Juillet 1806.

Les Hohenzollern et les Salm étaient admis dans la nouvelle confédération, à cause de la longue résidence que plusieurs membres de ces familles avaient faite en France, et de l'attachement qu'elles avaient voué à nos intérêts. Le prince de Lichtenstein obtenait son admission, et conservait ainsi sa qualité de prince régnant, quoique prince autrichien, à cause du traité de Presbourg qu'il avait signé. Il y avait eu à l'égard de sa principauté, et de plusieurs de celles qui étaient maintenues, d'ardentes convoitises repoussées par la France.

La circonscription géographique de la Confédération du Rhin embrassait les territoires situés entre la Sieg, la Lahn, le Mein, le Necker, le haut Danube, l'Isar, l'Inn, c'est-à-dire les pays de Nassau et de Baden, la Franconie, la Souabe, le haut Palatinat, la Bavière. Tout prince renfermé dans cette circonscription, s'il n'était pas nommé dans l'acte constitutif, perdait la qualité de prince régnant. Il était *médiatisé*, expression empruntée à l'ancien droit germanique, laquelle voulait dire qu'un prince cessait de dépendre *immédiatement* du chef suprême de l'Empire, pour n'en dépendre que *médiatement*, qu'il tombait par conséquent sous l'autorité du souverain territorial dans les États duquel il était enclavé, et voyait ainsi disparaître sa souveraineté.

Sort des princes médiatisés.

Les princes et comtes *médiatisés* conservaient certains droits princiers, et ne perdaient que les droits souverains, lesquels étaient transportés au prince duquel ils devenaient les sujets. Les droits souverains transportés étaient ceux de législation, de juridiction suprême, de haute police, d'impôt, de recrutement. La basse et moyenne justice, la police forestière, les droits de pêche, de chasse, de pâturage, d'exploitation de mines, et toutes les redevances de nature féodale, sans compter les propriétés personnelles, composaient les prérogatives laissées aux *médiatisés*.

Ils conservaient la faculté d'être jugés par leurs pairs, qualifiés d'*austrègues* dans l'ancienne constitution allemande.

La noblesse immédiate était définitivement incorporée.

Les *médiatisés*, réduits de l'état de princes régnants à celui de sujets privilégiés, étaient assez nombreux, et l'auraient été davantage sans l'intervention de la France. On comptait dans le nombre les princes de Fustemberg, dévoués à l'Autriche, de Hohenlohe à la Prusse, le prince de la Tour et Taxis qui était dépouillé du monopole des postes allemandes, les princes de Loevenstein-Wertheim, de Linange, de Loos, de Schwarzemberg, de Solms, de Wittgenstein-Berlebourg, et quelques autres. La maison de Nassau-Fulde, celle de l'ancien stathouder, perdait quelques portions de ses domaines, par suite de sa contiguïté de territoire avec la nouvelle confédération. La cour de Berlin, indépendamment des graves inquiétudes que devait lui inspirer une pareille confédération, y trouvait deux causes de chagrin personnel, dans les pertes qu'essuyaient les maisons de Nassau-Fulde et de la Tour et Taxis, dont nous avons déjà fait connaître la proche parenté avec la famille royale de Prusse.

A ces dispositions fondamentales le traité ajoutait les règlements de territoire qui étaient nécessaires pour mettre d'accord les souverains de Wurtemberg, de Baden et de Bavière, copartageants inconciliables de la Souabe autrichienne, des domaines de la noblesse immédiate, des États appartenant aux princes *médiatisés*.

La ville libre de Nuremberg, dont on ne savait plus comment régler le sort, entre une bourgeoisie inquiète qui l'agitait, et une noblesse patricienne qui la ruinait par la plus dispendieuse administration, fut donnée à la Bavière, ainsi que la ville de Ratisbonne, pour prix de quelques cessions faites dans le Tyrol, au royaume d'Italie. Le prince archichancelier trouva dans la ville et le territoire de Francfort un riche dédommagement. C'est à Francfort que devait se tenir la nouvelle Diète.

Ce célèbre traité de la Confédération du Rhin mit fin à l'ancien empire germanique, après mille six ans d'existence, depuis Charlemagne couronné en 800, jusqu'à François II dépossédé en 1806. Il fournissait le nouveau modèle sur lequel devait être constituée l'Allemagne moderne; il en était à ce titre la réforme sociale, et pour le présent il plaçait sous l'influence temporaire de la France les États du midi de l'Alle-

Juillet 1806.

Le titre de l'archichancelier transporté de la ville de Ratisbonne sur celle de Francfort.

Caractère social de la nouvelle confédération.

magne, laissant errer ceux du nord entre les protecteurs qu'il leur plairait de choisir.

Ce traité publié le 12 juillet, avec un grand éclat, ne causa aucune surprise, mais compléta pour tous les yeux le système européen de Napoléon. Tenant tout le midi de l'Europe sous sa suzeraineté impériale par des royautés de famille, ayant les princes du Rhin sous son protectorat, il ne lui manquait de l'empire d'Occident que le titre.

Il fallait annoncer ce résultat aux intéressés, c'est-à-dire à la Diète de Ratisbonne, à l'empereur d'Autriche, à la Prusse. La déclaration à la Diète était simple, on lui notifia qu'on ne la reconnaîtrait plus. A l'empereur d'Autriche, on adressa une note, dans laquelle, sans lui dicter la conduite qu'il avait à tenir et qu'on prévoyait bien, on lui parlait de l'empire germanique comme d'une institution aussi usée que la république de Venise, tombant en ruine de toutes parts, ne donnant plus de protection aux États faibles, d'influence aux États forts, ne répondant ni aux besoins du temps, ni à la proportion relative des États allemands entre eux, ne procurant plus enfin à la maison d'Autriche elle-même qu'un vain titre, celui d'empereur d'Allemagne, titre dont le chef actuel de cette maison avait prévu la caducité en se proclamant empereur d'Autriche, ce qui avait affranchi la cour de Vienne de toute dépendance à l'égard des maisons électorales. On semblait donc espérer, sans le demander, que l'empereur François abdiquerait un titre qui allait cesser de fait dans une grande partie de l'Allemagne, dans toute celle qu'embrassait la Confédération du Rhin, et qui devait n'être plus reconnu par la France.

Juillet 1806.

Quant à la Prusse, on la félicitait d'être dégagée des liens de cet empire germanique, ordinairement asservi à l'Autriche, et, pour la dédommager de ce qu'on prenait sous sa dépendance le midi de l'Allemagne, on l'invitait à placer le nord sous une dépendance pareille. « L'empereur Napoléon, écrivait » le cabinet français, verra sans peine, et même avec » plaisir, que la Prusse range sous son influence, » au moyen d'une confédération semblable à celle du » Rhin, tous les États du nord de l'Allemagne. » On ne désignait pas ces princes, on n'en excluait par conséquent aucun; mais le nombre n'en pouvait être grand, et l'importance pas davantage. C'étaient Hesse-Cassel, la Saxe avec ses diverses branches, les deux maisons de Mecklembourg, enfin les petits princes du nord, inutiles à énumérer. On promettait de n'apporter aucun obstacle à une confédération de ce genre.

Pour dédommager la Prusse de la création d'une confédération du Rhin, on l'invite à former en Allemagne une confédération du Nord.

Toutefois Napoléon n'avait pas osé de telles choses sans prendre d'énergiques et ostensibles précautions. Surveillant avec son activité ordinaire ce qui se passait à Naples, à Venise, en Dalmatie, sans se relâcher des soins donnés à l'administration intérieure de l'Empire, il s'était appliqué à mettre la grande armée sur un pied formidable. Celle-ci, répandue, comme on l'a vu, en Bavière, en Franconie, en Souabe, vivant dans de bons cantonnements, était reposée, prête à marcher de nouveau, soit qu'il fallût refluer par la Bavière vers l'Autriche, soit qu'il

Précautions prises par Napoléon pour que la pensée ne vienne à personne de résister à ses grands projets.

fallût se jeter, par la Franconie et la Saxe, sur la Prusse. Napoléon avait versé dans ses rangs les deux réserves formées à Strasbourg et Mayence, sous les maréchaux-sénateurs Kellermann et Lefebvre. C'était un accroissement d'une quarantaine de mille hommes, levés depuis un an, parfaitement disciplinés, instruits, préparés à la fatigue. Quelques-uns même, qui appartenaient aux réserves des années antérieures, avaient acquis l'âge de la véritable force, c'est-à-dire vingt-quatre ou vingt-cinq ans. L'armée affaiblie, par suite de la dernière campagne, d'une vingtaine de mille hommes, dont un quart était rentré dans les rangs, se trouvait donc, grâce à ce renfort, augmentée et rajeunie. Napoléon, profitant de ce qu'une partie de ses soldats était nourrie à l'étranger, avait porté à 450,000 hommes la force totale de la France, dont 152 mille à l'intérieur (les gendarmes, vétérans, invalides, et dépôts, étant compris dans ce nombre), 40 mille à Naples, 50 mille dans la Lombardie, 20 mille en Dalmatie, 6 mille en Hollande, 12 mille au camp de Boulogne, et 170 mille à la grande armée. Ces derniers réunis en une seule masse, sur le pied complet de guerre, comptant 30 mille cavaliers, 10 mille artilleurs, 130 mille fantassins, étaient parvenus au plus haut degré de perfection qu'il soit possible d'atteindre par la discipline et la guerre, et sous la conduite du plus grand des capitaines. Il faut remarquer que de cette armée avaient été détachés le général Marmont en Dalmatie, les Hollandais en Hollande, et qu'elle ne renfermait plus les Bavarois dans ses rangs, ce qui explique pourquoi elle n'était pas plus nombreuse après l'adjonction des réserves.

Dans cette situation imposante, Napoléon pouvait attendre les effets produits à Berlin et à Vienne par l'ensemble de ses projets, et la suite des négociations ouvertes à Paris avec l'Angleterre et la Russie.

Du reste, il n'avait aucun penchant à prolonger la guerre, si on ne l'y obligeait pas pour l'exécution de ses desseins. Il était impatient, au contraire, de réunir ses soldats autour de lui, dans la fête magnifique que la ville de Paris devait donner à la grande armée. C'était une heureuse et belle idée que de faire fêter cette armée héroïque par cette noble capitale, qui ressent si fortement toutes les émotions de la France, et qui, si elle ne les éprouve pas d'une manière plus vive, les rend au moins plus vite et plus énergiquement, grâce à la puissance du nombre, à l'habitude de prendre l'initiative en toutes choses, et de parler pour le pays en toute occasion.

Porté à la grandeur par sa nature, et aussi par le succès qui exaltait son imagination, Napoléon, au milieu de ces négociations si vastes et si variées, de ces soins militaires étendus de Naples à l'Illyrie, de l'Illyrie à l'Allemagne, de l'Allemagne à la Hollande, s'adonnait avec un goût ardent à d'immortelles créations d'art et d'utilité publique. Ayant visité, pendant les courts loisirs que lui laissait la guerre, presque tous les lieux de la capitale, il n'en avait pas aperçu un seul, sans être saisi à l'instant même de quelque pensée grande, morale ou utile, dont nous voyons aujourd'hui la réalisation sur le sol de Paris. Il s'était rendu à Saint-Denis, et trouvant

Juillet 1806.

Napoléon attend dans une attitude imposante l'effet produit à Berlin et à Vienne par l'ensemble de ses projets.

Fête magnifique que Paris doit donner à la grande armée.

Travaux d'art et d'utilité publique.

cette vieille église dans un affligeant état de délabrement, surtout depuis la violation des tombes royales, il ordonna, par un décret, la réparation de ce monument vénérable. Il décida que quatre chapelles sépulcrales y seraient élevées, trois pour les rois des premières races, et une pour les princes de sa propre dynastie. Des marbres, portant les noms des rois ensevelis, et dont les tombes avaient été profanées, devaient remplacer leurs restes dispersés. Il institua un chapitre de dix vieux évêques, pour prier perpétuellement dans cet asile funèbre de nos races royales.

Après avoir visité Sainte-Geneviève, il ordonna que ce beau temple fût achevé et rendu au culte, mais en conservant la destination que l'Assemblée constituante lui avait assignée, celle de recevoir les hommes illustres de la France. C'était le chapitre de la métropole, agrandi, qui devait chaque jour y chanter l'office.

Un monument triomphal avait été ordonné par le Sénat, sur la proposition du Tribunat. Après bien des plans rejetés, Napoléon s'arrêta à l'idée d'élever, sur la plus belle place de Paris, une colonne de bronze, semblable par la forme et par les dimensions à la colonne Trajane, consacrée à la grande armée, et retraçant sur un long bas-relief, enroulé autour de son fût magnifique, les exploits de la campagne de 1805. Il fut décidé que les canons pris sur l'ennemi en fourniraient la matière. La statue de Napoléon, en costume impérial, dut en surmonter le chapiteau. C'est cette même colonne de la place Vendôme, au pied de laquelle passent et passeront les générations présentes et futures, sujet d'une généreuse émulation pour elles tant qu'elles conserveront l'amour de la gloire nationale, sujet de reproche éternel si elles étaient jamais capables de perdre ce noble sentiment!

Napoléon arrêta ensuite le projet d'un arc triomphal sur la place du Carrousel, le même qui existe aujourd'hui. Cet arc entrait dans le plan d'achèvement du Louvre et des Tuileries. Il se proposait de réunir ces deux palais, et de n'en former qu'un seul qui serait le plus grand qu'on eût jamais vu dans aucun pays. Se plaçant un jour sous le portail du Louvre, et regardant vers l'hôtel de ville, il conçut l'idée d'une rue immense, qui devait être uniformément construite, large comme la rue de la Paix, prolongée jusqu'à la barrière du Trône, de manière que l'œil pût plonger d'un côté jusqu'aux Champs-Élysées, de l'autre jusqu'aux premiers arbres de Vincennes. Le nom destiné à cette rue était celui de RUE IMPÉRIALE. Un monument était depuis longtemps décrété sur l'emplacement de l'ancienne Bastille. Napoléon voulait que ce fût un arc triomphal, assez vaste pour donner passage, à travers le portail du milieu, à la grande rue projetée, et placé à l'intersection de cette rue et du canal Saint-Martin. Les architectes ayant déclaré l'impossibilité d'une telle construction sur une pareille base, Napoléon résolut de transporter cet arc à la place de l'Étoile, pour qu'il fît face aux Tuileries, et devînt l'une des extrémités de la ligne immense qu'il voulait tracer au sein de sa capitale. La génération présente a terminé la plupart des monuments que Napoléon n'avait pas eu le temps

Juillet 1806.

Arc triomphal de la place du Carrousel.

Achèvement projeté du Louvre et des Tuileries.

Projet d'une vaste rue, allant des Tuileries à la barrière du Trône, et devant s'appeler RUE IMPÉRIALE.

Projet de construction de l'arc de l'Étoile.

d'achever. Elle n'a ni terminé le Louvre, ni créé la magnifique rue dont il avait conçu le projet.

Juillet 1806.

Il ne borna pas à des ouvrages de pur embellissement ses soins pour la ville de Paris. Il trouva indigne de la prospérité de l'Empire que la capitale manquât d'eau, tandis que dans son sein coulait une belle et limpide rivière. Les fontaines n'étaient ouvertes que le jour; il voulut que des travaux fussent exécutés sur-le-champ aux pompes de Notre-Dame, du pont Neuf, de Chaillot, du Gros-Caillou, pour faire couler l'eau jour et nuit. Il ordonna de plus l'érection de quinze fontaines nouvelles. Celle du Château-d'Eau était comprise dans cette création. En deux mois, une partie de ces ordres fut exécutée, et l'eau jaillissait nuit et jour des soixante-cinq fontaines anciennes. Sur l'emplacement de celles qui étaient récemment décrétées, des bornes provisoires répandaient l'eau, en attendant que les fontaines elles-mêmes fussent élevées. C'est le trésor public qui avait fourni les fonds nécessaires à cette dépense.

Ouverture de nouvelles fontaines dans Paris.

Napoléon prescrivit la continuation des quais de la Seine, et décida que le pont du Jardin des Plantes, alors en construction, porterait le glorieux nom d'Austerlitz. S'étant enfin aperçu, en visitant le Champ de Mars pour arrêter le plan des fêtes qui se préparaient, qu'une communication était indispensable sur ce point entre les deux rives de la Seine, il ordonna l'établissement d'un pont en pierre, qui devait être le plus beau de la capitale, et qui depuis a porté le nom de pont d'Iéna.

Projet du pont en pierre qui s'est appelé depuis pont d'Iéna.

Les départements les plus éloignés de l'Empire eu-

CONFÉDÉRATION DU RHIN.   513

rent part à sa munificence. Il décréta, cette année, le
canal du Rhône au Rhin, le canal de l'Escaut au Rhin,
et ordonna des études pour le canal de Nantes à Brest.
Il consacra des fonds à la continuation des canaux de
l'Ourcq, de Saint-Quentin, de Bourgogne. Il prescrivit la construction d'une grande route, longue de
soixante lieues, allant de Metz à Mayence, à travers
la vallée de la Moselle. Il fit commencer la route de
Roanne à Lyon, où se trouve la belle descente de Tarare, presque digne du Simplon; la célèbre route de la
Corniche, allant de Nice à Gênes, attachée aux flancs
de l'Apennin, entre les cimes de ces monts et la mer.
Il fit continuer celle du Simplon, déjà presque achevée, celles du mont Cenis, du mont Genèvre, celle
enfin qui longe les bords du Rhin. Napoléon ordonna
en outre de nouveaux travaux à l'arsenal d'Anvers.

Il semble que la victoire eût fécondé son esprit,
car la plupart de ses grandes créations datent de
cette année mémorable, placée entre la première
moitié de sa carrière, moitié si belle, où la sagesse
guida presque toujours ses pas, et cette seconde
moitié, si extraordinaire et si triste, où son génie,
exalté par le succès, s'élança au delà de toutes les
bornes du possible pour aller finir dans un abîme.

Le Corps législatif assemblé adoptait paisiblement
les projets imaginés par Napoléon et discutés par le
Conseil d'État. On n'assistait plus aux scènes orageuses de la Révolution, et pas encore aux scènes
d'un parlement libre. On voyait une assemblée adoptant de confiance des projets qu'elle savait aussi bien
conçus que bien rédigés.

Juillet 1806.

Projets
de routes et
canaux.

Juillet 1806.

Rédaction et adoption du Code de procédure civile.

Un nouveau code fut présenté cette année, fruit de longues conférences entre les tribuns et les conseillers d'État, sous la direction de l'archichancelier Cambacérès : c'était le Code de procédure civile, réglant la manière de procéder devant nos tribunaux, en raison de leur nouvelle forme et de la simplification de nos lois. Ce code fut adopté sans difficulté, les contestations dont il était susceptible ayant été vidées d'avance dans les discussions préparatoires du Conseil d'État et du Tribunat.

Changements dans l'organisation du Conseil d'État, et création des maîtres des requêtes.

Un perfectionnement notable fut apporté à l'organisation du Conseil d'État. Jusqu'ici ce corps examinait les projets de loi, discutait les grandes mesures de gouvernement, telles que le concordat, le couronnement, le voyage du Pape à Paris, la grave question diplomatique des préliminaires Saint-Julien non ratifiés par l'Autriche. Initié à toutes les affaires d'État, il était plutôt un conseil de gouvernement qu'un conseil d'administration. Mais chaque jour ces hautes questions devenaient plus rares dans son sein, et faisaient place aux questions purement administratives, que le progrès du temps, l'étendue croissante de l'Empire multipliaient sans cesse. Les conseillers d'État, personnages importants, presque les égaux des ministres, étaient trop élevés en rang, et trop peu nombreux pour se charger de tous les rapports. Tandis que le nombre des affaires augmentait, et qu'elles prenaient le caractère exclusivement administratif, un autre besoin se manifestait, celui de former des sujets pour le Conseil d'État, de créer une échelle pour y arriver, et surtout d'employer la jeunesse de haut rang, que Napoléon voulait attirer à lui par toutes les voies à la fois, celles de la guerre et des fonctions civiles. Après en avoir conféré avec l'archichancelier, il créa les maîtres des requêtes, occupant un rang intermédiaire entre les auditeurs et les conseillers d'État, chargés du plus grand nombre des rapports, ayant la faculté de délibérer sur les questions qu'ils avaient rapportées, et jouissant d'un traitement proportionné à l'importance de leurs attributions. MM. Portalis fils, Molé et Pasquier, fort jeunes alors, et nommés immédiatement maîtres des requêtes, indiquaient l'utilité et l'intention du projet. On aimait le mérite qui rappelait des souvenirs, sans exclure le mérite qui n'en rappelait aucun.

Juillet 1806.

A cette sage innovation, qui a créé une pépinière d'administrateurs habiles, Napoléon en ajouta sur-le-champ une autre. Il n'y avait pas de juridiction pour les entrepreneurs qui traitaient avec l'État, qu'ils exécutassent des travaux publics, fissent des fournitures, ou contractassent des engagements financiers. C'est l'affaire des *Négociants réunis* qui avait révélé cette lacune, car Napoléon, ne sachant plus à qui la déférer, avait songé un moment à l'envoyer au Corps législatif. On ne pouvait attribuer cette juridiction aux tribunaux, tant à cause des connaissances spéciales qu'elle suppose, que de la nature d'esprit qu'elle exige, esprit qui doit être administratif plutôt que judiciaire. C'est le motif pour lequel la connaissance de tous les marchés passés avec le gouvernement fut déférée au Conseil d'État. Ce fut

La connaissance de tous les marchés passés avec le gouvernement déférée au Conseil d'État.

33.

la principale origine de ses attributions contentieuses. Aussi créa-t-on en même temps des *avocats au conseil*, chargés de défendre par mémoires écrits les intérêts des justiciables qui allaient être appelés devant cette nouvelle juridiction.

Juillet 1806.

Création de l'Université.

A toutes ces créations Napoléon en ajouta une encore, la plus belle peut-être de son règne, l'Université. On a vu quel système d'éducation il avait adopté en 1802, lorsqu'il jeta les fondements de la nouvelle société française. Au milieu des vieilles générations que la révolution avait rendues ennemies, dont les unes regrettaient l'ancien régime, dont les autres étaient dégoûtées du nouveau sans vouloir revenir à l'ancien, il se proposa de former par l'éducation une jeune génération, faite pour nos modernes institutions et par elles. Au lieu de ces écoles centrales, qui étaient des cours publics, auxquels les jeunes gens nourris dans les familles ou dans des pensionnats particuliers venaient assister, et dans lesquels ils entendaient des professeurs enseigner au gré de leur caprice, ou du caprice du temps, les sciences physiques beaucoup plus que les lettres, Napoléon institua, comme on l'a vu, des maisons où les jeunes gens, casernés et nourris, recevaient des mains de l'État l'instruction et l'éducation, et où les lettres avaient repris la place qu'elles n'auraient jamais dû perdre, sans que les sciences perdissent la place qu'elles avaient acquise. Napoléon, prévoyant bien que le préjugé et la malveillance s'élèveraient contre les établissements qu'il venait d'instituer, avait fondé six mille bourses, et avait ainsi composé d'autorité (mais de l'autorité du bienfait) la population des nouveaux colléges, appelés du nom de Lycées. Les uns ouverts tout récemment, les autres n'étant que d'anciennes maisons transformées, présentaient déjà en 1806 le spectacle de l'ordre, des bonnes mœurs et des saines études. Il en existait vingt-neuf. Napoléon en voulait étendre le nombre, et le porter à cent. Trois cent dix écoles secondaires établies par les communes, une égale quantité d'écoles secondaires ouvertes par des particuliers, les premières astreintes à suivre les règles des lycées, les secondes à y envoyer leurs élèves, complétaient l'ensemble des nouveaux établissements. Ce système avait parfaitement réussi. Les entrepreneurs de maisons particulières, les parents entêtés d'anciens préjugés, les prêtres rêvant la conquête de l'éducation publique, calomniaient les lycées. Ils disaient qu'on n'y professait que les mathématiques parce qu'on ne désirait former que des militaires, que la religion y était négligée, que les mœurs y étaient corrompues. Rien n'était moins vrai, car on avait eu l'intention expresse de remettre les lettres en honneur, et on avait atteint le but proposé. La religion y était enseignée par des aumôniers aussi sérieusement que la volonté de l'auteur du concordat avait pu l'obtenir, et avec le succès que permettait l'esprit du siècle. Enfin une vie dure, presque militaire, des exercices continuels, y garantissaient la jeunesse des passions précoces; et sous le rapport des mœurs, les lycées étaient certainement préférables aux maisons particulières.

Du reste, malgré les médisances des intéressés et

Juillet 1806.

Succès
des nouvelles
maisons
d'éducation
instituées
sous le titre
de Lycées.

Juillet 1806.

Napoléon, après avoir créé des maisons d'éducation, veut compléter son système en créant un corps enseignant.

des partisans chagrins du passé, ces établissements avaient fait des progrès rapides. La jeunesse, amenée par le bienfait des bourses et par la confiance des parents, commençait à y venir en foule.

Mais, suivant Napoléon, l'œuvre était à peine ébauchée. Ce n'était pas tout que d'attirer des élèves, il fallait leur donner des professeurs; il fallait créer un corps enseignant. C'était là une grande question, sur laquelle Napoléon était fixé avec cette fermeté d'esprit qu'il apportait en toute chose. Rendre l'éducation aux prêtres était inadmissible à ses yeux. Il avait rétabli les cultes, et il l'avait fait avec la profonde conviction qu'il faut une religion à toute société, non pas comme un moyen de police de plus, mais comme une satisfaction due aux plus nobles besoins de l'âme humaine. Néanmoins il ne voulait pas abandonner le soin de former la société nouvelle au clergé, qui, dans ses préjugés opiniâtres, dans son amour du passé, dans sa haine du présent, dans sa terreur de l'avenir, ne pouvait que continuer chez la jeunesse les tristes passions des générations qui s'éteignaient. Il faut que la jeunesse soit formée sur le modèle de la société dans laquelle elle est destinée à vivre; il faut qu'elle trouve dans le collège l'esprit de la famille, dans la famille l'esprit de la société, avec des mœurs plus pures, des habitudes plus régulières, un travail plus soutenu. Il faut, en un mot, que le collège soit la société elle-même améliorée. S'il y a une différence quelconque entre l'un et l'autre, si la jeunesse entend ses maîtres et ses parents parler diversement, si elle entend les uns préco-

niser ce que blâment les autres, il naît un contraste
fâcheux qui trouble son esprit, et qui lui fait mépriser ses maîtres si elle a plus de confiance en ses
parents, ses parents si elle a plus de confiance en ses
maîtres. La seconde partie de la vie est alors employée à ne rien croire de ce qu'on a appris dans la
première. La religion elle-même, si elle est imposée
avec affectation, au lieu d'être professée avec respect en présence de la jeunesse, la religion n'est plus
qu'un joug, auquel le jeune homme devenu libre
se hâte d'échapper comme à tous les jougs du collége. Telles furent les considérations qui éloignèrent
Napoléon de l'idée de livrer la jeunesse au clergé.
Une dernière raison acheva de le décider. Le clergé
était-il apte à élever des juifs, des protestants? Assurément non. Alors on ne pouvait plus faire élever
ensemble juifs, protestants, catholiques, pour composer avec eux une jeunesse éclairée, tolérante,
aimant le pays, propre à toutes les carrières, UNE
enfin comme il fallait que fût la France nouvelle.

Cependant si le clergé n'avait pas les qualités
nécessaires à cette tâche, il en avait quelques-unes
de très-précieuses, et qu'on devait s'efforcer de
lui emprunter. La vie régulière, laborieuse, sobre,
modeste, était une condition indispensable pour
élever la jeunesse, car on ne devait pas se contenter, pour une telle mission, des premiers venus, formés par les hasards du temps et d'une
société dissipée. Mais était-il impossible de donner
à des laïques certaines qualités du clergé? Napoléon
ne le pensait pas, et l'expérience a prouvé qu'il

avait raison. La vie studieuse a plus d'une analogie avec la vie religieuse ; elle est compatible avec la régularité de mœurs et avec la médiocrité de fortune. Napoléon croyait qu'on pouvait, par des règlements, créer un corps enseignant, qui, sans observer le célibat, apporterait dans l'éducation de la jeunesse la même application, la même suite, la même constance de vocation que le clergé. Il y a tous les ans, dans les générations qui arrivent à l'état adulte, comme les moissons croissant sur la terre arrivent à maturité, une portion de jeunes esprits qui ont le goût de l'étude, et qui appartiennent à des familles sans fortune. Recueillir ces esprits, les soumettre à des épreuves préparatoires, à une discipline commune, les attirer et les retenir par l'attrait d'une carrière modeste, mais assurée, tel était le problème à résoudre ; et Napoléon ne le regardait pas comme insoluble. Il avait foi dans l'esprit de corps, et l'aimait. L'une des paroles qu'il répétait le plus ordinairement, parce qu'elle exprimait une des idées dont il était le plus souvent frappé, c'est que *la société était en poussière*. Il était naturel qu'il éprouvât ce sentiment, à l'aspect d'un pays où il n'y avait plus ni noblesse, ni clergé, ni parlement, ni corporations. Il disait sans cesse aux hommes de la révolution : Sachez vous constituer si vous voulez vous défendre, car voyez comme se défendent les prêtres et les émigrés, animés du dernier souffle des grands corps détruits ! — Il voulait donc remettre à un corps qui vivrait, et se défendrait, le soin d'élever les générations futures. Il l'a résolu, il l'a fait, et il a réussi.

Napoléon établit l'Université sur les principes suivants. Une éducation spéciale pour les hommes destinés au professorat, des examens préparatoires avant de devenir professeurs; l'entrée après ces examens dans un vaste corps, sans le jugement duquel leur carrière ne pouvait être ni interrompue ni brisée, et dans lequel ils s'élevaient avec le temps et leurs mérites; à la tête de ce corps un conseil supérieur, composé des professeurs qui se seraient distingués par leurs talents, appliquant les règles, dirigeant l'enseignement; enfin le privilége de l'éducation publique attribué exclusivement à la nouvelle institution, avec une dotation en rentes sur l'État, ce qui devait ajouter à l'énergie de l'esprit de corps l'énergie de l'esprit de propriété, telles furent les idées d'après lesquelles Napoléon voulut que l'Université fût organisée. Mais il était trop expérimenté pour insérer toutes ces dispositions dans une loi. Usant avec une intelligence profonde de la confiance publique, qui lui permettait de présenter des lois très-générales, qu'il complétait ensuite par des décrets, au fur et à mesure des expériences faites, il chargea M. Fourcroy, administrateur de l'Instruction publique sous le ministre de l'intérieur, de rédiger un projet de loi, qui fut conçu en trois articles seulement. Par le premier il était dit qu'il serait formé, sous le nom d'Université impériale, un corps enseignant, chargé de l'éducation publique dans tout l'Empire; par le second, que les membres du corps enseignant contracteraient des *obligations civiles, spéciales et temporaires* (ce mot était employé

Juillet 1806.

Loi constitutive de l'Université.

pour exclure l'idée des vœux monastiques); par le troisième, que l'organisation du corps enseignant, remaniée d'après l'expérience, serait convertie en loi dans la session de 1810. Ce n'est qu'avec cette latitude d'action que se font les grandes choses.

Ce projet, présenté le 6 mai, fut adopté comme tous les autres avec confiance et silence. Nous ne conseillerons d'adopter ainsi les lois, que lorsqu'il y aura un tel homme, de tels actes, et, ce qui est plus déterminant encore, une telle situation.

Cette courte et féconde session fut terminée par les lois financières. Napoléon regardait avec raison les finances comme un fondement aussi indispensable que l'armée à la grandeur d'un empire. La dernière crise, quoique passée, était un avertissement sérieux d'arrêter enfin un système complet de finances, d'élever les ressources au niveau des besoins, et d'établir un service de trésorerie qui dispensât de recourir aux faiseurs d'affaires.

Quant à la création des ressources nécessaires pour suffire aux charges de la guerre, Napoléon persistait à ne pas vouloir d'emprunt. En effet, même au milieu de la prospérité dont il faisait jouir la France, la rente 5 pour 100 ne s'était jamais élevée au-dessus de 60. Si on avait annoncé un emprunt, le cours serait descendu au-dessous, probablement à 50, et c'eût été un intérêt perpétuel de 10 pour 100 à supporter. Napoléon n'avait garde de recourir à de tels moyens. Cependant il fallait combler le déficit des derniers exercices, et mettre définitivement les ressources en rapport avec l'état de guerre, qui depuis quinze ans semblait devenu l'état ordinaire de la France. C'était une entreprise hardie, et qui ne s'est jamais réalisée, que de suffire aux dépenses d'une lutte acharnée avec les impôts permanents. Napoléon n'y avait pas renoncé, et il eut le courage de proposer au pays, ou plutôt de lui imposer, les charges qui devaient fournir le moyen d'atteindre à ce résultat.

Juillet 1806.

L'arriéré des derniers exercices pouvait être liquidé avec 60 millions, la dette envers la caisse d'amortissement en étant défalquée. Cette dette consistait, comme on doit se le rappeler, en cautionnements dont il avait été disposé, en produits de la vente des biens nationaux que le Trésor avait absorbés pour son usage, quoiqu'ils appartinssent à la caisse d'amortissement. Il fallait donc pourvoir à ces 60 millions, à la dette contractée envers la caisse d'amortissement, et à un budget annuel qui, d'après l'expérience de 1806, ne s'élevait pas à moins de 700 millions pendant la guerre (820 avec les frais de perception).

Voici quels furent les moyens imaginés.

On s'était aperçu que la caisse d'amortissement avait très-avantageusement vendu les biens dont on lui avait confié l'aliénation à titre d'essai. Alors, au lieu de vendre pour elle les 70 millions, que la loi de ventôse an IX lui attribuait en vue de la dédommager des rentes créées à cette époque, et dont on lui devait le prix à raison de 10 millions par an, on lui avait livré ces biens eux-mêmes. Quant aux cautionnements à lui rembourser, on était décidé à les payer dans la même valeur, c'est-

Liquidation de l'arriéré.

à-dire en biens, sauf à elle à les aliéner avec les précautions nécessaires, qui lui avaient déjà si heureusement réussi. Cette même observation avait conduit Napoléon, qui était l'inventeur de cette liquidation, à trouver le moyen de combler les 60 millions de l'arriéré.

Il avait doté le Sénat, la Légion d'honneur, l'Instruction publique et certains établissements, avec le reste des domaines nationaux. Son intention, en agissant ainsi, avait été de les soustraire au gaspillage des mauvaises aliénations. Mais, d'une part, on venait de s'apercevoir que les aliénations pouvaient s'opérer d'une manière avantageuse en les confiant à la caisse d'amortissement; et, de l'autre, on avait retrouvé dans ce système de dotation le vice propre aux biens de main-morte, dont la condition est d'être mal exploités et de peu produire. Napoléon résolut de reprendre ces biens au Sénat et à la Légion d'honneur, et de leur en fournir l'équivalent, en créant 3 millions de rentes 5 pour cent, au capital de 60 millions. Si les rentes livrées au public étaient menacées d'une dépréciation immédiate, assignées comme dotations à des corps permanents qui ne les aliénaient pas, elles n'avaient aucun des inconvénients des emprunts, elles n'amenaient aucun avilissement des cours, et elles procuraient même un avantage aux établissements publics qui les recevaient, c'était de leur assurer un revenu de 5, au lieu d'un revenu de 2 et demi, ou de 3 pour cent, que rapportaient les biens nationaux. Ces biens, transmis ensuite à la caisse d'amortissement, qui les aliénerait peu à peu, devaient procurer les 60 millions dont on avait besoin.

Il est vrai que ces 60 millions, il en fallait la valeur immédiatement pour solder les arriérés des exercices antérieurs. On imagina de créer des effets temporaires, rapportant 6 à 7 pour cent, suivant l'époque de leur remboursement, échéant à terme fixe, payables à la caisse d'amortissement, à raison d'un million par mois, du 1er juillet 1806 au 1er juillet 1811, hypothéqués sur le capital de ladite caisse, qui aurait, avec ce qu'elle possédait déjà et ce qu'elle allait acquérir, environ 130 millions de biens nationaux, qui joignait enfin à cette fortune immobilière un crédit bien établi.

Ces effets portant un intérêt avantageux, mais point usuraire, et remboursables à des termes fixes et prochains, ne pouvaient pas tomber comme la rente, car leur échéance mensuelle et assurée pendant cinq ans devait tendre à les relever par la certitude de retrouver le capital tout entier, de mois en mois. C'est une combinaison qui depuis a réussi plusieurs fois, et qui était excellente.

Le procédé pour liquider l'arriéré consistait donc à reprendre les biens assignés aux grands corps, à leur donner des rentes en place, ce qui pour eux avait l'avantage d'une augmentation immédiate de revenu, à faire vendre ces biens par la caisse d'amortissement, ce qu'elle pouvait exécuter avec succès en cinq ans, à en réaliser d'avance la valeur, au moyen d'un effet à échéance fixe, qui ne pouvait être déprécié, grâce à un remboursement certain et peu éloigné, grâce enfin à un intérêt de 6 à 7 pour cent.

La seule difficulté, d'ailleurs peu sérieuse, de cette combinaison, c'est que la somme des rentes composant la dette publique allait monter à 51 millions au lieu de 50, comme le prescrivaient les lois antérieures. Mais l'infraction était peu importante, et on satisfaisait à la loi en établissant un amortissement plus rapide pour ce million d'excédant.

Restait à pourvoir aux budgets futurs, en créant des ressources suffisantes, soit pour la paix, soit pour la guerre. Napoléon fit au Corps législatif, et à l'Europe, une déclaration hardie et en même temps très-sage, au point de vue financier. Il voulait la paix, car, disait-il fièrement, il avait *épuisé la gloire militaire;* il voulait la paix, car il l'avait donnée à l'Autriche. Il était prêt en ce moment à la conclure avec la Russie, et il était occupé à la négocier avec l'Angleterre. Mais les puissances avaient pris l'habitude de considérer les traités comme des trêves, qu'elles pouvaient rompre au premier signal parti de Londres. Il fallait, jusqu'à ce qu'on les eût amenées à respecter leurs engagements, et à se résigner à la grandeur de la France, il fallait être prêt à supporter les charges de la guerre aussi longtemps qu'elle serait nécessaire. La Grande-Bretagne prétendait suffire à la guerre par des emprunts : libre à elle, tant que cette ressource se conserverait en ses mains. La France devait y pourvoir autrement, avec les moyens qui lui étaient propres, c'est-à-dire avec l'impôt, ressource bien autrement durable, et ne laissant aucune charge après elle. En conséquence, il déclarait qu'il fallait 600 millions pour la paix, 700 millions pour la guerre (720 et 820 avec les frais de perception). Le budget de l'année la plus paisible du gouvernement actuel, celle de 1802, avait pu se renfermer dans une dépense de 500 millions. Mais depuis 1802, l'augmentation de la dette, le développement donné aux travaux d'utilité publique, la dotation du clergé qui était la suite du concordat, le rétablissement de la monarchie qui avait entraîné la création d'une liste civile, portaient à 600 millions les dépenses fixes de l'état de paix. Les ressources ordinaires s'élevaient fort au delà de cette somme. Quant aux dépenses de l'état de guerre, qu'on était résolu à soutenir aussi longtemps qu'il le faudrait, elles faisaient monter le budget à 700 millions. A ce taux on pourrait consacrer par an 130 millions à la marine, environ 300 millions à la guerre, avoir 50 vaisseaux armés et 450,000 hommes toujours prêts à marcher. La France, sur ce pied, était en mesure de faire face à tous les dangers. Or, elle pouvait, sans abuser d'elle-même, s'imposer cette charge, car ses revenus ordinaires procuraient déjà plus de 600 millions. Le royaume d'Italie en fournissait environ 30 pour l'armée française qui veillait à sa sûreté, et il était facile d'obtenir 60 à 70 millions de plus par les impôts ordinaires.

Après cette hardie déclaration, Napoléon eut le courage de développer la grande ressource des contributions indirectes, qu'il avait déjà restituée au

Juillet 1808.

Extension des droits sur les contributions

Juillet 1806.

indirectes, et rétablissement de l'impôt sur le sel.

pays, et de créer une nouvelle ressource, non moins utile, non moins abondante, et qui n'avait d'autre inconvénient que d'atteindre la généralité du peuple, mais de l'atteindre légèrement, l'impôt du sel. En conséquence il proposa, outre le droit d'inventaire sur les boissons (droit perçu chez le propriétaire au moment de l'enlèvement), un autre droit sur le commerce en gros et sur la vente en détail, et pour cela l'exercice, c'est-à-dire la surveillance des boissons sur les routes, et la descente des agents du fisc chez les commerçants en vin. Les contributions indirectes, qui produisaient déjà 25 millions, en devaient produire plus de 50 par suite de cette extension.

Quant à l'impôt sur le sel, son rétablissement était lié à la suppression d'un autre droit, devenu insupportable, le droit de barrières sur les routes. Ce droit entrait si peu dans nos habitudes, et incommodait si fort l'agriculture, que tous les conseils généraux en avaient demandé l'abolition. Il ne rapportait que 15 millions, ce qui était insuffisant pour l'entretien des routes de l'Empire, et ce qui coûtait à l'État un supplément de 10 millions par an, sans que les routes fussent encore parvenues à l'état désirable; car on évaluait à 35 millions au moins la somme nécessaire pour les entretenir convenablement. En proposant un impôt bien léger, celui de 2 décimes par kilogramme (2 sous par livre) de sel, à percevoir dans les marais salants, par la main des douaniers, qui enveloppaient ces marais, placés presque tous à la frontière, on pouvait espérer un produit de 35 millions, c'est-à-dire de quoi porter les routes à un véritable état de perfection, et de quoi soulager le Trésor d'une dépense de 10 millions. Cet impôt n'avait rien de commun avec les anciennes gabelles, inégalement réparties, aggravées par l'exercice, et faisant quelquefois monter le sel à 14 sous la livre, prix qui pour le peuple était exorbitant.

Juillet 1806.

Avec le produit annuellement croissant de ces nouvelles taxes, et avec quelques ressources accidentelles qui permissent d'attendre leur complet développement, la France allait se trouver en mesure de supporter l'état de guerre, tant qu'il durerait, et, dès qu'il finirait, de faire sentir les bienfaits de la paix aux peuples de l'Empire, par la diminution de l'impôt foncier, le seul qui fût véritablement onéreux.

Napoléon, par cette création, achevait le rétablissement de nos finances, que la suppression des contributions indirectes avait ruinées en 1789, et il montrait à l'Europe un tableau décourageant pour nos ennemis, c'est-à-dire 50 vaisseaux, 450 mille hommes, entretenus sans emprunt, et tout le temps que durerait la guerre.

Le budget de 1806 fut donc fixé à 700 millions en dépenses et en recettes (820 avec les frais de perception). Une circonstance accidentelle, celle du rétablissement du calendrier grégorien, à partir du 1ᵉʳ janvier 1806, le fit porter à 15 mois au lieu de 12, et à 900 millions au lieu de 700. En effet, le précédent budget, celui de l'an XIII, s'arrêtant au 21 sep-

Le budget de 1806 fixé à 700 millions, et avec les frais de perception à 820 millions.

tembre 1805, il fallait, pour atteindre au 1er janvier 1806, ajouter trois mois environ, ce qui devait porter le budget de 1806 à quinze mois et à 900 millions.

Restait encore une tâche à remplir, c'était d'organiser la Trésorerie et la Banque de France. Éclairé par les derniers événements, Napoléon voulait réformer l'une et l'autre.

On a déjà répété bien des fois, dans cette histoire, que la valeur de l'impôt était envoyée au Trésor sous forme d'obligations à terme, ou de bons à vue, signés par les receveurs généraux, et acquittables mois par mois à leur caisse. L'escompte de ce papier procurait de l'argent, quand on avait besoin de devancer les échéances. Abandonner cet escompte à une compagnie avait mal réussi. On venait de le confier de nouveau à une agence des receveurs généraux, qui opéraient à Paris pour le corps tout entier. Depuis le retour du crédit, les capitaux abondaient, et les receveurs généraux pouvaient procurer à l'État, par l'escompte de leurs propres engagements, tous les fonds dont on avait besoin. Cependant on discuta longtemps devant Napoléon, en conseil de finances, si on ne devrait pas attribuer ce service à la Banque, plus puissante que ne serait jamais l'agence des receveurs généraux. D'abord Napoléon jugea que, pour ce service et pour d'autres, la Banque n'était pas assez fortement constituée. Il résolut donc de doubler son capital, et de le porter de 45 mille actions à 90 mille, ce qui faisait, à mille francs l'action, un capital de 90 millions. Il résolut, en outre, d'en rendre l'organisation monarchique, en convertissant le président éligible qui était à sa tête, en un gouverneur nommé par l'Empereur, qui la dirigerait dans le double intérêt du commerce et du Trésor; de placer trois receveurs généraux dans son conseil, pour la lier davantage au gouvernement; enfin de supprimer la disposition d'après laquelle on proportionnait les escomptes au nombre d'actions possédées par les présentateurs d'effets, et de la remplacer par une autre disposition bien plus sage, consistant à proportionner ces escomptes au crédit reconnu des commerçants qui les demandaient. Ces changements, proposés dans une loi, furent adoptés par le Corps législatif; et sous cette constitution forte et habile, la Banque de France est devenue l'un des établissements les plus solides de l'univers, car on l'a vue de nos jours secourir la Banque d'Angleterre elle-même, et traverser sans fléchir les plus grandes catastrophes politiques.

Même après l'avoir ainsi agrandie, Napoléon ne voulut pas confier d'une manière constante et définitive le service du Trésor à la Banque de France. Il entendait se servir au besoin, et accidentellement, de la nouvelle puissance qu'il lui avait assurée, pour escompter telle ou telle somme d'*obligations des receveurs généraux* ou de *bons à vue*, mais il ne pouvait se décider à lui remettre définitivement le portefeuille du Trésor. C'était une compagnie de commerçants, délibérant, à la vérité, sous un président nommé par lui, mais placés en dehors de son gouvernement, et il ne voulait pas, disait-il, leur livrer le secret de ses opérations militaires, en leur livrant le secret de ses opérations financières. — Je veux, ajouta-t-il, pouvoir remuer un corps de troupes sans que la Banque le sache, et elle le saurait si elle avait connaissance de mes besoins d'argent.

Du reste il fit mettre à l'essai, mais à l'essai seulement, un nouveau système de versement de fonds par les comptables. Bien que le système des *obligations* eût rendu de grands services, il n'était pas le dernier terme de la perfection, en fait de recouvrement. Il arrivait que les receveurs généraux avaient souvent des valeurs considérables en caisse, dont ils profitaient, en attendant l'échéance de leurs obligations. De plus ces obligations donnaient lieu à un agiotage assez actif. Un simple compte courant établi entre l'État et les comptables, au moyen duquel toute valeur entrée dans leur caisse appartenait au Trésor, portait intérêt à son profit, et toute valeur sortie portait intérêt au profit du comptable qui l'avait versée; un compte courant ainsi réglé était un système bien plus simple, plus vrai, et qui n'empêchait pas d'accorder aux receveurs généraux les avantages dont on avait cru nécessaire de les faire jouir. Mais il fallait auparavant un système d'écritures qui ne permît pas d'erreur; il fallait, dans la comptabilité du Trésor, l'introduction des écritures en partie double, dont le commerce fait usage. M. Mollien proposa le compte courant et les écritures en partie double. Napoléon y consentit avec empressement, mais il voulut que ce système fût essayé chez quelques receveurs généraux, pour en juger le mérite d'après l'expérience.

Tels furent les travaux civils de Napoléon dans cette mémorable année 1806, la plus belle de l'Empire, comme celle de 1802 fut la plus belle du Consulat : années fécondes l'une et l'autre, dans lesquelles la France fut constituée pour être une république dictatoriale en 1802, et un vaste empire fédératif en 1806. Dans cette dernière année, Napoléon fonda à la fois des royautés vassales sur la tête de ses frères, des duchés pour ses généraux et ses serviteurs, de riches dotations pour ses soldats, supprima l'empire germanique, et laissa l'Empire français remplir seul l'Occident. Il continua, en fait de routes, de ponts, de canaux, les travaux déjà commencés, et en entreprit de plus importants, tels que les canaux du Rhône au Rhin, du Rhin à l'Escaut, les routes de la Corniche, de Tarare, de Metz à Mayence. Il projeta les grands monuments de la capitale, la colonne de la place Vendôme, l'arc de l'Étoile, l'achèvement du Louvre, la rue qui devait s'appeler Impériale, les principales fontaines de Paris. Il commença la restauration de Saint-Denis, il ordonna l'achèvement du Panthéon ; il promulgua le Code de procédure, perfectionna l'organisation du Conseil d'État, créa l'Université, liquida définitivement les arriérés financiers, compléta le système des impôts, réorganisa la Banque de France, et prépara le nouveau système de trésorerie française. Tout cela, entrepris en janvier 1806, était terminé en juillet de la même année. Quel esprit conçut jamais plus de choses, de plus vastes, de plus profondes, les réalisa en moins de temps ? Il est vrai que nous touchons au

Juillet 1806.

faite de ce prodigieux règne, faite d'une élévation sans égale, et dont on peut dire, en contemplant le tableau entier des grandeurs humaines, qu'aucune ne le dépasse, s'il y en a qui l'atteignent.

Malheureusement, cette année incomparable, au lieu de finir au milieu de la paix, comme on pouvait l'espérer, finit au milieu de la guerre, moitié par la faute de l'Europe, moitié par celle de Napoléon, et aussi par un coup cruel de la mort, qui emporta M. Fox, dans cette même année où elle avait déjà emporté M. Pitt.

Les négociations entamées avec la Russie et l'Angleterre avaient continué pendant les travaux de tout genre dont nous venons de tracer le tableau. Lord Yarmouth, avec lequel on avait volontairement allongé les pourparlers, en était resté aux mêmes propositions. L'Angleterre entendait garder la plupart de ses conquêtes maritimes, nous concédait nos conquêtes continentales, le Hanovre toujours excepté, et se bornait à demander ce qu'on ferait pour indemniser le roi de Naples. Quant aux nouvelles royautés, quant à la Confédération du Rhin, elle ne paraissait pas s'en soucier. Napoléon, qui n'avait plus de raison pour différer le terme des négociations, ses principaux projets étant accomplis, pressait lord Yarmouth de se procurer des pouvoirs, afin d'aboutir à une conclusion. Lord Yarmouth les avait enfin reçus, mais avec ordre de ne les produire que lorsqu'il apercevrait la possibilité de se mettre d'accord avec la France, et lorsqu'il se serait entendu avec le négociateur russe.

M. d'Oubril était arrivé en juin avec des pouvoirs en forme, et avec la double instruction, premièrement de gagner du temps pour les bouches du Cattaro, et d'épargner ainsi à l'Autriche l'exécution militaire dont elle était menacée ; secondement, de terminer tous les différends existants par un traité de paix, si la France accédait à des conditions qui sauvassent la dignité de l'empire russe. Une circonstance avait confirmé M. d'Oubril dans l'idée d'en finir par un traité de paix. Pendant qu'il était en route, le ministère russe avait été changé. Le prince Czartoryski et ses amis ayant voulu qu'on se liât plus étroitement à l'Angleterre, non pas précisément pour continuer la guerre, mais pour traiter avec plus d'avantage, Alexandre, fatigué de leurs remontrances, craignant des engagements trop étroits avec le cabinet britannique, avait enfin accepté des démissions souvent offertes, et remplacé le prince Czartoryski par le général de Budberg. Celui-ci était ancien gouverneur de l'empereur, ami de l'impératrice mère, et n'était ni de force ni d'humeur à résister à son maître. M. d'Oubril, qui avait vu l'empereur porté à la paix plus que ses ministres, dut se croire autorisé, par ce changement, à incliner davantage vers une conclusion pacifique.

M. de Talleyrand n'eut pas de peine à persuader M. d'Oubril, lorsqu'il soutint qu'il n'y avait entre les deux empires aucun intérêt sérieux à débattre, tout au plus une question d'influence à traiter au sujet de deux ou trois petites puissances que la Russie avait prises sous sa protection. Mais, quant à ces der-

Juillet 1806.

Arrivée à Paris de M. d'Oubril, chargé de traiter pour la Russie.

nières, la Russie, battue à Austerlitz, et peu disposée à recommencer depuis que l'Autriche avait rendu son épée, depuis que la Prusse était dépendante, et que l'Angleterre semblait fatiguée, la Russie ne pouvait être fort exigeante. Elle voulait seulement sauver son orgueil d'un trop rude échec. Ainsi elle était prête à passer outre, relativement aux nouveaux arrangements faits en Allemagne, relativement à la réunion de Gênes et des États vénitiens ; elle était même décidée à se taire sur la conquête de Naples, car la prise d'armes des Napolitains, après une convention de neutralité, justifiait toutes les rigueurs de Napoléon. Cependant, à l'égard du Piémont et des Bourbons de Naples, la Russie avait des engagements écrits, et elle ne pouvait pas moins faire que de demander quelque chose pour eux, si peu que ce fût. Les engagements à l'égard du Piémont commençaient à prescrire, mais ceux qu'on avait contractés à l'égard de la reine Caroline, en la poussant dans l'abîme, étaient trop récents et trop authentiques pour qu'on n'intervînt pas en sa faveur.

Aussi était-ce la question essentielle et difficile à résoudre entre M. de Talleyrand et M. d'Oubril. Ce dernier aurait désiré procurer quelque dédommagement, si faible qu'il fût, au roi de Piémont, assurer la Sicile aux Bourbons de Naples, et introduire dans le traité certaines rédactions qui ménageassent à la Russie une apparence d'intervention, utile et honorable, dans les affaires de l'Europe. Bien que Napoléon eût voulu d'abord un traité sec et vide, qui rétablît purement et simplement la paix entre les deux empires, afin de bien constater qu'il ne reconnaissait pas à la Russie l'influence qu'elle prétendait s'arroger, ce projet rigoureux devait tomber devant la possibilité d'une paix immédiate, laquelle, par contre-coup, amenait forcément l'Angleterre à traiter à des conditions raisonnables. Napoléon permit donc à M. de Talleyrand d'accorder tous les semblants d'influence qui pourraient sauver la dignité du cabinet russe. Ainsi ce ministre fut autorisé, dans le traité patent, à garantir l'évacuation de l'Allemagne, l'intégrité de l'empire ottoman, l'indépendance de la république de Raguse, à promettre les bons offices de la France pour rapprocher la Prusse de la Suède, et à accepter enfin les bons offices de la Russie pour le rétablissement de la paix entre la France et l'Angleterre. Il y avait là de quoi rédiger un traité, moins insignifiant que celui que Napoléon avait d'abord voulu, et par conséquent plus flatteur pour l'orgueil de la Russie. Mais il fallait un dédommagement quelconque pour les rois de Piémont et de Naples. Quant au roi de Piémont, Napoléon opposa des refus absolus, et on fut obligé d'y renoncer. Quant à Naples, il ne consentit jamais à céder la Sicile, et il exigea que cette île fût restituée au royaume de Naples, actuellement possédé par Joseph. A force de chercher une combinaison pour concilier les prétentions opposées, on inventa un moyen terme, qui consistait à donner les îles Baléares au prince royal de Naples, et une indemnité pécuniaire au roi et à la reine détrônés. Les îles Baléares appartenaient,

Juillet 1806.

L'indemnité des Bourbons de Naples faisant la principale difficulté, on imagine de leur donner

Juillet 1806.

les îles Baléares.

il est vrai, à l'Espagne, mais Napoléon avait de quoi fournir un équivalent à celle-ci, en agrandissant le petit royaume d'Étrurie avec quelque fragment des duchés de Parme et Plaisance. Il avait de plus une raison excellente et très-morale à faire valoir auprès de la cour de Madrid, c'est que le prince royal de Naples était devenu gendre de Charles IV le même jour où une princesse de Naples avait épousé le prince des Asturies. Pour complément de ses bonnes raisons, Napoléon avait la force. Il était donc en mesure de prendre, quant aux Baléares, un engagement sérieux.

Cette combinaison imaginée, il fallait en finir. M. d'Oubril s'était mis en communication avec lord Yarmouth, qui, tout en professant de très-bons sentiments envers la France, trouvait cependant qu'il y avait faiblesse à concéder tout ce que demandait M. de Talleyrand. En bon Anglais qu'il était, il aurait voulu que la Sicile fût laissée à la reine Caroline, car c'était la donner à l'Angleterre que de la conserver à cette reine. Aussi ne manquait-il pas d'insister auprès de M. d'Oubril, pour que celui-ci prolongeât la résistance de la Russie.

Mais M. de Talleyrand avait un moyen que Napoléon lui avait suggéré, et dont il se servit habilement, c'était de menacer l'Autriche d'une action immédiate, si on ne restituait pas les bouches du Cattaro. Napoléon, comme nous l'avons dit, tenait à ces bouches du Cattaro, pour leur heureuse situation dans l'Adriatique, et surtout pour leur voisinage des frontières turques. Il était donc bien décidé à en exiger la restitution, et il lui était d'autant plus facile de menacer, qu'il avait la résolution d'agir. Il n'avait d'ailleurs pour cela qu'un pas à faire, car ses troupes étaient sur l'Inn, et occupaient Braunau. En conséquence M. de Talleyrand déclara à M. d'Oubril qu'il fallait conclure, et signer la paix qui entraînait la remise des bouches du Cattaro, ou quitter Paris, après quoi on sévirait contre l'Autriche, à moins qu'elle ne joignît ses efforts à ceux de la France pour reprendre la position si déloyalement livrée aux Russes.

<small>Juillet 1806.</small>

M. d'Oubril, intimidé par cette déclaration péremptoire, fit part de son embarras à lord Yarmouth, en lui disant qu'il avait pour instruction de sauver l'Autriche d'une contrainte immédiate, et qu'il était obligé de s'y conformer; que du reste, dans la situation actuelle, on ne gagnait rien à attendre avec un caractère comme celui de Napoléon; car, chaque jour, il commettait quelque acte nouveau, qu'il fallait ensuite tenir pour chose faite, si on ne voulait rompre; que, si on avait traité avant le mois d'avril, Joseph Bonaparte n'aurait pas été proclamé roi de Naples; que, si on avait traité avant le mois de juin, Louis Bonaparte ne serait pas devenu roi de Hollande; qu'enfin, si on avait traité avant le mois de juillet, l'empire germanique n'aurait pas été dissous. M. d'Oubril prit donc son parti, et signa le 20 juillet, malgré les instances de lord Yarmouth, un traité de paix avec la France.

<small>Signature du traité de paix avec la Russie le 20 juillet.</small>

Dans les articles patents on stipula, comme nous l'avons déjà indiqué, l'évacuation de l'Allemagne, l'indépendance de la république de Raguse, l'intégrité de l'empire turc. Dans ces mêmes articles, on promit les bons offices des deux puissances contractantes pour terminer les différends survenus entre la Prusse et la Suède; et la France accepta formellement les bons offices de la Russie pour le rétablissement de la paix avec l'Angleterre, toutes choses qui conservaient à la Russie ces dehors d'influence qu'elle désirait ne pas perdre. On promit de nouveau l'indépendance des sept îles, et l'évacuation immédiate des bouches du Cattaro. Dans les articles secrets, on accorda les Baléares au prince royal de Naples, mais avec condition de n'y pas recevoir les Anglais en temps de guerre; on assura une pension à sa mère et à son père, et on stipula la conservation de la Poméranie suédoise à la Suède, dans les arrangements qui devaient être négociés entre la Suède et la Prusse.

Ce traité, dans la situation de l'Europe, était acceptable de la part de la Russie, à moins que, par intérêt pour la reine de Naples, elle ne préférât la guerre, qui ne pouvait lui valoir que des revers.

M. d'Oubril, après l'avoir conclu, partit tout de suite pour Saint-Pétersbourg, afin d'obtenir les ratifications de son gouvernement. Il croyait avoir bien rempli sa tâche, car, si la paix qu'il avait conclue était repoussée par son cabinet, il aurait du moins retardé d'un mois et demi l'exécution dont l'Autriche était menacée. Sous ce rapport, on est fondé à dire que la paix n'était pas signée avec une parfaite sincérité.

M. de Talleyrand n'avait maintenant plus affaire qu'à lord Yarmouth, qui était fort affaibli depuis que

M. d'Oubril s'était rendu. Le ministre français sut profiter de ses avantages, et tirer parti du traité avec la Russie, pour obliger lord Yarmouth à produire ses pouvoirs, ce qu'il avait toujours refusé de faire. M. de Talleyrand lui dit qu'il était impossible de prolonger cette espèce de comédie, d'un négociateur accrédité qui ne voulait pas montrer ses pouvoirs; que, s'il différait plus longtemps de les exhiber, on serait autorisé à croire qu'il n'en avait pas, et que sa présence à Paris n'avait qu'un but trompeur, celui de gagner la mauvaise saison pour empêcher la France d'agir, soit contre l'Angleterre, soit contre ses autres ennemis. On ne désignait pas ces ennemis, mais quelques mouvements de troupes vers Bayonne pouvaient faire craindre que le Portugal ne fût du nombre. M. de Talleyrand ajoutait qu'il fallait prendre immédiatement son parti, quitter Paris ou donner à la négociation un caractère sérieux, en produisant ses pouvoirs, car on avait fini par éveiller les défiances de la Prusse, qui exigeait une déclaration rassurante à l'égard du Hanovre; que, ne voulant pas perdre un tel allié, on était prêt à faire la déclaration demandée, et qu'une fois faite il ne serait plus possible d'en revenir; que la guerre serait alors éternelle, ou que la paix devrait être conclue sans la restitution du Hanovre; que, du reste, on ne gagnerait rien à de nouveaux délais, et que deux ou trois mois plus tard il faudrait consentir peut-être à la conquête du Portugal, comme on avait consenti à la conquête de Naples.

Vaincu par ces raisons, par la signature qu'avait

Juillet 1806.

M. d'Oubril à signer la paix, amène lord Yarmouth à produire ses pouvoirs.

donnée M. d'Oubril, par l'amour de la paix, et aussi par l'ambition fort naturelle d'inscrire son nom au bas d'un pareil traité, lord Yarmouth se décida enfin à exhiber ses pouvoirs. C'était le premier avantage que M. de Talleyrand désirait remporter, et il se hâta de le rendre irrévocable, en faisant nommer un plénipotentiaire français pour négocier publiquement avec lord Yarmouth. Napoléon choisit le général Clarke, et lui conféra des pouvoirs formels et patents. A partir de ce moment, 22 juillet, la négociation fut officiellement ouverte.

Le général Clarke et lord Yarmouth s'abouchèrent, et, sauf la Sicile, les deux négociateurs se trouvèrent d'accord. La France accordait Malte, le Cap, la conquête de l'Inde; elle insistait pour qu'on lui rendît les comptoirs de Pondichéry et de Chandernagor, en consentant à limiter le nombre des troupes qu'elle pourrait y entretenir; elle demandait également qu'on lui rendît Sainte-Lucie et Tabago, mais elle ne tenait absolument qu'à la restitution de la colonie hollandaise de Surinam, point sur lequel les instructions du négociateur anglais n'étaient pas péremptoires. La seule difficulté sérieuse consistait toujours dans la Sicile, que lord Yarmouth n'était pas formellement autorisé à céder, surtout pour un dédommagement aussi insignifiant que les Baléares. Napoléon voulait procurer la Sicile à son frère Joseph par des raisons d'une grande valeur. Suivant lui, tant que la reine Caroline résiderait à Palerme, Joseph serait faiblement établi à Naples; la guerre serait éternelle entre ces deux portions de l'ancien royaume des Deux-Siciles;

les Calabres seraient toujours excitées sous sa main, et, ce qui était plus grave, la reine Caroline, confinée à Palerme, ne pouvant se maintenir dans son île qu'avec l'appui des Anglais, la leur livrerait entièrement. C'était donc assurer la jouissance de la Sicile aux Anglais que de la laisser aux Bourbons, conséquence infiniment fâcheuse pour la Méditerranée.

De son côté lord Yarmouth, malgré son désir de conclure, ne l'osait pas. Mais bientôt un nouvel obstacle vint encore enchaîner sa bonne volonté.

Le cabinet britannique en apprenant la conduite de M. d'Oubril fut fort irrité, et se hâta d'envoyer des courriers à Saint-Pétersbourg, pour se plaindre de ce que le négociateur russe eût abandonné le négociateur anglais. Il ne s'en tint pas là, et blâma lord Yarmouth, son propre négociateur, d'avoir sitôt produit ses pouvoirs. Craignant même les entraînements auxquels lord Yarmouth était exposé, par ses liaisons personnelles avec les diplomates français, il fit choix d'un whig, lord Lauderdale, personnage de caractère assez difficile, pour l'adjoindre à la négociation. On fit partir sur-le-champ ce second plénipotentiaire avec des instructions précises, mais qui cependant laissaient, relativement à la Sicile, certaines facilités dont lord Yarmouth n'était pas muni. Lord Lauderdale était un diplomate exact et formaliste. Il avait l'ordre d'exiger la fixation d'une base de négociation, l'*uti possidetis*, qui couvrît les conquêtes maritimes des Anglais, et surtout la Sicile, laquelle n'avait pas encore été conquise par Joseph Bonaparte. Il est vrai que cette même base

---

Juillet 1806.

Lord Lauderdale adjoint à lord Yarmouth pour continuer la négociation avec la France.

Instructions dont est porteur lord Lauderdale.

excluait la restitution du Hanovre; mais ce royaume était hors de la discussion, les Anglais ayant toujours déclaré qu'ils ne souffriraient pas même une contestation sur ce point. La base admise, lord Lauderdale devait convenir que l'*uti possidetis* ne serait pas appliqué d'une manière absolue, surtout relativement à la Sicile, et qu'on pourrait abandonner cette île au prix d'une compensation. Ainsi un sacrifice en Dalmatie, joint à la cession des îles Baléares, pouvait fournir un moyen d'accommodement.

Lord Lauderdale arriva sans retard à Paris. C'était un whig, et par conséquent un ami plutôt qu'un ennemi de la paix. Mais il était averti de se garder des séductions de M. de Talleyrand, auxquelles on craignait que lord Yarmouth ne fût pas capable de résister.

Lord Lauderdale fut reçu avec politesse et froideur, car on devinait à Paris qu'il était envoyé pour servir de correctif à l'humeur, jugée trop facile, de lord Yarmouth. Napoléon, pour répliquer à l'envoi de lord Lauderdale, nomma M. de Champagny comme second négociateur français. Ils furent dès cet instant deux contre deux, MM. Clarke et de Champagny contre lord Yarmouth et lord Lauderdale.

Aussitôt entré dans ce congrès, lord Lauderdale commença par une note longue, absolue, dans laquelle il récapitulait la négociation confidentielle et officielle, et demandait que l'on admît, avant d'aller plus loin, le principe de l'*uti possidetis*. Napoléon voulait franchement la paix, et croyait la tenir

CONFÉDÉRATION DU RHIN. 545

depuis qu'il avait conduit la main de M. d'Oubril jusqu'à signer le traité du 20 juillet. Mais il ne fallait pourtant pas provoquer son caractère, susceptible et peu endurant. Il fit différer la réponse comme premier signe de mécontentement. Lord Lauderdale ne se tint pas pour battu, et réitéra sa déclaration. Alors on lui répliqua par une dépêche énergique et digne, dans laquelle on lui disait que jusqu'ici la négociation avait marché avec franchise et cordialité, et sans toutes les formes pédantesques que le nouveau négociateur voulait y introduire; que si les intentions étaient changées, que si tout cet appareil diplomatique cachait l'intention secrète de rompre après s'être procuré quelques pièces à produire au parlement, lord Lauderdale n'avait qu'à partir, car on n'était pas disposé à se prêter aux calculs parlementaires du cabinet britannique. Lord Lauderdale n'avait pas envie d'amener une rupture ; il était peu habile, et c'était tout. On s'expliqua. Il fut entendu que la production de la note de lord Lauderdale était une affaire de pure formalité, qui au fond n'excluait aucune des conditions précédemment admises par lord Yarmouth, que même l'abandon de la Sicile, moyennant une indemnité plus étendue que les Baléares, était devenu plus explicite depuis l'arrivée de lord Lauderdale, et on se mit ensuite à conférer sur Pondichéry, Surinam, Tabago, Sainte-Lucie.

Les négociateurs anglais semblaient persuadés que la Russie, touchée des représentations du cabinet britannique, ne ratifierait pas le traité d'Oubril. Napoléon, au contraire, ne pouvait croire que M. d'Ou-

Juillet 1806.

Difficulté de forme soulevée par lord Lauderdale, et aplanie après quelques explications amicales.

L'Angleterre paraît croire que le traité de M. d'Oubril ne sera pas

TOM. VI. 35

bril se fût avancé jusqu'à conclure un pareil traité, si ses instructions ne l'avaient pas autorisé à le faire, et il pouvait croire encore moins que la Russie osât déchirer un acte qu'elle aurait autorisé son représentant à signer. Il pensa donc qu'il y avait profit à attendre la nouvelle des ratifications russes, qui lui paraissaient certaines, et que l'Angleterre alors serait réduite à subir les conditions qu'il avait tant à cœur de lui voir accepter. En conséquence il ordonna aux deux négociateurs français de continuer à gagner du temps, pour atteindre le jour où la réponse de Saint-Pétersbourg arriverait à Paris. M. d'Oubril était parti le 22 juillet; on devait recevoir cette réponse vers la fin d'août.

Napoléon se trompait, et c'est l'une des très-rares occasions où il n'ait pas lu dans la pensée de ses adversaires. Rien, en effet, n'était plus douteux que les ratifications russes, et, en outre, la santé alors très-menacée de M. Fox était un nouveau péril pour la négociation. Si ce généreux ami de l'humanité venait à succomber sous les soucis du gouvernement, dont il avait depuis longtemps perdu l'habitude, le parti de la guerre devait l'emporter sur le parti de la paix, dans le ministère britannique.

Mais, dans le moment, une circonstance grave mettait la paix en péril bien plus que les temporisations ordonnées par Napoléon. La Prusse était tombée dans un état moral extrêmement triste. Depuis son occupation du Hanovre, et ses communications avec l'Angleterre, publiées à Londres, Napoléon, ainsi que nous l'avons dit, avait fini par n'en plus tenir aucun compte, et par la traiter comme un allié dont on n'avait rien à espérer. Ainsi tout le monde savait en Europe qu'on s'occupait d'organiser le nouveau corps germanique, et la Prusse était aussi peu informée à cet égard que les petites puissances allemandes. Tout le monde savait qu'on négociait avec l'Angleterre, que, par conséquent, il devait être question du Hanovre, et elle n'avait pas reçu à ce sujet une seule communication capable de la rassurer. Le roi Frédéric-Guillaume était obligé de paraître instruit de ce qu'il ignorait, afin de ne pas rendre trop visible l'état d'abandon dans lequel on le laissait. Quoique entretenant des relations secrètes et peu loyales avec la Russie, il était traité par celle-ci sans grande considération, et il pouvait s'apercevoir qu'elle le prisait moins tous les jours, à mesure qu'elle revenait vers la France. En froideur avec l'Autriche, qui ne lui pardonnait pas de l'avoir abandonnée le lendemain d'Austerlitz, en guerre avec l'Angleterre, qui venait de saisir trois cents bâtiments de commerce prussiens, il se voyait seul en Europe, et si peu ménagé, que le roi de Suède lui-même n'avait pas craint de lui faire la plus grave des offenses. Lorsque les troupes prussiennes s'étaient présentées pour occuper les dépendances du Hanovre voisines de la Poméranie suédoise, le roi de Suède, qui les gardait pour le compte, disait-il, du roi d'Angleterre son allié, s'y était défendu, et avait fait feu sur les troupes envoyées. C'était le dernier degré de l'humiliation que d'être ainsi traité par un prince qui n'avait d'au-

Juillet 1806.

avec tous les cabinets.

tre force que sa folie, protégée par ses alliances.

Cette situation inspirait au cabinet prussien des réflexions aussi douloureuses qu'alarmantes. La Russie, l'Angleterre elle-même, faisaient en ce moment tous les pas vers la France. La coalition devait se trouver bientôt dissoute, et comme on n'avait recherché la Prusse que parce qu'elle formait le complément nécessaire de cette coalition, que deviendrait-elle lors du désarmement général? Ne serait-elle pas livrée sans défense à Napoléon, qui, fort mécontent de sa conduite, en userait à son égard comme il voudrait, soit pour acheter la paix avec l'Angleterre et la Russie, soit pour agrandir les États qu'il lui plairait de fonder? et, quoi qu'il fît, il était assuré de n'avoir pas un seul désapprobateur en Europe, car personne actuellement ne portait le moindre intérêt à la Prusse.

Les bruits les plus étranges confirmaient ces réflexions désolantes. L'idée de rendre le Hanovre à l'Angleterre, pour avoir la paix maritime, était si naturelle et si simple, qu'elle naissait dans tous les esprits à la fois. On estimait même si peu la Prusse, malgré les vertus de son roi, qu'on ne trouvait pas mauvais que Napoléon en agît ainsi envers une cour qui ne savait être pour personne, ni amie ni ennemie. Les alliés de la France, l'Espagne surtout, qui souffraient cruellement de la guerre, disaient tout haut que la Prusse ne méritait pas qu'on prolongeât d'un seul jour les maux de l'Europe. Le général Pardo, ambassadeur d'Espagne à Berlin, le répétait si publiquement, que de tout côté on se demandait la cause d'une telle hardiesse de langage. Ainsi, sans en être informé, chacun racontait les choses comme elles se passaient à Paris entre lord Yarmouth et M. de Talleyrand.

Venaient ensuite les malveillants, qui au vraisemblable ajoutaient l'invraisemblable, et se complaisaient dans les inventions les plus fâcheuses. Les uns prétendaient que la France allait se réconcilier avec la Russie, en reconstituant le royaume de Pologne au profit du grand-duc Constantin, et que pour cela on reprendrait les provinces polonaises cédées à la Prusse lors du dernier partage. Les autres soutenaient qu'on allait proclamer Murat roi de Westphalie, et qu'il était question de lui donner Munster, Osnabruck, l'Ost-Frise.

C'est un mélange de faux et de vrai qui compose ordinairement tous les bruits, et il s'y mêle toujours assez de vérité pour accréditer le mensonge. On pouvait le reconnaître en cette occasion, où des faits exacts, mais défigurés, avaient servi de fondement aux plus fausses rumeurs. Napoléon songeait, en effet, à rendre le Hanovre à l'Angleterre, depuis que la Prusse ne lui semblait plus un allié sur lequel on pût compter, mais en assurant à celle-ci un dédommagement, ou en lui restituant tout ce qu'on avait reçu d'elle. Le projet de lui ôter les provinces polonaises avait existé un instant, mais chez les Russes, et non chez les Français. Enfin le prétendu royaume de Murat était une invention des bureaux de M. de Talleyrand, cherchant à flatter la famille impériale, et encore n'y avaient-

Juillet 1806.

Ce qu'il y avait de vrai et de faux dans les bruits qui alarmaient la Prusse.

ils pensé qu'à la condition de donner à la Prusse les villes anséatiques, qu'elle convoitait ardemment. Du reste, jamais Napoléon n'avait voulu entendre parler d'un tel projet.

Mais ce n'est pas avec cette exactitude scrupuleuse que les nouvellistes construisent leurs inventions. Se railler de ceux qu'ils supposent trompés, jouer l'indignation à l'égard de ceux qu'ils supposent trompeurs, suffit à leur malveillante oisiveté; et c'est une espèce d'hommes qui n'est pas plus rare dans les cercles diplomatiques, que dans le public curieux et ignorant des grandes capitales.

Des imprudences soldatesques ajoutaient à tous ces propos une certaine vraisemblance. Murat tenait dans son duché de Berg une cour militaire, où l'on se permettait les plus étranges discours. C'était, disaient ses camarades de guerre devenus ses courtisans, c'était un bien petit État que le sien pour un beau-frère de l'Empereur. Bientôt sans doute il serait roi de Westphalie, et on lui composerait un beau royaume aux dépens de cette méchante cour de Prusse, qui trahissait tout le monde. L'entourage de Murat n'était pas seul à parler ainsi. Les troupes françaises, ramenées dans le pays de Darmstadt, dans la Franconie et la Souabe, n'avaient qu'un pas à faire pour envahir la Saxe et la Prusse. Tous ces militaires, qui avaient envie de continuer la guerre, et qui prêtaient à leur maître le même désir, se flattaient de la recommencer bientôt, et d'entrer à Berlin comme ils étaient entrés à Vienne. Le nouveau prince de Ponte-Corvo, Bernadotte, établi à Anspach, imaginait des plans assez ridicules qu'il exposait publiquement, et qu'on attribuait à Napoléon. Augereau, songeant encore moins à ce qu'il disait, buvait à table, avec son état-major, au succès de la prochaine guerre contre la Prusse.

Juillet 1806.

Ces extravagances de soldats oisifs, rapportées à Berlin, y causaient naturellement la plus fâcheuse sensation. Racontées à la cour, elles étaient transmises ensuite à la population tout entière, et excitaient l'orgueil, toujours prêt à prendre feu, de la nation prussienne. Le roi en souffrait surtout pour l'effet qu'elles devaient produire sur l'opinion publique. La reine, désolée de ce qui était arrivé à la princesse de la Tour et Taxis, sa sœur, laquelle venait de subir la *médiatisation*, se taisait, ayant pris depuis quelque temps le parti du silence, et sentant bien d'ailleurs qu'elle n'avait aucun titre auprès de Napoléon pour faire ménager les princes de sa famille. Mais son silence était significatif. M. d'Haugwitz était découragé plus qu'il n'osait l'avouer à son maître. Les fautes commises en son absence et contre son avis produisaient enfin leurs irrésistibles conséquences. On s'en prenait néanmoins à lui de tous les événements, comme s'il en eût été la véritable cause. La saisie des trois cents bâtiments, si dommageable pour le commerce prussien, lui était imputée comme une de ses œuvres. Le ministre des finances la lui avait reprochée en plein conseil, et avec la plus grande amertume. Un général renommé dans l'armée, le général Ruchel, avait poussé l'impolitesse à

Déchaînement général contre M. d'Haugwitz.

son égard jusqu'à l'offense. L'opinion prussienne se soulevait d'heure en heure contre M. d'Haugwitz, qui n'avait cependant aucun tort, que celui d'être rentré aux affaires à la prière du roi, quand son système d'alliance avec la France était tellement compromis qu'il était devenu impossible. Le sentiment du patriotisme germanique se joignait à tous les autres pour hâter une crise. Des libraires de Nuremberg ayant colporté des pamphlets contre la France, Napoléon avait ordonné de les arrêter, et appliquant à l'un d'eux la rigueur des lois militaires, qui traitent en ennemi quiconque cherche à soulever un pays contre l'armée qui l'occupe, l'avait fait fusiller. Cet acte déplorable avait soulevé l'opinion générale contre les Français et leurs partisans.

Le roi et M. d'Haugwitz avaient compté sur un succès qui leur manque, sur la création d'une confédération allemande du Nord.

Le roi Frédéric-Guillaume et M. d'Haugwitz avaient compté sur un succès pour calmer les esprits; ils espéraient qu'une confédération des puissances allemandes du Nord, sous le protectorat de la Prusse, pourrait servir de contre-poids à la Confédération du Rhin. Napoléon lui-même leur en avait suggéré l'idée. Un aide de camp du roi avait été envoyé à Dresde, afin de décider la Saxe à entrer dans cette confédération, et le ministre principal de l'électeur de Hesse-Cassel était venu lui-même à Berlin pour en conférer. Mais ces deux cours montraient à l'égard de cette proposition une froideur extrême. La Saxe, la plus honnête des puissances allemandes, avait de la Prusse une défiance instinctive, et si elle s'était résolue à se confédérer de nouveau, elle aurait bien plutôt penché en faveur de l'Autriche, qui n'avait jamais envié ses États, qu'en faveur de la Prusse, qui, les enveloppant de toute part, les convoitait visiblement. Elle n'était donc pas disposée à ce qu'on lui demandait, et subordonnait sa conduite à celle des autres puissances du nord de l'Allemagne. La Hesse, mécontente de la Prusse, qui en 1803 avait fait donner le pays de Fulde à la maison de Nassau-Orange, mécontente de la France, qui lui avait refusé de la comprendre, en l'agrandissant, dans la Confédération du Rhin, trompant d'ailleurs tous ceux avec lesquels elle traitait, ne voulait pas opter pour la Prusse plutôt que pour la France, car le péril lui semblait égal. Pour s'excuser envers la Prusse, à qui elle devait un dévouement au moins apparent, elle avait inventé un odieux mensonge, et prétendu que la France lui avait fait sous main les plus grandes menaces, si elle adhérait à la confédération du Nord. Il n'en était rien; les dépêches les plus secrètes du gouvernement français[1] prescrivaient au contraire de n'opposer aucun obstacle à la formation de cette confédération, de se taire à ce sujet, et, si on était consulté, de déclarer que la France la verrait sans déplaisir. Il n'y avait que les villes anséatiques à qui la France avait voulu interdire cette accession, par des raisons purement commerciales; et elle ne s'en était pas cachée.

Juillet 1806.

Faux récit de la cour de Hesse qui prétend que la France l'a empêchée d'entrer dans la confédération du Nord.

---

[1] J'ai lu toutes ces dépêches avec la plus grande attention; et comme je dis la vérité à l'égard de toutes les cours, grandes et petites, je la dirais à l'égard de la Hesse, cette vérité lui fût-elle favorable, et fût-elle défavorable à la France.

Juillet 1806.

Le ministre de Hesse porta donc à Berlin les plus fausses assertions, et tout ce que son souverain avait demandé à la France, en offrant d'adhérer à la Confédération du Rhin, il prétendit que la France le lui avait offert, pour l'arracher à la confédération du Nord. Il accusa même M. Bignon, notre ministre à Cassel, de propos que celui-ci n'avait pas tenus, et qu'il démentit très-énergiquement. Il est possible que M. Bignon, avant qu'il fût question de la confédération du Nord, et quand tous les diplomates allemands s'entretenaient de la Confédération du Rhin, eût vanté en termes généraux les avantages qu'on recueillerait de l'alliance française, qu'il eût même dans son langage dépassé ses instructions, mais c'était là du zèle indiscret, et la preuve qu'il agissait sans ordre, c'est que Napoléon avait prescrit à M. de Talleyrand par une lettre de refuser l'adjonction de l'électeur de Hesse[1]. Néanmoins le ministre de ce prince, envoyé extraordinairement à Berlin, voulant justifier un refus peu attendu, vint raconter de la manière la plus mensongère les prétendues menaces et les prétendues offres entre lesquelles la France avait placé la petite cour de Cassel.

Aux récits mensongers de la cour de Cassel se joint une dépêche de M. de Lucchesini, qui achève de bouleverser les esprits à Berlin.

A ce récit tout à fait faux, le roi de Prusse crut voir dans la conduite de Napoléon la trahison la plus noire, se tint pour joué, pour opprimé, et conçut une violente irritation. Tandis que ces rapports de la cour de Cassel lui parvenaient, une dépêche ex-

[1] Cette lettre existe au dépôt de la Secrétairerie d'État au Louvre.

pédiée par M. de Lucchesini lui arrivait de France. Cet ambassadeur, homme d'esprit, mais léger, peu sincère, vivant à Paris avec tous les ennemis du gouvernement, et n'en étant pas moins l'un des courtisans assidus de M. de Talleyrand, avait recueilli depuis quelques jours les bruits qui circulaient sur le sort réservé à la Prusse. Une confidence obtenue des négociateurs anglais à l'égard du Hanovre, dont la restitution avait été tacitement promise, lui parut mettre le comble aux circonstances menaçantes du moment ; et comme dans sa conduite ambiguë, tour à tour adversaire ou partisan du système de M. d'Haugwitz, il avait tout récemment appuyé le traité du 15 février, qu'il était même allé le porter à Berlin, il crut sa responsabilité gravement engagée si le dernier essai d'alliance avec la France tournait à mal. Il exagéra donc ses rapports de la manière la plus imprudente. Un agent ne doit rien cacher à son gouvernement, mais il doit peser ses assertions, ne rien ajouter à la vérité, n'en rien retrancher, surtout quand il peut en résulter de funestes résolutions.

Le courrier, parti le 29 juillet de Paris, arriva à Berlin le 5 ou le 6 août. Il y causa une sensation extraordinaire. Un second, porteur de dépêches du 2 août, et arrivé le 9, ne fit qu'ajouter à l'effet produit par le premier. L'explosion fut instantanée. Comme un cœur rempli de sentiments longtemps contenus, éclate tout à coup, si une dernière impression vient mettre le comble à ce qu'il éprouve, le roi et ses ministres se répandirent en emportements

Août 1806.

soudains contre la France. Ils égalèrent les uns et les autres, dans leurs démonstrations extérieures, les membres les plus violents du parti qui voulait la guerre. M. d'Haugwitz, ordinairement si calme, pouvait bien, en faisant un retour sur le passé, se rappeler les fautes de la cour de Berlin, s'expliquer les conséquences de ces fautes sur l'esprit irritable de Napoléon, comprendre dès lors les négligences dont ce dernier payait une alliance infidèle, réduire ainsi à leur vérité les prétendus projets dont la Prusse était menacée, et attendre des rapports plus exacts avant de laisser le cabinet prussien se former une opinion et arrêter une conduite. Ici commencèrent les véritables torts de M..d'Haugwitz. Ne croyant qu'une portion de ce qu'on lui disait, mais voulant couvrir sa responsabilité, et se flattant surtout de dominer le parti violent en se mettant à la tête des démonstrations militaires, il consentit à tout ce qu'on proposa dans ce moment d'agitation. Son système étant ainsi renversé, il aurait dû se retirer, et abandonner à d'autres les chances d'une rupture avec la France, qu'il prévoyait devoir être désastreuse. Mais il céda au mouvement général des esprits, et tous les partisans qu'il avait auprès du roi, M. Lombard notamment, s'empressèrent de l'imiter. On va reconnaître qu'il n'est pas besoin d'un gouvernement libre pour que les nations donnent le spectacle des plus inconcevables entraînements populaires.

Un conseil fut convoqué à Potsdam. Les vieux généraux, tels que le duc de Brunswick et le maréchal de Mollendorf, en faisaient partie. Quand ces hommes, qui s'étaient montrés si sages jusque-là, virent le roi, M. d'Haugwitz lui-même, regarder comme possibles et même comme vraies les trahisons attribuées à la France, ils n'hésitèrent plus, et la résolution de remettre sur le pied de guerre toute l'armée prussienne, ainsi qu'elle y avait été six mois auparavant, fut unanimement adoptée. La majorité du conseil, le roi compris, y vit une mesure de sûreté, M. d'Haugwitz une manière de répondre à tous ceux qui disaient qu'on livrait la Prusse à Napoléon.

Tout à coup le bruit se répandit dans Berlin, le 10 août, que le roi s'était décidé à armer, que de grandes difficultés étaient survenues entre la Prusse et la France, qu'on avait même découvert des dangers cachés, une sorte de trahison méditée, laquelle expliquait la présence des troupes françaises dans la Souabe, la Franconie et la Westphalie. L'opinion souvent agitée, mais toujours contenue par l'exemple du roi, dans lequel on avait confiance, se prononça violemment. Le cœur des sujets déborda comme celui du prince. Nous avions bien raison de dire, s'écria-t-on de toutes parts, que la France ne ménagerait pas plus la Prusse que l'Autriche, qu'elle voulait envahir, ravager l'Allemagne entière; que les partisans de l'alliance française étaient ou des dupes ou des traîtres; que ce n'était pas M. de Hardenberg qui était vendu à l'Angleterre, mais M. d'Haugwitz à la France; qu'il fallait bien enfin le reconnaître, que seulement on le reconnaissait trop tard; que ce n'était pas aujourd'hui,

Août 1806.

la résolution d'armer.

Les résolutions du cabinet prussien amènent une explosion de l'opinion publique.

La guerre

mais six mois plus tôt, la veille ou le lendemain d'Austerlitz, qu'on aurait dû prendre les armes; que peu importait au surplus, qu'il fallait, quoique tard, se défendre ou périr, et que l'Angleterre et la Russie accourraient sans doute au secours de quiconque tiendrait tête à Napoléon; qu'après tout les Français avaient vaincu des Autrichiens sans énergie, des Russes sans instruction, mais qu'ils n'auraient pas si bon marché des soldats du grand Frédéric!

Les hommes qui ont vu Berlin à cette époque disent qu'il n'y eut jamais un tel exemple d'exaltation et d'entraînement. Déjà M. d'Haugwitz s'apercevait avec effroi qu'il était poussé bien au delà du but qu'il s'était proposé d'atteindre, car il avait voulu de simples démonstrations, et on lui demandait la guerre. L'armée la réclamait à grands cris. La reine, le prince Louis, la cour, contenus récemment par l'expresse volonté du roi, éclataient maintenant sans contrainte. Suivant eux, on n'était Allemand, on n'était Prussien que de ce jour; on écoutait enfin la voix de l'intérêt et de l'honneur; on échappait aux illusions d'une alliance perfide et déshonorante; on était digne de soi, du fondateur de la monarchie prussienne, du grand Frédéric! — Jamais il ne s'est vu de délire pareil, que là où la multitude mène les sages, que là où les cours mènent les rois faibles.

Cependant que se passait-il qui pût justifier un tel déchaînement? La Prusse, sur le point de signer en 1805 un traité d'alliance intime avec la France, avait, sous le faux prétexte de la violation du territoire d'Anspach, cédé aux instances de la coalition européenne, aux cris de l'aristocratie allemande, aux caresses d'Alexandre, et signé le traité de Potsdam, qui était une sorte de trahison. Trouvant la France victorieuse à Austerlitz, elle avait brusquement changé de parti, et accepté le Hanovre de Napoléon, après l'avoir accepté d'Alexandre quelques jours auparavant. Napoléon avait voulu de bonne foi se la rattacher par un don pareil, et il attendait cette dernière épreuve pour voir si on pouvait se fier à elle. Mais ce don, accepté avec confusion, la Prusse n'avait pas osé l'avouer au monde ; elle s'était presque excusée auprès des Anglais de l'occupation du Hanovre, elle n'avait pas pris entre Napoléon et ses ennemis la position franche qu'il aurait fallu qu'elle prît pour lui inspirer confiance. Dégoûté de telles relations, Napoléon avait formé le projet secret de ressaisir le Hanovre, pour obtenir de l'Angleterre une paix qu'il n'avait plus l'espoir de lui imposer au moyen de l'alliance de la Prusse. Mais il songeait à un dédommagement, il l'avait préparé dans sa pensée ; seulement il n'avait rien dit, hésitant à s'ouvrir avec une cour pour laquelle il n'avait plus aucune estime. Était-ce là un procédé comparable à la conduite de la Prusse, restée en relation secrète avec la Russie par M. de Hardenberg, malgré le traité formel d'alliance signé à Schœnbrunn, et renouvelé à Paris le 15 février ? Assurément non. Les torts de Napoléon se réduisaient à des manques d'égards, qu'il n'aurait pas dû se permettre, mais que la conduite équivoque de la Prusse excusait, si elle ne les justifiait pas.

En réalité, la Prusse était humiliée du rôle qu'elle avait joué, effrayée de l'isolement dans lequel elle allait se trouver, si l'Angleterre et la Russie se réconciliaient avec la France, troublée confusément des traitements qu'elle serait alors exposée à subir de la part de Napoléon, sans qu'il y eût personne pour la plaindre, et dans cet état elle était disposée à prendre pour réels les bruits les plus faux, les plus invraisemblables. Il n'y avait dans tout ce qui se passait à Berlin qu'une chose de vraie et d'honorable, c'était le patriotisme allemand humilié des succès de la France, éclatant au premier prétexte; fondé ou non. Mais ce sentiment éclatait mal à propos. Il fallait, en 1805, lorsque Napoléon quitta Boulogne, ou se prononcer hautement pour la France, en disant ses motifs d'en agir ainsi, et engager l'honneur prussien dans ce sens, ou se prononcer contre la France dès cette époque, et lutter contre elle quand l'Autriche et la Russie étaient sous les armes. Maintenant on allait à sa perte par une voie qui n'était pas même honorable.

Les dépêches de M. de Lucchesini avaient été interceptées par la police de Napoléon, et connues de lui. Il en avait été indigné, et sur-le-champ il avait fait écrire à M. de Laforest, pour l'avertir de l'envoi de ces dépêches, pour le charger de donner des démentis à toutes les allégations du ministre prussien, et pour exiger son rappel. Malheureusement il était trop tard, et déjà l'élan imprimé à l'opinion de la

CONFÉDÉRATION DU RHIN.

Prusse ne pouvait plus être maîtrisé. M. d'Haugwitz d'ailleurs, embarrassé des rôles si divers qu'il avait été forcé de jouer depuis un an, n'avait plus le courage des bonnes résolutions. Il n'osait ni voir le ministre de France, ni déclarer aux fous dont il avait flatté la folie, qu'il les quittait encore une fois pour se joindre aux gens sages, bien rares alors à Berlin.

M. de Laforest le trouva contraint et fuyant les explications. Cependant, après plusieurs tentatives, il le vit, lui demanda comment il pouvait manquer à ce point de son sang-froid accoutumé, comment il pouvait croire les récits mensongers inventés par la Hesse, les propos légers recueillis par M. de Lucchesini, comment il n'attendait pas, ou ne recherchait pas des informations plus exactes, avant de prendre des résolutions aussi graves que celles qui étaient publiquement annoncées. M. d'Haugwitz, troublé à mesure que la lumière, un instant obscurcie dans son esprit, commençait à luire de nouveau, parut désolé de la conduite qu'on avait tenue, avoua naïvement la rapidité du courant qui entraînait le roi, la cour et lui-même, déclara enfin que, si on ne venait pas à leur aide, ils iraient se jeter, peut-être pour y périr, sur l'écueil de la guerre; que rien n'était perdu encore si Napoléon voulait faire une démarche quelconque, qui fût pour l'orgueil de la multitude une satisfaction, pour la prudence du cabinet une raison de se rassurer; que l'éloignement de l'armée française, accumulée depuis quelque temps sur les routes qui menaient en

Août 1806.

traînement des esprits en Prusse.

Explication entre M. d'Haugwitz et M. de Laforest.

M. d'Haugwitz demande, comme moyen

TOM. VI.
36

Prusse, remplirait ce double objet ; qu'on pourrait alors contremander les armements, en alléguant pour raison d'avoir armé la réunion des troupes françaises, et pour raison de désarmer leur retraite au delà du Rhin. M. d'Haugwitz ajouta que pour faciliter les explications on allait rappeler M. de Lucchesini, et envoyer à Paris un homme sage et sûr, M. de Knobelsdorf.

Napoléon aurait pu consentir à la démarche demandée sans compromettre sa gloire, car il n'avait jamais pensé à envahir la Prusse. Il avait pris seulement quelques précautions lorsqu'on avait refusé de ratifier le traité de Schœnbrunn. Mais, depuis, il ne songeait qu'à l'Autriche et aux bouches du Cattaro, il ne songeait qu'à se les faire restituer par quelque menace ; il était même, depuis le traité signé avec M. d'Oubril, tout disposé à ramener ses troupes en France. Il avait ordonné un vaste camp à Meudon pour y réunir la grande armée, et y célébrer en septembre des fêtes magnifiques. Les ordres pour cet objet étaient déjà expédiés. Mais un événement grave et imprévu vint rendre cette conduite difficile de sa part. Contre son attente, l'empereur Alexandre avait refusé de ratifier le traité de paix signé par M. d'Oubril. Il avait adopté cette résolution sur les vives instances de l'Angleterre, qui avait fait valoir sa fidélité, rappelé son refus récent de traiter sans la Russie, et demandé, pour prix de cette fidélité, qu'on repoussât un traité conclu intempestivement, trop vite, et à des conditions évidemment désavantageuses. L'empereur Alexandre, quoiqu'il craignît fort les conséquences de la guerre avec Napoléon, les craignait un peu moins en voyant l'Angleterre plus lente qu'il ne l'avait cru à se précipiter dans les bras de la France. Il paraît même que quelque chose avait déjà transpiré des agitations de la cour de Prusse, et de la possibilité d'entraîner cette cour à la guerre. Enfin, la connaissance récemment acquise de la dissolution de l'empire germanique ajoutant aux jalousies de la Russie comme à celles de toutes les puissances, et faisant prévoir un redoublement de haine contre Napoléon, Alexandre s'était décidé à ne pas ratifier le traité de M. d'Oubril. Il répondit cependant qu'il était prêt à reprendre les négociations, mais de concert avec l'Angleterre; qu'il chargeait même celle-ci de ses pouvoirs pour traiter, à la condition qu'on laisserait à la famille royale de Naples, non-seulement la Sicile, mais la Dalmatie tout entière, et qu'on donnerait les îles Baléares au roi de Piémont.

Sept. 1806.

ne pas ratifier le traité signé par M. d'Oubril.

Le courrier porteur de ces nouvelles arriva le 3 septembre à Paris, au moment même où les armements de la Prusse occupaient toute l'Europe, et où l'on demandait à Napoléon de tirer M. d'Haugwitz et le roi Frédéric-Guillaume d'embarras, en faisant rétrograder les troupes françaises. Napoléon à son tour sentit naître en lui de profondes défiances, et se figura qu'il était trahi. Le souvenir de la conduite de l'Autriche l'année précédente, le souvenir de ses armements, si souvent et si opiniâtrément niés, alors même que ses troupes étaient en marche, ce souvenir revenant à son esprit, lui persuada qu'il en serait de même cette fois, que les armements soudains de la Prusse n'étaient qu'une perfidie, et qu'il courait le danger d'être surpris en septembre 1806, comme il avait failli l'être en septembre 1805. Il était donc peu disposé à retirer ses troupes de la Franconie, position militaire fort importante, ainsi qu'on le verra bientôt, pour une guerre contre la Prusse. Une autre circonstance le portait à croire à une coalition. M. Fox, malade depuis deux mois, venait de mourir. Ainsi, dans la même année, les fatigues d'un long pouvoir avaient tué M. Pitt, et les premières épreuves d'un pouvoir redevenu nouveau pour lui avaient hâté la fin de M. Fox. M. Fox emportait avec lui la paix du monde, et la possibilité d'une alliance féconde entre la France et l'Angleterre. Si l'Angleterre avait fait dans M. Pitt une grande perte, l'Europe et l'humanité en faisaient une immense dans M. Fox. Celui-ci mort, le parti de la guerre allait triompher du parti de la paix dans le sein du cabinet britannique.

Toutefois, ce cabinet n'osa pas changer notablement les conditions de paix précédemment envoyées à Paris. Lord Yarmouth avait abandonné la négociation par dégoût. Lord Lauderdale était resté seul. On lui ordonna de Londres de présenter les demandes de la Russie, consistant à réclamer la Sicile et la Dalmatie pour la cour de Naples, les Baléares pour le roi de Piémont. Lord Lauderdale, en présentant ces nouvelles conditions, agit au nom des deux cours et comme ayant les pouvoirs de l'une et de l'autre. Ainsi, pour attendre l'effet des ratifications de Saint-Pétersbourg, Napoléon avait manqué l'occasion décisive d'avoir la paix. Ces méprises arrivent aux plus grands esprits dans le champ de la politique comme dans le champ de la guerre.

Napoléon en ressentit une sorte d'irritation qui le porta davantage encore à supposer l'existence d'une conspiration européenne. Il était donc beaucoup plus enclin à en appeler encore une fois aux armes, qu'à céder. Il reçut à cette époque M. de Knobelsdorf, qui était venu en toute hâte remplacer M. de Lucchesini. Il lui fit un accueil personnellement obligeant, lui affirma positivement qu'il n'avait aucun projet contre la Prusse, qu'il ne comprenait pas ce qu'elle voulait de lui, car il ne voulait rien d'elle, si ce n'est l'exécution des traités; qu'il ne songeait à lui rien enlever, que tout ce qu'on avait publié à cet égard était faux; et il faisait allusion par ces paroles aux rapports de M. de Lucchesini, qui avait présenté le même jour ses lettres de rappel. Usant ensuite d'une franchise digne de sa grandeur, il ajouta qu'il y avait dans les faux bruits répandus une seule chose véritable, c'est ce qu'on disait du Hanovre; qu'en effet il avait écouté à ce sujet l'Angleterre; que voyant la paix du monde attachée à cette question, il avait eu le projet de s'adresser à la Prusse, de lui exposer la situation dans toute sa vérité, de lui donner le choix entre la paix générale, achetée par la restitution du Hanovre, sauf dédommagement, et la continuation de la guerre contre l'Angleterre, mais de la guerre à outrance, et après explication toutefois sur le degré d'énergie que le roi Frédéric-Guillaume entendrait y apporter. Il affirma en outre que, dans tous les cas, il n'aurait arrêté aucune résolution sans s'en être ouvert franchement et complétement avec la Prusse.

Une si loyale explication aurait dû bannir tous les doutes. Mais il fallait plus pour la Prusse, il fallait un acte de déférence qui sauvât son orgueil. Napoléon s'y serait prêté peut-être, s'il n'avait été en ce moment plein de défiance, et s'il n'avait cru à une nouvelle coalition, qui n'existait pas encore, quoiqu'elle dût exister bientôt. Mais dans cette excitation d'esprit que les événements provoquent, on ne peut pas toujours juger à coup sûr ce qui se passe chez ses adversaires. En conséquence il enjoignit à M. de Laforest de se tenir sur la réserve, de dire à M. d'Haugwitz que la Prusse n'aurait pas d'autres explications que celles qu'il avait données à MM. de Knobelsdorf et de Lucchesini, que quant à la demande relative aux armées, il répondait par une demande exactement semblable, et que si la Prusse contremandait ses armements, il prenait l'engagement de faire immédiatement repasser le Rhin aux troupes françaises. Il ordonna ensuite à M. de Laforest de se taire, et d'attendre les événements. — Dans une situation pareille, lui écrivit-il, on n'en doit pas croire les protestations, quelque sincères qu'elles puissent paraître. Nous avons été trompés trop de fois. Il faut des faits : que la Prusse désarme, et les Français repasseront le Rhin, mais point avant. —

M. de Laforest exécuta fidèlement les ordres de

son souverain, n'eut pas de peine à convaincre
M. d'Haugwitz, qui était convaincu d'avance, mais
dominé par les événements; et puis il se tut. Ce
n'était pas assez pour le cabinet prussien d'être
éclairé sur les intentions de Napoléon; il lui fallait
une explication palpable à donner à l'opinion publique, et à lui aussi des faits, mais des faits clairs et
positifs, c'est-à-dire la retraite des Français. Encore
les imaginations excitées se seraient-elles payées
difficilement même d'un acte rassurant. L'orgueil
prussien réclamait une satisfaction. On a autant et
même plus besoin de satisfaction lorsqu'on a tort
que lorsqu'on a raison.

Sept. 1806.

Le roi et M. d'Haugwitz laissèrent écouler quelques jours encore, pour voir si Napoléon ne manderait pas quelque chose de plus explicite, de
plus satisfaisant. — Ce silence perd tout, répétait
M. d'Haugwitz à M. de Laforest. — Mais le sort en
était jeté : la Prusse, par des tergiversations qui lui
avaient aliéné la confiance de Napoléon, la France,
par des procédés trop peu ménagés, devaient être
amenées l'une et l'autre à une guerre funeste, d'autant plus regrettable, que dans l'état du monde
c'étaient les deux seules puissances dont les intérêts fussent conciliables. Le silence ordonné à M. de
Laforest fut invariablement gardé par lui, mais la
douleur sur le visage, douleur expressive, et suffisamment significative, si la cour de Prusse avait
voulu la comprendre, et se conduire d'après ce
qu'elle aurait compris. Il n'en était plus ainsi ni
du roi Frédéric-Guillaume, ni de son ministère.

Effet
du silence
gardé
par M. de
Laforest.

Sept. 1806.

Après avoir attendu quelques jours des explications qui n'arrivent pas, le roi de Prusse part pour l'armée.

La guerre est résolue entre la Prusse et la France.

Tous les jours des régiments traversaient Berlin, en chantant des airs patriotiques, que répétait le peuple ameuté dans les rues. De toutes parts on demandait quand le roi partirait pour l'armée, et s'il serait vrai qu'il restât à Potsdam, dans l'intention de revenir sur sa première détermination. Le cri devint tel qu'il fallut obéir à l'opinion. L'infortuné Frédéric-Guillaume partit le 21 septembre pour Magdebourg. C'était le signal de la guerre qu'on attendait en Allemagne, et que Napoléon attendait à Paris. Dès ce jour elle était inévitable. On en verra, dans le livre suivant, les terribles vicissitudes, les désastreuses conséquences pour la Prusse, et les résultats glorieux pour Napoléon, résultats qui nous inspireraient une satisfaction sans mélange, si la politique eût été d'accord avec la victoire.

FIN DU VINGT-QUATRIÈME LIVRE

ET DU TOME SIXIÈME.

TABLE DES MATIÈRES

CONTENUES

DANS LE TOME SIXIÈME.

LIVRE VINGT-DEUXIÈME.

ULM ET TRAFALGAR.

Conséquences de la réunion de Gênes à l'Empire. — Cette réunion, quoiqu'elle soit une faute, a cependant des résultats heureux. — Vaste champ qui s'ouvre aux combinaisons militaires de Napoléon. — Quatre attaques dirigées contre la France. — Napoléon s'occupe sérieusement d'une seule, et, par la manière dont il entend la repousser, se propose de faire tomber les trois autres. — Exposition de son plan. — Mouvement des six corps d'armée des bords de l'Océan aux sources du Danube. — Napoléon garde un profond secret sur ses dispositions, et ne les communique qu'à l'électeur de Bavière, afin de s'attacher ce prince en le rassurant. — Précautions qu'il prend pour la conservation de la flottille. — Son retour à Paris. — Altération de l'opinion publique à son égard. — Reproches qu'on lui adresse. — État des finances. — Commencement d'arriéré. — Situation difficile des principales places commerçantes. — Disette de numéraire. — Efforts du commerce pour se procurer des métaux précieux. — Association de la compagnie des *Négociants réunis* avec la cour d'Espagne. — Spéculation sur les piastres. — Danger de cette spéculation. — La compagnie des *Négociants réunis* ayant confondu dans ses mains les affaires de la France et de l'Espagne, rend communs à l'une les embarras de l'autre. — Conséquences de cette situation pour la Banque de France. — Irritation de Napoléon contre les gens d'affaires. — Importantes sommes en argent et en or envoyées à Strasbourg et en Italie. — Levée de la conscription par un décret du Sénat.

— Organisation des réserves. — Emploi des gardes nationales. — Séance au Sénat. — Froideur témoignée à Napoléon par le peuple de Paris. — Napoléon en éprouve quelque peine, mais il part pour l'armée, certain de changer bientôt cette froideur en transports d'enthousiasme. — Dispositions des coalisés. — Marche de deux armées russes, l'une en Gallicie pour secourir les Autrichiens, l'autre en Pologne pour menacer la Prusse. — L'empereur Alexandre à Pulawi. — Ses négociations avec la cour de Berlin. — Marche des Autrichiens en Lombardie et en Bavière. — Passage de l'Inn par le général Mack. — L'électeur de Bavière, après de grandes perplexités, se jette dans les bras de la France, et s'enfuit à Würzbourg avec sa cour et son armée. — Le général Mack prend position à Ulm. — Conduite de la cour de Naples. — Commencement des opérations militaires du côté des Français. — Organisation de la grande armée. — Passage du Rhin. — Marche de Napoléon avec six corps, le long des Alpes de Souabe, pour tourner le général Mack. — Le 6 et le 7 octobre, Napoléon atteint le Danube vers Donauwerth, avant que le général Mack ait eu aucun soupçon de la présence des Français. — Passage général du Danube. — Le général Mack est enveloppé. — Combats de Wertingen et de Günzbourg. — Napoléon à Augsbourg fait ses dispositions dans le double but d'investir Ulm, et d'occuper Munich, afin de séparer les Russes des Autrichiens. — Erreur commise par Murat. — Danger de la division Dupont. — Combat de Haslach. — Napoléon accourt sous les murs d'Ulm, et répare les fautes commises. — Combat d'Elchingen livré le 14 octobre. — Investissement d'Ulm. — Désespoir du général Mack, et retraite de l'archiduc Ferdinand. — L'armée autrichienne réduite à capituler. — Triomphe inouï de Napoléon. — Il a détruit en vingt jours une armée de 80 mille hommes, sans livrer bataille. — Suite des opérations navales depuis le retour de l'amiral Villeneuve à Cadix. — Sévérité de Napoléon envers cet amiral. — Envoi de l'amiral Rosily pour le remplacer, et ordre à la flotte de sortir de Cadix afin d'entrer dans la Méditerranée. — Douleur de l'amiral Villeneuve, et sa résolution de livrer une bataille désespérée. — État de la flotte franco-espagnole et de la flotte anglaise. — Instructions de Nelson à ses capitaines. — Sortie précipitée de l'amiral Villeneuve. — Rencontre des deux flottes au cap Trafalgar. — Attaque des Anglais formés en deux colonnes. — Rupture de notre ligne de bataille. — Combats héroïques du *Redoutable*, du *Bucentaure*, du *Fougueux*, de *l'Algésiras*, du *Pluton*, de *l'Achille*, du *Prince des Asturies*. — Mort de Nelson, captivité de Villeneuve. — Défaite de notre flotte après une lutte mémorable — Affreuse tempête à la suite de la bataille. — Les naufrages succèdent aux combats. — Conduite du gouvernement impérial à l'égard de la marine française. — Silence ordonné sur les derniers événements. — Ulm fait oublier Trafalgar. 1 à 184

LIVRE VINGT-TROISIÈME.

AUSTERLITZ.

Effet produit par les nouvelles venues de l'armée. — Crise financière. — La caisse de consolidation suspend ses payements en Espagne, et contribue à accroître les embarras de la compagnie des *Négociants réunis*. — Secours fournis à cette compagnie par la Banque de France. — Émission trop considérable des billets de la Banque, et suspension de ses payements. — Faillites nombreuses. — Le public alarmé se confie en Napoléon, et attend de lui quelque fait éclatant qui rétablisse le crédit et la paix. — Continuation des événements de la guerre. — Situation des affaires en Prusse. — La prétendue violation du territoire d'Anspach fournit des prétextes au parti de la guerre. — L'empereur Alexandre en profite pour se rendre à Berlin. — Il entraîne la cour de Prusse à prendre des engagements éventuels avec la coalition. — Traité de Potsdam. — Départ de M. d'Haugwitz pour le quartier général français. — Grande résolution de Napoléon en apprenant les nouveaux dangers dont il est menacé. — Il précipite son mouvement sur Vienne. — Bataille de Caldiero en Italie. — Marche de la grande armée à travers la vallée du Danube. — Passage de l'Inn, de la Traun, de l'Ens. — Napoléon à Lintz. — Mouvement que pouvaient faire les archiducs Charles et Jean pour arrêter la marche de Napoléon. — Précautions de celui-ci en approchant de Vienne. — Distribution de ses corps d'armée sur les deux rives du Danube et dans les Alpes. — Les Russes passent le Danube à Krems. — Danger du corps de Mortier. — Combat de Dirnstein. — Combat de Davout à Mariazell. — Entrée à Vienne. — Surprise des ponts du Danube. — Napoléon veut en profiter pour couper la retraite au général Kutusof. — Murat et Lannes portés à Hollabrunn. — Murat se laisse tromper par une proposition d'armistice, et donne à l'armée russe le temps de s'échapper. — Napoléon rejette l'armistice. — Combat sanglant à Hollabrunn. — Arrivée de l'armée française à Brünn. — Belles dispositions de Napoléon pour occuper Vienne, se garder du côté des Alpes et de la Hongrie contre les archiducs, et faire face aux Russes du côté de la Moravie. — Ney occupe le Tyrol, Augereau la Souabe. — Prise des corps de Jellachich et de Rohan. — Départ de Napoléon pour Brünn. — Essai de négociation. — Fol orgueil de l'état-major russe. — Nouvelle coterie formée autour d'Alexandre. — Elle lui inspire l'imprudente résolution de livrer bataille. — Terrain choisi d'avance par Napoléon. — Bataille d'Austerlitz livrée le 2 décembre. — Destruction de l'armée austro-russe. — L'empereur d'Autriche au bivouac de Napoléon. — Armistice accordé sous la promesse d'une paix prochaine. — Commencement de négociation à Brünn. — Conditions imposées par Napoléon. — Il veut les États vénitiens pour compléter le royaume d'Italie, le Tyrol et la Souabe autrichienne pour agrandir la Bavière,

572   TABLE DES MATIÈRES

les duchés de Baden et de Wurtemberg. — Alliances de famille avec ces trois maisons allemandes. — Résistance des plénipotentiaires autrichiens. — Napoléon, de retour à Vienne, a une longue entrevue avec M. d'Haugwitz. — Il reprend ses projets d'union avec la Prusse, et lui donne le Hanovre, à condition qu'elle se liera définitivement à la France. — Traité de Vienne avec la Prusse. — Départ de M. d'Haugwitz pour Berlin. — Napoléon, débarrassé de la Prusse, devient plus exigeant à l'égard de l'Autriche. — La négociation transférée à Presbourg. — Acceptation des conditions de la France, et paix de Presbourg. — Départ de Napoléon pour Munich. — Mariage d'Eugène de Beauharnais avec la princesse Auguste de Bavière. — Retour de Napoléon à Paris. — Accueil triomphal.   185 à 369

LIVRE VINGT-QUATRIÈME.

CONFÉDÉRATION DU RHIN.

Retour de Napoléon à Paris. — Joie publique. — Distribution des drapeaux pris sur l'ennemi. — Décret du Sénat ordonnant l'érection d'un monument triomphal. — Napoléon consacre ses premiers soins aux finances. — La compagnie des *Négociants réunis* est reconnue débitrice envers le Trésor d'une somme de 141 millions. — Napoléon, mécontent de M. de Marbois, le remplace par M. Mollien. — Rétablissement du crédit. — Trésor formé avec les contributions levées en pays conquis. — Ordres relatifs au retour de l'armée, à l'occupation de la Dalmatie, à la conquête de Naples. — Suite des affaires de Prusse. — La ratification du traité de Schœnbrunn donnée avec des réserves. — Nouvelle mission de M. d'Haugwitz auprès de Napoléon. — Le traité de Schœnbrunn est refait à Paris, mais avec des obligations de plus, et des avantages de moins pour la Prusse. — M. de Lucchesini est envoyé à Berlin pour expliquer ces nouveaux changements. — Le traité de Schœnbrunn, devenu traité de Paris, est enfin ratifié, et M. d'Haugwitz retourne en Prusse. — Ascendant dominant de la France. — Entrée de Joseph Bonaparte à Naples. — Occupation de Venise. — Retards apportés à la remise de la Dalmatie. — L'armée française est arrêtée sur l'Inn, en attendant la remise de la Dalmatie, et répartie entre les provinces allemandes les plus capables de la nourrir. — Souffrance des pays occupés. — Situation de la cour de Prusse après le retour de M. d'Haugwitz à Berlin. — Envoi du duc de Brunswick à Saint-Pétersbourg, pour expliquer la conduite du cabinet prussien. — État de la cour de Russie. — Dispositions d'Alexandre depuis Austerlitz. — Accueil fait au duc de Brunswick. — Inutiles efforts de la Prusse pour faire approuver par la Russie et par l'Angleterre l'occupation du Hanovre. — L'Angleterre déclare la guerre à la Prusse. — Mort de M. Pitt, et avénement de M. Fox au ministère. — Espérances de paix. — Relations établies entre M. Fox et M. de Talleyrand. — Envoi de lord Yarmouth à Paris, en qualité de négociateur confidentiel. — Bases d'une paix maritime. — Les agents de l'Autriche, au lieu de livrer les bouches du Cattaro aux Français, les livrent aux Russes. — Menaces de Napoléon à la cour de Vienne. — La Russie envoie M. d'Oubril à Paris, avec mission de prévenir un mouvement de l'armée française contre l'Autriche, et de proposer la paix. — Lord Yarmouth et M. d'Oubril négocient conjointement à Paris. — Possibilité d'une paix générale. — Calcul de Napoléon tendant à traîner la négociation en longueur. — Système de l'Empire français. — Royautés vassales, grands-duchés et duchés. — Joseph roi de Naples, Louis roi de Hollande. — Dissolution de l'empire germanique. — Confédération du Rhin. — Mouvements de l'armée française. — Administration intérieure. — Travaux publics. — La colonne de la place Vendôme, le Louvre, la rue Impériale, l'arc de l'Étoile. — Routes et canaux. — Conseil d'État. — Création de l'Université. — Budget de 1806. — Rétablissement de l'impôt du sel. — Nouveau système de trésorerie. — Réorganisation de la Banque de France. — Continuation des négociations avec la Russie et l'Angleterre. — Traité de paix avec la Russie, signé le 20 juillet par M. d'Oubril. — La signature de ce traité décide lord Yarmouth à produire ses pouvoirs. — Lord Lauderdale est adjoint à lord Yarmouth. — Difficultés de la négociation avec l'Angleterre. — Quelques indiscrétions commises par les négociateurs anglais, au sujet de la restitution du Hanovre, font naître à Berlin de vives inquiétudes. — Faux rapports qui exaltent l'esprit de la cour de Prusse. — Nouvel entraînement des esprits à Berlin, et résolution d'armer. — Surprise et méfiance de Napoléon. — La Russie refuse de ratifier le traité signé par M. d'Oubril, et propose de nouvelles conditions. — Napoléon ne veut pas les admettre. — Tendance générale à la guerre. — Le roi de Prusse demande l'éloignement de l'armée française. — Napoléon répond par la demande d'éloigner l'armée prussienne. — Silence prolongé de part et d'autre. — Les deux souverains partent pour l'armée. — La guerre est déclarée entre la Prusse et la France. 370 à 568

FIN DE LA TABLE DU SIXIÈME VOLUME.